COMPLETE CELLO TECHNIQUE

The Classic Treatise on Cello Theory and Practice

DIRAN ALEXANIAN

Preface by
Pablo Casals

Introduction to the Dover Edition by
DAVID GEBER
Chairman of Strings, Manhattan School of Music

DOVER PUBLICATIONS
Garden City, New York

Copyright

Bibliographical Note

This Dover edition, first published in 2003, is an unabridged republication of *Traité théorique et pratique du Violoncelle (Theoretical and practical treatise of the Violoncello) by Diran Alexanian*, originally published by A. Zunz Mathot, Paris, 1922. *Preface by Pablo Casals / English Version by Frederick Fairbanks / Description of the Violoncello by Caressa & Français, Musical Instrument Makers to the National Conservatory of Music of Paris.* Text in French and English.

We are indebted to musicologist Victor Rangel-Ribeiro for bringing this important work to our attention. Dr. David Geber's Introduction was written specially for the Dover edition.

International Standard Book Number

ISBN-13: 978-0-486-42660-0
ISBN-10: 0-486-42660-2

Manufactured in the United States of America
42660209
www.doverpublications.com

Introduction to the Dover Edition

The universal popularity of the cello today is without question. It is a glorious concerto and recital instrument and impressively versatile in the worlds of orchestral and chamber music. The large and ever-growing cello literature is a reflection of that versatility and of the instrument's nobility and virtuosity—a degree of recognition that has clearly reached new heights in the past half century. Concurrently, and not surprisingly, there has been a wellspring of new thinking and teaching with respect to cello technique. These advances would not have been possible without the modernization of approach to the instrument brought about by Pablo Casals and Diran Alexanian.

At the turn of the century, at the age of twenty, Alexanian (1881–1954) entered Paris's cello circles as teacher, performer and composer. Strongly supported by Maestro Casals, he was appointed to the faculty of the École Normale de Musique, launching a highly successful teaching career. Espousing technical ideas radical for the time, it is not surprising that his approach to teaching was controversial, or that the publication, in 1922, of his *Theoretical and Practical Treatise of the Violoncello* was greeted with mixed reactions despite Casals' written endorsement. In some respects, the *Treatise* is more appropriate to today's cello playing than to the very era in which it was written.

In 1937, Diran Alexanian relocated to the United States where he taught at Manhattan School of Music and Peabody Conservatory, at the same time maintaining an overflowing private studio. Among the countless cellists influenced by him were Maurice Eisenberg, Emmanuel Feuermann, Pierre Fournier, Raya Garbousova, Bernard Greenhouse, Antonio Janigro, Mischa Schneider, David Soyer, and Paul Tortelier.

Alexanian's method book is detailed, thorough and serious minded. The ideas presented on bow-to-string relationships are exceptional. His beliefs on the organization of the left hand lead naturally to a strong sense of fingering choices and greatly enhance sight-reading skills. The chapters on pizzicato and harmonics offer clear explanations of these often-neglected areas of technique. Wonderful examples from the cello repertoire illustrate and bring to life the essence of his findings. His shorthand symbols used in repeated reference to technical issues are unique and intuitive. One word of caution, however: the author's hands were unusually large, by all reports. His left-hand system, particularly with fingered double stops, was designed with his own anatomy in mind. A hand of average (or below average) size needs careful guidance through the later chapters to avoid injury.

David Geber
New York City, 2002

A graduate of The Juilliard School, a founding member of the American String Quartet, and an international performer and master teacher, David Geber is Associate Dean of Performance and Chairman of Strings at Manhattan School of Music, as well as a member of the school's cello and chamber music faculties. He has recorded for Albany Records, Capstone Records, CRI, Musical Heritage Society, New World Records, Nonesuch Records, and RCA.

COMPLETE CELLO TECHNIQUE

The Classic Treatise on Cello Theory and Practice

TABLE DES MATIÈRES

CONTENTS

PRÉFACE.

J'avoue ne pas connaître toutes les „Méthodes" publiées jusqu' ici sur notre instrument. Pourtant, un grand nombre m'en est déjà passé par les mains, affermissant chaque fois ma conviction que, seuls la routine et l'empirisme présidaient à la rédaction de pareils ouvrages. Je ne saurais dire combien souvent il m'est arrivé de maudire cette „crainte du nouveau", cette timide et déplorable „stagnation" qui, à l'heure présente, rempliraient d'étonnement un Duport même, s'il venait à ressusciter. „Comment, dirait-il, le violoncelle en est encore là? J'avais donc atteint la limite des possibilités techniques?" Mais une seule audition d'un artiste sérieux le détromperait aussitôt. Et alors se poserait la question logique: pourquoi l'enseignement écrit se trouve-t-il à l'opposé de l'enseignement pratique? Nous devons constater que chaque tendance prend sa source dans l'ambiance d'une époque. Parlant toujours des Méthodes „classiques" parcourues par moi, je dirai qu'elles ne marquent aucune époque, en ce sens que, sans chercher plus loin, leurs auteurs se sont contentés de mentionner les „Statuts" périmés des premiers âges, taisant, sous prétexte d' „exception" ou de „licences individuelles", les innombrables formules techniques de notre siècle. Si je m'attaque à cette absence de progrès pédagogique, c'est par persuasion personnelle que certaines „règles" considérées autrefois comme inséparables d'une exécution soignée, sont non seulement inutiles, mais pourraient même nous être néfastes aujourd'hui. La musique instrumentale a, elle aussi, suivi l'évolution à laquelle se refuse seule, la „Méthode de violoncelle."

Qu'est-ce que nous offre Diran Alexanian avec son traité théorique et pratique? D'abord un „Dictionnaire" de notre technique. En effet, tout ce qui mérite d'être signalé y figure avec les détails analytiques les plus circonstanciés; si bien que, professeur

PREFACE.

I confess that I do not know all the "Methods" published up to now concerning our instrument. However, a great number of them have passed through my hands, strengthening each time my conviction that only routine and empiricism contributed to the production of such works. I cannot say how many times I have felt inclined to anathematize this "fear of novelty," this timid and deplorable "stagnation," that would astonish a Duport were he to come to life again. One could imagine him exclaiming: "What! the violoncello is still at the same point! I had therefore reached the limit of technical possibilities!" One hearing of a serious artist would suffice to prove the contrary to him. The logical question would then present itself: Why does written instruction find itself in opposition to practical instruction? It is to be noted that all tendencies have their origin in the atmosphere of a certain period. As regards the "classical" Methods that I have seen I would say that they do not represent any period, in that their authors, without any further research, have contented themselves with noting down the out-of-date "laws," purposely ignoring the innumerable technical formulas of our times, under the pretext of their being "exceptions" or the result of "individual license." If I attack this absence of pedagogic progress it is because of the personal conviction that certain "rules," considered at one time as indispensible for perfect execution, are not only useless, but might in our day be considered nefarious. Instrumental music has gone through an evolution that the violoncello "Methods" alone have refused to follow.

What does Diran Alexanian offer us in his theoretical and practical treatise? Firstly a "Dictionary" of our technique. Everything worthy of note will be found in it, accompanied by the most circumstantial analytical details, with the result that everyone, be he teacher or pupil, will find instructive elements, (and will find them to a great extent only here). It would be a mistake to neglect the perusal of that of which

ou élève, chacun y trouvera des éléments instructifs (et ne les trouvera, en grande partie, même que là). Ce serait une erreur de négliger la lecture de ce que l'on croit savoir à fond, car l'on ne parcourt que rarement les difficultés autrement qu'en „ligne droite". D'où, naturellement, quantités de lacunes. Ici elles sont couvertes en „superficie". Je m'explique: le procédé employé ici pourrait être comparé aux cercles de plus en plus grands qui se forment à la suite du lancement d'une pierre dans un bassin. En l'espèce, le pierre c'est la base de l'enseignement. Si nous considérons un objet de petite taille, il nous est possible de l'examiner sous toutes ses faces. Pourrions-nous en dire autant d'un objet très volumineux? Evidemment non, car nous procéderions par les „rayons divergents", et à moins d'un hasard prodigieux, nous commettrions fatalement des oublis. Donc, le meilleur parti à prendre en technique, c'est de tracer une spirale serrée partant de la „bonne base", et se continuant jusqu'à l'endroit où s'arrêtent les moyens physiques.

Lorsqu' Alexanian vint me soumettre un plan bien étudié pour l'analyse de la théorie du violoncelle, fondée sur les principes auxquels je me soumets moi-même, j'eus conscience de me trouver en présence d'un effort sérieux vers l'affranchissement définitif du fatras de préjugés surannés dont regorge l'Enseignement incriminé plus haut.

Je pris donc la décision de contrôler ce travail page par page. A la suite de cet examen, j'affirme n'y avoir relevé aucun précepte dont l'application, soutenue par le goût artistique, ne concoure entièrement et exclusivement à l'établissement d'une technique conforme à mes idées, c'est-à-dire, ménageant à chacun de ses facteurs une élasticité de bon aloi, capable de s'adapter à la subtile diversité d'expressions d'un même „terme" instrumental, selon ses différentes „situations musicales."

Je recommande donc, à tous ceux qui jouent, ou veulent jouer du violoncelle, de bien se pénétrer du contenu de ce traité. Il me semble impossible qu'un élève doué n'arrive pas au meilleur des résultats, par l'étude approfondie de cet ouvrage. Je tiens à prédire, aussi, que ce livre offrira le plus grand intérêt documentaire, étant le seul de son espèce pour notre instrument; et que même les virtuoses expérimentés y trouveront matière à de longues méditations didactiques.

Pablo Casals.

one believes to have complete knowledge, for one rarely works one's way through difficulties otherwise than by a "straight line", with the result that many things are passed by. Here, however, the whole field is covered. In other words, the method employed could be compared to the ever-widening circles created by the dropping of a stone in a pond. The stone is the "basis" or starting point of instruction. If we examine an object of small dimensions we are able to look at it from all sides. Could we do the same with a more voluminous one? Evidently not, as our minds would follow "diverging lines," so that certain things, except by a miracle, would certainly be missed. Therefore the best method to follow in the study of technique is to trace a spiral, starting from a sound basis and ending at the extreme limit of physical possibilities.

When Alexanian submitted to me a well elaborated plan for the analysis of the theory of violoncello playing, based on principals that I myself accept, I recognized that I had before me a serious effort towards the casting off of the shackles of the superannuated prejudices with which the above mentioned works were replete.

I therefore decided to go through the work page by page. As a result of this examination I can declare that nowhere in it is there to be found a precept of which the application, sustained by artistic taste, would not contribute entirely and exclusively to the formation of a technique in conformity with my conceptions, that is to say, giving to each of its factors an elasticity of a high standard, capable of adapting itself to the subtle diversity of expression of the same instrumental formula, according to its various "musical situations".

I would therefore recommend to all those who play or who wish to play the violoncello to imbue themselves thoroughly with the contents of this treatise. It would indeed seem strange that a student of talent should not obtain the best results from the deep study of this work. I also venture to predict that this book will be of the greatest documentary value, being as it is the only work of its kind concerning our instrument, and that even experienced virtuosos will find in it food for instructive meditation.

Pablo Casals.

Le Violoncelle. — The Violoncello.

Le Violoncelle se compose comme suit:
The Violoncello consists of the following parts:

Le fond ou dessous, presque toujours en 2 pièces; on voit très-rarement des fonds d'une seule pièce. A à B (Planche 1.)

The back, almost always in 2 pieces; one rarely sees a back made in a single piece. A *to* B. *(Plate No. 1.)*

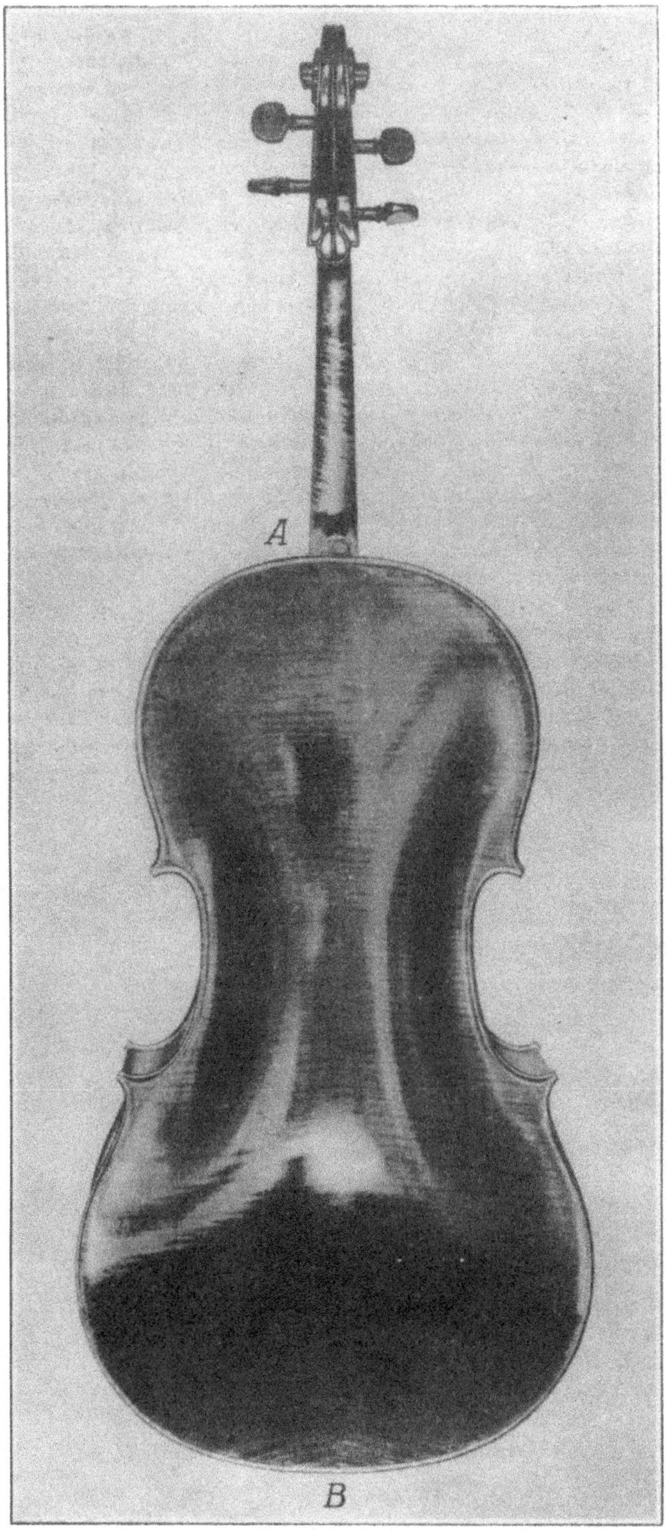

Planche No. 1. — *Plate No. 1.*

La table ou dessus, en 2 pièces aussi; on rencontre rarement des tables de 3 pièces. G à D (Planche 2.)

The top, also in 2 pieces; one rarely sees a top in three pieces. G *to* D. *(Plate No. 2.)*

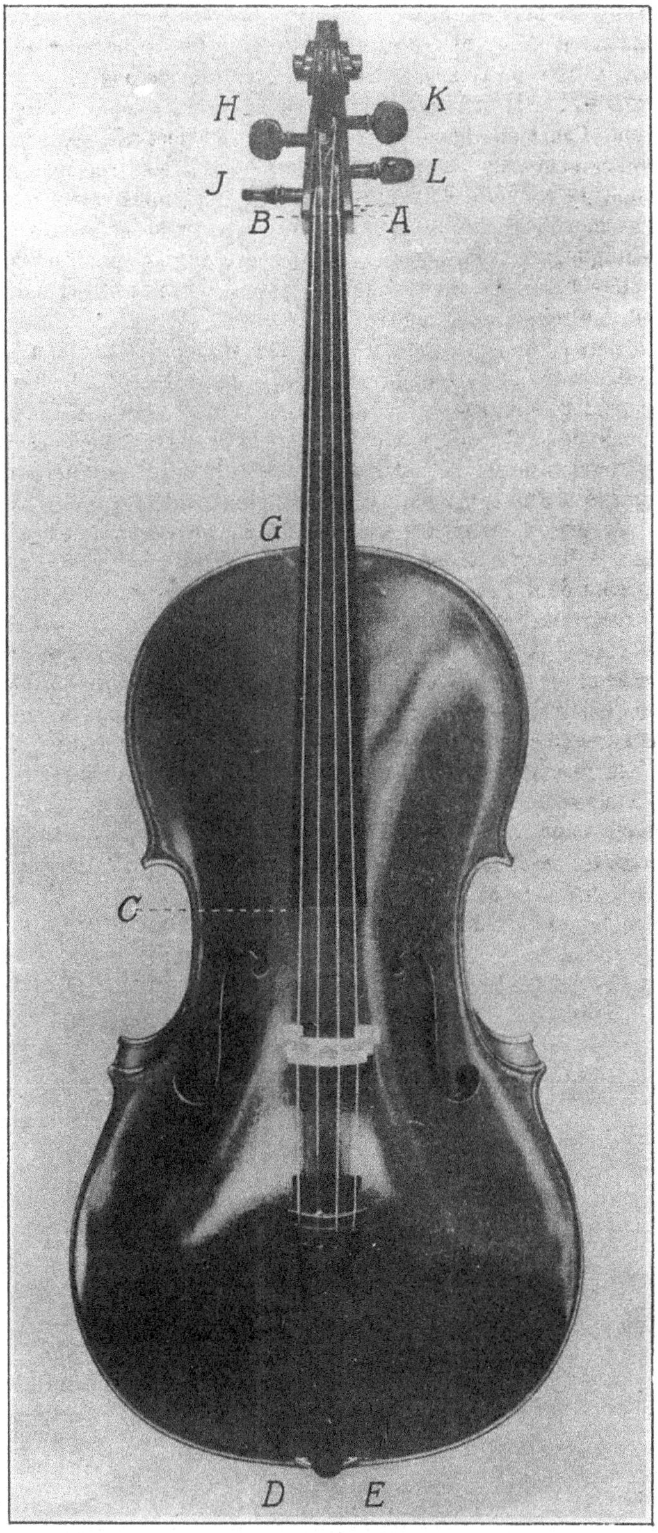

Planche No. 2. — *Plate No. 2.*

Les éclisses ou contours, réunissant le fond et la table. (Planche 3.)

The sides, joining the back to the top. (Plate 3.)

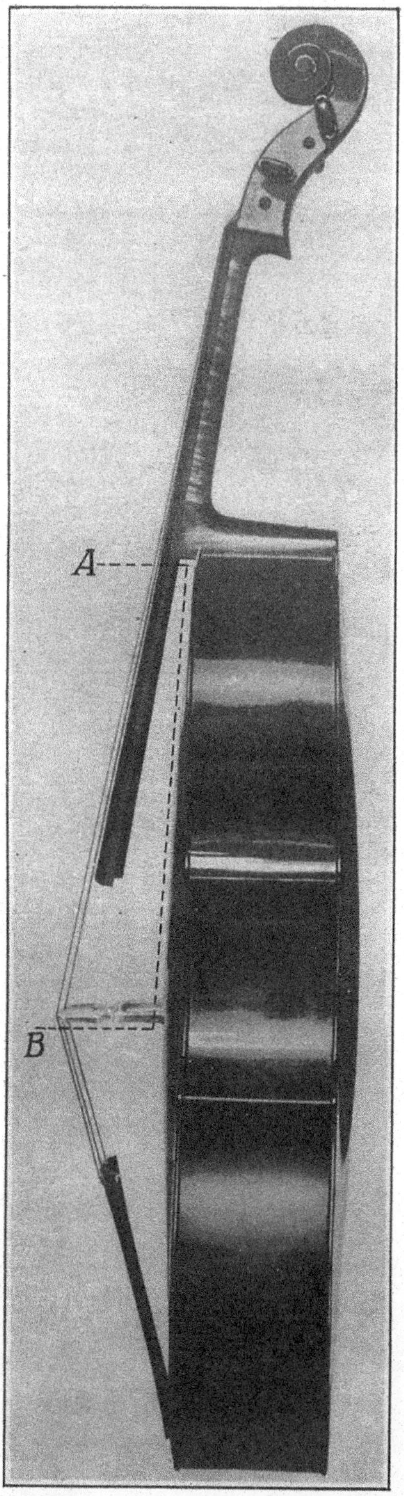

Planche No. 3. — *Plate No. 3.*

Le manche terminé par la tête; en un seul morceau dans les Instruments modernes ou tout neufs (de A à B figure 7, planche No.4).

Dans les Instruments anciens, la partie C à B de la figure 7, planche No.4, est presque toujours remplacée par une enture, sur laquelle on place l'ancienne tête, pour garder à l'Instrument sa valeur, en même temps que son originalité complète de facture.

La partie du manche de D à E, figure 7, planche 4, s'appelle talon.

The neck surmounted by the head; a single piece in modern or new instruments. (A *to* B, *Fig. 7, Plate No. 4.*)

In ancient instruments, the part C *to* B *of Fig. 7, Plate No. 4, is almost always replaced by a new neck grafted, on which is placed an old head, in order not to detract from the value of the instrument, as well as to retain for it it's original appearance.*

The part of the neck from D *to* E, *Fig. 7, Plate No. 4, is called the button of the back.*

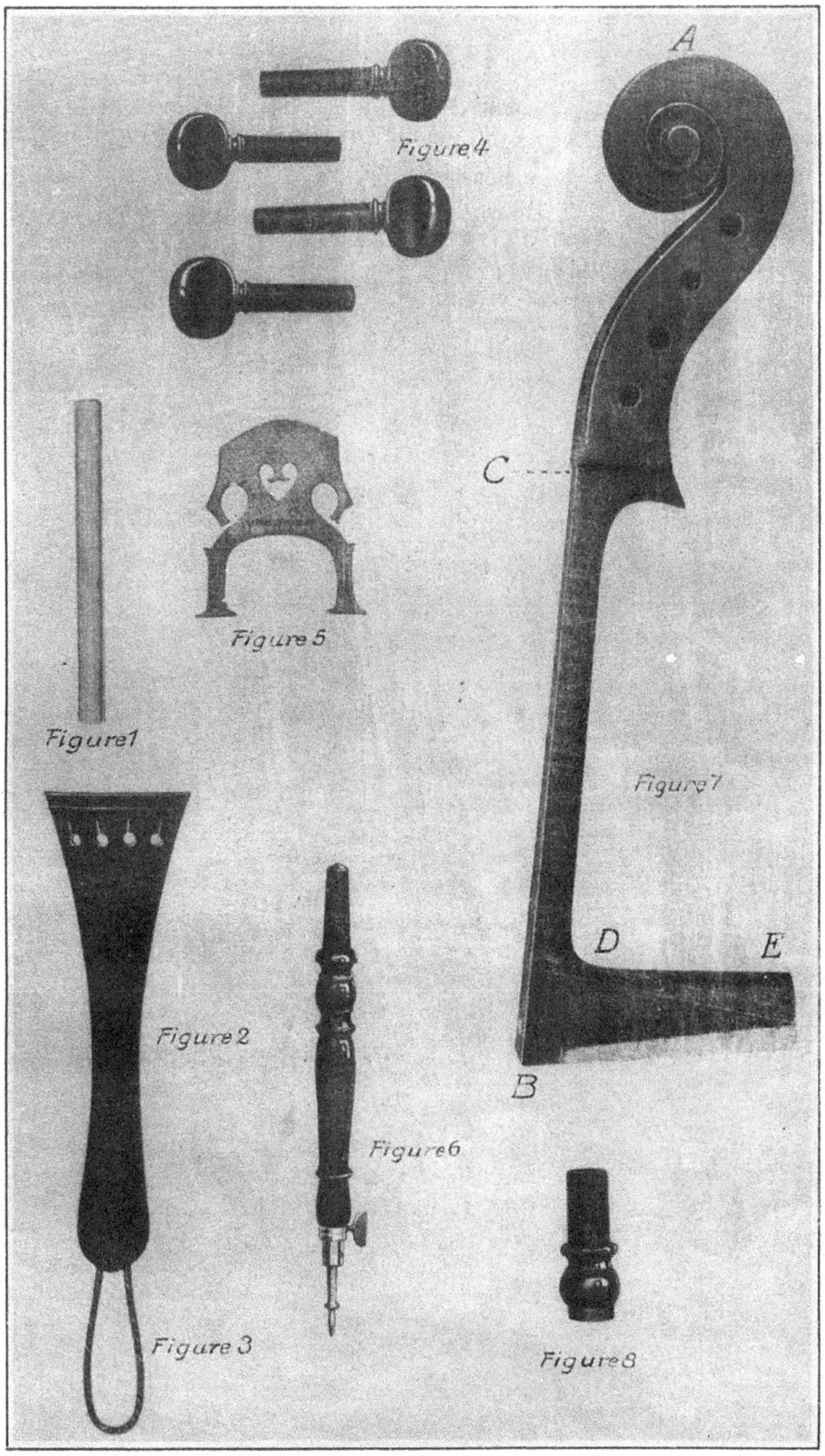

Planche No. 4. — *Plate No. 4.*

Dans l'intérieur du Violoncelle se trouvent:

Deux tasseaux: l'un posé dans le haut en A fig. 1, planche No. 5, l'autre dans le bas, en B: sur le tasseau A viendra reposer le manche; dans celui B, on ajustera le bouton sur lequel viendra se fixer le cordier.

Quatre coins C, D, E, F, pour renforcer les joints de éclisses:

Les contre-éclisses, qui courent tout le long des éclisses, dans le haut et dans le bas, pour en renforcer les bords, appelés à supporter le fond et la table.

La barre d'harmonie de A à B, fig. 2, planche No. 5: la barre d'harmonie maintient la voûte de la table; elle supporte le pied gauche du chevalet.

On voit placés sur les joints du fond et de la table, et pour maintenir ces joints, des petits carrés de bois, appelés taquets (fig. 1 et 2, planche No. 5).

L'âme (figure 1 de la planche No. 4) qui est mobile et se place verticalement entre la table et la fond, à droite, pour soutenir la table, à l'endroit où viendra poser le pied droit du chevalet.

In the interior of the Violoncello will be found:

Two blocks: one at the top, (A, Fig. 1, Plate No. 5); another at the bottom (B, Fig. 1, Plate No. 5) the neck rests on the block A; the Nut, to which is attached the tail-piece, is fastened into the block B.

Four wedges C, D, E, F, to strengthen the joints of the sides:

The lining that runs the full length of the sides, top and bottom, to strengthen the edges that have to support the back and the top.

The Bass-bar (from A to B, Fig. 2, Plate No. 5): the bass-bar supports the archings of the top; it supports the left foot of the bridge.

One will notice little squares of wood, called wedges, placed on the joints of the back and the top, to hold these joints (Fig. 1 and 2, Plate No. 5).

The sound-post (Fig. 1, Plate No. 4), is movable and is placed upright between the top and the back on the right, to support the top at the bearing point of the right foot of the bridge.

Planche No. 5. – *Plate No. 5.*

Extérieurement, se placent:

Les chevilles. (Fig. 4, planche No. 4.)
Le sillet en A, planche No. 2.
La touche de B à C, planche No. 2.
Le chevalet. Fig. 5, planche No. 4.
Le cordier. Fig. 2, planche No. 4.
L'attache du cordier. Fig. 3, planche No. 4.
Le bouton, sur lequel on fixera l'attache du cordier. (Fig. 8, planche No. 4.)
La pique, qui entre dans le bouton. (Fig. 6, planche No. 4.)
Le sillet du bas, pour renforcer le bord, à l'endroit où appuie l'attache du cordier sur la table. (De D à E, planche No. 2.)

Les cordes se placent sur les chevilles, de la façon suivante: Le la (A) sur la cheville L; le *Ré* (D) sur la cheville K; le *Sol* (G) sur la cheville H; l'*Ut* (C) sur la cheville J. (Planche No. 2.)

La distance de A à B planche No. 3 du bord de la table au pied du chevalet, s'appelle diapason; pour être normale, le pied du chevalet étant placé au milieu du cran des *f*, elle doit avoir 405 m/m.

Pour les corrections, souvent nécessaires, soit des notes mauvaises, soit de la dureté du son, ou pour donner plus de souplesse, plus d'ampleur, plus de force à la sonorité, il y a trois facteurs importants, dont il faut tenir le plus grand compte: l'âme, la barre d'harmonie, le chevalet: pour chaque instrument, leur ajustage, leurs épaisseurs, leurs dimensions, doivent donner lieu aux observations les plus recherchées, les plus méticuleuses, quelquefois très-longues.

Les bois employés pour la construction d'un Violoncelle sont les suivants:
L'érable pour le fond, les éclisses, le manche et le chevalet.
Le sapin pour la table, la barre, l'âme et en général aussi pour les tasseaux, les coins et les contre-éclisses.
L'ébène pour les sillets, la touche, le bouton, le cordier et la pique.
Le palissandre ou l'ébène pour les chevilles.

Les Violoncelles sont ornés sur les bords de la table et du fond, d'un filetage formé d'un filet en bois blanc entre deux filets en bois noir.

La taille généralement adoptée actuellement pour le Violoncelle du bord du haut, au bord du bas de A à B planche No. 1, est de 76 c/m, mais on rencontre très-souvent, surtout dans les Instruments anciens, des Violoncelles dont la taille varie entre 73 et 77 c/m.

Caressa et Français.
Luthiers du Conservatoire
National de Musique de Paris.

Ontside the instrument will be found:

The pegs. (Fig. 4, Plate No. 4.)
The string nut. (A, *Plate No. 2.)*
The finger-board. (B *to* C, *Plate No. 2.)*
The bridge. (Fig. 5, Plate No. 4.)
The tail-piece. (Fig. 2, Plate No. 4.)
The cord of the tail-piece. (Fig. 3, Plate No. 4.)
The nut to which will be fastened the cord of the tail-piece. (Fig. 8, Plate No. 4.)
The pike that fastens into the nut. (Fig. 6, Plate No. 4.)
The bottom nut, to reinforce the edge, at the bearing point of the tail-piece on the top. (D *to* E, *Plate No. 2.)*

The strings are placed on the pegs in the following order: The A *on the peg* L; *the* D *on the peg* K; *the* G *on the peg* H; *the* C *on the peg* J. *(Table No. 2.)*

The distance from A *to* B, *Plate No. 3, from the edge of the top to the foot of the bridge, is called the "diapason"; to be normal, the feet of the bridge being placed between the notches of the f, its length should be 16 and 1/5 inches.*

For the rectifications, that are often necessary, either of bad notes, or the harshness of sound, or in order to give greater suppleness, greater volume or more strength to the sonority, there are three important factors that must always be considered: the sound-post, the bass-bar and the bridge. For each separate instrument, their adjustment, their thickness, their dimensions, require the most minute and careful calculations.

The woods that are employed for the construction of a Violoncello are the following:
Maple for the back, the sides, the neck and the bridge.
Pine for the top, the bass-bar, the sound-post and generally for the blocks, the wedges and the lining.
Ebony for the nuts, the finger-board, the tail-piece and the pike.
Rose-wood or ebony for the pegs.

Violoncellos are ornamented around the edges of the top and back with three layers of purfling consisting of a purfling in white wood between two purflings in black wood.

The size generally adopted at the present day for the Violoncello, from the edge of the top to the edge of the bottom of A *to* B, *Plate No. 1, is 34 inches, but one often sees Violoncellos, specially amongst the ancient instruments, that vary in length between 32 and 4/5 inches and 34 and 1/5 inches.*

Caressa et Français.
Musical Instrument Makers to the
National Conservatory of Music, Paris.

La tenue du Violoncelle.

Le but démonstratif de cet ouvrage me fait un devoir d'analyser ici une tenue rationnelle dont il sera bon de ne pas trop s'écarter.

Cette tenue tiendra compte, dans une certaine mesure, de l'esthétique visuelle, mais prendra son principal fondement sur la nécessité de laisser au coffre de l'instrument son maximum de proéminence: cela en vue d'une sonorité dégagée.

En principe le siège choisi doit arriver à la hauteur des genoux de l'exécutant.

Pour se préparer à tenir un violoncelle, l'instrumentiste s'assiera sur sa chaise assez près du bord extérieur. Il retirera son pied droit en arrière pour l'appuyer contre l'extrémité inférieure du pied droit de devant de sa chaise. Puis il posera son pied gauche bien d'aplomb un peu en avant et la pointe légèrement tournée vers sa gauche.

La longueur de la pique est aussi un facteur important dans la tenue du violoncelle. L'on veillera à ce que la dite longueur de pique permette l'application des principes ci-dessous.

Il faut, le côté droit de la bordure supérieure du „fond" étant appuyé contre la poitrine du violoncelliste à mi-hauteur du torse, qu'il fixe l'extrémité de la pique sur un point du sol situé un peu en avant et à droite par rapport à lui, de telle manière que le haut de l'instrument („le manche") se trouve incliné vers le milieu de l'épaule gauche. Le genou droit s'appliquera sur „l'éclisse" de droite au niveau de son renflement inférieur. Quant au genou gauche, il maintiendra le sommet (ou arête d'angle) du renflement inférieur gauche de la bordure du „fond."

The way of holding the Violoncello.

The aim of this work being one of demonstration necessitates my giving here an analysis of a rational way of holding the violoncello that it would be well not to alter.

The actual appearance will to a certain extent be taken into consideration, but the fundamental principle is the necessity of leaving to the body of the instrument its freedom with a view to the production of an untrammeled sonority.

The seat of the chair should be on a level with the knee of the player.

To prepare for the holding of the violoncello the player will sit down on the forward edge of the chair. He will draw the right foot back and press it against the foot of the right leg of the chair. He will then place his left foot firmly on the ground, a little forward and with the toe turned slightly outwards.

The length of the pike is also an important factor in the way of holding the violoncello. It should be such as to allow of the application of the following principles.

The right upper edge of the back of the instrument being pressed against the chest of the player about one foot below the level of the chin, the pike should be stuck in the ground a little to his right and in front of him, in such a way that the "neck" of the instrument will be inclined towards the middle of the left shoulder. The right knee should be pressed against the right "rib" at the level of the violoncello's greatest width, and the left knee against the left back summit of the same part of the instrument.

Tenue de l'archet.

La tenue d'archet est, dans la technique du violoncelle, le premier élément appréciable. Avant tout autre exercice, nous apprenons, en effet, à disposer les doigts de notre main droite sur la baguette de notre archet, de la manière que l'expérience de notre professeur lui fait juger „naturelle" et „simple."

Presque tous les ouvrages d'enseignement de notre instrument, parus jusqu'ici, contiennent, à ce sujet, un argument clair et logique. Il me semble pourtant qu'il existe des indications complémentaires, indispensables à la parfaite compréhension, comme à l'application de la tenue de l'archet.

Nous savons généralement quel aspect extérieur la convention impose à notre main droite, au cours d'une exécution. Quant à la „pression" des doigts sur l'archet, et à la détermination de l'endroit précis de chaque doigt, par où doit s'exercer cette pression, le professeur en décide habituellement selon la conformation de la main. Ce procédé me paraît défectueux. Pour ma part, je suis convaincu que rien de ce qui est „tenue" ne peut être absolu, en technique d'archet, et que si tous les instrumentistes formés par un même maître, ont une „manière" légèrement personnelle, la cause en réside principalement dans la dissemblance de leurs aptitudes physiques. Ces petites différences dans la „synthèse" de l'aspect, peuvent au moyen d'une observance rigoureuse de son „analyse", se réduire à l'état inoffensif d'élégances relatives dans l'„esthétique" de la tenue. Au point de vue de la technique, cela est sinon négligeable, du moins secondaire.

Il me paraît important de donner ici une description détaillée de la „tenue-type" observée chez plusieurs grands maîtres du violoncelle.

The way of holding the bow.

The way of holding the bow is, in the technique of Violoncello playing, the first item of interest. Before beginning any other exercise we learn to place the fingers of our right hand on the stick of the bow in the way that is deemed by our teacher, by experience, to be "natural" and "simple".

Nearly all the works published till now concerning the instruction of our instrument contain clear and logical statements on this subject. It appears to me however that there are certain additional indications that are indispensible to the perfect comprehension and the application of the way of holding the bow.

We have a general idea of the exterior aspect that convention has imposed on our right hand while we are playing. As for the pressure of the fingers on the bow, and the exact place on each finger through which such pressure is to be applied, the teacher usually decides according to the conformation of the hand. This appears to me to be a faulty procedure. I am convinced that in the bow-technique nothing concerning the "grip" can be absolute, and that if all the artists formed by the same teacher have a slightly personal "manner" this has originated in the dissemblance of their physical aptitudes. These small differences in the "synthesis" of appearance can, by a strict observance of its "analysis" be reduced to an inoffensive relative elegance in the "aestheticism" of the holding of the bow. As far as technique is concerned it is, if not negligeable, at least of secondary importance.

It is important at this point to give a detailed description of the typical "holding of the bow" observed as being used by several of the great masters of the violoncello.

In order to simplify the exposition of this analysis I will designate the fingers of the right hand as follows: Thumb, 1st (forefinger), 2nd (middle finger), 3rd (ring finger), and 4th (little finger). This same fingering, of which the origin will be explained later on, is also employed for the left hand. There is, any way, a certain resemblance between the right hand prepared to grasp the bow and the left hand (first disposition) prepared to

Pour simplifier l'énoncé de cette analyse, je désignerai de la façon suivante, les doigts de la main droite: Pouce, 1er (index) 2me (médius) 3e (annulaire) et 4e (auriculaire). Ce même doigté, dont l'origine sera expliquée en temps et lieu, s'emploie pour la main gauche. Il y a, du reste, une certaine similitude de physionomie, entre la main droite prête à recevoir l'archet, et la main gauche (première tenue) se disposant à jouer. Il sera traité ultérieurement des différentes tenues de la main gauche, et des cas auxquels s'applique chacune d'elles.

Pour préparer la main à recevoir l'archet, il faut, la main étant complètement ouverte, et les 1er, 2me, 3me et 4e doigts étant joints,

play. The different dispositions of the left hand and the situations to which each apply will be treated later on.

To prepare the hand to receive the bow one must, (the hand being fully extended and the 1st, 2nd, 3rd and 4th fingers pressed together),

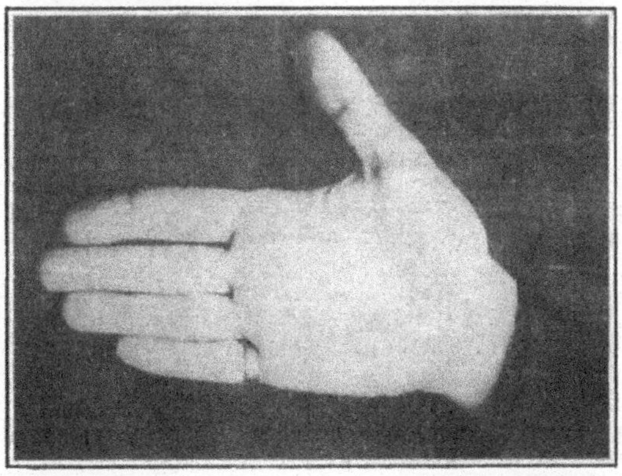

allonger le pouce contre la face intérieure du 2me doigt.

close the thumb over the face of the 2nd finger.

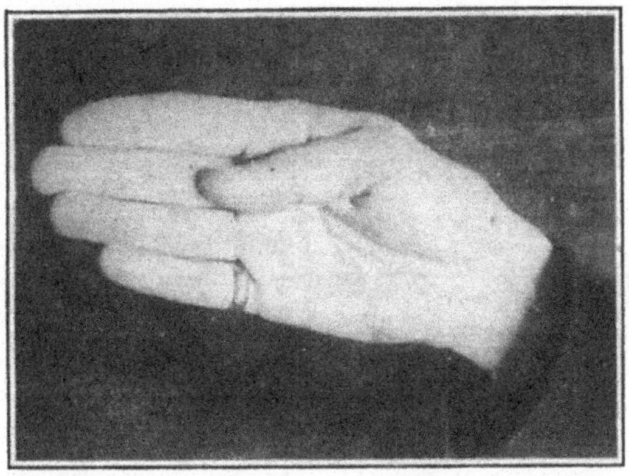

Ensuite, il faut replier légèrement la main, jusqu'à ce que l'extrémité du pouce (toujours allongé) atteigne la jointure de la première phalange du 2me doigt.

One must then slightly close the hand until the extremity of the thumb, (still extended), reaches the joint of the first phalange of the 2nd finger.

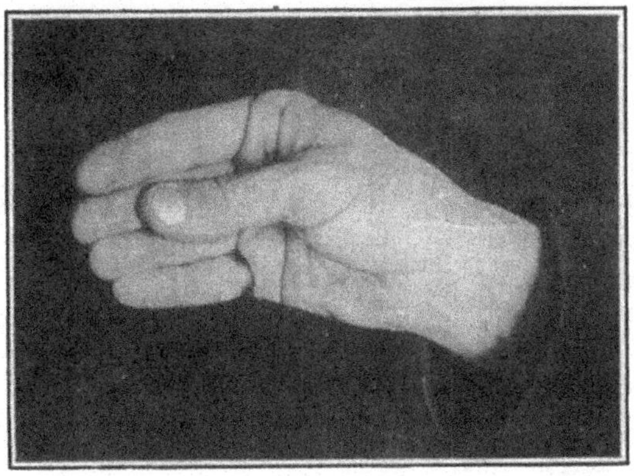

Enfin, il faut, sans détruire l'adhérence des doigts entre eux, replier un peu toutes leurs phalanges, de manière à former un creux dans la paume de la main. Ce repliement, minime pour le 1er doigt, et presque imperceptible pour le 4e, devra être assez prononcé pour les 2me et 3me doigts. Par ces différences de courbure des 4 doigts, on pourra (et cela est important) niveler leurs extrémités jointes.

On aura obtenu de la sorte un schema de la „tenue-type à d'insignifiants détails près, conforme dans son aspect d'ensemble, aux deux figures ci dessous:

Without separating the fingers they should then be drawn inwards so as to form a hollow in the hand. This drawing in of the fingers, that will be slight for the 1st finger and almost imperceptible for the 4th, will be fairly pronounced for the 2nd and 3rd fingers. By this difference in the curving of each of the four fingers one will be able, (and this is important), to level up their still joined tips.

One will have obtained in this way an idea of a "model disposition" that will conform in its general aspect, with insignificant differences of detail, with the two following figures:

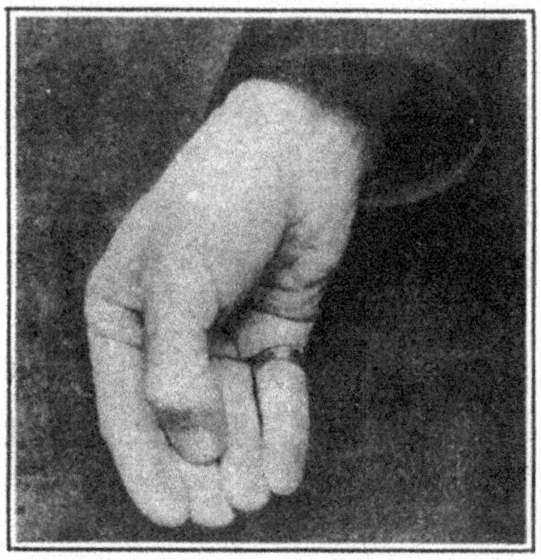

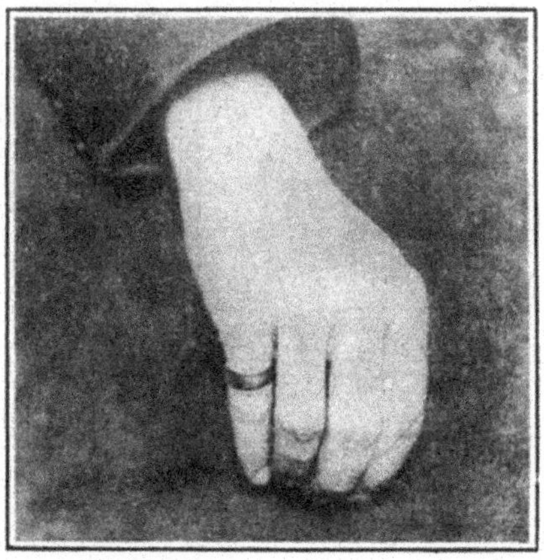

Maintenant, il est indispensable d'observer quelques particularités de forme de l'archet. Nous y relèverons des points de repère pour l'étude de sa tenue.

Du côté de la hausse, la baguette est, sur une partie de sa longueur, biseautée en octogone. Deux arêtes de cet octogone sont affleurées par les bordures métalliques des deux faces larges de la hausse.

It is now indispensible that we should take into consideration certain peculiarities of the form of the bow. We will note certain essential points for the study of the way in which it is to be held.

Near the frog the stick is for a certain length bevelled into an octagon. Two ridges of this octagon come lightly in contact with the metallic edging on the two wide sides of the frog.

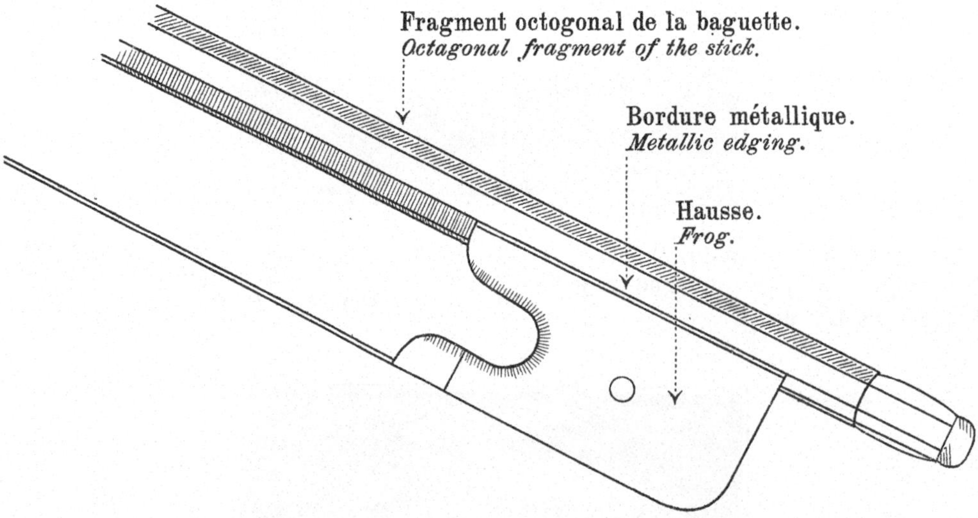

Pour placer les doigts de la main droite aux endroits voulus, il faut, l'archet étant maintenu par la main gauche, sa pointe perpendiculairement éloignée de l'exécutant, et sa baguette à droite de ses crins, appliquer sous la baguette les jointures intérieures des quatre premières phalanges alignées de la main droite, de telle manière que les deux premières seulement dépassent la hausse.

Ci-après une figure représentant les doigts 1, 2, 3 et 4 placés sous la baguette.

In order to place the fingers of the right hand where they should be, the bow should be held by the left hand perpendicularly to the player with the tip farthest away and the stick to the right of the hairs. The inner face of the joints of the four first phalanges of the right hand, all in line, should then be applied under the stick in such a way that only the first two are beyond the frog.

The following figure shows the 1st, 2nd, 3rd and 4th fingers placed under the stick.

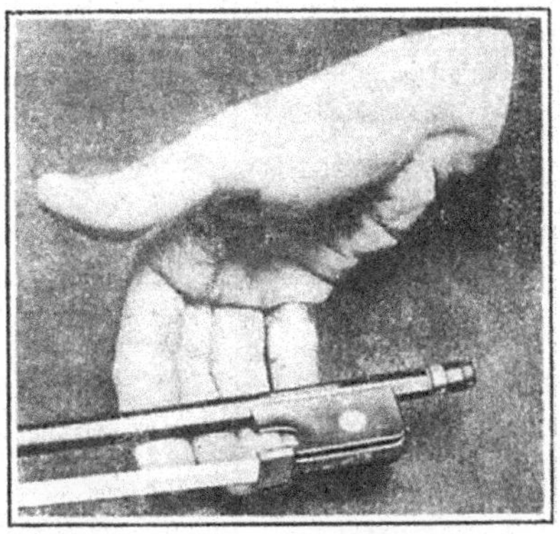

L'extrémité du pouce se fixera, alors, tout naturellement, sur le biseau dont l'arète supérieure fait suite à la bordure métallique de la hausse.

The extremity of the thumb will fall then quite naturally on the bevelled plane of which the upper ridge is the continuation of the metallic edging of the frog.

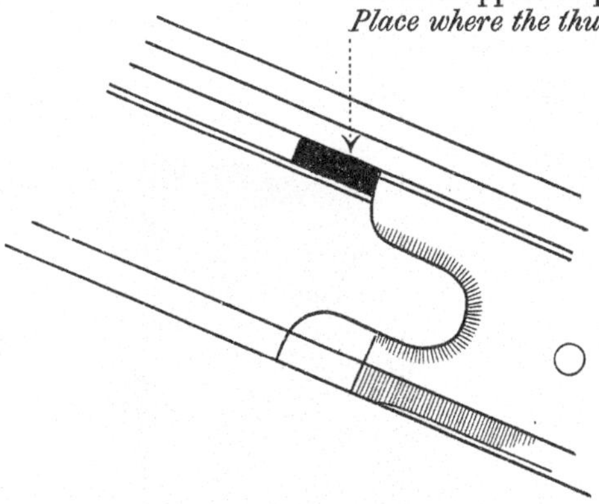

Voici les synthèses ainsi obtenues:

Here are the results obtained:

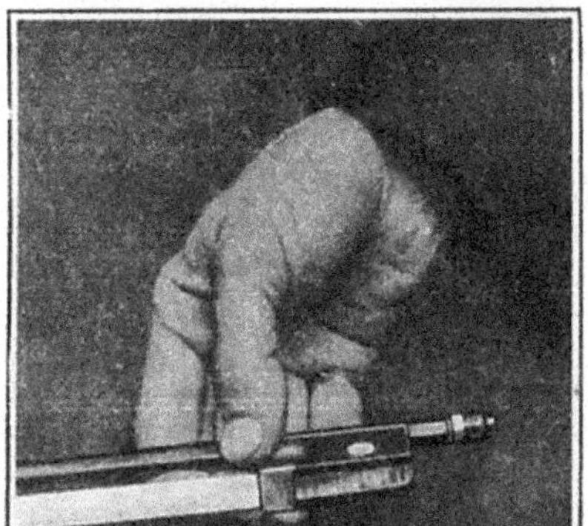

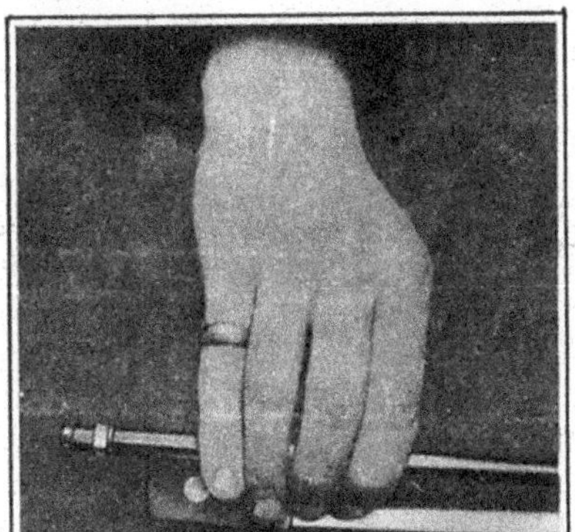

L'archet doit être tenu avec une égale fermeté par le pouce ainsi que par les 1er et 4e doigts. Sa stabilité étant ainsi suffisamment assurée, les 2me et 3me doigts effleureront seulement la baguette, pour se maintenir sur l'alignement des 1er et 4e.

The bow should be held with equal firmness by the thumb and the 1st and 4th fingers. Its stability being thus sufficiently assured, the 2nd and 3rd fingers need only lightly touch the stick, remaining however in line with the 1st and 2nd.

Préparation à l'emploi de l'archet.

Les Mouvements simples du bras droit, et ses mouvements combinés avec ceux de la main droite.

L'emploi le plus élémentaire de l'archet[1] consiste à faire glisser, alternativement, de l'une à l'autre des ses extrémités, la face extérieure de ses crins, sur l'une des cordes du violoncelle, perpendiculairement à celle-ci, et en observant une adhérence égale et continue des crins au même point déterminé de cette corde.[2] Analysons la manière d'obtenir ce résultat.

Mouvements préparatoires du bras droit.

Il faudra, le bras droit étant étendu le long du corps, soulever perpendiculairement l'avant-bras, et de telle manière que son extrémité inférieure soit un peu à gauche par rapport au coude. La face intérieure de cette extrémité de l'avant-bras devra se trouver sous sa face extérieure; le coude aura du conserver la place qu'il occupait avant le repliement du bras.

La figure ci-dessous représente le point de départ des mouvements que nous allons travailler.

Preparation for the use of the bow.

The simple movements of the right arm, and its movements combined with those of the right hand.

The most elementary use to which the bow is put[1] *consists in drawing the outside face of the hairs alternately from one of its extremities to the other across one of the strings of and perpendicularly to the violoncello, taking care that they should adhere equally and continuously to a given point of this string.*[2] *Let us analyse the means of obtaining this result.*

Preparatory movements of the right arm:

The arm hanging by the side of the body, the forearm should be raised perpendicularly, and in such a way that its extremity will be a little to the left of the line of the elbow. (The inside of the forearm should be below the outside; the elbow should remain in its original position).

The following figure represents the starting point of the movements that are about to be studied.

Il s'agira, maintenant, de se figurer, à la hauteur du poignet, une ligne idéale, coupant perpendiculairement l'axe du violoncelle,[3] et se prolongeant de gauche à droite par rapport à l'exécutant.

a b = axe du violoncelle.
C D = ligne idéale.

It now becomes necessary in the region of the wrist to draw an imaginary line at right angles to the axis of the violoncello[3] *and running from the left to the right of the player.*

a b = *axis of the violoncello.*
C D = *imaginary line.*

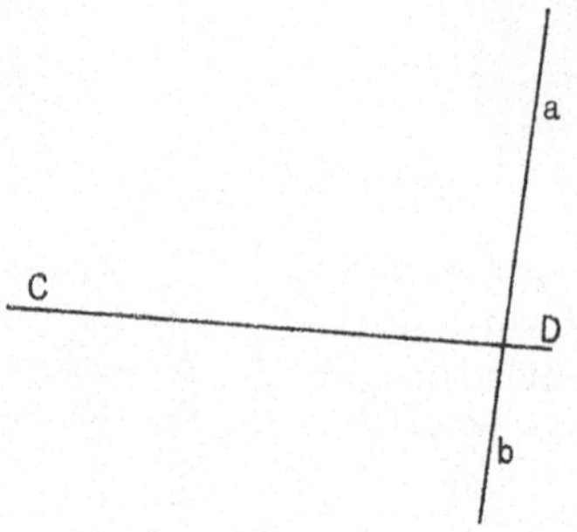

1) „Sons filés."
2) Le point de la corde, auquel doit adhérer l'archet varie suivant l'intensité sonore que l'on recherche. Il en sera fait, ultérieurement, une analyse raisonnée.
3) Le violoncelle étant supposé dans sa tenue d'exécution.

1) *"Long-drawn tones."*
2) *The exact point of the string where the bow is to be placed varies according to the intensity of sonority desired. A detailed analysis of this will be found further on.*
3) *The violoncello being supposed to be in position for playing.*

Le mouvement simple du bras consistera à longer avec le poignet le tracé fictif C D jusqu'à ce que le bras, progressivement éloigné du corps, soit parvenu à sa complète extension.[1] Il faudra ensuite répéter en sens inverse, le même mouvement.

Sur aucun point du parcours ainsi effectué, le coude ne devra dépasser, en élévation, le niveau atteint au point extrême de son éloignement du corps.

Les deux positions extrêmes du bras droit.

The simple movement of the arm consists in following with the wrist the imaginary line C D, *until the arm, gradually leaving the side of the body, is fully extended.*[1] *This movement should then be repeated in the inverse direction.*

At no point of this movement should the elbow be higher than it is when furthest from the body.

The two extreme positions of the right arm.

Il sera utile de s'exercer aux mouvements simples, et d'acquérir une certaine aisance dans leur exécution, avant de passer aux mouvements combinés.

It will be well to practice these simple movements and attain a certain ease in their execution before passing on to the combined movements.

Mouvements combinés de la main et du bras droits.

Le bras occupant son premier point de départ[2] et le poids de la main inerte délimitant la courbure du poignet, il faudra aligner les extrémités (jointes comme pour la tenue de l'archet) des doigts 1, 2, 3 et 4 sur une 2me ligne idéale, parallèle à la première.[3]

E F = deuxième ligne idéale

Combined movements of the right hand and arm.

The arm being at the original starting point,[2] *the curve of the wrist being determined by the weight of the hand, held loosely, the ends of the 1st, 2nd, 3rd and 4th fingers (joined as they were for grasping the bow) should be lined up on a second imaginary line, parallel with the first.*[3]

E. F. = *Second imaginary line.*

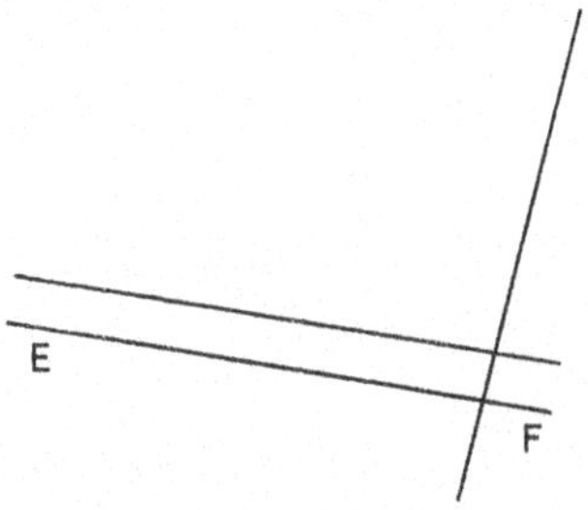

On devra, alors, répetér les mêmes mouvements de bras que précédemment, en ayant soin que les extrémités 1, 2, 3 et 4 suivent rigoureusement la deuxième ligne idéale. Il en résultera une modification continue, (surtout appréciable aux points opposés,) dans les rapports apparents de la main et du bras.

Le complément de ces mouvements, sera d'allonger graduellement les phalanges de tous les doigts, (particulièrement celle du pouce) pendant la période de l'éloignement, et de les replier de même pendant celle du rapprochement.

One should then repeat the preceding movements of the arm, taking care that the tips of the 1st, 2nd, 3rd and 4th fingers follow scrupulously the second imaginary line. The result will be a continuous modification, (specially noticeable at the ends of the movement) of the visible relations between the hand and the arm.

The complement of these movements will be the gradual straightening of the phalanges of all the fingers (particulary of those of the thumb) as the hand leaves the body, and their curving on its return.

1) Le poignet devra suivre toujours à plat la ligne idéale.

2) Voyez „Mouvements préparatoires du bras droit."

3) L'axe de la main devra être décentré similairement à l'axe du violoncelle, la „charnière" du poignet se trouvant ainsi un peu à gauche et en retrait par rapport à l'extrémité des doigts.

1) *The wrist, while following the imaginary line, should remain flat.*

2) *See "Preparatory movements of the right arm."*

3) *The axis of the hand should be placed parallel to that of the violoncello the "hinge of the wrist being thereby slightly to the left of and back of the tips of the fingers.*

Rapports de la main et du bras droits, à chacun des points extrêmes du mouvement combiné.

The relative positions of the right hand and arm at the two extremities of the combined movement.

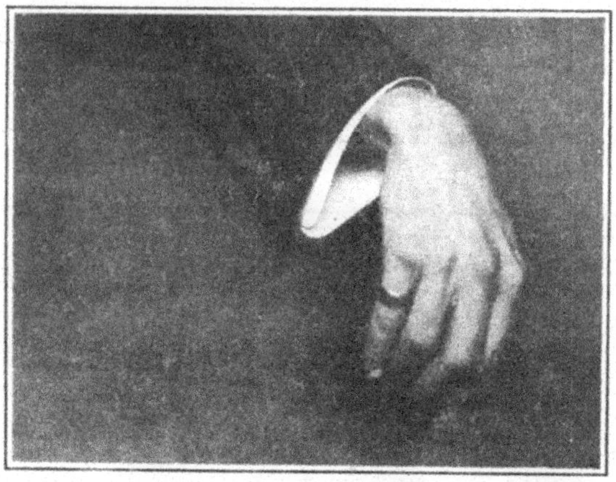

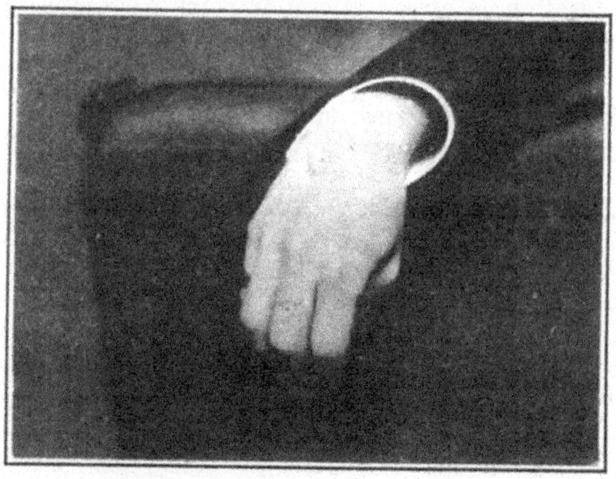

Aspect intérieur de la main et de l'avant-bras au moment où ils sont le plus rapprochés du corps.

Inner aspect of the hand and forearm when they are nearest to the body.

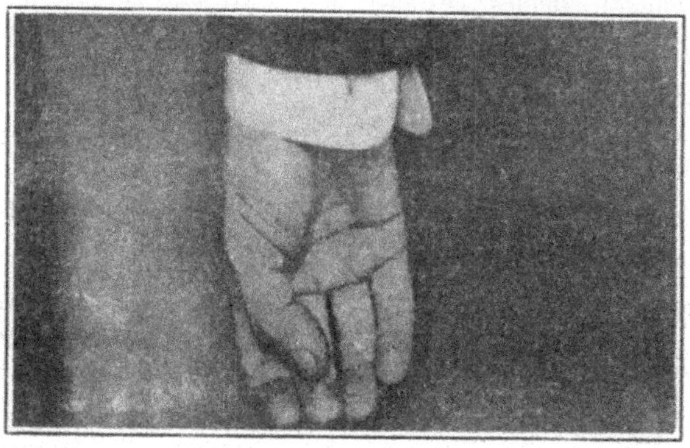

Leur aspect intérieur au point extrême de leur éloignement du corps.

Their inner aspect when furthest from the body.

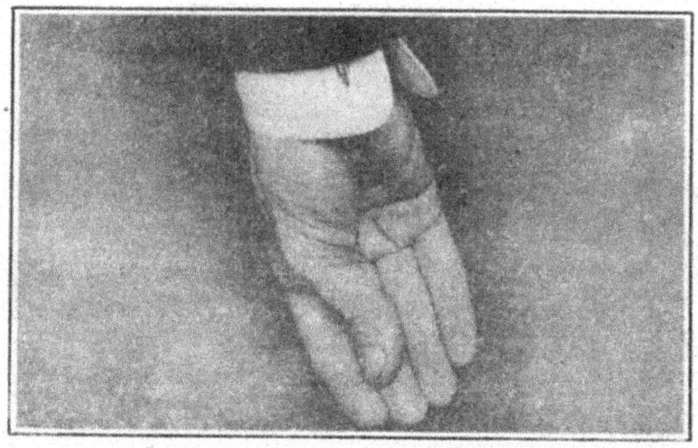

Je ne saurais trop recommander aux débutants, de répéter ces mouvements, fréquemment, et avec la plus grande lenteur, avant de s'essayer à l'emploi de l'archet.

I cannot impress too much on the beginner the necessity of repeating these movements frequently and as slowly as possible, before attempting to use the bow.

Définition de quelques termes, signes et abréviations techniques.

Tiré: Mouvement de l'archet, de gauche à droite (la main s'éloignant du corps).

Poussé: Mouvement inverse du „Tiré."

Talon de l'archet: Région des crins avoisinant la hausse.

Corde à vide: Corde ayant toute sa longueur, par conséquent non doigtée.

⊓ (ou ∧) Tiré.

V = Poussé.

T = Talon.

M = Milieu de l'archet.

P = Pointe de l'archet.

T.A. = Tout l'archet.

Accord du violoncelle: 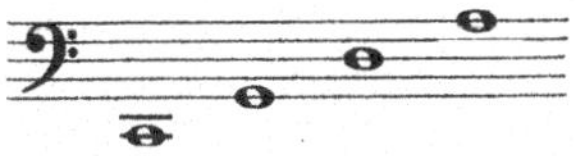

┌—— = Gardez le doigt. Ce signe s'emploie pour la main gauche. Il se place au-dessus d'un doigté, et se prolonge sur une ou plusieurs des notes suivantes, délimitant ainsi une durée à la pression continue, sur un même point, du doigt auquel il se rapporte.

Coup d'archet. On désigne par „coup d'archet" l'exécution d'une ou de plusieurs notes, obtenue par le mouvement, uniforme ou brisé, d'un même „tiré" ou d'un même „poussé." On peut articuler plusieurs fragments de phrase dans un seul coup d'archet: 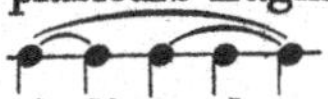. Dans cet exemple, la liaison générale indique le „coup d'archet," et les liaisons intérieures se rapportent au phrasé. Inversement, un seul fragment de phrase peut nécessiter plusieurs „coups d'archet."

Degré: Ce terme sera employé, dans cet ouvrage, dans le sens d'„échelon" de la gamme chromatique en commençant par le sillet.

3e degré de la 4e corde (*Do*).

Exemple: 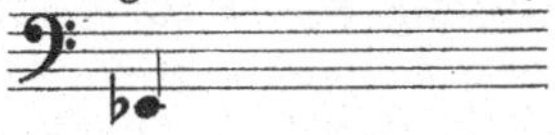

Le terme „degré de tenue" s'appliquera à l'ensemble d'une disposition de doigts en première, deuxième, troisième ou quatrième tenue; il comportera 16 notes, (4 pour chaque corde,) et se chiffrera en rapport du nombre d'échelons chromatiques qui sépareront le 1er d o i g t du sillet.

Definition of certain terms, signs and technical abreviations.

Down bow: Movement of the bow from left to right (the hand leaving the body).

Up bow: The inverse movement of the down bow.

Heel of the bow: That part of the hairs next to the frog.

Open string: String having its full length, and consequently unfingered.

⊓ (*or* ∧) *Down bow.*

V = *Up bow*

T = *Heel.*

M = *Middle of the bow.*

P = *Point of the bow.*

T.A. = *Whole bow.*

The violoncello is tuned as follows: 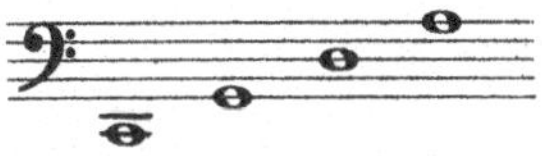

┌—— = *Keep the finger pressed down. This sign is employed for the left hand. It is placed over the fingering, and extended over one or more of the notes immediately following, thus determining the length of the continuous pressure, on a given point, of the finger to which the fingering applies.*

Stroke of the bow: By stroke of the bow is meant the execution of one or more notes, obtained by the continuous or broken movement of one and the same down bow or up bow. Several fragments of a phrase my be executed by one stroke of the bow: . *In this example the general slur indicates the stroke of the bow, the smaller slurs refer to the phrasing. Inversely a single fragment of a phrase may require several s t r o k e s of the bow.*

Degree: This word will be employed, in this work, in the sensc of a degree of the chromatic scale starting from the nut.

3rd degree of the 4th string (C).

Example: 

The term, "degree of disposition", will be used for an arrangement (as a whole) of the fingers in a first, second, third and fourth disposition; it will comprise 16 notes, (4 for each string,) and will be numbered according to the number of chromatic degrees of the scale that separate the 1st f i n g e r from the nut.

Exemple:
Example:

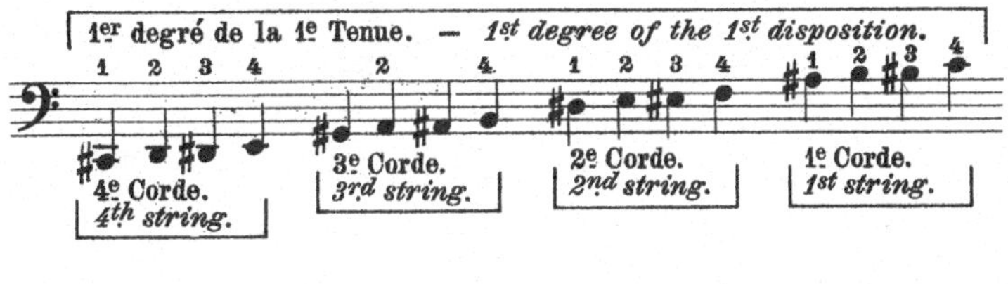

Premiers sons filés.

Les cordes du violoncelle présentent, dans leur portion contenue entre le sillet et le chevalet, l'aspect d'un faisceau de droites. Ce faisceau est rayonnant[1] et, en tenue d'exécution, oblique par rapport à une verticale arbitraire pointillé (a-b).

First long drawn tones.

The strings of the violoncello present, in the portion between the nut and the bridge, the aspect of a "bunch" of straight lines. This "bunch" radiates, and, when in position for playing, obliquely in relation to an arbitrary vertical line (dotted a-b).

[1] En effet, les cordes, équidistantes, mais très rapprochées au sillet, sont plus espacées au chevalet, quoiqu'aussi à des intervalles égaux entre aux.

[1] *In other words, the strings, equidistant from but very close to each other at the nut, are further apart at the bridge although still naintaining their equidistance.*

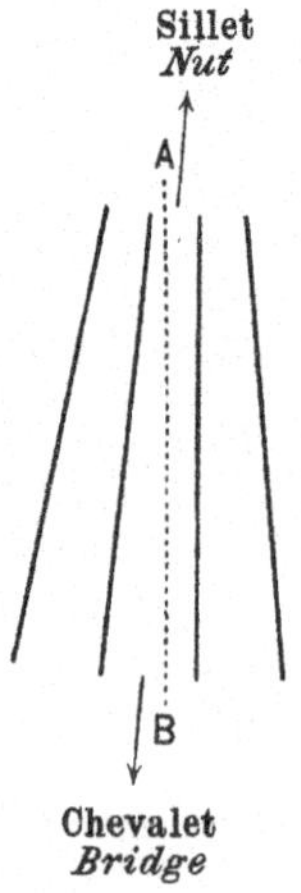

A chacune des cordes ainsi disposées, il sera nécessaire, dans la pratique de l'archet, de concevoir une perpendiculaire.[1]

Sur chaque corde, l'archet forme avec celle-ci, un angle droit.

In the use of the bow it will be necessary to imagine a line drawn perpendicularly to each of these strings.

The bow forms a right angle to each of the strings.

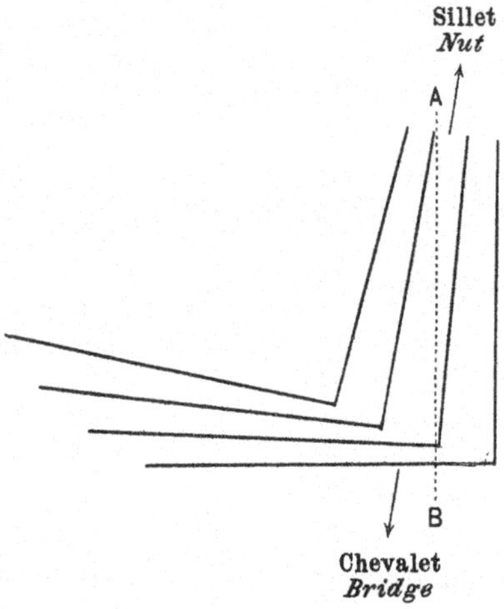

On devra également tenir compte, au cours des premiers exercices, du maintien constant d'un même éloignement des crins, se déplaçant sur une corde, par rapport à une corde voisine de celle-ci. Cette précaution permettra aux débutants, (le déploiement et le repliement du bras leur étant déjà familiers,) de s'intéresser plus librement à la „sonorité"[2]

Nous figurerons, par le pointillé A B, un arc de cercle fictif, reliant les points de passage (à hauteur d'archet) des quatre cordes. On remarquera que les crins (figurés par la droite C D) adhèrent à la corde „*Sol*"(Point E[1]) et sont à égale distance des cordes „*Do*" et „*Ré*" (Points E et E[2]).

Special attention should be paid when practicing the first exercices, in drawing the bow across a string, to keep the hairs of the bow at the same distance from the next string during the whole stroke. This will allow the beginner (when the straightening and bending of the arm have become familiar to him) more liberty to take an interest in the sonority produced.[2]

In the following figure the dotted line A B *represents the imaginary arc of a circle that unites the points at which the strings are attacked by the bow. It will be noticed that the hairs (represented by the line* C D*) touch the G string (point* E[1]*) and are equally distant from the C and D strings (points* E *and* E[2]*).*

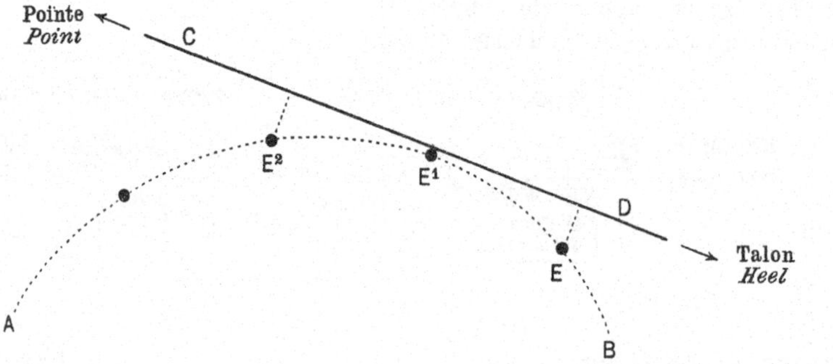

[1] On pourra constater que la courbure en arc de cercle du chevalet modifie, au contact d'un même point donné de l'archet avec un même point donné de chaque corde, les rapports apparents du coude droit et du corps.

[2] Il suffit d'observer ce détail pour assurer à l'archet un trajet perpendiculaire à la corde jouée. C'est dans le but d'éviter une préoccupation à l'exécutant, qu'on pourrait lui conseiller de localiser sa surveillance sur ce point.

[1] *One will note that the curve of the bridge in the shape of an arc of a circle modifies the apparent relations of the right elbow with the body, when one and the same point of the bow comes in contact in turn with a given point of a string and then with the corresponding points of the other strings.*

[2] *It suffices to pay attention to this detail to assure that the course followed by the bow is perpendicular to the string. In order to prevent a preoccupation to the player it would be advisable for him to concentrate his attention on this point.*

Nous pourrons essayer, maintenant, quelques sons filés. Pour plus de facilité, nous commencerons par l'une des cordes centrales, soit *„Sol"* ou *„Ré".* C'est sur ces deux cordes que le bras droit acquiert, le plus rapidement, de l'aisance. Le *„sol"* étant plus mince que le *„Ré",* sa mise en vibration demande un effort plus minime, et il me semble, pour cette raison, appropié à un premier exercice.

etc. (indéfiniment)

Pour bien exécuter cet exercice, il faudra, les crins étant appliqués (au talon de l'archet) sur la corde *sol*, à 3 ou 4 centimètres du chevalet[1], et cette corde supportant, dès ce moment, le poids inerte du bras, produire, au moyen des mouvements combinés travaillés précédemment, des sons continus aussi longs que possible, et d'une intensité toujours égale. Le maintien de l'intensité sera obtenu par une pesée de l'index et du pouce, proportionnelle au degré d'éloignement de la main par rapport au point d'intersection de l'archet et de la corde.

Plus encore que dans ce premier exercice, on aura, dans le suivant, à s'occuper d'éliminer les „rugosités" du son. Le pesée du pouce et de l'index, ainsi que les mouvements du bras ne devront en être que plus minutieusement réglés.

etc. (indéfiniment)

Sur la „chanterelle" (corde *„la"*) le maintien d'une même distance entre les crins et la corde voisine *(„Ré")* sera le résultat de mouvements moins „naturels". L'extension du bras devra se faire obliquement, en avant de l'exécutant, et un peu en élévation, par rapport au point d'intersection de l'archet et de la chanterelle. Pour les débutants, cette petite complication sera compensée, dans cet exercice, par l'émission plus immédiate des sons.

etc. (indéfiniment)

La vibration de la 4e corde[2] *(„Do")* est d'un entretien assez „fatigant". Cette corde offre, en plus, les désavantages inverses de la Chanterelle, pour les mouvements du bras. Ici, le maintien de la distance logique entre les crins et la corde voisine, *(„Sol")* est dû à un développement oblique du bras, en retrait pour l'exécutant, et avec un léger abaissement comparativement au point de jonction de l'archet et de la 4me Corde.

Cet exercice étant le plus difficile de tous, il sera bon de travailler d'abord un exercice préparatoire. Ce sera, en l'espèce la double corde *„Sol-Ré".*

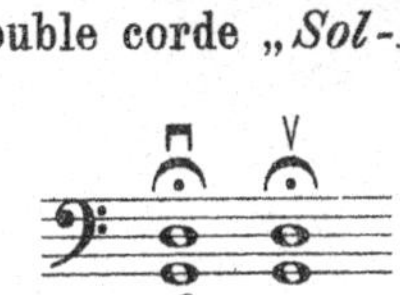

etc. (indéfiniment)

1) Pour des sons pleins il est nécessaire de se rapprocher du chevalet. Vers la touche le son se voile. On travaillera, en temps utile, ces différents effets.

2) Les cordes se désignent, de l'aigu au grave, par: 1e, 2e, 3e et 4e.

We can now try some long drawn tones. As they are easier we will begin by one of the inner strings, either the G or the D. It is on these two strings that the right arm will acquire facility most quickly. The G being a thinner string than the D it requires less effort to set it in vibration, and for this reason appears to me to be best suited for the first exercise.

etc. (indefinitely)

In order to perform this exercise properly it will be necessary, after applying the hairs of the bow (near the heel of the bow) to the G string, about an inch and a half from the bridge, (the string supporting from this moment the weight of the arm), to produce by the combined movements already studied, continuous sounds of equal intensity, and these as long-drawn as possible. An equal intensity of sound will be obtained by the pressure of the thumb and 1st finger, adapted to the distance of the hand from the point of intersection of the bow and the string.

More than in the first exercise it will be necessary in the following one to eliminate all "roughness" of tone. The pressure of the thumb and 1st finger as well as the movements of the arm will have to be even more carefully regulated.

etc. (indefinitely)

On the A string the maintenance of one and the same distance from the neighboring string (D) will be obtained by less "natural" movements. The arm will have to be extended obliquely, in front of the player, and a little above the level of the point of intersection of the bow and the string. For beginners this little complication will be compensated, in this exercise, by the greater rapidity with which the emission of sound will be acquired.

etc. (indefinitely)

The maintenance of the vibration of the 4th string[2] (C) is fairly "fatiguing." Moreover, this string, inversely, offers the same disadvantages as the A string, as far as the arm is concerned. Here the maintenance of the correct distance between the hairs of the bow and the neighboring string is obtained by the straightening of the arm obliquely and slightly back of the player, with the hand at a little lower level than the point of contact of the bow and the 4th string.

As this exercise is the most difficult it will be well to practice a preparatory one, that of the double string G D.

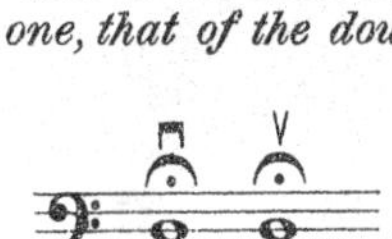

etc. (indefinitely)

1) *For a full quality of sound one must remain near the bridge; near the fingerboard the sound becomes muffled. These different effects will be studied in due course.*

2) *The strings are numbered from the highest to the lowest: 1st, 2nd, 3rd and 4th.*

Pendant la course de l'archet, les crins adhéreront à un point de chacune de ces cordes, situé à environ 3 centimètres au-dessus du chevalet.[1] Les crins devront conserver un même éloignement des cordes „*La*“ et „*Do*“. Cet exercice préparera principalement à une plus forte pesée de la main. On devra se garder de l'exécuter autrement qu'avec un bras inerte.

Nous passerons maintenant aux sons filés sur la 4me corde.

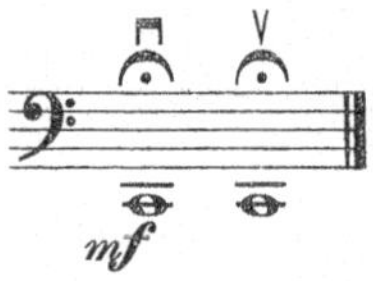

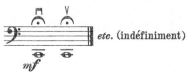

etc. (indéfiniment)

During the stroke of the bow the hairs will be drawn over a point on each string situated a little over an inch from the bridge.[1] *The hairs must remain equidistant from each of the strings A and C. The principal aim of this exercise is to prepare the right hand for a heavier pressure of the bow. One must be careful to practice it with a limp arm.*

We will now pass on to long drawn tones on the 4th string.

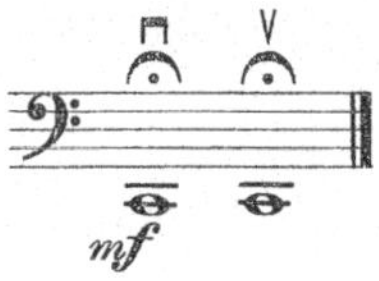

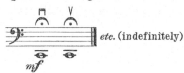

etc. (indefinitely)

Positions du bras droit:

Aux deux points extrêmes de l'archet sur les cordes centrales.

Positions of the right arm:

At the two extremities of the bow on the middle strings.

Sur la Chanterelle.

On the A string.

Sur la 4e corde.

On the 4th string.

[1] Le parcours de l'archet ne sera donc plus à angle droit avec chaque corde. Il sera parallèle à une droite fictive, passant par les points d'aboutissement des deux cordes au chevalet.

[1] *The line followed by the bow will no longer be at right angles with each of the strings. It will be parallel with an imaginary line running accross the points where the strings pass over the bridge.*

Changement de corde au changement d'archet.[1]

Cette branche de la technique d'archet nécessitera des mouvements légèrement différents de ceux dont nous nous sommes servis jusqu'à présent.

Dans les changements de corde, sans interruption du son, il faudra, surtout, se garder des lignes brisées.[2]

Premier exercice: 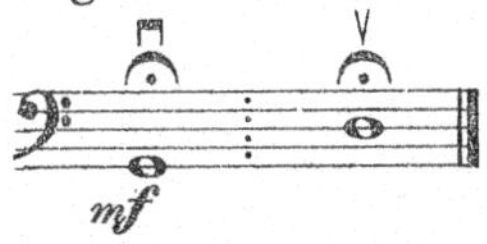

Si, dans l'exécution de cet exercice, la main droite suivait un tracé à angle droit c o n s t a n t avec la corde jouée, le changement de corde proviendrait d'un mouvement „heurté."

Pour éviter l'attaque brusque de chaque nouvelle corde, il faudra que l'archet greffe chacune de ses courses à la suivante, au moyen d'un „pont" entre la perpendiculaire de la corde j o u é e et celle de la corde à j o u e r. Ce „pont" consistera en un mouvement gradué d'exhaussement ou d'infléchissement de la main, à chaque terminaison d'archet, selon qu'on se disposera à passer d'une corde grave à une corde aigüe, ou inversement.[3]

La figure ci dessous représente le trajet complet de la main droite, pendant l'exercice „*Sol* ⊓" - „*Ré* V."

Change of string on change of bow.[1]

This branch of bow-technique necessitates slightly different movements from those employed up to now.

When changing from one string to another, with interruption of sound, one must avoid above all the broken line.[2]

First exercise: 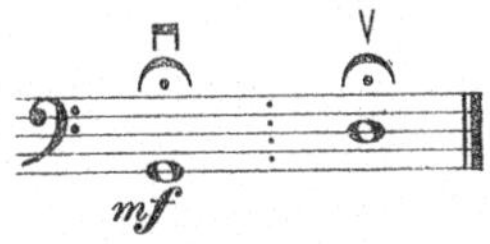

If in the execution of this exercise the right hand were to follow a constant perpendicular to the string in play, the change of string would be produced by a jerky movement.

In order to avoid the abrupt attack of each new string the bow should "graft" each of its strokes to the following one by means of a "bridge" between the perpendicular of the string in play and that of the string to be played. This "bridge" consists of a graduated raising or lowering of the hand, according to whether one is preparing to pass from a low string to a high one or the inverse.[3]

The next figure represents the complete course followed by the right hand during the exercise G⊓ - D V.

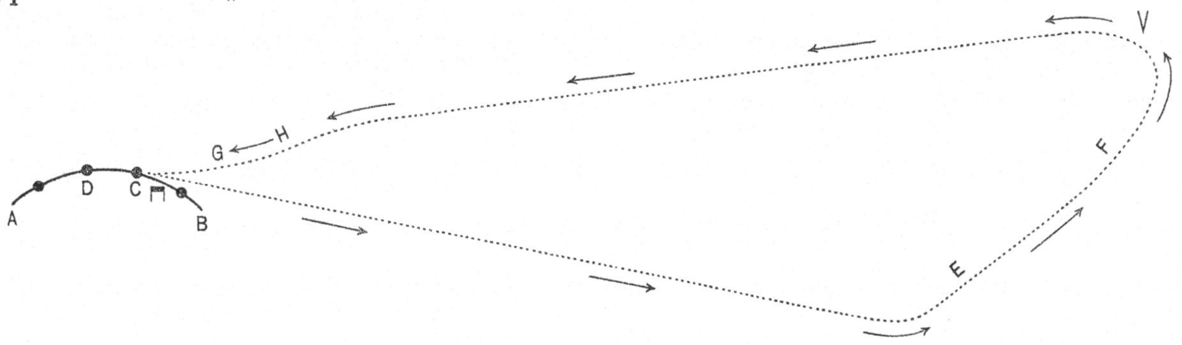

Courbe A-B = Tracé fictif parallèle au chevalet, reliant les points de passage des 4 cordes à hauteur d'archet.

Point C = Corde „*Sol*."

Point D = Corde „*Ré*."

Courbe E-F = „Pont" entre *Sol* et *Ré*.

Courbe G-H = „Pont" entre *Ré* et *Sol*.

Lorsqu'on sera bien accoutumé à ce nouveau mouvement on pourra en travailler le renversement, en se servant de l'exercice.

Ici, la main droite parcourra un tracé conforme au pointillé de cette deuxième figure.

Curve A-B = *Imaginary line, parallel to the bridge passing through the points where the four strings are met by the bow.*

Point C = *G string.*

Point D = *D string.*

Curve E-F = *"Bridge" between the G and D.*

Curve G-H = *"Bridge" between the D and G.*

When this new movement has been thoroughly mastered, the inverse may be practised, utilizing the following exercise:

Here the right hand will follow a line as traced by the dots in the following figure.

---

1) Abréviation de: „changement de coup d'archet."

2) Le seul cas d'exception sera celui des alternances rapides de deux, trois ou quatre cordes. Nous étudierons ultérieurement ce cas.

3) Vers la pointe de l'archet, et vu l'allongement continu du rayon, la courbe décrite au cours de ce mouvement transitoire sera très perceptible. Le rapprochement du talon comportera, naturellement, le phénomène opposé. La position de la main, par rapport au bras, sera toujours celle des „mouvements combinés."

1) *Abbreviation of "change of the stroke of the bow."*

2) *The only exception is the rapid alternating of one, two or three strings. This will be treated later on.*

3) *Toward the point of the bow, and owing to the continuous lengthening of the radius, the curve executed during this transitory movement will be very pronounced. The return to the heel will naturally produce the opposite result. The position maintained by the hand in relation to the arm must always be that of the "combined movements."*

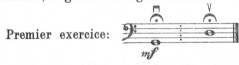

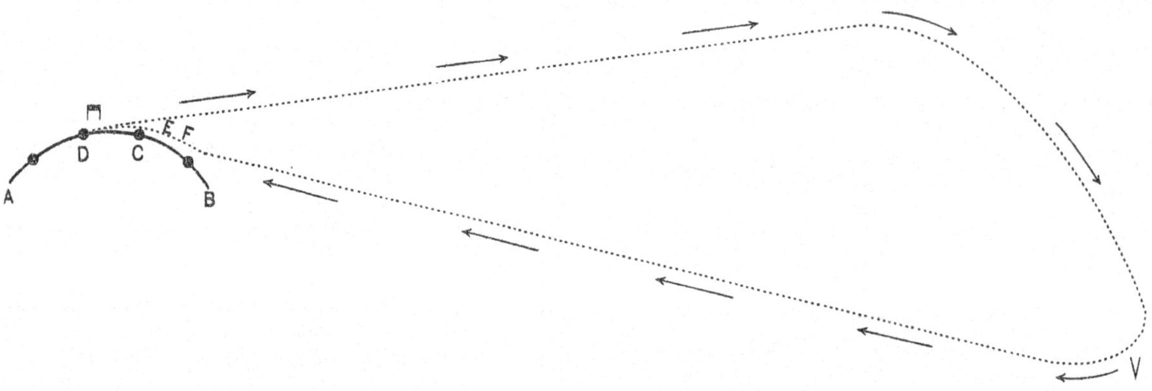

Dans ce second exemple, on remarquera que la courbe E-F qui termine le „poussé“ est si réduite, que l'on pourrait être tenté de suppléer au petit avancement du bras, par un „roulement“ de la main. Il y a lieu, au début, de contrôler, scrupuleusement son travail, sur ce point, sans s'accorder aucune licence.

(Je crois nécessaire de rappeler ici une recommandation que j'ai faite au chapitre des mouvements préparatoires du bras droit: à savoir, que l'élévation du coude ne doit atteindre son point maximum, qu'à l'aboutissement de l'extension du bras.)

On devra s'entraîner aussi à un enchaînement immédiat des sons, produisant, de la sorte, à l'oreille la sensation d'un seul coup d'archet infini, d'une intensité invariable.

On devra exécuter de la même manière les exercices suivants.

Exercices préparant, par une plus forte pesée, à l'enchaînement des deux cordes graves.

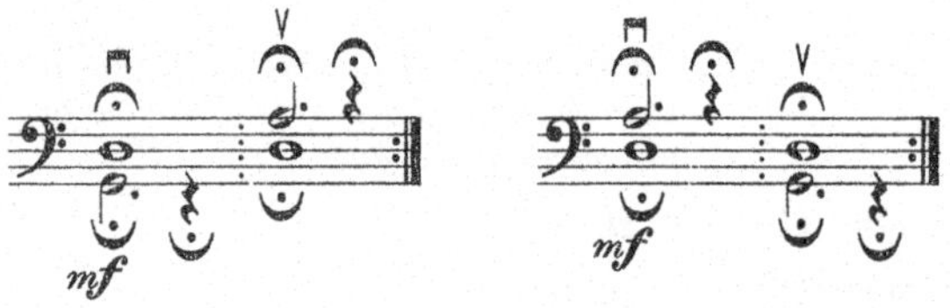

Les mouvements transitoires devront être faits pendant les soupirs (𝄽).

Enfin, l'on passera aux deux derniers exercices de cette série.

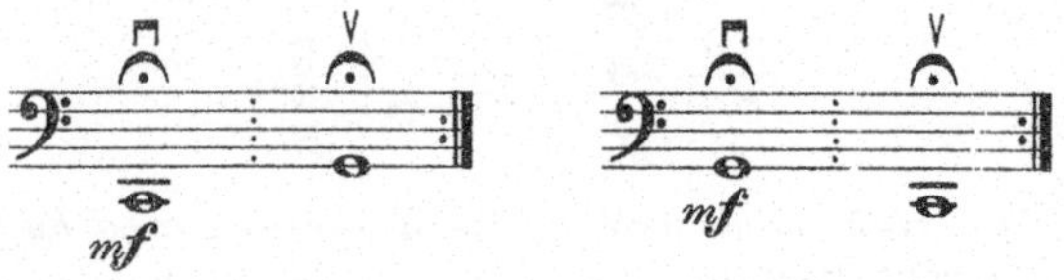

Si toutes les indications qui précèdent ont été consciencieusement observées, il ne sera pas prématuré d'associer maintenant l'éducation de la main gauche à celle de l'archet.

In this second example it will be noticed that the curve E-F at the end of the up-stroke is so short that one might be tempted to replace the slight forward movement of the arm by a "rolling" of the hand. Care should be taken, in the beginning, to verify scrupulously one's work, as far as this point is concerned, without allowing one's self any licence.

(I think it necessary to recall here the recommendation that I made under the heading: "Preparatory movements of the right arm;" namely, that the elbow should not attain its greatest elevation until the arm is fully extended.)

One should also practice an instantaneous linking-up of sounds, in such a way as to produce on the ear the impression of an unending single stroke of the bow, of an unchanging intensity.

The following exercises should be practised in the same way.

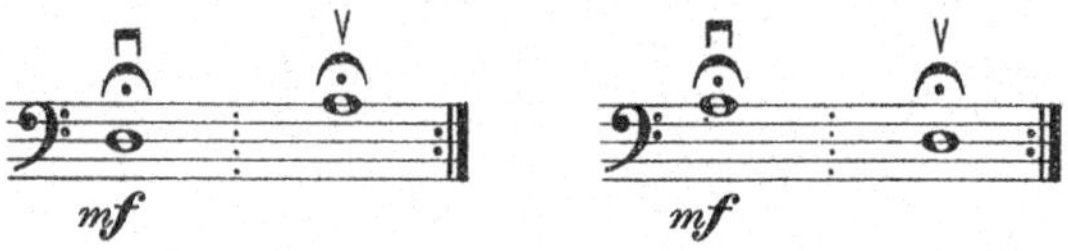

Exercises preparing, by greater pressure, for the progression from one to the other of the two lower strings.

The transitory movements should be executed during the rests (𝄽).

Finally one will practice the last two of this series of exercises.

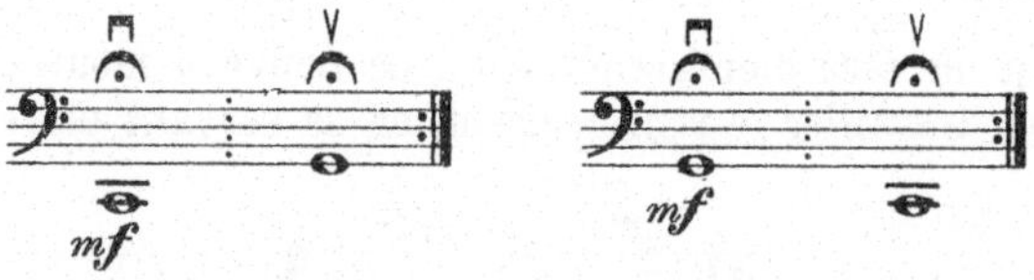

If all the preceding indications have been conscientiously observed, it will not be premature to couple the training of the left hand with that of the bow.

Préparation à l'emploi de la main gauche.

Les doigts de la main gauche se déplacent sur les cordes du violoncelle en qualité de „sillets". Autrement dit, c'est par un appui ferme[1] de l'extrémité des doigts sur les cordes, que l'on réduit la longueur de ces dernières à des degrés proportionnels aux sons graves ou aigus que l'on recherche. Les sections ainsi obtenues devront être nettes. Le son ne peut avoir d'essor que lorsqu'il est produit par les vibrations du seul fragment de corde, compris entre le „doigt-sillet" et le chevalet.

La technique de la main gauche est, sinon aussi ardue que celle de l'archet, du moins très complexe.

Elle comporte de nombreuses tenues. Ces tenues sont applicables selon l'ordre d'assemblage des intervalles à réaliser par la seule articulation des doigts (sans déplacement de la main) et selon, aussi, que lesdits groupements d'intervalles s'exécutent au grave ou à l'aigu de l'instrument.

Je crois utile de faire précéder le travail de la main gauche, par quelques considérations générales sur la justesse. Ces observations, d'ailleurs fort succintes, n'auront d'autre but que de mettre l'exécutant en garde contre n'importe quelle disposition symétrique de ses doigts.

Sur le violoncelle, de même que sur les autres instruments „non tempérés", il est indispensable de différencier, par l'intonation, les degrés que l'usage des instruments tempérés a rendus synonymes. Ainsi, au piano, par exemple, la même touche peut s'appeler, selon les cas, *Ré♭* où *Do♯*. Chez nous, l'orthographe devra décider de l'intervalle. Le *Ré♭* sera plus proche du *Do* que ne le sera le *Do♯*. Pour notre oreille, le *Ré♭* n'est juste (bien que cela soit considéré, en science acoustique, comme inexact) que s'il a tendance à descendre au *Do*, et le *Do♯* ne paraît satisfaisant que lorsqu' il subit l'attraction du *Ré*. Selon la loi de l'oreille, les degrés s'échelonnent de la manière suivante: *Do, Ré♭, Do♯, Ré♮, Mi♭, Ré♯, Fa♭, Mi♮* etc. Dans l'exemple ci-dessous

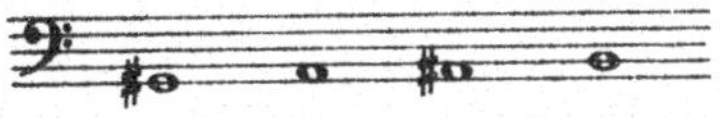

il sera indispensable d'exécuter le *Sol♯* et le *La♯* en rapport de leurs tendances vers les notes *La* et *Si*. En résumé, on devra former l'écartement des doigts, de façon à ce que tout degré „attractif" d'un autre degré soit extrèmement proche de ce dernier.

Exercices d'assouplissement des doigts.[2]

La main gauche étant complètement ouverte, et les doigts 1, 2, 3 et 4 étant joints,[3] il faudra replier chacun d'eux, de telle manière, que la face intérieure de la première phalange adhère à la face intérieure de la troisième phalange. On écartera, alors, les doigts ainsi repliés, de façon à obtenir, tour à tour, les groupements ci-dessous énoncés.

1–234, 12–34, 123–4, 1–2–34, 1–23–4, 12–3–4, 1–2–3–4.

1) Seuls les „sons harmoniques" s'obtiennent par effleurement. Il ne peut encore en être question ici.

2) Je dois l'idée de ces exercices, à la lecture de la „Technique du Piano" de Jean Huré.

3) On doigte par ces 4 chiffres, l'index, le médius, l'annulaire et l'auriculaire. Ce doigté à été adopté à une époque où seuls ces 4 doigts s'appliquaient sur les cordes. Le pouce se tenait alors invariablement derrière le „manche". Le premier usage du „pouce-sillet" remonte aux premiers essais de virtuosité sur le violoncelle, lequel n'avait, jusque là, servi qu'à des parties de „basse" dans des ensembles. L'ancien chiffrage, (qui comportait en outre le zéro, pour les cordes à vide et les sons harmoniques) à néanmoins été conservé de nos jours. On l'a enrichi du signe ♀ pour désigner l'emploi du pouce. Ce dernier joue, dans la technique actuelle un rôle prépondérant. Son adjonction aux autres doigts compte à tort parmi les difficultés „classées" de notre instrument. On verra, pour la suite, que ce vieux préjugé n'a aucune raison d'être.

Preparation concerning the use of the left hand.

The fingers of the left hand in their various positions on the strings act as "nuts". In other words, it is by a firm pressure[1] *of the tips of the fingers on the strings that the length of the latter is reduced proportionally to the low or high note that one wishes to produce. The sections thus obtained should be well determined. The sound will have no "carry" unless it is produced solely by the vibrations of the section of the string situated between the "nut-finger" and the bridge.*

The technique of the left hand is, if not as difficult as that of the bow, at any rate extremely complex.

It comprises numerous "dispositions" of the fingers. These "dispositions" are to be employed, according to the order of grouping of the intervals to be executed by the "articulation"[2] *of the fingers alone (without moving the hand), and also according to whether these groups of intervals are to be played in the bass or the treble region of the instrument.*

Before proceeding to the study of the left hand I think it useful to consider certain general points concerning the accuracy of "tune". These remarks that will be quite succinct are intended solely to put the player on his guard against any arbitrarily symmetrical disposition of his fingers.

On the violoncello, the same as on other keyless instruments, it is indispensible to differentiate, by intonation, the degrees of the scale made synonymous by the use of keyed instruments. For instance, on the piano the same note is called, according to circumstances, D flat or C sharp. But with us the orthography will decide which note is to be played. The D flat will be nearer C than the C sharp would be. For our ear the D flat will appear correct (although in acoustic science this is considered inexact) only if it has a tendency to descend to C, and the C sharp is satisfactory only if it allows itself to be attracted by D. According to the law of the ear the degrees of the scale should read as follows: C, D♭, C♯, D♮, E♭, D♯, F♭, E♮, etc. In the following example

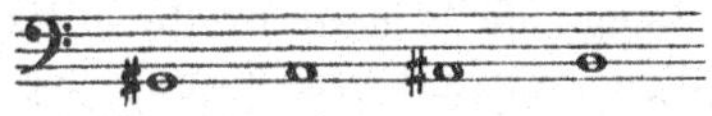

it will be indispensable when playing G♯ and A♯ to take into consideration their tendencies toward the notes A and B. To resume, the player should arrange the spaces between the fingers so that all degrees of the "sound-scale" that can be "attracted" by another degree should be extremely near the latter.

Exercises to render the fingers supple.[3]

The left hand being wide open and the 1st, 2nd, 3rd and 4th fingers joined[4]*, each of these should be closed so that the first phalange touches the third phalange.*

The fingers thus closed should be separated so as to form the following groups:

1–234, 12–34, 123–4, 1–2–34, 1–23–4, 12–3–4, 1–2–3–4.

1) *Only harmonic sounds are obtained by a light touch. It is not yet time to speak of these.*

2) *"Articulation", "Articulate". These words are used in the French sense, meaning the moving or working of the fingers.*

3) *The idea of these exercises was suggestet to me by the perusal of Jean Huré's "Technique du Piano."*

4) *These figures are used in fingering the forefinger, middle finger, ring finger and little finger. This fingering was adopted at a period when these four fingers only were applied to the strings. The thumb was then invariably held back of the "neck". The first use of the thumb as a "nut" dates from the first attempt at virtuosity on the violoncello, that until then had been used for bass parts only in concerted music. The old fingering (that embraced also the nought, for the open strings and for the harmonics) has notwithstanding been maintained in modern times. The sign ♀ has however been added to designate the use of the thumb. In modern technique the thumb plays a very important part. Its adjunction to the other fingers is wrongfully supposed to be an "accepted" difficulty of our instrument. It will be seen, in the course of what follows, that this old prejudice has no reason to exist.*

Ces exercises sont difficiles à réaliser du premier coup. Il faudra s'y obstiner si l'on tient à acquérir la souplesse des doigts. Chaque écartement réussi devra être maintenu pendant une demi-minute environ.

Il sera également profitable d'articuler les doigts, un à un, en les relevant et les abaissant le plus possible. (Leur repliement sera le même que pour les exercices précédents.) L'articulation devra se faire par des mouvements brusques et à intervalles de durée semblables. Chaque nouvelle articulation sera précédée par un effort vers l'augmentation du mouvement opposé. On évitera, autant que cela se pourra, d'articuler plus d'un doigt à la fois.

Enfin on rouvrira les phalanges, et on réalisera, avec les doigts allongés, les divers groupements indiqués plus haut. Il sera bon de travailler tous les jours à l'assouplissement de ses doigts, quelle que soit la perfection qu'on aura atteinte dans le développement de leur force[1] et de leur indépendance.

Passons maintenant à la 1ère tenue de la main gauche, ou disposition chromatique des doigts 1, 2, 3 et 4.

In the beginning these exercises will be found difficult of execution. One should however persevere in their practice if one wishes to acquire supple fingers. The fingers should be maintained for half a minute in the position obtained by each of the above combinations.

It will also be found useful to work the fingers one by one, raising and lowering them as far as possible, (the fingers remaining closed, as in the preceding exercises). These movements should be rapid and at equal intervals from each other. Each new movement should be preceded by an inverse effort to exaggerate the one just executed. One should avoid, as far as possible, the working of more than one finger at a time.

Finally the fingers should be opened again, and the foregoing exercises with the different groupings be executed with the fingers stretched out. No matter what degree of perfection may have been attained in the strength and in the independence of the fingers,[1] these exercises for rendering them supple should be practiced daily.

We will now pass on to the 1st disposition of the left hand, or chromatic disposition of the 1st, 2nd, 3rd and 4th fingers.

Première disposition de la main gauche.

Le bras gauche étant étendu le long du corps, et la main se modelant à l'image de la main droite prête à recevoir l'archet, on devra relever l'avant-bras jusqu'à ce que les doigts 1, 2, 3, 4 puissent s'aligner sur la même corde (au „manche“). La pression de la corde devra être faite par l'extrémité de chaque doigt, avec la partie de sa face intérieure, qui correspond au niveau de la coupe de l'ongle[2].

Place d'appui des 4 doigts:

First Disposition of the left hand.

The left arm hanging by the side of the body, and the hand being in the same shape as the right hand when the latter is prepared to receive the bow, the forearm should be raised until the 1st, 2nd, 3rd and 4th fingers can be placed in a row on one and the same string (on the fingerboard). The pressure on the string should be made by the tip of each finger, at a point on the inner side of the latter, corresponding to the line of the "cut" of the nail on the outside.[2]

Point of pressure of the fingers:

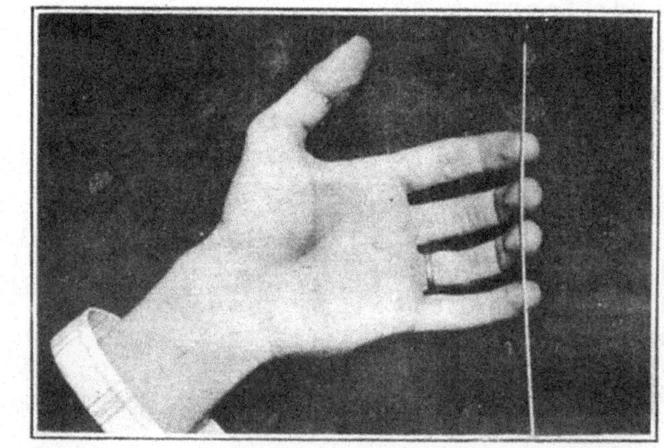

Le pouce, allongé, appliquera, transversalement, la face extérieure de sa phalange derrière le „manche“ et invariablement sur la partie la plus épaisse de celui-ci.

The phalange of the thumb, held straight, should be applied transversely to the back of the "neck", and invariably to the thickest part of the latter.

---

1) Nous travaillerons, à cet effet, des exercices spéciaux.

2) Les ongles de la main gauche devront être coupés presque ras. On verra, dans l'étude du „vibrato“, les avantages que comporte l'appui des doigts aux places ci-dessus indiquées.

1) *For this, special exercises will be forthcoming.*

2) *The nails of the left hand ought to be cut almost to the quick. It will be during the study of the "vibrato" that the advantages of the pressure of the fingers at the points above indicated will become apparent.*

Place d'appui du pouce.
Part of the thumb to be applied.

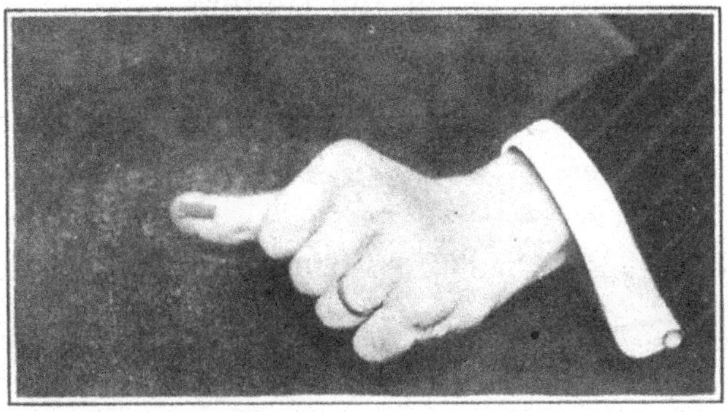

Place du pouce sur le manche.
Part of the "neck" to which the thumb is to be applied.

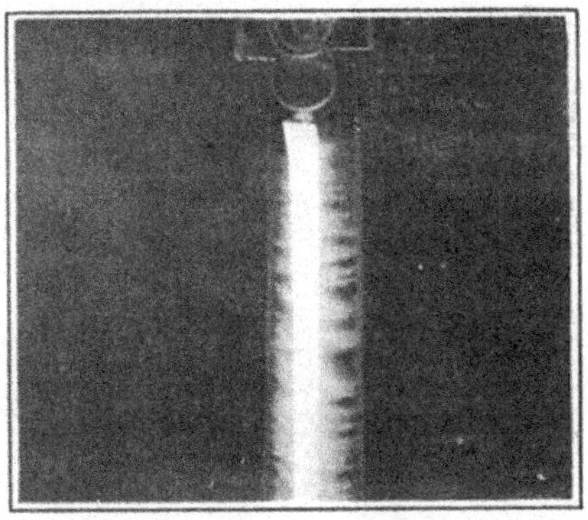

Le pouce étant ainsi placé, c'est de sa longueur que dépendra le degré de courbure des autres doigts.

Le pouce se tiendra toujours au niveau du 2me doigt. Sa pression ne devra pas être un obstacle au déplacement souple de la main.

The extent of the curve of the fingers will depend on the length of the thumb after it has been placed.

The thumb should always be held opposite the 2nd finger. Its pressure should not be a hindrance to the supple changing of position of the hand.

Tenue approximative de la main.
Approximate disposition of the hand.

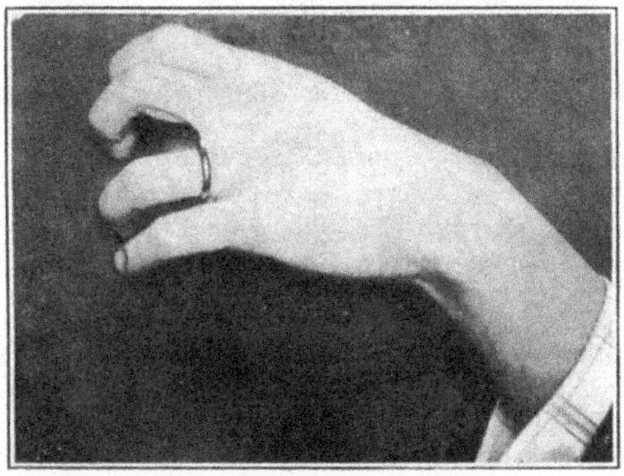

Profil gauche du manche, une fois les doigts placés.
Left profile of the fingerboard with the fingers in position.

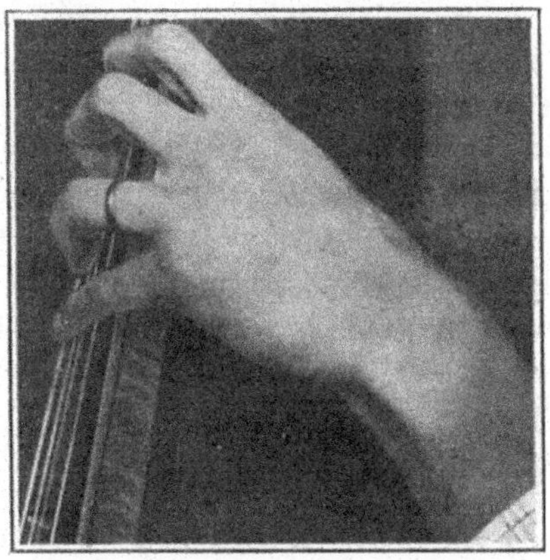

On glissera alors la main, sans changer sa tenue, vers le haut du manche, jusqu'à ce que le premier doigt se trouve environ à 4 centimètres au-dessous du sillet. Le coude devra être, à ce moment, un peu (très peu) écarté du corps, afin d'éviter un courbure trop accentuée du poignet.

The hand should now be slid up the fingerboard until the 1st finger is about an inch and a half below the nut. The elbow should then be slightly (very slightly) removed from the body, in order to avoid a too pronounced curve of the wrist.

Profil droit de la main en tenue d'exécution sur le premier degré du manche.

Right profile of the hand ready for play on the first degree of the fingerboard.

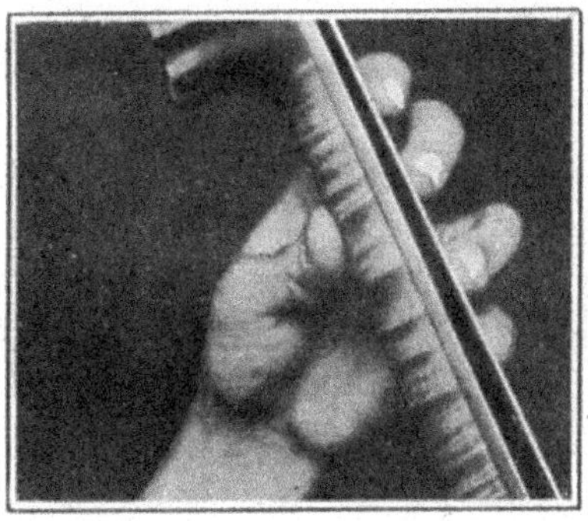

Dans les exercices suivants, les doigts extrêmes (1–4) devront conserver entre eux l'intervalle nécessaire à l'exécution d'une tierce mineure. Les 2me et 3me doigts (recourbés) devront être écartés sensiblement[1]. Cela occasionnera, dans les débuts, un effort permanent assez considérable.

In the following exercises the outside fingers (1–4) should maintain between each other the correct distance for the execution of a minor third. The space between the 2nd and 3rd (bent) fingers should be fairly wide.[1] In the beginning this will call for a considerable permanent effort.

[1] Sauf au cas où l'un des degrés qu'ils occuperont, serait „attractif" de l'autre.

[1] *Except in case one of the notes they are playing should be "attracted" by the other.*

Exercices de la première tenue.

Exercises of the first disposition of the fingers.

Tessiture du premier degré de cette tenue:

Tessitura of the first degree of this disposition:

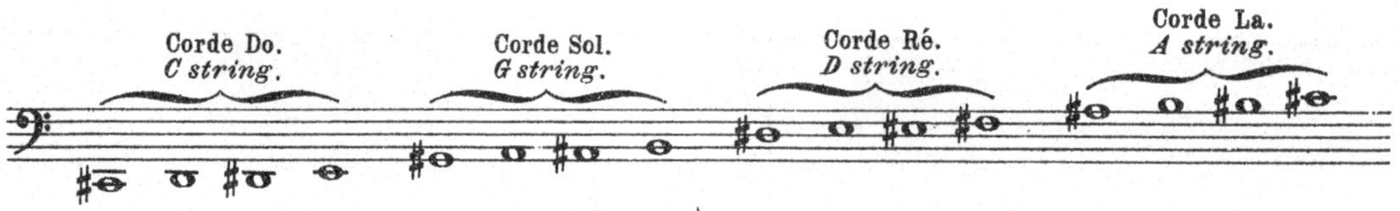

(ou toute autre orthographe enharmonique.)

(or any other enharmonic notation.)

Au cours des exercices suivants, on s'efforcera d'articuler b e a u c o u p, et d'attaquer vigoureusement les cordes au moyen d'un „martèlement" de l'extrémité des doigts.

L a   p r e m i è r e   p h a l a n g e   d ' a u c u n   d o i g t   n e   d e v r a   f l é c h i r   s o u s   l a   p e s é e   d e   l a   m a i n.

Tout doigt appuyé, en qualité de sillet, sur une degré d'une corde, devra s'y maintenir aussi longtemps que l'exécution des degrés suivants ne nécessitera ni sa suppression ni son déplacement.

Tout doigt libre portant un chiffre inférieur à celui du doigt-sillet, devra s'abattre sur la corde en même temps que ce dernier.

(Le doigté combiné employé pour ces exercices facilitera l'application de ces principes élémentaires.)

On devra jouer sur les 3 autres cordes les exercices correspondant à ceux de la corde Sol.

La conduite de l'archet sera celle des sons filés. On aura avantage à répéter chaque exercice, de mémoire un certain nombre de fois, en surveillant la régularité des mouvements de l'archet.

Pendant les exercices 1 à 8 (ceux-ci ne comportant pas de sons „à vide") le 1er doigt conservera invariablement sa pression. On devra l'abattre sur le degré qui lui est propre, avant même de poser l'archet sur la corde.

During the practice of the following exercises care should be taken to "work" the fingers t h o r o u g h l y, and the strings should be struck vigorously by a "hammering" with the tips of the fingers.

T h e   f i r s t   p h a l a n g e   o f   e a c h   o f   t h e   f i n g e r s   s h o u l d   n o t   g i v e   w a y   u n d e r   t h e   p r e s s u r e   o f   t h e   h a n d.

Any finger applied, as a nut, to a note on a string should remain pressed down so long as the execution of other notes does not require its suppression or change of position.

Any finger not in play, fingered by a number inferior to that of the nut finger, should strike the string at the same time as the latter.

(The combined fingering used in these exercises will facilitate the application of these elementary principles.)

One should practice on the three other strings the exercises corresponding to those of the G string.

The action of the bow should be that used for the longdrawn tones. It will be useful to repeat each exercise by heart a certain number of times, keeping watch at the same time on the regularity of the bow-movements.

During the exercises 1 to 8 (as these contain no "open" notes) the 1st finger should remain pressed down the whole time. It should even be pressed down on the given note before the bow is applied to the string.

Les exercices 9 à 20 comportent l'articulation du 1er doigt.

Exercises 9 to 20 require the articulation of the 1st finger.

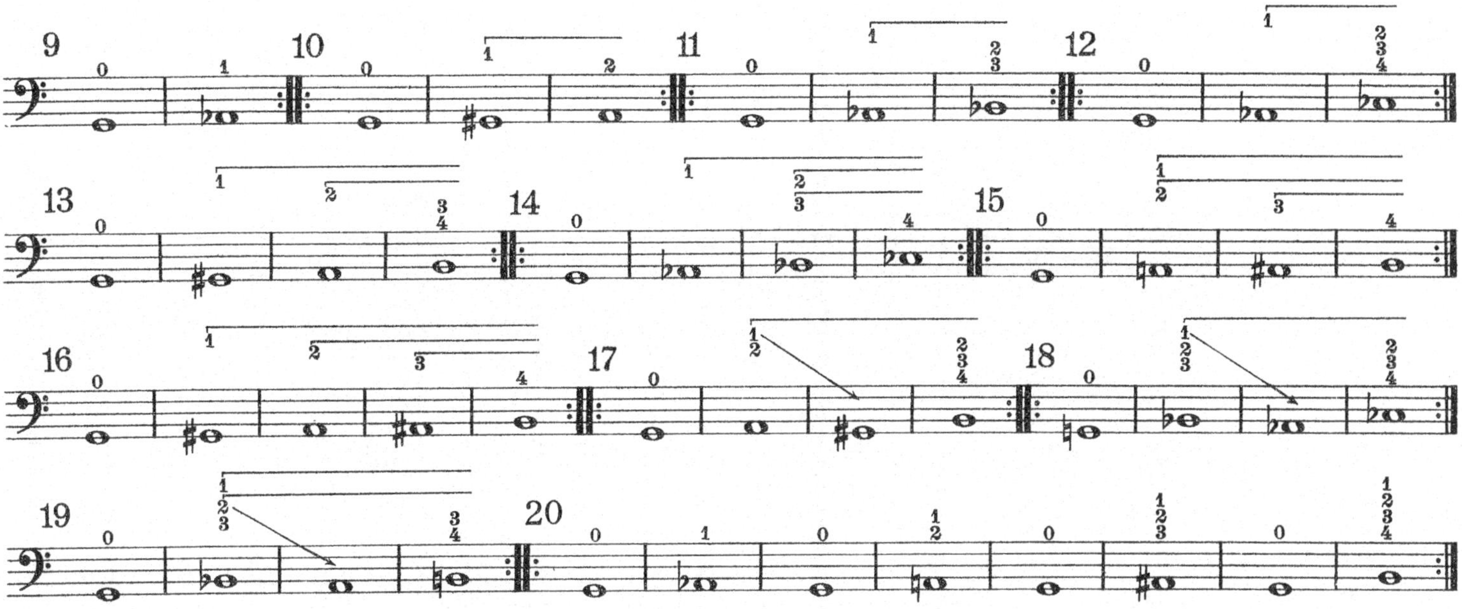

Lorsqu'on se sera entièrement familiarisé avec l'attaque de la corde par la simple articulation des doigts, on travaillera, sur le second degré, les exercices correspondent aux 8 premiers numéros précédents.

2me degré de la 1ère tenue:

De tous les degrés de la 1ère tenue, c'est le second qui est le plus pratique. En effet, c'est le seul qui renferme, (et cela grâce à ses rapports avec les cordes à vide,) des séries diatoniques prolongées.

Ci-après un tableau de ses ressources à ce point de vue. Ce tableau comprend en outre de la tessiture du 2me degré, (avec adjonction des sons à vide,) des séries diatoniques, suivies ou brisées, en groupes d'au moins 3 notes, et dans l'ordre ascendant des tonalités.

On devra étudier à fond toutes les séries, de manière à pouvoir jouer, n'importe laquelle d'entre elles, en la choisissant au hasard.

Etant donné que le doigté ne contiendra jamais plus d'indications que celui du tableau diatonique, je conseille à l'exécutant de se bien pénétrer des accouplements de doigts indiqués dans les exercices 1 à 20, afin de pouvoir désormais en faire l'application sans trop y réfléchir à l'avance.

Je tiens à rappeler ici que la place du pouce, derrière le manche, ne doit pas varier, quelle que soit la corde pressée par les doigts 1, 2, 3 et 4.

When one has familiarized one's self entirely with the attack of the string by the working of the fingers only, one should practice, on the second "degree", the exercises corresponding to the first eight numbers of the preceding ones.

2nd degree of the 1st disposition:

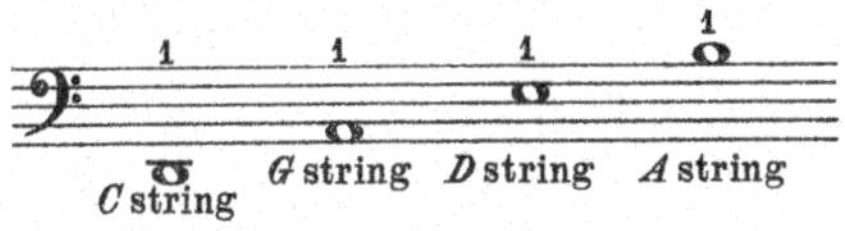

Of all the degrees of the 1st disposition it is the second that is the most practical. It is, indeed, the only one that contains long series of diatonic intervals (and that thanks to its relation to the open strings).

Below will be found a table showing its resources in this respect. This table comprises, besides the tessitura of the 2nd degree (with the addition of the notes of the open strings), diatonic series of notes, either continuous or broken, in groups of at least 3 notes, and in the ascending order of the scales.

All these series should be thoroughly studied, so that any one of them chosen at random could be played by heart.

As the fingering will never contain more indications than those given in the diatonic table, I would advise the student to thoroughly acquaint himself with the couplings of the fingers, as indicated in the exercises 1 to 20, so that in future he may apply them without having to think too much in advance.

I would here remind the player that the position of the thumb, at the back of the fingerboard, should never vary, no matter which string is being pressed by the 1st, 2nd, 3rd and 4th fingers.

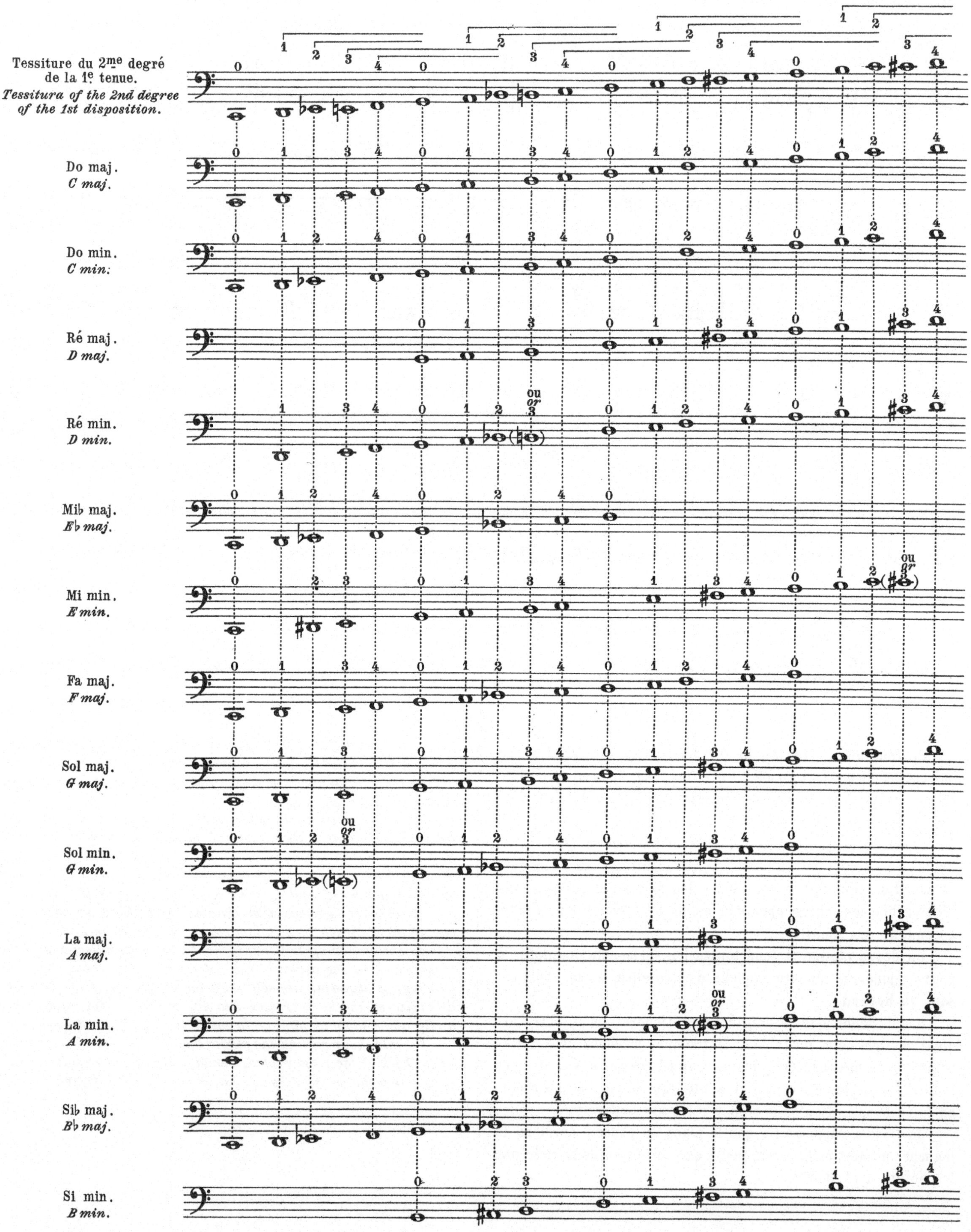
Tessiture du 2me degré
de la 1e tenue.
Tessitura of the 2nd degree
of the 1st disposition.
Do maj.
C maj.
Do min.
C min.
Ré maj.
D maj.
Ré min.
D min.
Mi♭ maj.
E♭ maj.
Mi min.
E min.
Fa maj.
F maj.
Sol maj.
G maj.
Sol min.
G min.
La maj.
A maj.
La min.
A min.
Si♭ maj.
B♭ maj.
Si min.
B min.
ou
or

Revenons maintenant au premier degré.

On pourra constater sa différence de richesse avec le second.

Ci-dessous un tableau des maigres possibilités qu'offre le 1er degré, avec le secours des cordes à vide.

Ces 4 fragments de gammes mineures devront aussi servir d'études pour les doigts. L'exécutant ferait bien s'il les apprenait également par cœur.

We will now return to the first degree.

Its poorness will at once be noticed in comparison with the second.

Below will be found a table that shows the meager possibilities offered by the 1st degree, with the help of the open strings.

These four fragments of minor scales should also be used as exercises for the fingers. They also should be memorized.

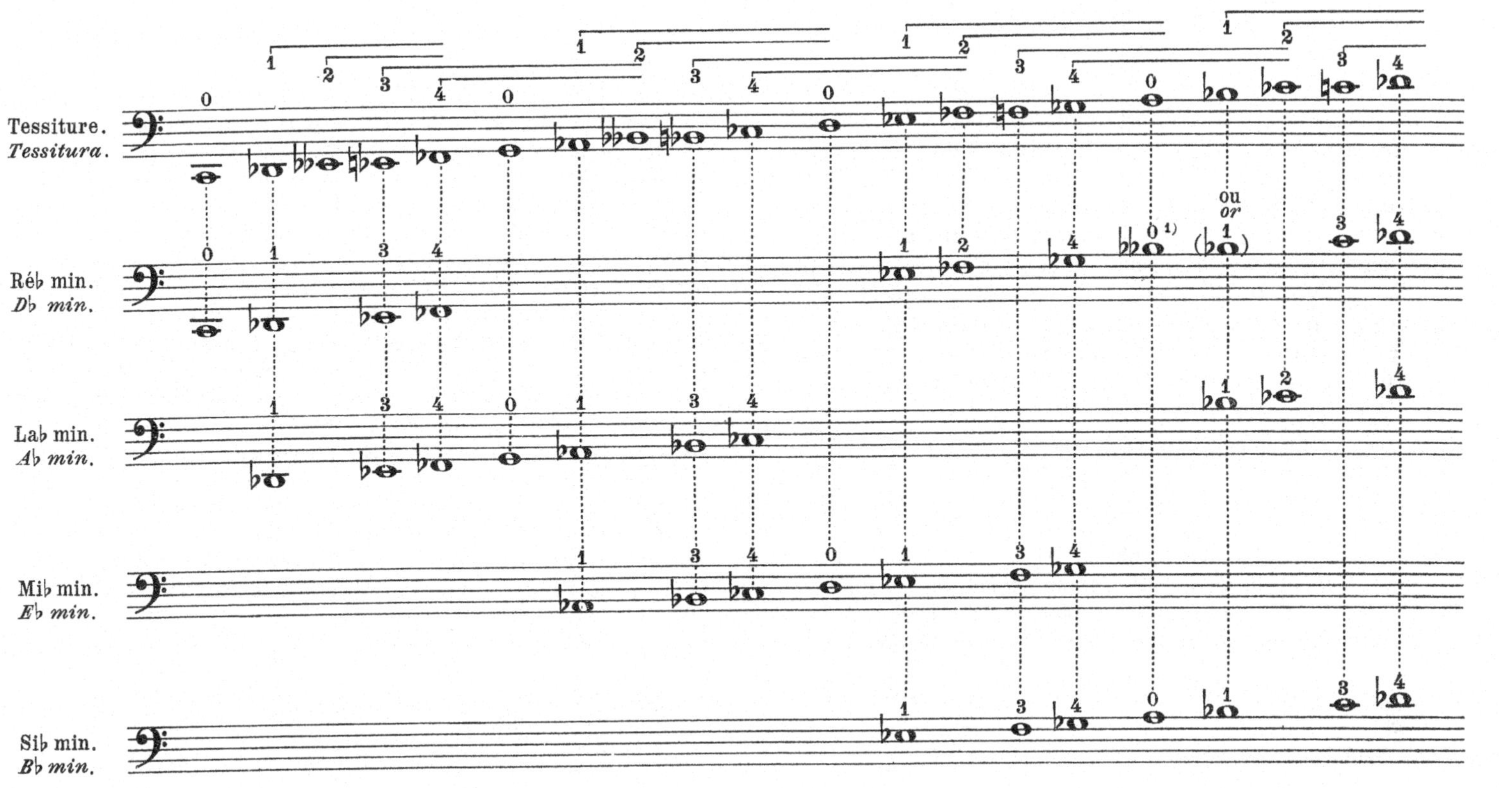

En dehors de ces degrés il n'y a plus dans la première tenue que des séries diatoniques de trois notes. Les enchainements plus longs s'obtiennent par des déplacements de la main gauche. Ces déplacements seront l'objet d'un long travail.

Nous nous occuperons d'abord des intervalles réalisables sur un seul degré de la première tenue (sans cordes à vide).

Certains de ces intervalles me forcent à faire une parenthèse en faveur d'un léger développement de la technique d'archet.

Apart from these two degrees there are in the first "disposition" only diatonic series of three notes. Longer series of notes are obtained by changes of position of the left hand. These changes of position will form the subject of a long course of study.

We will occupy ourselves first with the intervals that are possible on a single degree of the first disposition (without open strings).

Certain of these intervals oblige me to make a small digression here in connection with a slight development of the bow technique.

1) C'est par tolérance exceptionnelle que l'on pourra faire usage d'une corde à vide pour l'exécution du degré qui lui est inférieur (lorsqu'il porte un double♯), ou pour celle du degré qui lui est supérieur, (lorsqu'il porte un double♭). Nous verrons, dans la suite, par quels moyens il faudra corriger ces approximations.

1) *It is only by exception that the use of an open string is tolerated for the playing of the note just below it (when this note is double-sharped), or of the one just above it (when the latter is double flatted). It will be explained further on by what means these approximate intonations must be corrected.*

Changement d'archet sur des cordes éloignées.

Lorsqu'on devra jouer consécutivement sur deux cordes séparées entre elles par une ou deux cordes intermédiaires

Exemple: 

le changement d'archet nécessitera un mouvement „mixte" de la main et du bras droits. L'enchainement des sons ne pouvant pas être immédiat, voici, à peu près, comment pourra sonner l'exemple précédent:

Le bras devra, d'abord, se conduire comme il l'a fait pour les premiers changements de corde, à un détail près, c'est qu'on ne devra utiliser l'archet que jusqu'à 5 ou 6 centimètres de chacune de ses extrémités. Pour exécuter la première des 2 mesures ci-dessus, les crins glisseront sur la corde „*Sol*" en s'inclinant, à la fin de leur parcours, vers la corde „*Ré*".

Puis, pendant le silence (𝄾) on fera franchir aux crins la distance qui les séparera encore de la „Chanterelle", s a n s f a i r e s o n n e r l a c o r d e „*Ré*", mais en m a i n t e n a n t s u r s o n p a s s a g e, l a f o r c e d e p r e s s i o n é m i s e p a r l'a r c h e t l o r s d e l a p é r i o d e s o n o r e.

Ce deuxième mouvement proviendra de la main seulement. Celle-ci devra se relever un peu, formant ainsi, e x t é r i e u r e m e n t d u p o i g n e t u n l é g e r c r e u x. D è s l e d é b u t d u s o n „*La*", il f a u d r a r é t a b l i r l e s r a p p o r t s n o r m a u x d e l a m a i n e t d u b r a s.

Pour franchir deux cordes, le mouvement du poignet ne devra p a s être plus accentué. Il faudra que la main soit, dans ce cas, secondée par un imperceptible relèvement de l'avant-bras.

Jumping with the bow over one or two strings to another.

When one has to play consecutively on two strings separated from each other by one or two intermediary strings

Example: 

the change of bow will necessitate a "mixed" movement of the right hand and arm. As the two notes cannot be connected this is about how the above example would sound:

The arm should at the start be used as for the first changes of strings with the exception that the bow will be used only up to within two or two and a half inches of each of its ends. In order to execute the first of the above two measures the hairs of the bow, at the end of their stroke across the G string, should be inclined toward the D string. Then, during the rest (𝄾), the hairs should cover the distance that separates them from the A string, w i t h o u t c a u s i n g t h e D s t r i n g t o s o u n d, b u t m a i n t a i n i n g d u r i n g t h e i r p a s s a g e t h e s a m e p r e s s u r e o f b o w a s t h a t e m p l o y e d d u r i n g t h e p e r i o d o f s o u n d. This second movement will come from the hand only. The latter should be raised a little, thus forming a s l i g h t h o l l o w a t t h e b a c k o f t h e w r i s t. A s s o o n a s t h e A i s s o u n d e d t h e n o r m a l r e l a t i o n s o f t h e h a n d a n d t h e a r m s h o u l d b e r e e s t a b l i s h e d. In order to pass over two strings, the movement of the wrist should not be accentuated. The hand should be, in this case, seconded by an imperceptible raising of the forearm.

Mouvements pour exécuter la 1ère mesure.

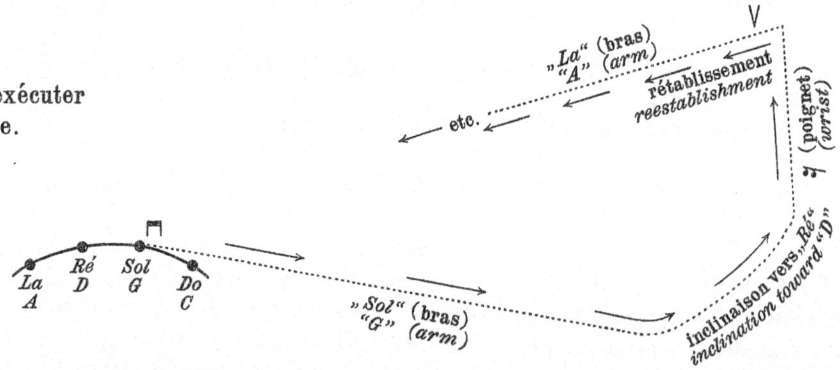

Movements for the execution of the 1st measure.

On déduira de cet exemple, la manière d'exécuter ses trois renversements. (*Sol* V *La* ⊓, *La* V *Sol* ⊓, et *La* ⊓ *Sol* V)

Nous travaillerons, maintenant, tous les intervalles réalisables sur un degré de la 1ère tenue. Il vaut mieux, à cause de ses avantages précités, acquérir une grande habitude de l'usage du second degré. Le tableau des intervalles se basera donc sur lui, quitte à se reporter plus tard sur tous les autres.

Une connaissance approfondie de ce tableau peut garantir l'aisance d'exécution, à première lecture, de certaines „études" faciles. Les intervalles de „quinte" s'obtiennent par un appui t r a n s v e r s a l de la 1ère phalange du doigt-sillet sur deux cordes. On évitera autant que possible un fléchissement trop prononcé de la jointure de cette phalange.

One will deduce from this example the way of executing its three inversions (G V A ⊓, A V G ⊓, and A ⊓ G V).

We will now practice all the intervals that can be executed on a degree of the first disposition. It is better, on account of its above-mentioned advantages, to acquire a great facility in the use of the second degree. The table of intervals will therefore be based on it, transferring it later to all the others. A thorough knowledge of this table will guarantee an easy execution, at first sight, of certain simple "studies".

The intervals of the "fifth" are obtained by placing the first phalange of the nut finger across two strings. A too pronounced "giving" of the first joint should be avoided.

Tableau des intervalles. — Table of intervals.

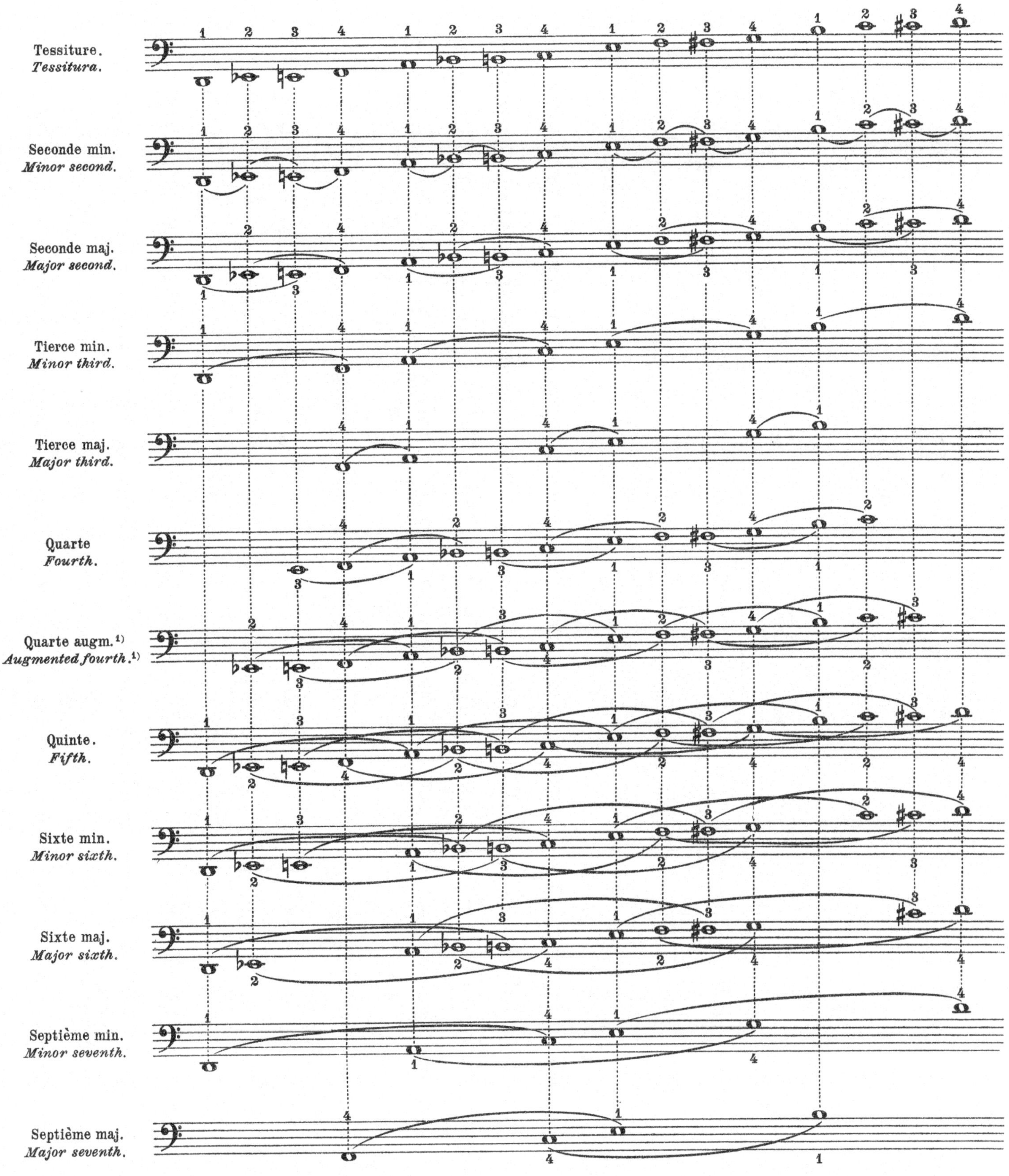

[1] Aux cas d'alignement d'intervalles synonymes, tels que „quarte augmentée" et „quinte diminuée", ce tableau ne comportera que l'une des dénominations seulement.

[1] *In case of the encounter of synonymous intervals, such as the "augmented fourth" and the "diminished fifth" only one of them will be given in this table.*

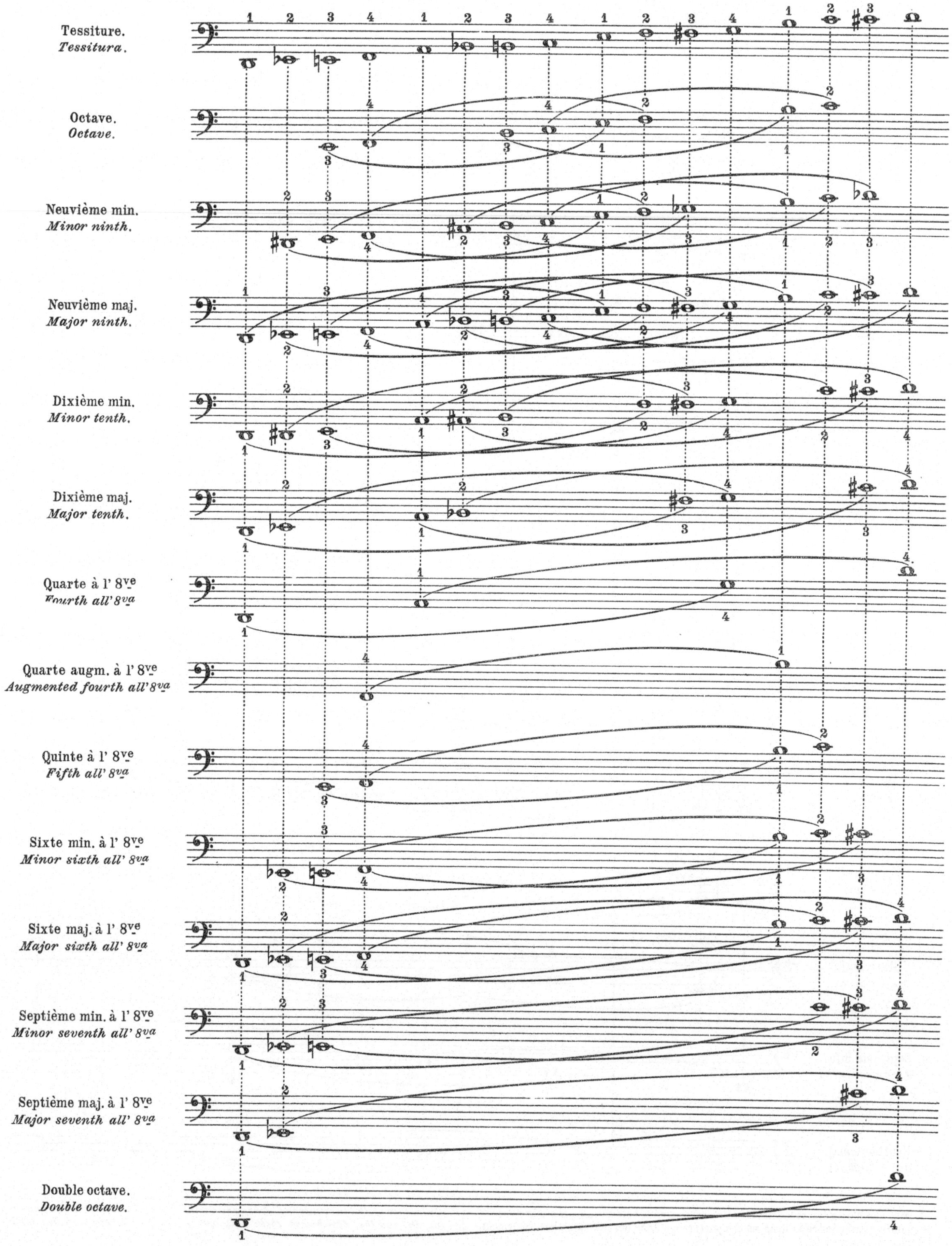
Tessiture.
Tessitura.
Octave.
Octave.
Neuvième min.
Minor ninth.
Neuvième maj.
Major ninth.
Dixième min.
Minor tenth.
Dixième maj.
Major tenth.
Quarte à l' 8ve
Fourth all' 8va
Quarte augm. à l' 8ve
Augmented fourth all' 8va
Quinte à l' 8ve
Fifth all' 8va
Sixte min. à l' 8ve
Minor sixth all' 8va
Sixte maj. à l' 8ve
Major sixth all' 8va
Septième min. à l' 8ve
Minor seventh all' 8va
Septième maj. à l' 8ve
Major seventh all' 8va
Double octave.
Double octave.

Chaque note de ce tableau devra être jouée sur un coup d'archet différent. Les liaisons que l'on pourrait prendre, à tort, pour des coups d'archet, ne sont là que pour rattacher les intervalles proches ou distants, à travers l'enchevêtrement des notes. Le débutant devra apprendre les ressources du groupement chromatique, comme on apprend une table d'arithmétique. A cet effet, il copiera d'abord tous les intervalles, mais dans l'ordre où il devra les exécuter. Soit, pour les octaves, par exemple:

Ensuite il les travaillera en tachant de se souvenir de tous les doigtés, jusqu'à ce qu'il soit capable de répondre à des questions dans le genre des suivantes.

Questionnaire indéfini.

Quelle est la note jouée par le 3ème doigt sur la corde *Ré*?
Quel est l'intervalle obtenu au moyen du 4me doigt sur la corde *Do*, et du 1er sur la corde *La*?
Quel doigt met-on sur le *Si*♭ (corde *Sol*)?
Par quels doigts faut-il exécuter l'intervalle *Fa* (4me ligne) et *Do*♯ (au-dessus de la portée)?
Quelles sont les 6tes majeures sur les cordes „*Sol* et *Ré*"?
Le 2me doigt jouant un *fa* sur la 2me corde, par quel doigt et sur quelle corde obtiendra-t-on son octave grave?
Quel est le doigté de la 7me mineure?

On pourra éprouver sa mémoire en improvisant des questions de ce genre à son usage personnel.
Bien entendu on devra vérifier l'exactitude de sa réponse, sur le violoncelle, après l'avoir trouvée.
Cela constituera un entraînement excellent, et contribuera par la suite à faire connaître la place des notes sur chaque corde, aussi aisément qu'à l'aide d'un clavier.

Considérations générales sur les coups d'archet.

Le „Legato".

Jusqu'ici les exercices nécessitaient l'emploi total de l'archet. Nous nous occuperons maintenant de l'usage fragmentaire de ce dernier. Je ne peux omettre, à ce sujet, quelques remarques générales, bien que je sache qu'on ne pourra en comprendre l'entière portée qu'après avoir étudié les intensités.

Dans le jeu du violoncelle, rien (sauf le choix des doigtés) n'est aussi individuel que le choix des coups d'archet.

Pourtant, ce n'est qu'après s'être formé une technique d'archet bien „équilibrée" que l'on pourra songer à régler soi-même les „articulations" (ou divisions des mouvements d'archet) d'après sa conception propre de la ponctuation musicale, et aussi selon l'importance que, par goût personnel, on désisera attribuer à tel accent plutôt qu'à tel autre.

Nombreux sont les effets musicaux, qui peuvent s'obtenir dans n'importe quelle région des crins. Néanmoins, chacune de ces régions a des fonctions personnelles, et il n'est pas rare que le caractère d'une phrase ou d'un trait de virtuosité en localise l'exécution sur une portion définie de l'archet.

Each note of this table should be played with a separate stroke of the bow. The slurs, that might wrongly be supposed to represent strokes of the bow, have been placed only to join together the notes of the large or small intervals through the tangle of notes. The beginner should learn all the resources of the chromatic grouping, in the same way that one learns an arithmetic table. To that end he should first of all copy out all the intervals, but in the order in which they are to be played. As for instance, for the octaves:

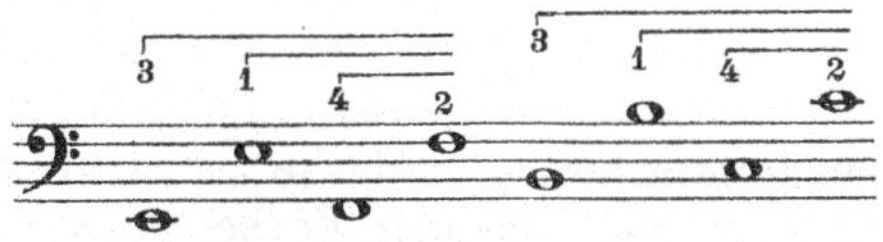

Afterwards he should practice them, trying to remember all the fingerings, until he will be able to answer such questions as the following:

Indefinite Questionnaire.

What note is played by the 3rd finger on the D string?
What interval is obtained by placing the 4th finger on the C string and the 1st on the A string?
Which finger should be used for B♭ (G string)?
Which fingers should be used to play the interval F (4th line) and C♯ (above the line)?
What are the major sixths on the G and D strings?
If the 2nd finger plays an F on the 2nd string, with which finger and on which string will one obtain the octave below?
What is the fingering of the minor 7th?

One could test one's memory by improvising questions of this kind for one's own use.
Of course the answer should be verified, on the violoncello, after it has been found.
This will be excellent training, and will contribute eventually to the knowledge of the position of the notes on each string, as easily as though on a keyboard.

General remarks on bowing.

The "Legato".

So far, the exercises have required the use of all the bow. We will now occupy ourselves with the fragmentary use of the latter. I cannot omit a few general remarks on this subject, although I know that their full purport will not be realized until after the study of intensities.

In violoncello-playing nothing (unless it be the fingering) is so personal as the choice of bowing.

And yet it is only after having formed a well balanced bow-technique that it will be possible to think of regulating, one's self, the "articulations" (or divisions of the strokes of the bow) after one's own conceptions of musical punctuation, and also according to the prominence that one wishes, from personal taste, to give rather to this note than to that one.

Numerous are the musical effects that can be obtained by any one of the parts of the hairs. Nevertheless, each of these parts has its own functions, and it is not rare to find that the character of a phrase or of a virtuoso passage localizes the latter on a given part of the bow.

Often the change of bow is not the result of a musical intention, but is brought about by the bow having reached one of its extremities.

Souvent le changement d'archet résulte non pas d'une intention musicale, mais simplement de l'aboutissement des crins à l'une de leurs extrémités.

Il peut également provenir de l'éloignement de la corde à atteindre, par rapport à la corde que l'on a déjà jouée.

Je ne prétends pas entreprendre l'énumération de toutes les articulations que ces diverses causes peuvent engendrer. Plusieurs volumes n'y suffiraient pas.

Je me contenterai d'en analyser les cas les plus saillants, dont les autres ne sont que les dérivés.

Cette étude qui ne peut aller sans se combiner avec celle de la main gauche nous mènera jusqu'à la fin du présent ouvrage.

A mon sens, le premier „type classé" d'exécution dont il faille s'occuper sous quelques-unes de ses formes c'est le „Legato", autrement dit, le lié (plusieurs sons sur le même coup d'archet).

Lorsqu'on exécutera, sur une même corde, plusieurs notes liées, l'archet devra se conduire comme pour le prolongement d'un seul son filé. Ainsi dans l'exercice

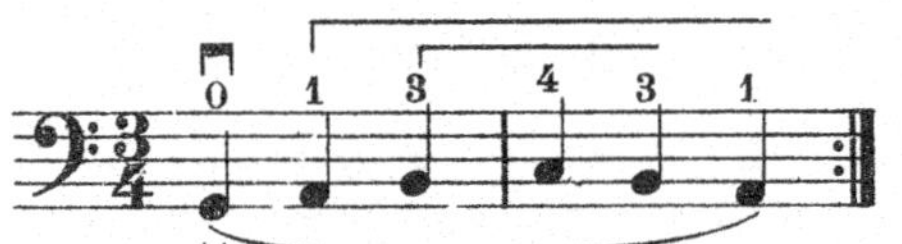

le rôle de l'archet ne devra être que: 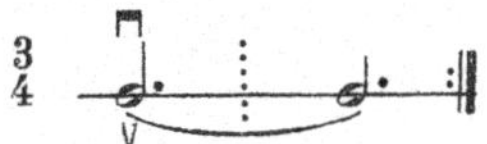

Le martèlement des doigts de la main gauche ne devra pas altérer l'„unité" du mouvement d'archet.[1)]

It may also be brought about by the long distance separating the string on which one has been playing from the string to which one has to proceed.

I do not propose to undertake the enumeration of all the movements that these divers causes may engender. Several volumes would be insufficient.

I will content myself with analysing the most salient cases, of which the others are only derivatives.

This study, that cannot proceed without being combined with that of the left hand, will take us to the end of this work.

To my mind, the first "classified type" of playing with which one should interest one's self in some of its forms is the "Legato", in other words the "tied-together" (several notes played with the same stroke of the bow).

When several tied notes are played on the same string, the bow should be used as for the prolonging of a single long drawn tone. Thus, for the exercise

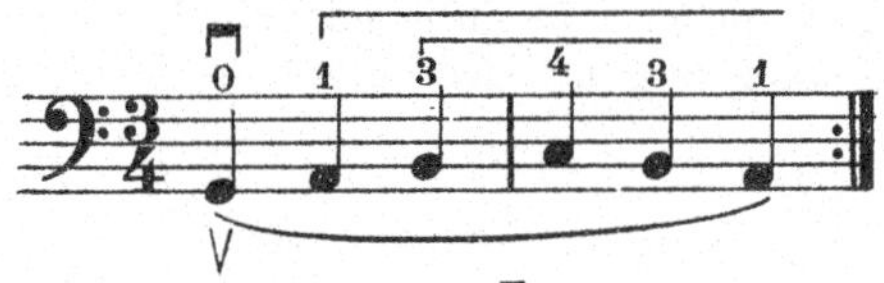

the role of the bow is only: 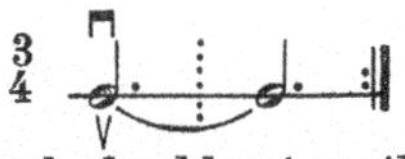 *The striking of the fingers of the left hand should not spoil the uniformity of the stroke of the bow.*[1)]

Exercices. —— Exercises.

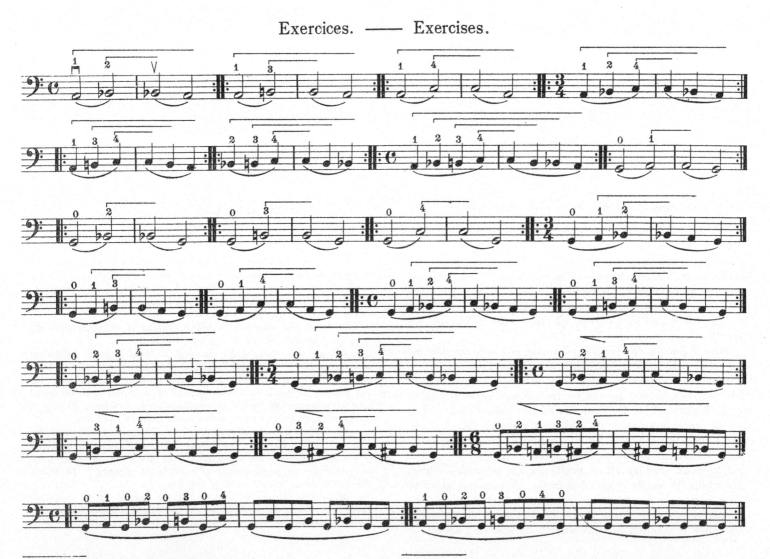

1) L'impassibilité de l'archet s'impose dans le travail au début. Par la suite, les besoins de l'expression sauront l'abolir.

1) *In the beginning, the absolute independence of the movement of the bow is indispensible. Later on the necessities of expression will do away with it.*

On reproduira sur les 3 autres cordes les exercices correspondants.

On emploiera, pour l'exécution de ces exercices, une vingtaine de centimètres de la partie médiane de l'archet, au „tiré" comme au „poussé", en ayant bien soin de revenir toujours aux mêmes points de départ de ces deux directions.

D'une manière générale, toute articulation exigeant une „dépense de crins" supérieure à celle que peut fournir le seul déplacement de la main droite (mouvement du poignet) mais inférieure à une moitié d'archet, devra se faire au moyen de l'avant-bras.

Exercises corresponding with the foregoing should be reproduced on the 3 other strings.

For the execution of these exercises, about eight inches of the middle portion of the bow should be used, for the down stroke as well as for the up stroke, care being taken to return always to the starting point in both directions.

In general, every movement requiring a "using-up of the hairs" greater than what can be produced by the sole movement of the right hand but less than half the length of the bow, should be executed by the forearm.

Exercices du legato comportant un changement d'archet au changement de corde. Les variantes 1bis et 1ter doivent servir d'exemples pour les autres exercices, auxquels on ajoutera les variantes équivalentes.

Legato exercises requiring a change of bow for each change of string. (The variants 1bis and 1ter should serve as examples for the other exercises, to which the equivalent variants should be added.)

Et tous exercices équivalents sur les cordes *Ré–La* et *Do–Sol*. On aura aussi avantage à jouer une partie de ces exercices avec l'articulation inverse, c'est-à dire V ⊓.

On exécutera les exercices ci-après (changement de corde sur le même archet), tantôt du talon au milieu (et inversement) tantôt du milieu à la pointe (et inversement). Ce travail fragmentaire aura pour conséquence une égale souplesse dans les courbes tracées par la main droite, quel qu'en soit le point de départ sur la longueur totale du rayon.

And all equivalent exercises on the strings D-A and C-G. It would also be advantageous to play a part of these exercises with the inverse motions, that is to say V ⊓.

The following exercises should be practiced (change of string with the same stroke), sometimes from the heel to the middle (and inversely), sometimes from the middle to the point (and inversely). This fragmentary work will produce an equal suppleness in the curves executed by the right hand, from no matter what point of departure on the total length of the stroke.

Voici quelques figures utiles à connaître pour la bonne conduite de l'archet.

Here are a few figures that are useful to know for the good handling of the bow.

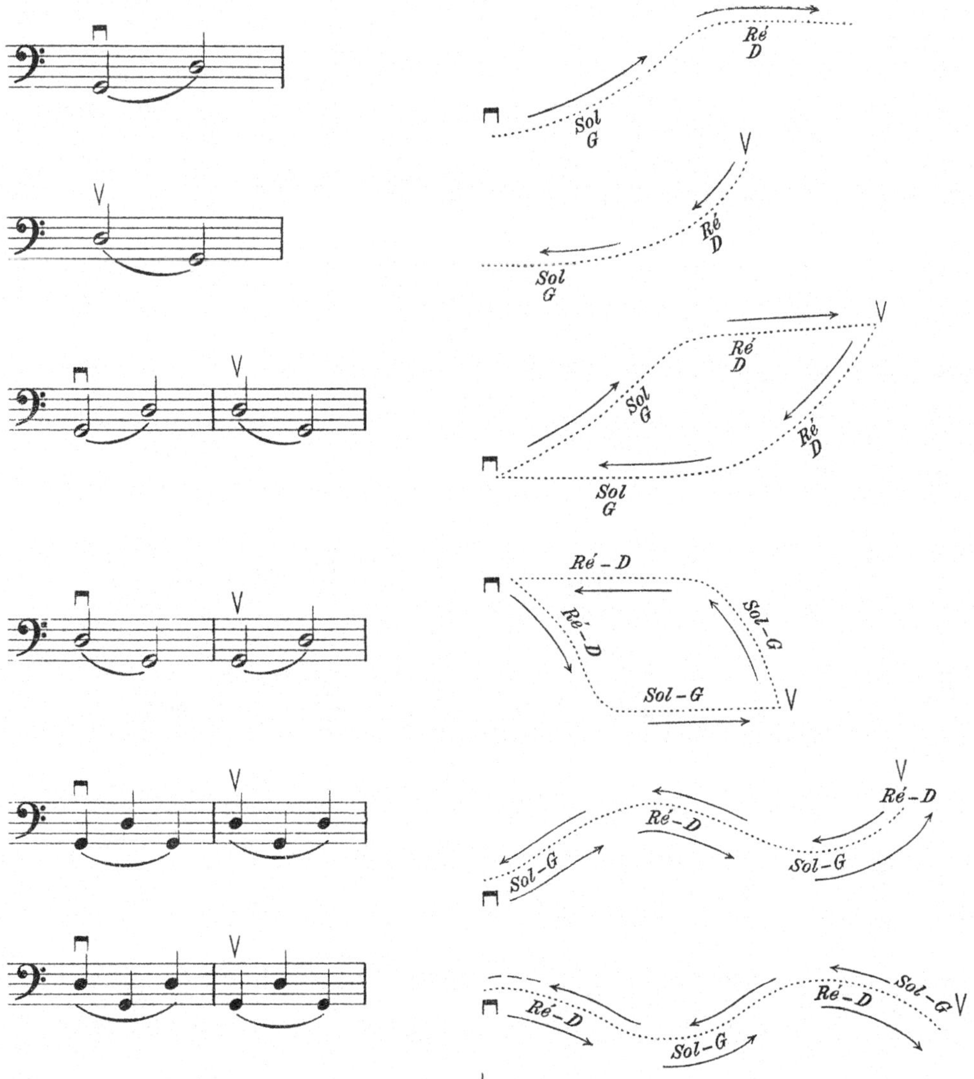

La courbure du poignet par rapport à l'avant-bras ne devra pas être modifiée au cours de ces exercices, les alternances n'y étant pas rapides.

The curve of the wrist in relation to the forearm should not be modified during these exercises, as the notes do not alternate rapidly.

Exercices pour les changements de corde sur un même archet.

Exercises for a change of strings on the same stroke of the bow.

Exercices de percussion.

Les doigts étant habitués, par les exercices précédents, à se déclencher brusquement sur les cordes, on devra expérimenter leur régularité de chute, et l'égalité de leur force, par la percussion (s a n s a r c h e t).

Pour les degrés a s c e n d a n t s (ou tout au moins lorsqu'il y aura progression ascendante dans les chiffres des doigts à employer) la mise en vibration devra être le résultat d'un choc violent de chaque nouveau doigt-sillet, produisant une scission nette de la corde.

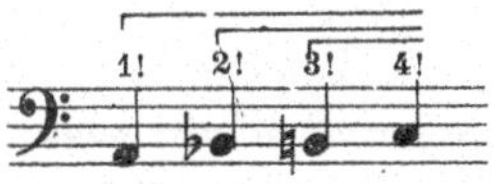

Pour les degrés d e s c e n d a n t s, chaque nouveau son proviendra d'une l é g è r e t r a c t i o n opérée sur la corde par le doigt-sillet du son précédent, et cela de droite à gauche par rapport à l'exécutant.

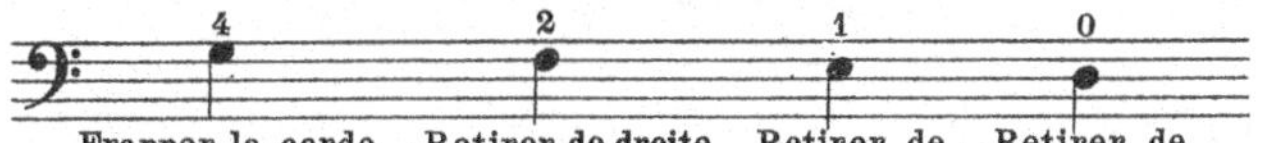

Frapper la corde avec les 4 doigts chromatiquement disposés.	Retirer de droite à gauche (et en même temps) les 4e et 3e doigts.	Retirer de même le 2me doigt.	Retirer de même le 1er doigt.

Ce dernier exemple ressort d'une branche spéciale de l'émission des sons. On approfondira ce procédé au chapitre du „pizzicato."

Lorsqu'une série diatonique ascendante contiendra une note à vide, il faudra que le 1er doigt, aussitôt son rôle de sillet accompli, se g l i s s e transitoirement et s a n s d i m i n u e r s a p r e s s i o n c o n t r e l e m a n c h e, dans l'intervalle contenu entre la corde j o u é e et la corde à j o u e r. De la sorte, il n'aura qu'à se soulever, au moment précis du changement de corde pour faire sonner la corde à vide.

Dans l'exemple suivant:

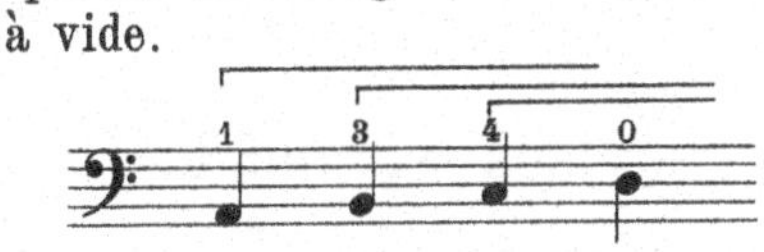

le premier doigt occupera successivement (et sans aucune brusquerie dans le mouvement intermédiaire) les 3 positions figurées ci-après. C'est sur la réalisation de la deuxième phase qu'il sera le plus important (dans le cas qui nous occupe) de concentrer ses efforts. Cette rétraction ne doit être qu'un mouvement réflexe du doigt.

Exercises of percussion.

The fingers having accustomed themselves by the preceding exercises to rapid action when attacking the strings, a test should now be made, by means of percussion, (without the bow) of their regularity of fall and the equality of their strength.

For the r i s i n g intervals (or at any rate when there is a rising progression of the figures indicating the fingers to be used) the vibration of the string should be obtained by the energetic stroke of each new nut finger, producing a clean division of the string.

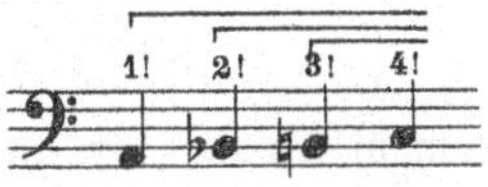

For the falling intervals, each new sound will arise from a s l i g h t p u l l on the string by the nut finger of the preceding note, and that from right to left of the performer.

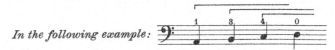

Strike the string with the 4 fingers disposed chromatically.	*Withdraw from right to left (and at the same time) the 4th and 3rd fingers.*	*Withdraw in the same way the 2nd finger.*	*Withdraw in the same way the 1st finger.*

The last example belongs to a special branch of the production of sound. This way of playing will be treated more fully in the chapter on the "pizzicato."

When a rising diatonic series of notes contains a note on an open string, the 1st finger, as soon as its role as a nut is finished, should be temporarily s l i p p e d into the space situated between the string j u s t p l a y e d and the string t o b e p l a y e d, and this w i t h o u t d i m i n i s h i n g t h e p r e s s u r e a g a i n s t t h e finger-board. It will then only be necessary to lift the finger at the exact moment of changing strings to make the open string sound.

In the following example:

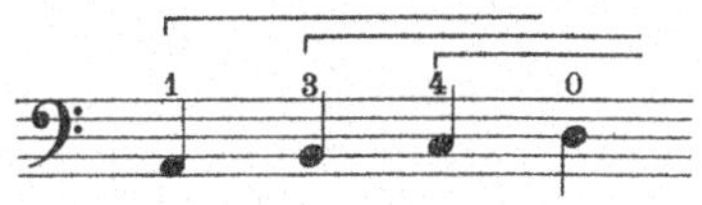

the first finger will occupy successively (and without any abruptness in the intermediary movement) the three positions shown below. It is on the effectuation of the second phase (in the case under consideration) that it will be most important to concentrate one's efforts. This retraction should be only a reflex movement of the finger.

Première phase.
First phase

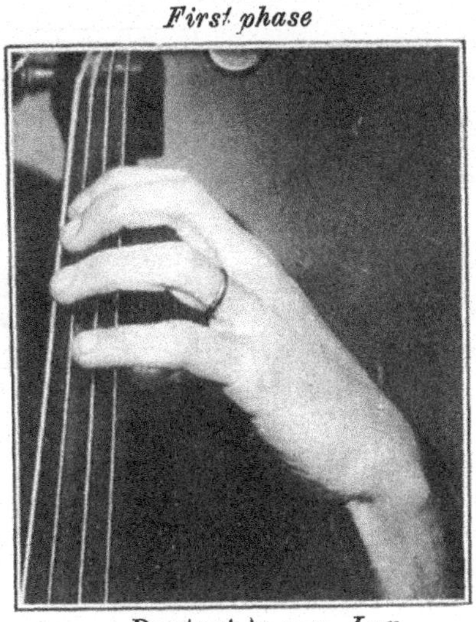

Pendant le son „*La*"
During the sound "A"

Deuxième phase.
Second phase

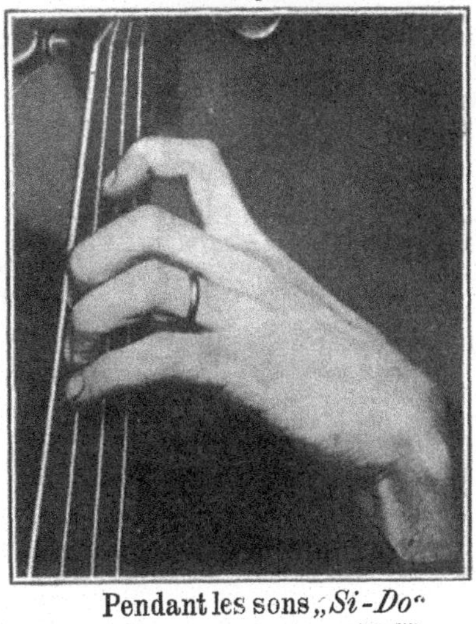

Pendant les sons „*Si-Do*"
During the sounds "B C"

Troisième phase.
Third phase

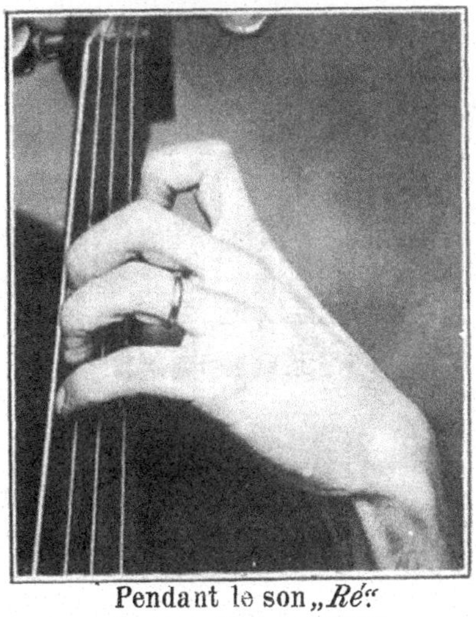

Pendant le son „*Ré*"
During the sound "D"

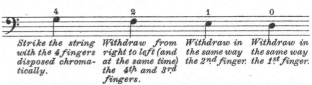

Nous adopterons un doigté de convention pour désigner la corde à vide, dans les exercices de percussion. Le chiffre zéro contiendra le chiffre du doigt par lequel on devra mettre la corde en mouvement.

D'une manière générale, lorsque la note à vide suivra, sur la même corde, une ou plusieurs notes doigtées, elle devra être „pincée" par le dernier doigt-sillet qui la précèdera.

Ex. 

Complémentairement à cela, et dans le cas où plusieurs degrés descendants seraient situés sur la même corde, les chiffres accompagnés d'une croix (+), placés au-dessus des doigtés réels, se rapporteront aux doigts par la rétraction desquels devront être obtenus les sons.

Les exercices suivants sont de la plus haute importance. Désormais la percussion devra être inséparable du mécanisme de la main gauche. Il faudra donc que l'exécutant applique les mêmes principes de force, de précision et de „netteté" des doigts dans les exercices avec archet.

Les sons harmoniques, seuls, ainsi qu'on le verra plus tard, font exception, et ne peuvent être percutés.

Lorsque l'on aura travaillé les exercices ci-après on pourra utilement revenir aux séries diatoniques des deux premiers degrés.[1]

We will adopt a conventional fingering to indicate the open string, in the exercises of percussion. The figure nought will contain the number of the finger by which the string is to be put in vibration.

Generally speaking, when a note on an open string follows, (on the same string), one or more fingered notes, it should be "plucked" by the last nut finger that precedes it.

Ex. 

In addition to this, and in case several falling intervals should be situated on the same string, the figures accompanied by a cross (+), placed above the actual fingering, will refer to the fingers by the retraction of which the sounds are to be produced.

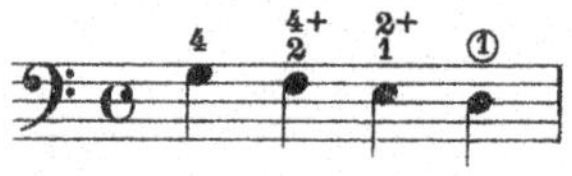

The following exercises are of the very highest importance. Hereafter percussion must be inseparable from the technique of the left hand. The performer will therefore have to apply the same principles of force, precision and "neatness" of the fingers to the exercises with the bow.

Harmonic sounds form the only exception, as will be seen later on, and cannot be "struck".

When the following exercises will have been studied, it will be useful to return to the diatonic series of the first two degrees.[1]

Exercices sans archet. – Exercises without the bow.

[1] Voir les deux tableaux. — *See the two tables.*

Avec l'archet. — With the bow.

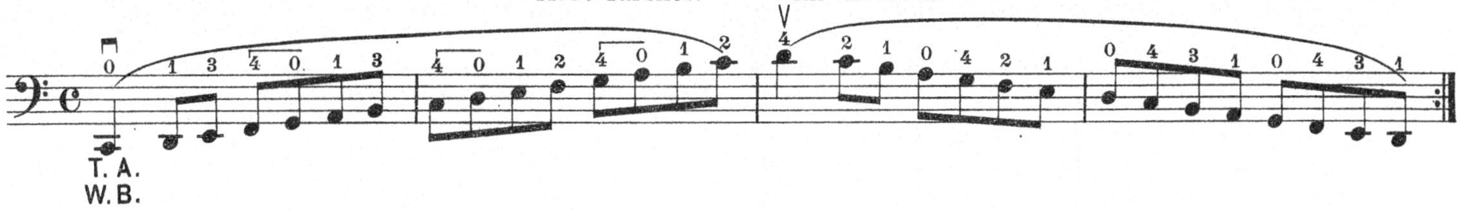

Figure.	Figure.
Courbe A B = Arc de cercle du chevalet.	*Curve* A B = *Arc of the circle of the bridge.*
Pointillé C D = Ligne courbe tracée par la main droite, par rapport à l'arc de cercle du chevalet.	*Dotted line* C D = *Curved line followed by the right hand, with respect to the arc of the circle of the bridge.*

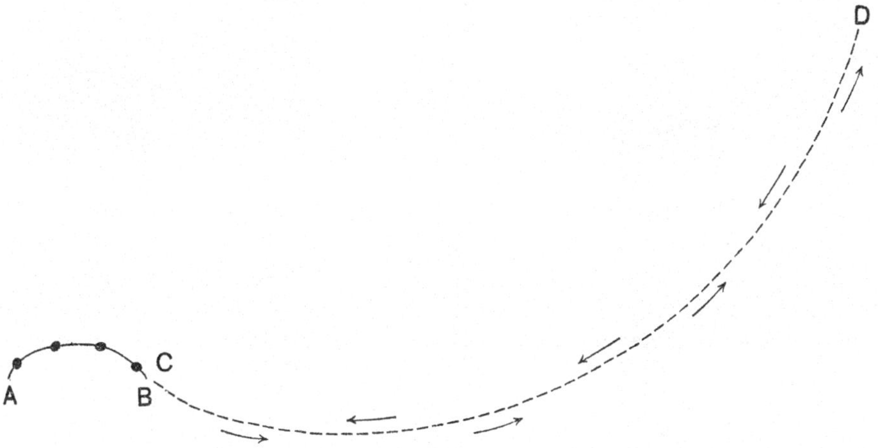

Il n'y aura qu'à renverser cette figure pour se représenter la courbe obtenue, si l'on intervertit l'ordre du „tiré" et du „poussé" dans ce même exercice. — Nous passerons à présent à la 2me tenue de la main gauche. Mais auparavant l'exécutant fera bien de repasser tous les exercices; du legato (sur la même corde; avec changement de corde au changement d'archet, avec changement de corde sur le même archet) mais en modifiant leurs attributions primitives. On en jouera quelques-uns en „détaché expressif," c'est-à-dire avec un coup d'archet par note, formant „piétinement" sur une même partie quelconque des crins. Pour chaque exercice on règlera la dépense d'archet conformément à la longueur du déplacement nécessité par chaque note dans le „lié." Il sera indispensable de joindre les sons entre eux, au moyen de l'adhérence et du mouvement continus des crins.

Il faudra aussi s'exercer aux coups d'archet „mixtes" (lié et détaché). Dans les exemples suivants, (sur lesquels on en calquera soi-même d'autres), il faudra employer tantôt les articulations du dessus, et tantôt celles du dessous de la portée.

It is only necessary to turn this figure upside down to get an idea of the curve obtained if one inverts the order of the down stroke and the up stroke in this same exercise.

We will now pass on to the second disposition of the left hand. But before doing so it would be well to repeat all the exercises for the "legato" (on the same string; with a change of string on the change of the stroke of the bow; with a change of string on the same stroke of the bow) but at the same time modifying their original purpose. Some of them should be played with a "détaché expressif," that is to say with one stroke of the bow for each note, thus "marking time" on any given part of the hairs of the bow. For each exercise one will regulate the amount of bow used, according to the length of movement required by each note in the "legato." It will be indispensible to join the sounds to each other, by means of the clinging and the continuous action of the hairs of the bow. One should also practice "mixed" bowing (legato and detached). In the following examples, (from which one will one's self make similar ones) one should use intermittently the bowing marked above and below the lines.

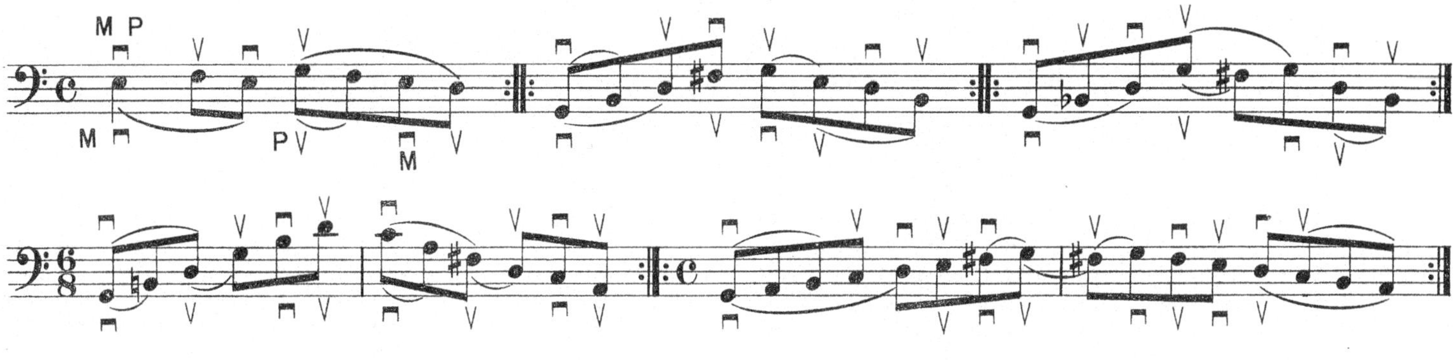

Exercices pour développer la force des doigts de la main gauche.

Chaque doigt, à tour de rôle, **fortement arqué**, et retiré le plus possible en arrière de la main, (fig. 1) devra **s'abattre** sur la corde par un **déclenchement brusque**. La figure 2 représente le doigt après son déclenchement.

Exercises for developing the strength of the fingers of the left hand.

Each finger in turn, excessively arched, and drawn back over the hand as far as possible, (Fig. 1) should be brought down upon the string with a swift stroke. Figure 2 shows the finger after the stroke.

Fig. 1

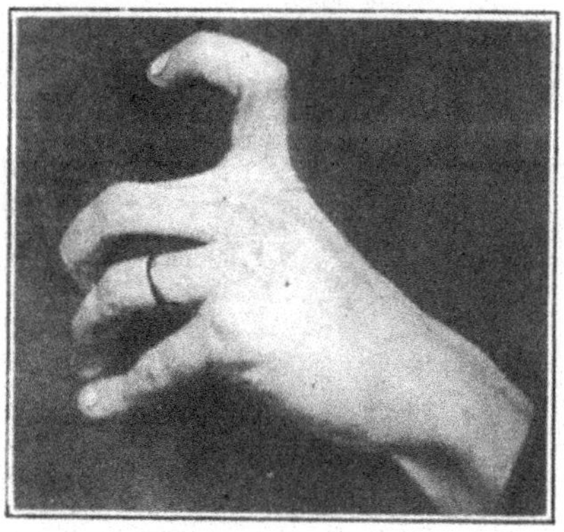

Fig. 2

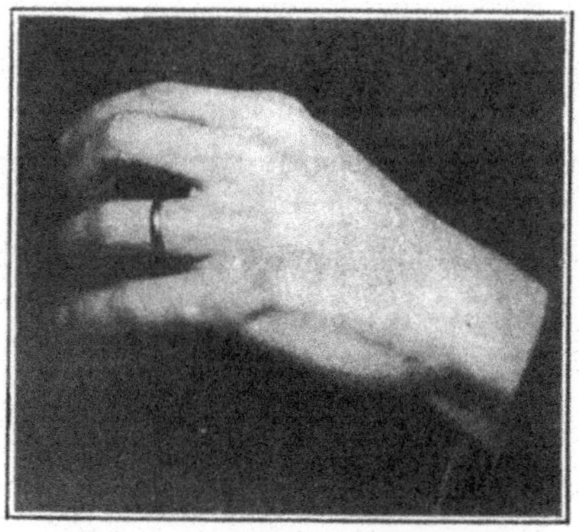

Figure de l'articulation complète.

A - B = Doigt **au-dessus** de la corde.
C - D = Doigt **sur** la corde.
E - F = Plan du dos de la main (profil).
Pointillé entre B et D = Parcours de l'extrémité du doigt.

Figure of the complete articulation.

A-B = *Finger above the string.*
C-D = *Finger on the string.*
E-F = *Plane of the back of the hand (profile).*
Dotted line between B *and* D = *Line followed by the tip of the finger.*

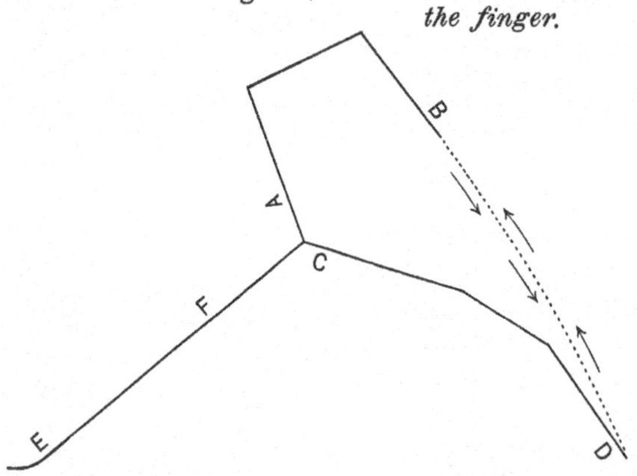

Ce double mouvement (**aller et retour**) devra être **extrêment rapide. Il ne devra pas excéder en durée**, dans les exercices ci-après, **la valeur de la note brève**. On devra entendre nettement le choc résultant de chaque déclenchement d'un doigt. Il y a lieu de se méfier de la tendance que l'on pourrait avoir, à articuler incomplètement les doigts au cours des exercices 2, 4, 6 et 8.

On devra maintenir le plus fermement possible, pendant les notes longues la position obtenue par le doigt après son double mouvement. Cette recommandation s'appliquera surtout aux exercices 1, 3, 5 et 7.

Ci-dessous, les mouvements en question, graphiquement adaptés à la notation des deux premiers exercices.

This double movement (going and coming) should be extremely rapid. It should not exceed in duration, in the following exercises, the length of the short note. One should hear clearly the blow delivered by the finger. One should be on one's guard against any tendency one might have towards incomplete action of the fingers during the exercises 2, 4, 6 and 8. One should maintain as firmly as possible, during the long notes, the position taken up by the finger after its double action. This applies specially to the exercises 1, 3, 5 and 7.

Underneath will be found the movements in question, graphically adapted to the notes of the first two exercises.

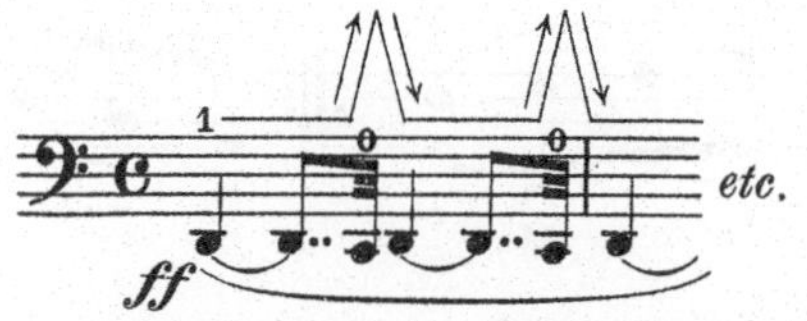

L'archet exécutera des sons filés lents, à environ 2 centimètres au-dessus du chevalet, avec une très forte pression du pouce et des premier et quatrième doigts, en plus du poids inerte du bras droit. Ces exercices sont de ceux que l'on devra travailler tous les jours, lors même que l'on aurait acquis une technique suffisante.

The bow will execute slow long-drawn sounds, about ¾ of an inch above the bridge, with a very heavy pressure of the thumb and first and fourth fingers, in addition to the dead weight of the arm. These exercises are of those that should be practised every day, even after attaining a sufficient technique.

On joura les exercices correspondants sur les 3 autres cordes. (Comme dans tous les exercices précédents, on devra garder sur la corde les doigts portant un chiffre inférieur à celui du doigt-sillet.) Raisonnablement ce travail devrait occuper un quart d'heure sur le temps que l'on pourra quotidiennement consacrer à l'étude de son mécanisme.

One should play the corresponding exercises on the three other strings. (As in all the preceding exercises, the fingers numbered by figures inferior to that of the nut finger should remain pressed down on the string.) Rationally this exercise should occupy about a quarter of an hour of the time that one can devote daily to the study of one's technique.

Exercices pour développer l'Indépendance des doigts.

Les mêmes exercices peuvent au moyen d'une légère transformation, servir à rendre les doigts indépendants.

Il suffira d'appliquer à leurs degrés respectifs, sur la corde voisine de celle que l'archet met en vibration, les doigts portant un chiffre s u p é r i e u r à celui du doigt à articuler.

Exemple:

Indépendance du premier doigt.

Doigts inoccupés.

On trouvera tout naturellement d'après cet exemple les dispositions correspondantes, favorables au travail des exercices suivants. Il ne sera pas nécessaire de redire ici les N°s 7 et 8. L'exécution en est la même que dans le cas précédent.

Un excellent travail consistera à forcer l'indépendance du troisième doigt sur une corde éloignée de celle où sont appliqués les doigts 1 et 4. On travaillera, à cet effet, les exercices 5 et 6 des deux façons suivantes.

Exercises to develope the Independence of the fingers.

The same exercises, by means of a slight transformation, can be employed to make the fingers independent. It only requires the placing of those fingers that are numbered with figures h i g h e r than that of the finger in play on their respective notes on the string next to the one being set in vibration by the bow.

Example:

Independence of the first finger.

Unoccupied fingers.

It will be easy to find, from this example, the corresponding dispositions of the fingers that are suitable for the study of the following exercises. It appears unnecessary to reprint here Nos. 7 and 8. Their execution is similar to the preceding one.

An excellent exercise is to force the independence of the third finger, on a string far away from the one to which the 1st and 4th fingers are applied. With this aim in view, exercises 5 and 6 should be practiced in the following manner.

Sur la corde Ré: — On the D string:

Doigts éloignés.
Fingers on the far-off string.

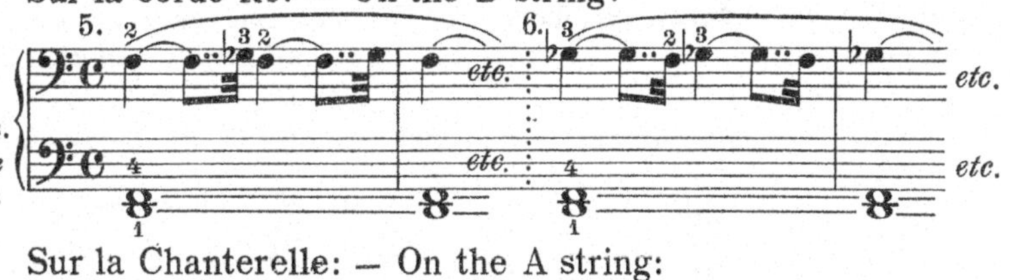

Sur la Chanterelle: — On the A string:

Doigts éloignés.
Fingers on the far-off string.

Il sera extrêmement difficile d'obtenir, dans ces conditions, une articulation appréciable du troisième doigt. Néanmoins ce mouvement étant perfectible par l'effort obstiné, on fera bien d'y apporter la plus grande insistance.

It will be extremely difficult, under these conditions, to obtain any appreciable movement of the 3rd finger. Nevertheless, as this movement is perfectible through persistent effort, it will be well to practice it with the greatest insistence.

Quelques variantes dans la disposition des doigts inoccupés, pouvant contribuer aussi à l'indépendance parfaite des 2e et 3me doigts.

A few variations in the disposition of the unoccupied fingers, that can also contribute to the perfect independence of the 2nd and 3rd fingers.

Doigts appliqués.
Held fingers.

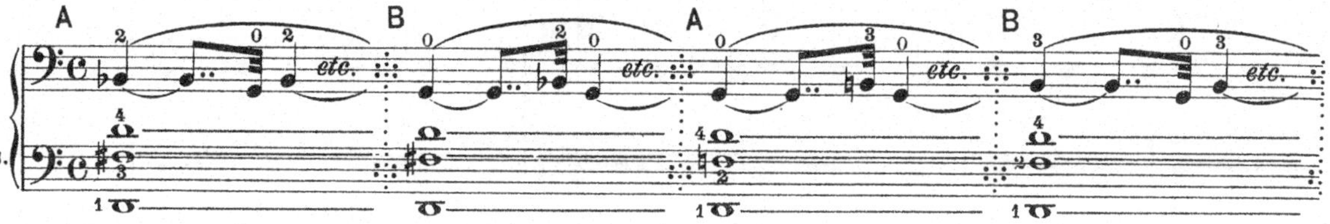

Doigts appliqués.
Held fingers.

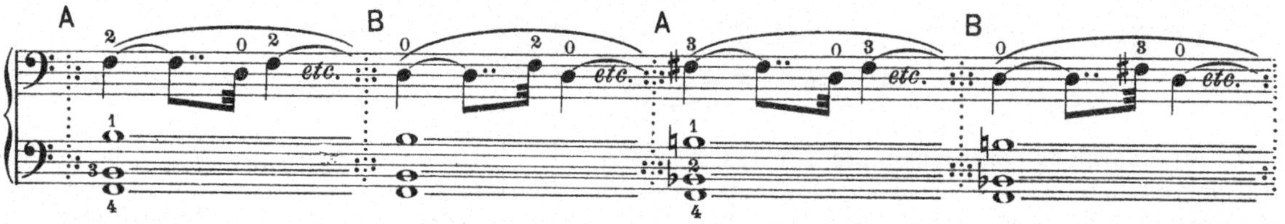

De même, toutes autres dispositions des doigts appliqués, pouvant **entraver** les mouvements libres du doigt à articuler.
Ces efforts que, malheureusement, l'on néglige bien souvent, sont d'une efficacité presque immédiate.

Si ces exercices ont été rationnellement travaillés, les „doubles cordes" suivantes paraîtront plus faciles.

In the same way, all other arrangements of the fingers, by which the free movements of the finger in play could be shackled. These efforts, that are unfortunately often neglected, are almost immediately efficacious.

If these exercises have been rationally practiced, the following "double strings" will appear easier.

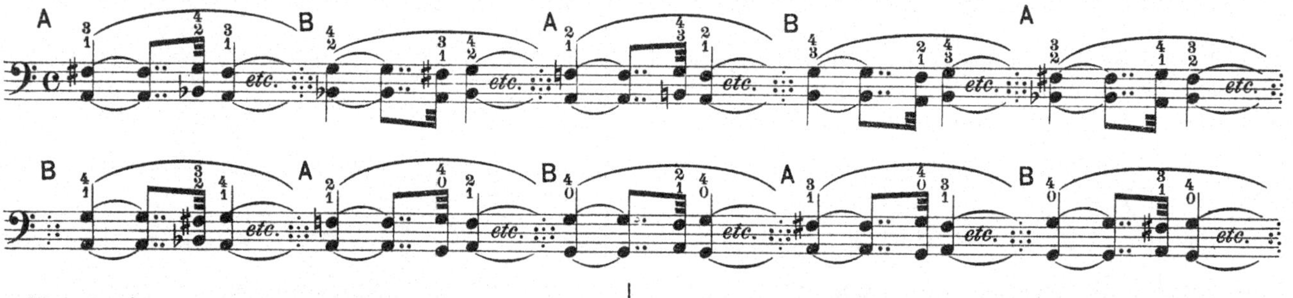

Il suffira de s'obstiner quotidiennement sur un petit nombre de ces exercices pour l'indépendance des doigts, si l'on a la patience de s'imposer ceux que l'on aura le plus de difficulté à exécuter. Il ne sera pas non plus nécessaire de travailler la même série tous les jours.

It will suffice to keep hammering away daily at a few of these exercises for the independence of the fingers, if one has the patience to impose on one's self those that one finds the most difficult of execution. It will also not be necessary to practice the same series every day.

Deuxième tenue de la main gauche.

(Extension du 1er doigt.)

L'intervalle contenu entre le 1er et le 4e doigt, est, dans la deuxième tenue, d'une tierce majeure.

Second disposition of the left hand.

(Extension of the 1st finger.)

The interval comprised between the 1st and 4th fingers is, in the second disposition, that of a major third.

Tessiture du 1er degré de cette tenue. — Tessitura of the 1st degree of this disposition.

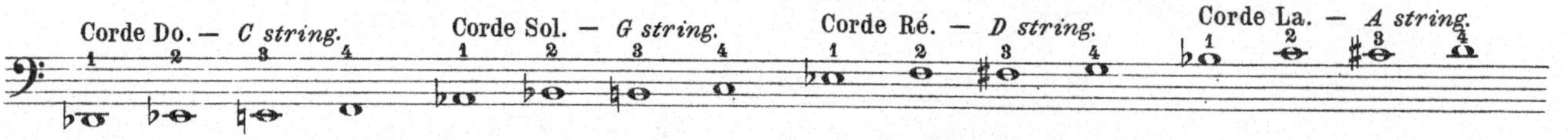

Pour trouver la bonne disposition des doigts, il faudra, d'abord, les placer chromatiquement sur le 2me degré d'une corde quelconque. Ensuite (les doigts 2, 3 et 4 restant immobiles, et la pouce conservant sa place derrière la manche, à hauteur du second doigt) on devra allonger le 1er doigt seul, en l'écartant des autres, jusqu'à ce qu'il atteigne la place qu'il occupait au 1er degré de la tenue chromatique.

In order to find the correct disposition of the fingers one should, first of all, place them chromatically on the 2nd degree of any string. Then (the fingers 2, 3 and 4 remaining stationary, and the thumb retaining its position at the back of the fingerboard, opposite the 2nd finger) one should extend the 1st finger only, separating it from the others, until it reaches the position it occupied on the 1st degree of the chromatic disposition.

Ensemble de la main.
General view of the hand.

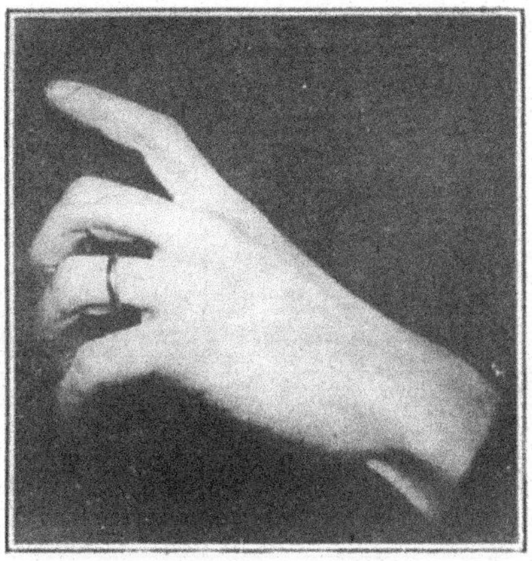

Place de contact du 1er doigt en cas d'extension.
Place of contact of the 1st finger when extended.

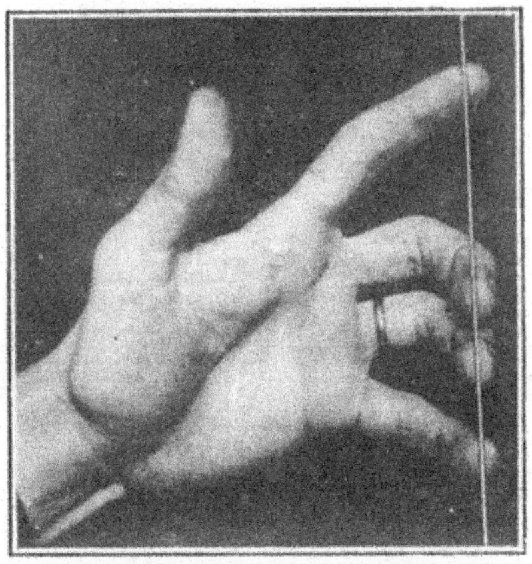

Pour s'accoutumer à garder la distance d'un ton entre les deux premiers doigts on utilisera l'adaptation ci-dessous des exercices d'indépendance.

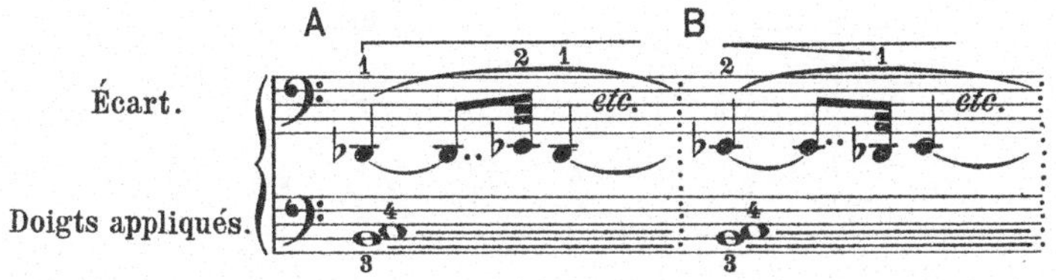

In order to accustom one's self to maintain the interval of a whole tone between the first two fingers one should use the following adaptation of the exercises for the independence of the fingers.

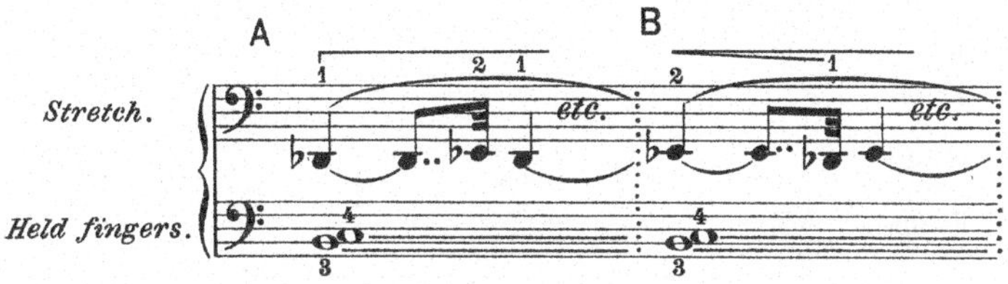

Je crois bon, ici, d'anticiper légèrement sur le chapitre des „déplacements" en recommandant de jouer sur toutes les cordes l'exercice suivant. A cause de la différence, dans les cordes extrèmes, de la situation des doigts immobiles, je donne ces deux exemples:

I think it well to encroach here on the chapter "changings of place" by recommending the execution of the following exercise on all the strings. On account of the difference of situation of the stationary fingers on the outside strings, I give these two examples:

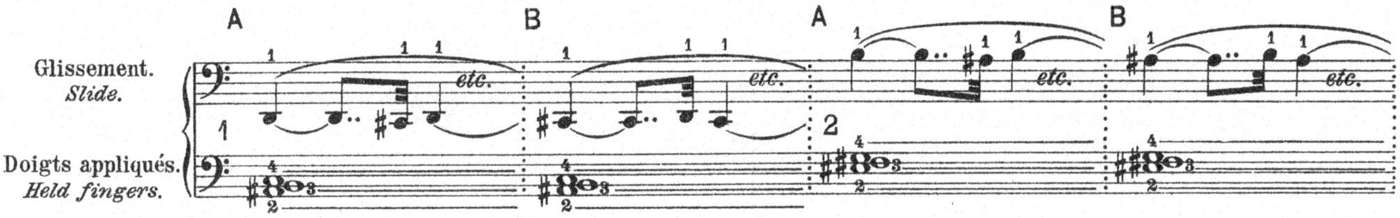

On devra réaliser ces déplacements du premier doigt par un glissement très rapide de son extrémité, celle-ci convervant toujours son appui ferme sur la corde.

Ci-après le tableau des ressources diatoniques que l'on peut tirer du 1er degré de la deuxième tenue, en y ajoutant les cordes à vide. Est-il nécessaire de rappeler que ce tableau doit, tout comme les précédents (et aussi comme les suivants), être appris par cœur?

Par exemple, il ne sera pas nécessaire de travailler chaque note sur un coup d'archet différent. D'abord la durée des valeurs pourra être transformée au gré de l'exécutant. L'important est que ce dernier s'exerce à l'utilisation des coups d'archet „mixtes" (lié et détaché) travaillés précédemment. Son initiative et son attention seront, de la sorte, soumises à une égale épreuve. Je lui recommande néanmoins d'employer, le plus souvent possible, le changement de corde sur un même archet. C'est une des difficultés de la technique régulière, qui demandent le travail le plus continu.

These "changings of place" of the 1st finger should be accomplished by a rapid sliding of its extremity while still maintaining its firm pressure on the string.

Below will be found the table of diatonic possibilities of the 1st degree of the second disposition, by adding thereto the open strings. Is it necessary to repeat that this table, like the preceding ones, (and also like those to follow) should be memorized? It will however not be necessary to play each note with a separate stroke of the bow. To begin with the duration of the notes may be changed to the liking of the player. The important thing is that the latter should exercise himself in the use of "mixed" bowing (legato and detached), as previously studied. In that way his initiative and attention will be put to an equal test. I should, however, recommend him to employ, as often as possible, the change of string on the same stroke of the bow. It is one of the difficulties of ordinary technique, that requires the most constant practice.

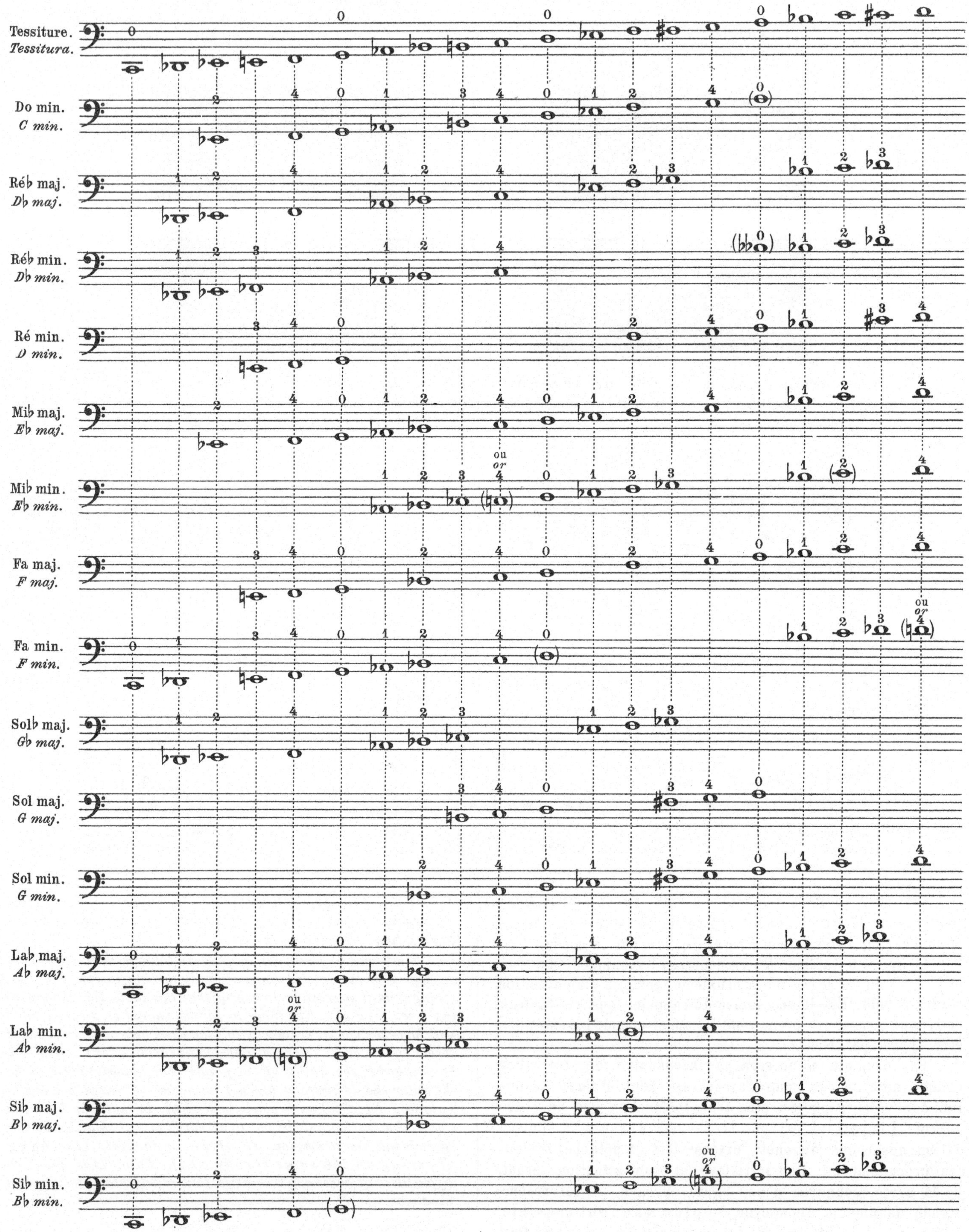

Comme-dans la tenue chromatique, le 1.er et le second degré sont les seuls qui offrent des séries diatoniques de plus de trois notes (dans leurs rapports avec les cordes à vide).

Ci-après le tableau diatonique du second degré.

The same as in the chromatic disposition, the 1st and 2nd degrees are the only ones that offer diatonic series of more than three notes, (in conjunction with the open strings).

Tableau diatonique du second degré de la deuxième tenue.

Diatonic table of the second degree of the second disposition.

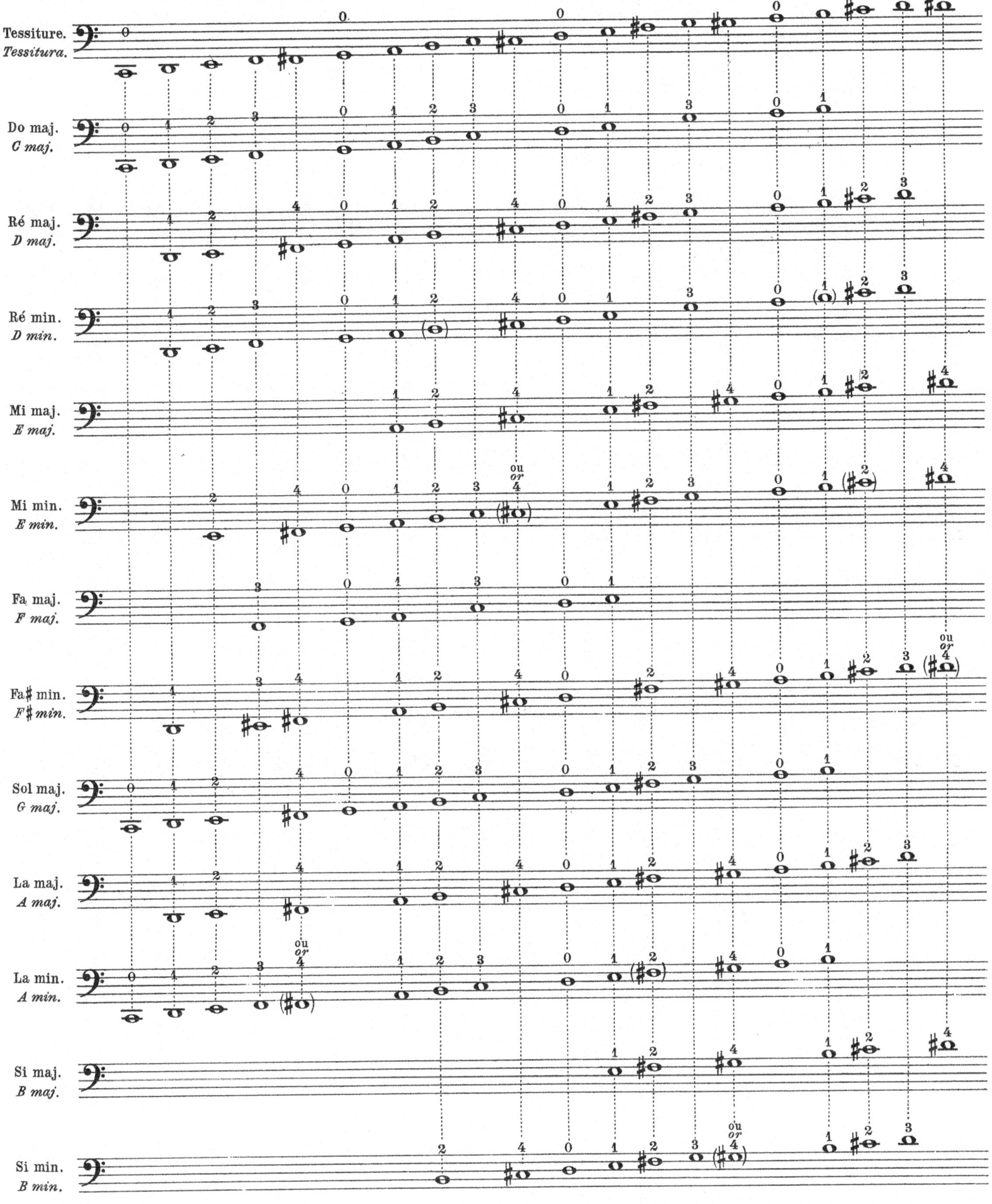

Le complément nécessaire à la parfaite connaissance des ressources de cette tenue, sera le tableau de tous les intervalles qui s'y trouvent contenus, (sans adjonctions des cordes à vide).

The complement necessary for the perfect knowledge of the ressources of this disposition is the table of all the intervals contained in it, (without the addition of the open strings).

De ce tableau j'exclus les intervalles dont l'exécution (sinon le nombre) est identique aux séries correspondantes de la „1ère tenue." Ce sont les: secondes mineures, quartes augmentées, quintes, sixtes mineures, neuvièmes mineures et majeures, dixièmes mineures, quintes à l'octave, sixtes mineures et majeures à l'octave, et septièmes mineures à l'octave. Tous les autres intervalles ont subi, du fait de l'extension, une altération quelconque dans leur realisation.

I exclude from this table the intervals of which the execution (if not the number) is identical with the corresponding series of the "1st disposition". They are the Minor Seconds, Augmented Fourths, Fifths, Minor Sixths, Minor and Major Ninths, Minor Tenths, Fifths a l'Octava, Minor and Major Sixths a l'Octava, and Minor Sevenths a l'Octava. All the other intervals have undergone, through the extension, some modification in their manner of execution.

Tableau des intervalles possibles en tenue d'extension.

Table of possible Intervals in extended disposition.

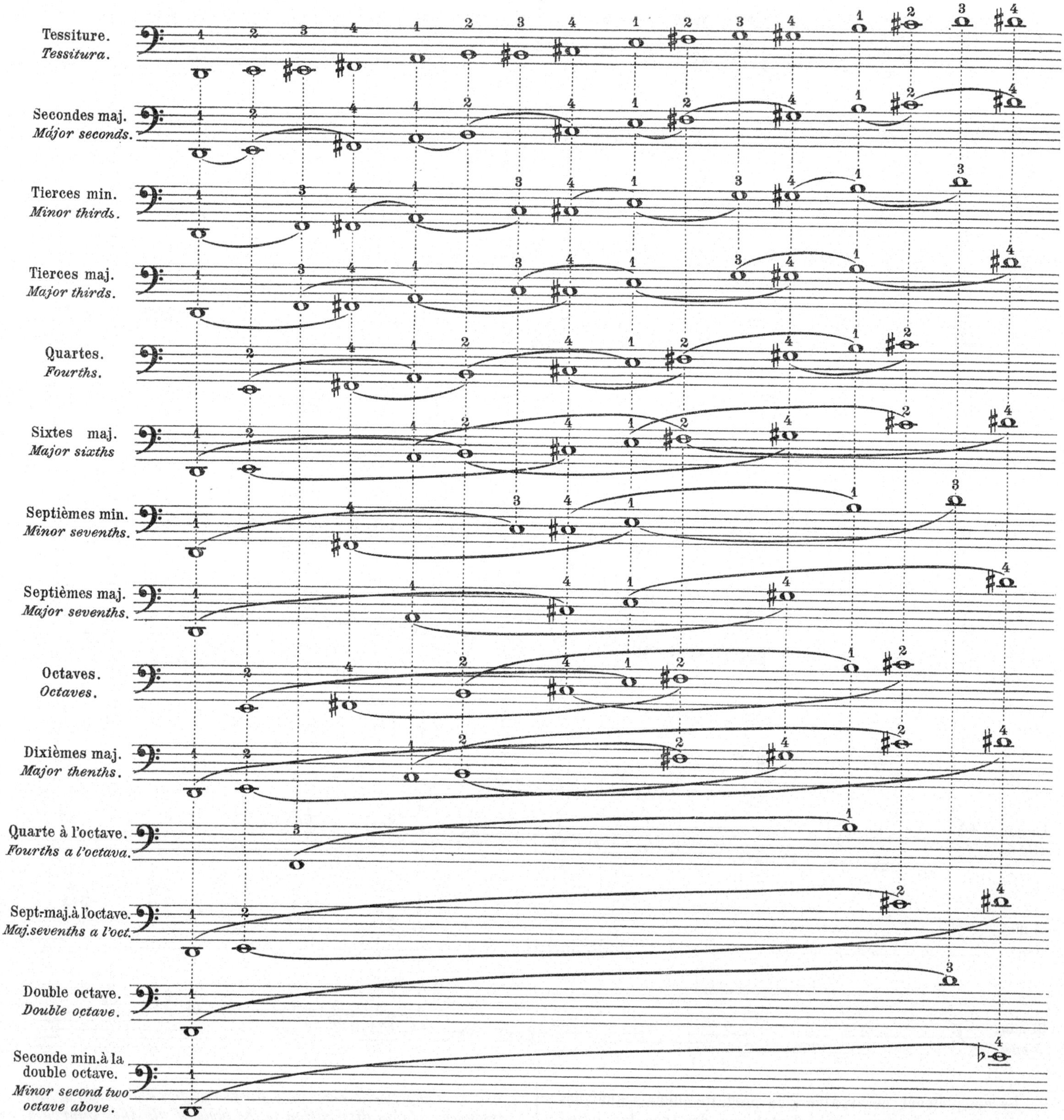

Questionnaire similaire à celui qui suit le tableau correspondant de la 1ère tenue.

Questionnaire similar to the one that follows the corresponding Table of the 1st disposition.

Exercices pour préparer à l'usage mixte des deux premières tenues.

Preparatory exercises for the mixed use of the first two dispositions.

Exercice.
Exercise.

Doigt immobile.
Stationary finger.

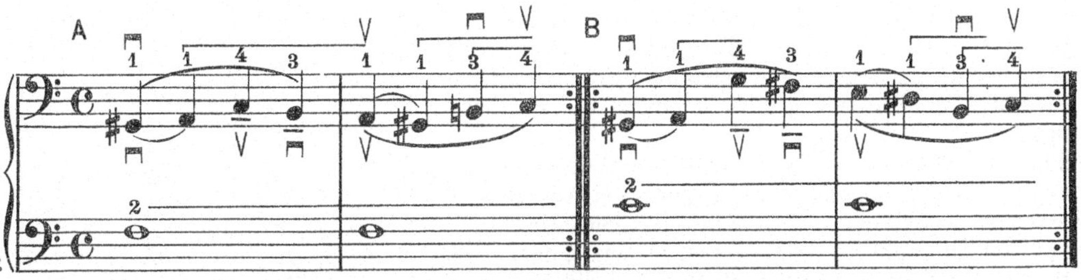

Lorsque deux notes, du 1er doigt, jouées chacune dans une tenue différente, seront séparées par une ou plusieurs notes exécutées par d'autres doigts,

Ex. 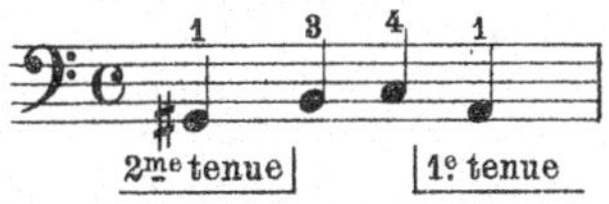

le déplacement du premier doigt devra s'opérer, **non** par un glissement, mais par un soulèvement (une articulation) de son extrémité, au-dessus de la corde; et cela **pendant la note qui précèdera chaque nouvel emploi de ce doigt.**

Droite A B = Plan du manche du violoncelle, vu de profil en se plaçant à la droite de l'exécutant.

Point c = Place de l'extrémité du 1er doigt en extension.

Point d = Place de l'extrémité du 1er doigt en tenue chromatique.

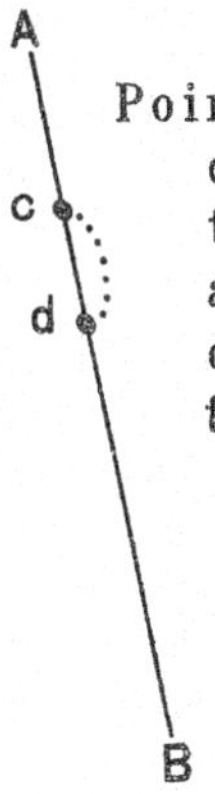

Pointillé entre c et d = Parcours de l'extrémité du 1er doigt au-dessus de la corde, au passage d'une tenue à l'autre.

Le changement de tenue du 1er doigt devra s'effectuer pendant la note agrémentée du signe (1↑) ou (1↓) — (selon la direction dans laquelle ce doigt devra se déplacer sur le manche).

When two notes of the 1st finger, each played in a different disposition, are separated by one or more notes played by other fingers,

Ex. 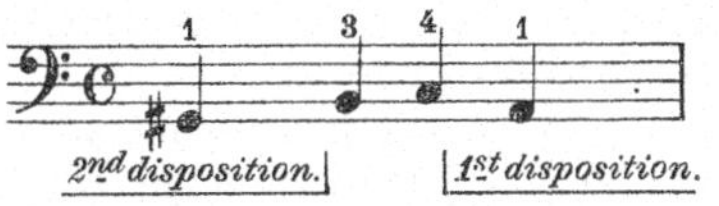

the change of place of the first finger should ***not*** *be made by sliding it, but by lifting its extremity above the string; and this* ***during the execution of the note that precedes each new use of this finger.***

Line A B = *Plan of the fingerboard of the violoncello, as it appears from the right side of the performer.*

c = *Place of the tip of the 1st finger (extended disposition).*

d = *Place of the tip of the 1st finger (chromatic disposition).*

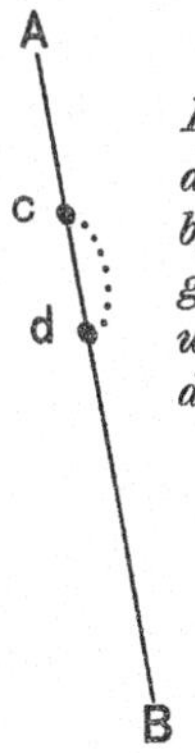

Dotted line between c *and* d; *Line followed by the tip of the 1st finger above the string, when changing from one disposition to the other.*

The change of disposition of the 1st finger should be made during the note marked with the sign (1↑) or (1↓) (according to the direction in which this finger is to be moved on the fingerboard).

Les déplacements de la main gauche au manche du violoncelle.

Ces déplacements ne proviennent pas toujours d'un changement de registre impraticable sur un seul degré.

Certains effets musicaux comportent une unité absolue dans le timbre. Cette unité ne peut pas s'obtenir autrement que sur la même corde, et il est fréquent que la main se déplace, dans ce but, une ou même plusieurs fois pendant l'exécution d'une série de notes réalisables, avec des changements de corde, sur un seul degré.

Souvent aussi, l'effet que l'on désire obtenir, consiste dans un „port de voix". Dans ce cas chaque corde pourra être, à son tour, considérée comme chanterelle (corde chantante) momentanée.

Les déplacements sont, en partie, asservis aux doigtés, et réciproquement. Ici, l'art de l'exécutant consiste à dissimuler les désavantages d'un doigté malcommode nécessité par un déplacement musicalement important; ou bien alors, à faire passer inaperçu un déplacement instrumentalement forcé, (soit par l'éloignement d'un degré à atteindre, soit pour d'autres raisons) mais ne coïncidant ni avec un „accent" ni avec une „respiration".

De tout cela il sera traité ultérieurement. Pour l'instant, nous devons nous occuper de faire parcourir le manche par des doigts aisés, souples et forts.

La connaissance que nous avons acquise, des deux premières tenues et de leurs ressources quant aux intervalles que chacune d'elles renferme, nous permettra d'utiliser pratiquement, chacun des degrés de celles-ci, au „manche".

Etant donné que tous les doigts peuvent, à tour de rôle, être appelés à servir de points d'appui pour le transport d'une région à une autre de la même corde, et qu'il importe, pour cela même, de développer l'habileté individuelle de chacun d'eux dans cette nouvelle fonction (d'un usage extrêmement fréquent) on devra travailler tous les exercices qui vont suivre avec chaque doigt séparément.

On veillera à ce que les doigts inoccupés conservent, pendant toute la durée des exercices, leur disposition chromatique. Les doigts portant un chiffre supérieur à celui du doigt „glisseur" se tiendront au-dessus de la corde, le plus près possible de celle-ci, et dans la position arquée qu'ils affectent pendant leur appui.

On remarquera, et cela une fois pour toutes, que la distance entre deux degrés d'une corde, est proportionnelle à la longueur de cette corde, comprise entre le doigt-sillet et le chevalet. Chaque intervalle représente, lorsqu'il se reproduit sur différents registres une fraction identique de chaque nouvelle portion de corde. De là le resserrement progressif des degrés, au fur et à mesure que l'on s'éloigne du registre grave d'une corde.

Ainsi dans les exemples suivants:

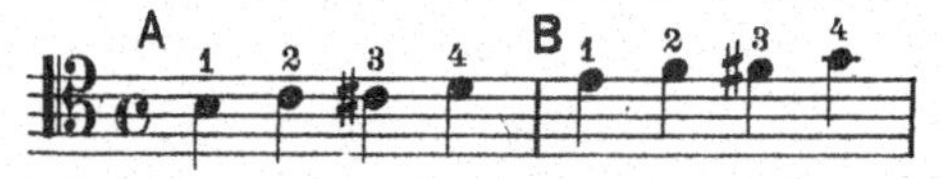

les doigts devront être moins rapprochés entre eux dans la mesure A que dans la mesure B.

Si l'on observe, dès le début, cette règle naturelle, et si le violoncelle est convenablement diapasonné, l'arrivée du premier doigt sur le „*mi*" (5me ligne de la clef d'ut) devra coïncider avec la rencontre du côté inférieur de la main, et de l'„éclisse". Cela constitue un point de repère très appréciable dans beaucoup de cas.

(En cas d'extension – ou 2me tenue – c'est au *mi♭* que devra se produire le contact entre la main et l'éclisse.)

Les exercices suivants exécutés, d'abord, entièrement par le 1er doigt, devront être réalisés au moyen d'une série de glissements très rapides entrecoupés de points d'arrêt, le doigt ne diminuant jamais sa pression, tandis que le pouce (continuellement à hauteur du second doigt) ne fera qu'effleurer le manche.

Tout „cramponnement" du pouce serait néfaste à la souplesse des déplacements.

The changing of place of the left hand at the neck of the violoncello.

These changes do not always originate in a change of register that is not practicable on one and the same degree.

Certain musical effects require an absolute unity of the quality of sound. This unity can be obtained only by the use of the same string, and it often happens that the hand changes its position on the fingerboard to this end one or even several times during the execution of a series of notes that could be played, by a change of strings, on one and the same degree.

Often also, the effect desired consists in the "portamento". In this case each string may be looked upon, for the moment as a "chanterelle" (singing string).

These changes of place are, to a certain extent, subservient to the fingering; the inverse is also often the case. Here, the art of the performer consists in hiding the disadvantages of an awkward fingering, made necessary by a musical important change of place, or else in causing to pass unobserved a change of place, imposed by technical necessity (either by the distance away of the note to be played or by some other cause), but not coinciding either with an accent or a "breathing space".

All this will be treated later on. For the present we have to see to it that the fingers we use on the fingerboard are supple, strong and that they move easily.

The knowledge that we have acquired of the first two dispositions, and their possibilities as far as the intervals they contain are concerned, will permit of our utilizing practically each one of their degrees on the fingerboard.

As all the fingers may, in turn, be called upon to serve as bearing points for a movement from one to another region of the same string, and that for that very reason it is essential to develope the individual skill of each of them in this new role (that is of current use), it is extremely important that all the following exercises should be practised with each finger separately.

One must take care that the unoccupied fingers retain their chromatic disposition through all these exercises. The fingers bearing a number superior to that of the "sliding" finger should be held above, but as near as possible to the string, maintaining the bent position they take when pressing the string.

It should be noted, once and for all, that the distance between two degrees of a string is proportional to the length of this string, as comprised between the nut finger and the bridge. Each interval represents, when reproduced in various registers, an identical fraction of each new section of the string. From this comes the gradual drawing together of the notes as one gets further and further away from the deep register of a string.

For instance in the following examples:

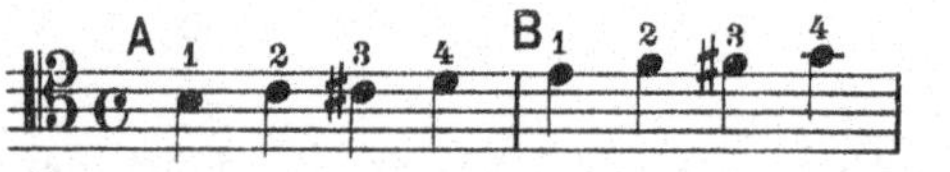

the fingers should be less drawn together in the measure A *than in the measure* B.

If one pays attention, from the very beginning, to this natural rule, and if the diapason of the violoncello is correct, the arrival of the first finger on the E (5th line of the C Clef) should coincide with the encounter of the lower side of the hand with the side of the violoncello. This constitutes in many cases a very appreciable guiding point.

(In the case of extension – or second disposition – it is at the E flat that the contact between the hand and the side of the violoncello should take place.)

The following exercises, that should at first be played by the 1st finger only, should be executed by means of a series of very rapid slides, interrupted by stops, the finger never reducing its pressure, while the thumb (continually opposite the second finger) will only slightly touch the back of the fingerboard.

Any "cramping" of the thumb would be fatal to the suppleness of the movements.

(ou tous autres groupements du même genre.)

Sur chacune des autres cordes, l'on devra transposer quelques-uns de ces exercices, de manière à s'habituer aux déplacements sur plusieurs épaisseurs et consistances.

Voici les registres propres à l'exécution par tous les autres doigts (isolément) des exercices précédents.

(or any other groups of the same kind.)

One should transpose some of these exercises onto each of the other strings, so as to get accustomed to changes of position on varying thicknesses and consistencies.

Here are the registers suited to the execution of the foregoing exercises by all the fingers (separately).

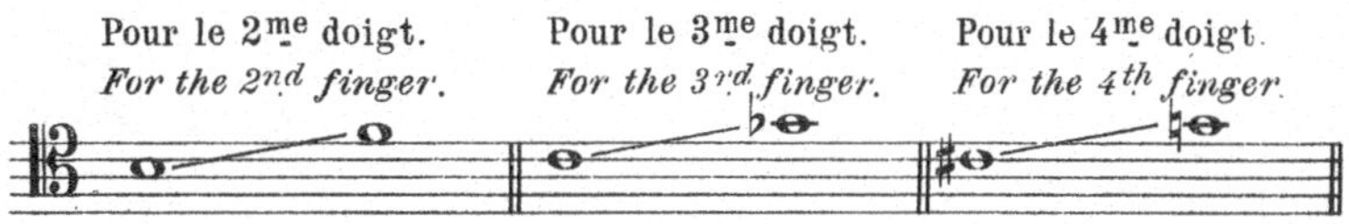

Exercices pour le déplacement „mixte“

(par tous les doigts à tour de rôle).

Exercises for "mixed" changing of place;

(by all the fingers in turn).

Il est indispensable de pouvoir, pendant le prolongement d'un même son, déterminé par le 1er doigt, transformer la première tenue de celui-ci en tenue d'extension (et réciproquement) sans altérer la justesse de la note en cours d'exécution.

Dans ce but, on travaillera des exercices spéciaux. L'archet ne devra jouer que la ligne supérieure.

t. chr. = tenue chromatique.
ext. = tenue d'extension.

It is indispensable to be able, during the prolonging of a single note, determined by the first finger, to transform the first disposition of this finger into an extended disposition, (as well as the inverse), without any change of pitch in the note.

To this end, special exercises should be practiced. The bow should play the upper line only.

t. chr. = *chromatic disposition.*
ext. = *extended disposition.*

L'extrémité du 1er doigt étant fermement appuyée sur le degré „*la*“, l'allongement et le repliement de ses phalanges devront coïncider avec l'abaissement et le relèvement de la main.

The extremity of the 1st finger being firmly pressed down on the note A, the extension and bending of its phalanges should coincide with the lowering and raising of the hand.

Déplacement régulier de la main (par les doigts: 2, 3, 4 et pouce).

Regular change of place of the hand (by the 2nd, 3rd and 4th fingers and the thumb).

Le graphique de la ligne supérieure se rapporte à la tenue du 1er doigt.

The signs on the upper line refer to the disposition of the 1st finger.

Première application de ce principe. — First application of this principle.

1er doigt et archet.
1st finger and bow.

Changement de tenue.
Change of disposition.

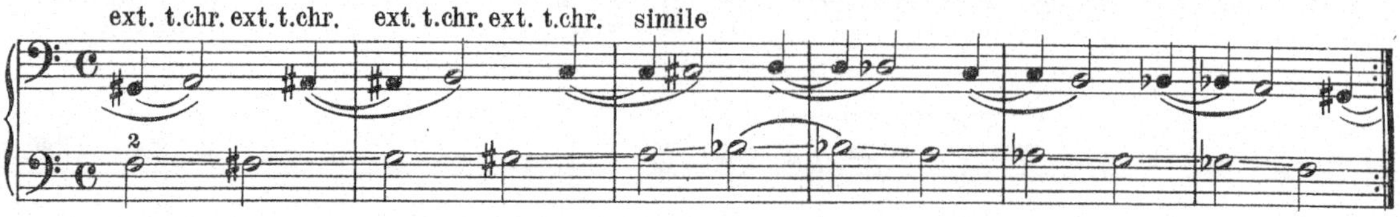

Lorsque l'on sera entièrement familiarisé avec ce cas, on pourra utilement entreprendre les déplacements dans lesquels le doigt-sillet du départ est différent de celui de l'arrivée. Dans ce cas (les exceptions en seront signalées en temps et lieu), le „port de voix" devra se faire par le doigt qui aura déjà joué, et non par celui qui s'apprêtera à jouer.

Lorsqu'un déplacement ascendant conduira d'un doigt inférieur à un doigt supérieur en chiffre (exemple A) ou dans le cas contraire, (exemple B)

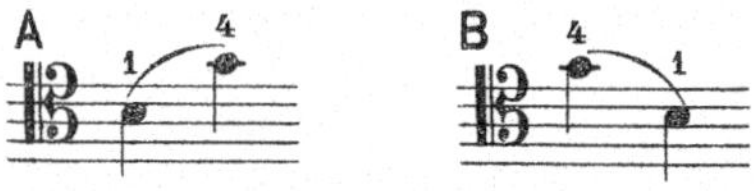

ce déplacement devra toujours être précédé d'une extension, tendant à rapprocher de son but, le doigt de l'arrivée.

Ne jamais oublier que le pouce accompagne invariablement le 2me doigt dans les extensions.

Cas inverse:

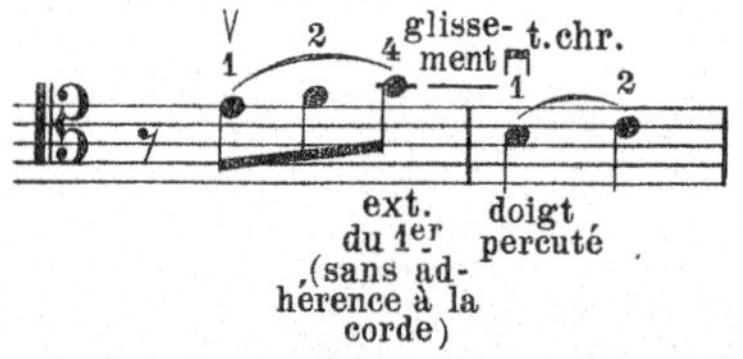

On voit, par ces deux exemples, qu'il faudra, dans chaque déplacement, percuter le doigt de l'arrivée, lorsque ce dernier sera différent du doigt du départ.

Dans le cas où le chiffre du doigt du départ serait supérieur à celui du doigt de l'arrivée, dans une période ascendante:

la percussion devra s'obtenir non par le déclanchement du nouveau doigt-sillet, mais la rétraction de l'ancien.

Pour bien exécuter l'exemple ci-dessus, il faudra, pendant le „port de voix", rapprocher, l'un de l'autre, les doigts 3 et 4, jusqu'à l'arrivée sur le *fa♯*. A ce moment précis, le 4e doigt chassé par le 3me, qui se substituera à lui, quittera la corde, par traction.

L'exemple précédent avec un graphique de son exécution.

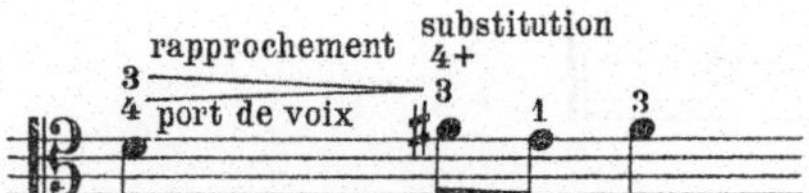

When one has thouroughly familiarized one's self with this, it will be useful to undertake changes of place in which the nut finger with which one begins is not the same as the one with which one finishes. In that case (the exceptions will be mentioned in due time and place) the portamento should be made by the finger that has already played and not by the one that is preparing to play.

When an ascending change of place leads from a lower numbered finger to a higher numbered one (example A), or in an inverse case (example B)

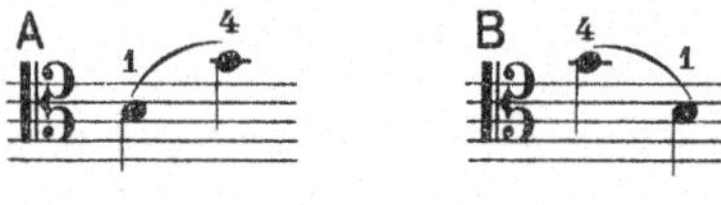

this change of place should always be preceded by an extension, tending to bring the finger that is preparing to play nearer to its goal.

Do not forget that the thumb invariably accompanies the 2nd finger in the extensions.

Inverse example:

One will notice, from these two examples, that one must, for each change of place, strike with the finger that is about to play, when the latter is other than the one one began with.

In case the number of the finger one starts with is superior to that of the finger of "arrival", in a rising period,

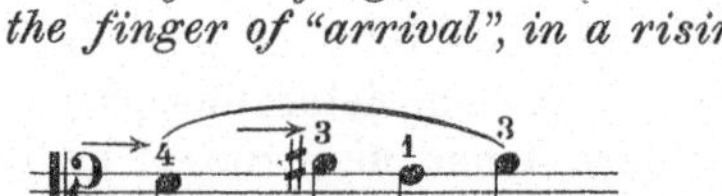

the percussion should be obtained, not by the striking of the new nut finger but by the withdrawal of the former one.

To ensure a good execution of the above example it will be necessary, during the portamento to draw the 3rd and 4th fingers together, until the F♯ is reached. At this precise moment the 4th finger, crowded out by the 3rd (that is taking its place), should "pluck" the string that it is leaving.

The preceding example with a diagram of its execution.

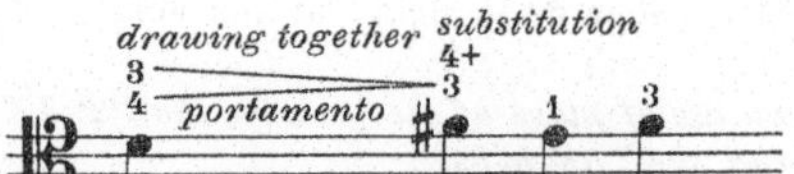

De la même famille:

Of the same category.

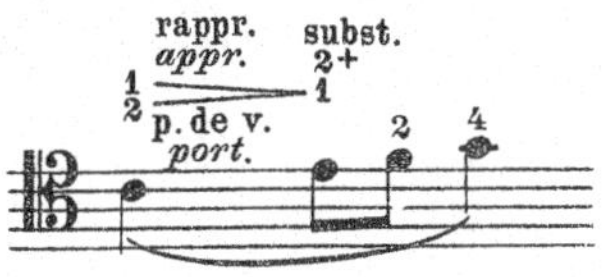

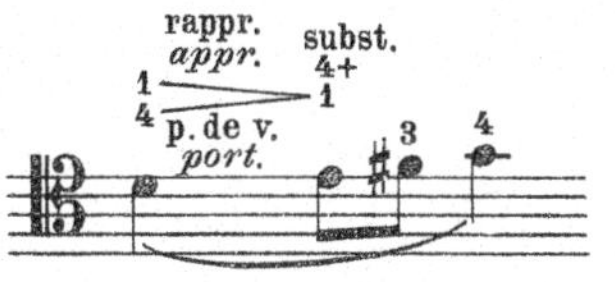

Les renversements de ces exemples comportent non seulement le rapprochement entre le doigt qui joue et celui qui doit lui succéder, mais encore la percussion par c h o c de ce dernier, au moment de sa substitution au précédent.

Le chiffre du doigt à v e n i r (maintenu a u-d e s s u s de l a c o r d e), se trouvera, dans le graphique ci-dessous, e n t r e p a r e n t h è s e s. En plus de cela, un p o i n t d'e x c l a m a t i o n accompagnera le chiffre du doigt percuté par c h u t e.

The inversion of these examples, calls not only for the drawing together of the finger in play and the following one, but also for the striking of the note by the latter, at the moment of substitution.

In the examples given below, the number of the "f i n g e r o f s u b s t i t u t i o n" (h e l d a b o v e t h e s t r i n g) will be found i n b r a c k e t s. In addition to this, the number of the "f i n g e r o f p e r c u s s i o n" is followed by an e x c l a m a t i o n p o i n t.

Enfin, pour clore cette série, un exemple synthétisant les deux cas dont il vient d'être question:

Finally, to close this series, there follows an example combining the two cases above mentioned.

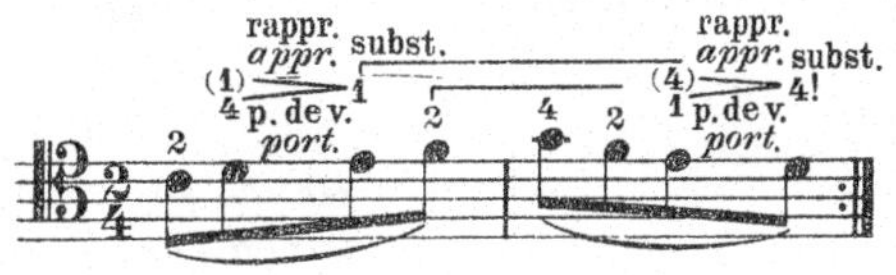

Quelques figures représentant les „rapprochements" des doigts extrêmes, me sembleut, ici, nécessaires à la compréhension de certains déplacements.

On remarquera, dans ces figures, l'adhérence – la juxtaposition – des doigts 2-3 et 4. Cette disposition des doigts en question sera bonne aussi désormais, pour des cas où le 4e doigt succéderait au 1er, en qualité de sillet, s a n s rapprochement, et même e n c a s d'e x t e n s i o n. Les 3 doigts, ainsi groupés, auront une force bien plus grande et faciliteront l'élan de la chute percutée du 4e doigt.

It appears to me necessary, for the understanding of certain changes of place on the fingerboard, to give certain figures representing the brining together of the outside fingers. One will notice in these figures the coupling – the juxtaposition – of the 2nd, 3rd and 4th fingers. This disposition of these fingers will also be excellent in future, in cases where the 4th finger follows the 1st (as a nut) w i t h o u t drawing together, and even i n c a s e s o f e x t e n s i o n. The three fingers, grouped in this manner, will have much greater strength, and will facilitate the impetus of the stroke of the 4th finger.

Préparation pour le passage du 1er doigt (pendant l'exécution de la note „ré").

Preparation for the passage of the 1st finger (during the execution of the note D).

Fig. 1.

Préparation au passage du 4e doigt (pendant l'exécution de la note „mi".)

Preparation for the passage of the 4th finger (during the execution of the note E).

Fig. 2.

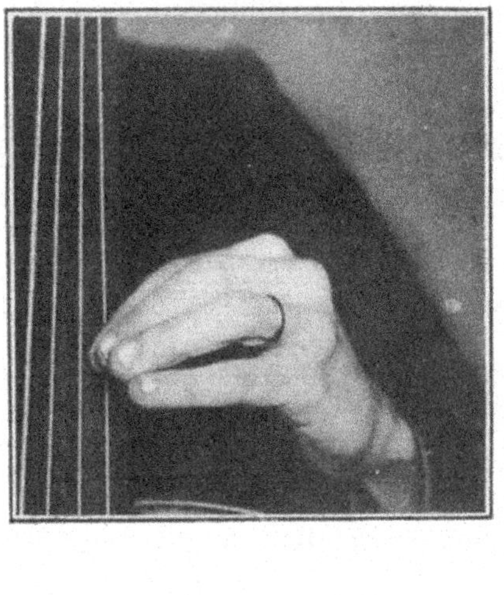

Groupements des doigts 2, 3, 4 pour attaquer (sans déplacement) la note „*ré*“.

Grouping of the 2nd, 3rd and 4th fingers for attacking (without changing of place) the note D.

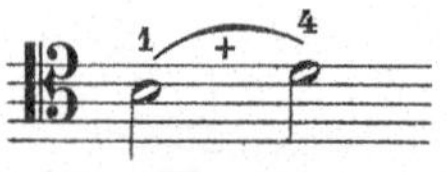

Fig. 3.

Même groupement, pour attaquer (par simple extension du 1er doigt) la note „*ré#*“.

Same grouping, for attacking (by the simple extension of the 1st finger) the note D#.

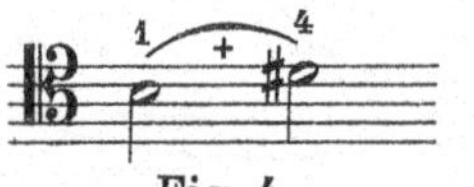

Fig. 4.

L'exercice suivant relève, pour la conduite du 1er doigt, (articulation a u - d e s s u s de la corde, au changement de tenue) – voir dans le précédent chapitre – de l'exemple:

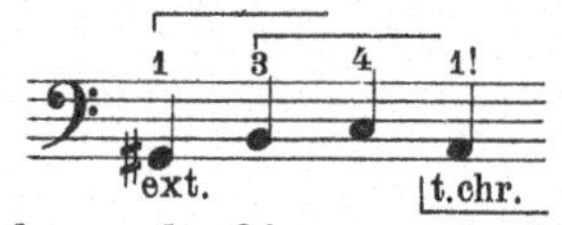

On prendra exemple sur la f i g u r e 4, toutes les fois que le 4e doigt succédera au 1er, dans une extension.

The following exercise is a derivative of the example:

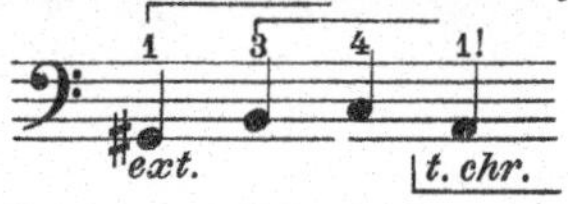

see the preceding chapter, as far as the action of the 1st finger is concerned, (lifting of the finger a b o v e the string at the moment of changing the disposition of the fingers).

Figure 4 should be consulted every time that the 4th finger follows the 1st, in an extension.

rét. c. = rétablissement chromatique —— rét. c. = *reestablishment of the chromatic disposition.*

On pourra aussi jouer, d a n s u n s e u l c o u p d' a r c h e t, la série ascendante des quartolets, – de même la série descendante.

Dans l'exercice ci-dessous c'est le r a p p r o c h e m e n t qui remplacera l'extension (aux endroits correspondant à la p r é p a r a t i o n du déplacement, de l'exercice précédent). Dans la série ascendante des quartolets, il faudra enlever de la corde, au fur et à mesure, les doigts 1, 2 puis 3 pour faciliter le rapprochement. Voyez plus haut, fig. 1.

The ascending series of four-note groups may also be played on one stroke of the bow; also the descending series.

In the following exercise it is the drawing together that should replace the extension (at the points corresponding to the p r e p a r a t i o n for the changing of place in the preceding exercise). In the ascending series of four-note groups, the 1st, 2nd and 3rd fingers should be lifted from the string one after the other, in order to facilitate the drawing together. See above: fig. 1.

On remarquera que dans la série d e s c e n d a n t e des quartolets, la chute percutée du 4e doigt, coïncide toujours avec la suppression du 1er doigt. Le rétablissement chromatique se trouvera, de la sorte, considérablement simplifié. Dans cette même série descendante, et pendant la note jouée par le 1er doigt, le rapprochement des doigts 2, 3 et 4 devra être conforme à la fig. 2.

It will be noticed that in the descending series of four-note groups, the downward stroke of the 4th finger coincides with the suppression of the 1st finger. The chromatic reestablishment will thus be considerably simplified. In this same descending series and during the note played by the 1st finger, the drawing together of the 2nd, 3rd and 4th fingers should be as shown in fig. 2.

Occupons-nous maintenant des déplacements sur des cordes différentes.

Ici, le déplacement par le même doigt, n'est praticable, sur le même archet, que pour les intervalles ascendants, au-dessus d'une quinte. Il s'agira, dans ce cas, d'exécuter le „port de voix" sur la corde de l'arrivée, mais sans faire entendre, sur cette dernière, la note initiale de la „glissade".

Pour l'oreille, l'exécution ci-dessous serait insupportable.

La mise en mouvement de la main devra coïncider avec le changement de corde.

Le renversement de l'exemple B, n'est bon qu'avec un changement d'archet. Dans le cas de changement d'archet, le „port de voix" (ascendant ou descendant) devra se faire sur la corde, et sur le coup d'archet, du départ. On pourra, dans ce qui va suivre, pallier aux inconvénients de l'exemple A (ci-dessus) par une imperceptible interruption du son, vers l'achèvement de la glissade. Si minime que soit ce silence, il suffira, néanmoins, au passage, (d'une corde sur l'autre,) de l'extrémité du doigt.

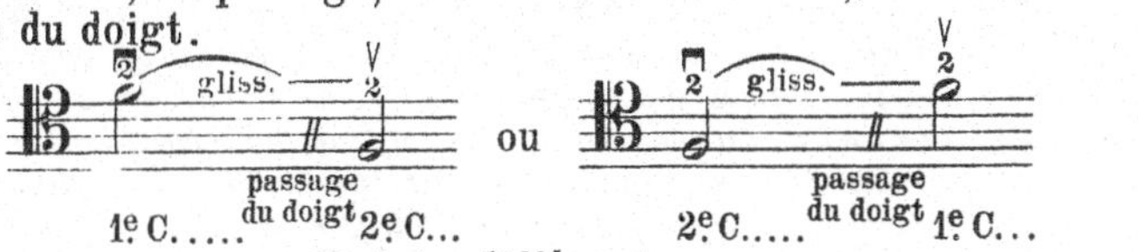

Doigts différents:

Dans la plupart des déplacements, où le doigt du départ se trouvera plus éloigné du but que le doigt de l'arrivée, lorsque la main devra se transporter d'un degré élevé d'une corde aigüe, à un degré relativement inférieur d'une corde plus grave, (ou inversement,) le „port de voix" devra se faire par le doigt et sur la corde du départ. Ce port de voix sera, bien entendu, précédé d'une extension, et se terminera par une percussion frappée. (Plus loin, on verra les exceptions.)

Indifféremment avec ou sans changement d'archet:

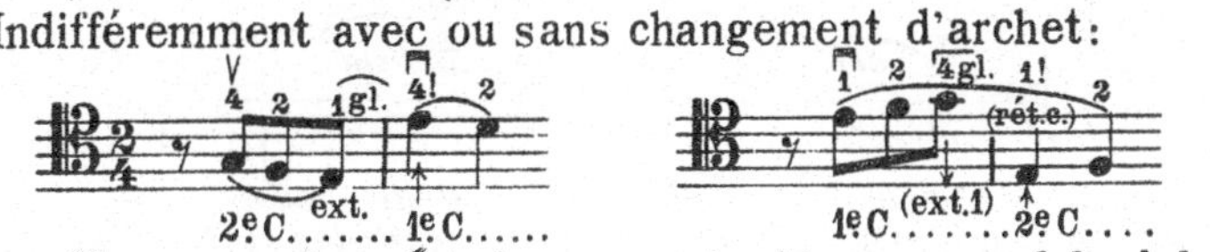

Une variante de ce cas, indispensable à la bonne exécution d'un certain nombre de gammes. Ici, le déplacement devra se faire sans aucun port de voix. Le doigt qui précèdera le déplacement conservera fermement son appui pendant l'extension, tandis que le doigt d'aboutissement de même que le pouce, rapprochés au possible de leur but, s'y précipiteront au moment du changement de corde. Il y aura forcément un saut de la main. On n'arrivera à en éviter les inconvénients que par un travail acharné.

We will now turn to the changing of place on different strings. Here, the changing of place with the same finger on the same stroke of the bow is feasible only on rising intervals, higher than a fifth. In this case we must execute the "portamento" on the string to which we are proceeding, but without allowing the initial note of the slide on this string to be heard.

For the ear the following manner of execution would be insupportable:

The putting in motion of the hand should coincide with the change of string.

The inversion of example B is good only with a change of stroke of the bow. In the case of a change of stroke, the "portamento" (rising or falling) should be made on the initial string and stroke. One will be able, in what follows, to palliate the disadvantages of example A (see above), by an imperceptible interruption of the sound, toward the end of the slide. Notwithstanding the shortness of this pause, it will suffice for the transference (from one string to the other) of the tip of the finger.

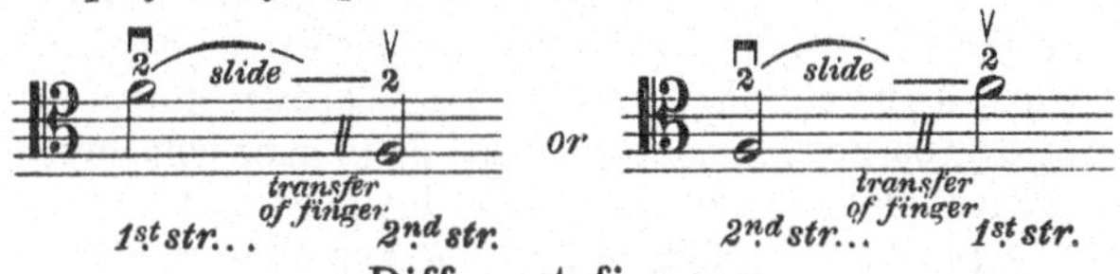

Different fingers:

In the majority of changes of place, where the finger first used is farther away from the note aimed at than the finger to be used for striking this note, when the hand has to travel from an elevated degree on a high-pitched string to a relatively lesser degree of a low-pitched string (or vice-versa) the "portamento" must be executed by the initial finger and on the initial string. The "portamento" must, of course, be preceded by an extension, and terminated with a struck note. (Further on will be found the exceptions.)

With or without change of bow:

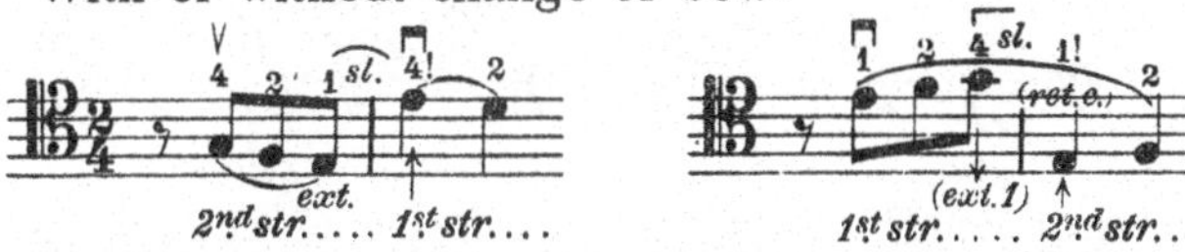

A variant of this, indispensable for the proper execution of a certain number of scales. Here, the change of place must be made without any "portamento". The finger that precedes the change should maintain its pressure firmly during the extension, while the finger coming into action as well as the thumb, brought as near as possible to the note to be struck, will precipitate themselves upon it at the moment of changing strings. There will of course be a jump of the hand. It will be only by persistant work that its disadvantages will be avoided.

TRÈS IMPORTANT.
VERY IMPORTANT.

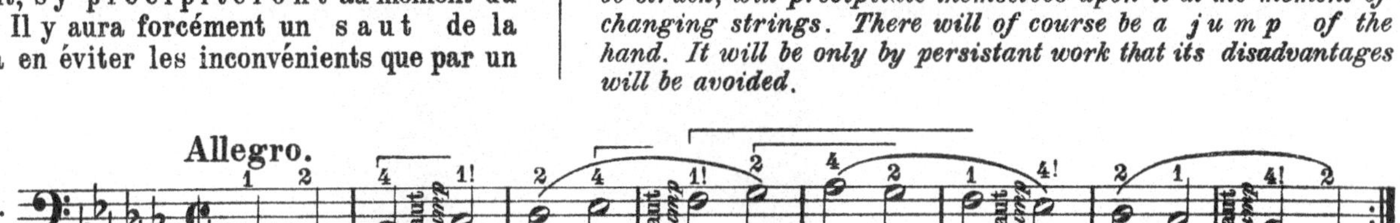

Ce procédé s'applique aussi, (mais avec une petite interruption du son, au moment du „saut" de la main,) à des déplacements, de la même espèce, plus importants.

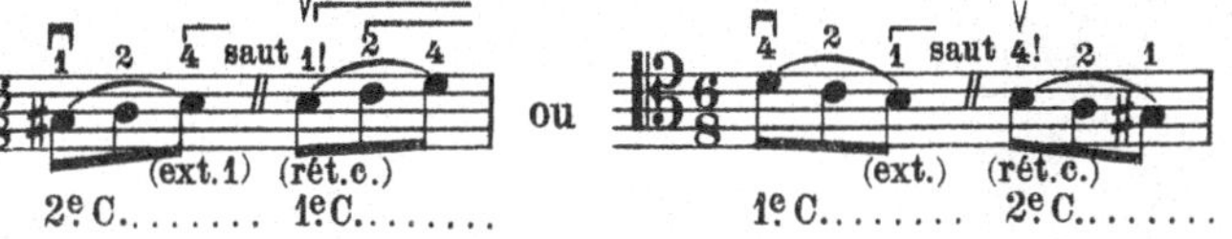

This way of playing applies also (but with a little interruption of sound when the hand "jumps") to more important changes of place of the same kind.

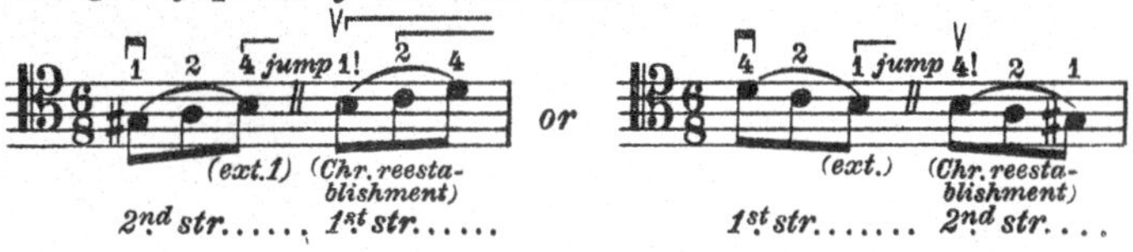

Lorsque le doigt d'arrivée sera plus éloigné de son but, que le doigt de départ nous aurons recours à deux manières différentes, qui, selon le cas, nous sont imposées par les exigeances de l'oreille.

1. Dans les déplacements ascendants, c'est exceptionnellement par le doigt d'arrivée que devra se faire le „port de voix".

Règle générale, pour tous les cas d'exception où le déplacement se fait par le doigt d'arrivée, (intervalles ascendants):

Lorsqu'il y aura changement d'archet en coïncidence avec un déplacement, le „port de voix" devra s'exécuter sur le même coup d'archet et sur la même corde que la note d'aboutissement.

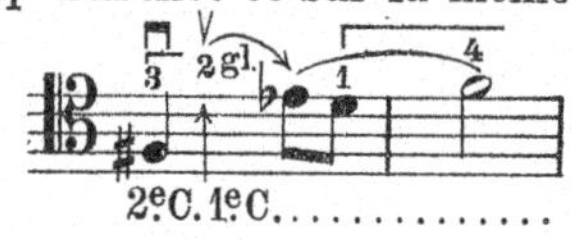

ou

2. Les déplacements descendants, devront être exécutés normalement, (le „port de voix", par le doigt – et sur la corde – du départ).

ou

Lorsque le doigt d'arrivée sera plus éloigné que le doigt de départ, au transport de la main, d'un degré élevé d'une corde grave à un degré relativement inférieur d'une corde plus aiguë, (ou inversement) le „saut" de la main comportera un infime silence. Dans le cas ci-dessous, le „port de voix" serait d'un effet déplorable, à moins d'être fait avec une rapidité suffisante pour qu'on ne l'entende pas:

ou

Lorsque le déplacement devra se faire, par des doigts différents, au passage d'une corde à une autre, celles-ci étant séparées, entre elles, par une ou deux cordes intermédiaires, le silence nécessaire au changement de corde par l'archet, devra être mis à profit pour le transport de la main gauche.

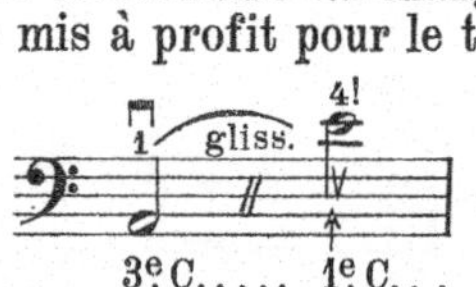

ou

Le même genre de déplacement, lorsque le doigt du départ sert aussi de doigt d'arrivée, devra se faire avec une main libre (aucun doigt n'étant appliqué sur aucune corde).

Aspect de la main pendant le déplacement.

When the finger coming into play is further away from the note to be played than the finger in play, we will have recourse to two different ways, that, according to the case, will be necessitated by acoustical exigencies.

1. In the rising changes of place, it is by exception that the finger coming into play executes the "portamento".

General rule for all the exceptional cases where the change of place is made by the finger coming into play, (rising intervals):

When there is a change of stroke of the bow coinciding with a change of place, the "portamento" should be executed on the same stroke and on the same string as the note to be played.

or

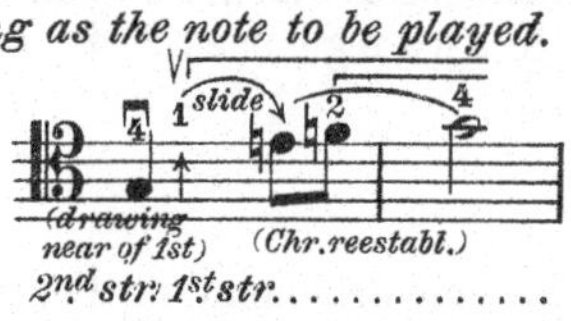

2. The falling changes of place should be executed normally, (the "portamento" by the initial finger and on the initial string).

or

When the finger coming into play is further away than the finger in play at the moment of changing the place of the hand from an elevated degree of a low-pitched string to a relatively lower degree of a higher-pitched string, (or the inverse,) the "jump" of the hand will demand an infinitesimal silence. In the following example the "portamento" would make a deplorable effect unless executed so rapidly that it could not be heard:

or

When the change of place is to be made by different fingers from one string to another, separated by one or two intermediary strings, the silence necessary for the change of stroke of the bow should be utilized for the transfer of the left hand.

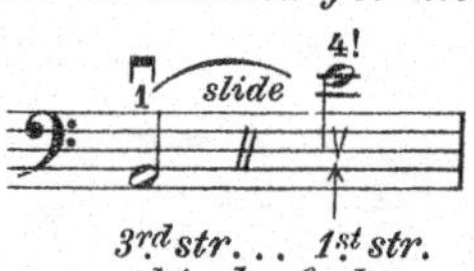

or

The same kind of change of place, when the initial finger serves for the note to be played, should be made with a free hand, (no finger being applied to any string).

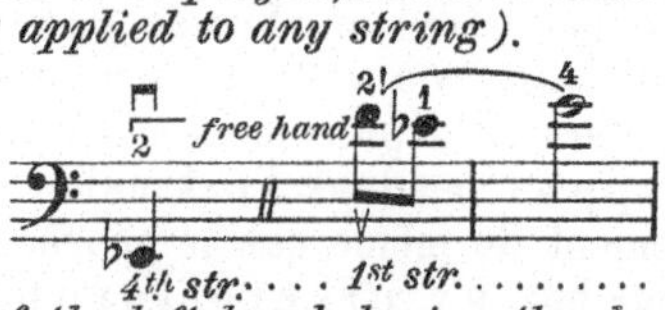

Appearance of the left hand during the change of place.

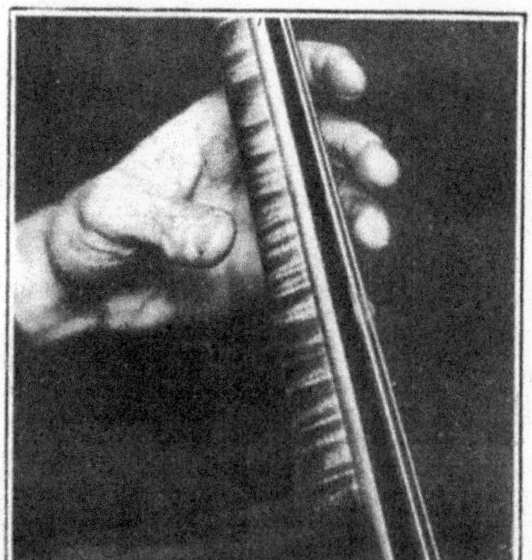

Exceptionnellement, et lorsque l'on désirera, dans des déplacements ascendants, produire l'effet d'une glissade par le même doigt, (alors que le doigt de départ sera différent du doigt d'arrivée,) on pourra exécuter par ce dernier le „port de voix."

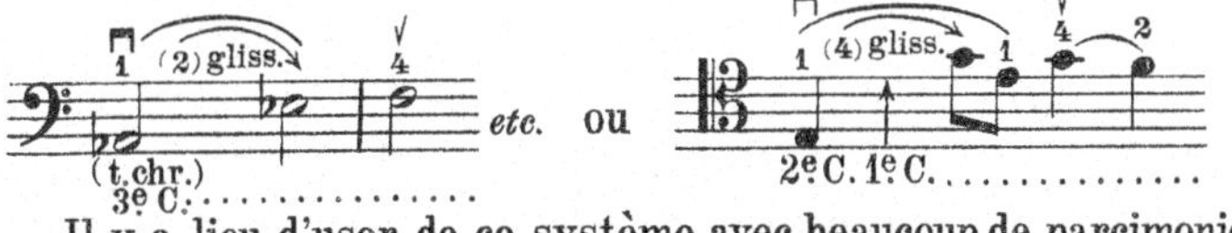

Il y a lieu d'user de ce système avec beaucoup de parcimonie et dans le seul cas où une nécessité musicale viendrait à le motiver.

Pour terminer, je crois utile de faire travailler une tenue d'extension provisoire, favorable à une masse de déplacements sans port de voix. Cette extension est réalisable par les mains moyennes, mais avec effort dans les premiers essais. Toute main souple étant „extensible" par le travail, il ne faudra pas que l'exécutant néglige de développer l'écartement de ses doigts, sous prétexte de „crampes" ou d'insuffisance dans la largeur de sa main.

Il s'agit de placer les 1er et 4e doigts à distance de quarte. Nous commencerons, pour plus de facilité, par le degré où la main gauche se trouve appuyée contre l'éclisse. La distance entre le 1er et le 4e doigts y est à peu près la même que dans la 2me tenue, 1er degré.

L'extension supplémentaire (d'un demi-ton) se place tantôt entre le 3e et le 4e doigts.

Exceptionally, when one wishes, in a rising change of place, to produce the effect of a slide by the same finger, (when the initial finger is other than the finger to be played with,) one may execute with the latter the "portamento".

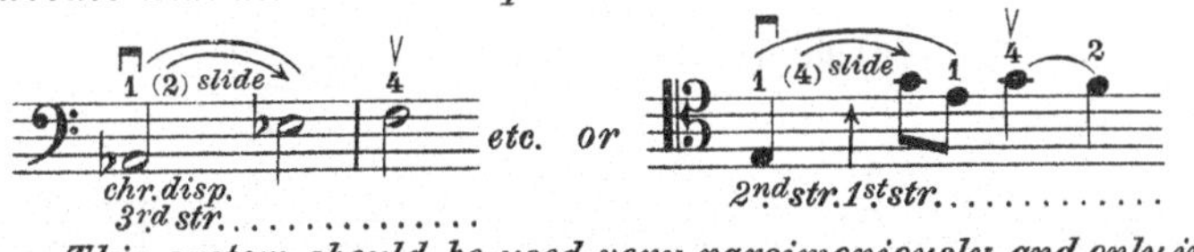

This system should be used very parsimoniously, and only in case a musical necessity demands it.

Finally, it will be found useful to practice a disposition of temporary extension, that will be found advantageous for a great number of cases of changing of place of the hand without any "portamento". This extension is capable of execution by a small hand, but will require an effort in the first attempts. As every hand that is supple is capable of being stretched by practice, the performer should not neglect to develope the "spread" of his fingers from fear of "cramp" or that his hand is not wide enough.

The exercise is as follows. The 1st and 4th fingers are to be placed a fourth apart. We will begin, as it is easier, by the position in which the left hand rests on the side of the instrument. The distance between the 1st and 4th fingers is about the same as that of the first degree of the 2nd disposition.

The supplementary extension (of a half a tone) is to be placed either between the 3rd and 4th fingers,

Aspect de la main: }
Appearance of the hand: } A

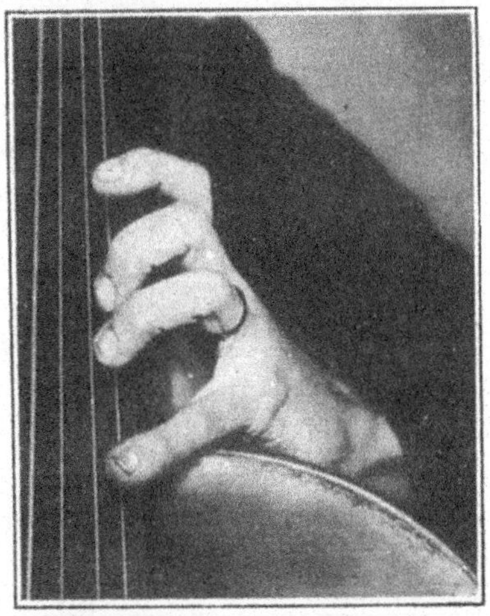

Exemple A.

Example A.

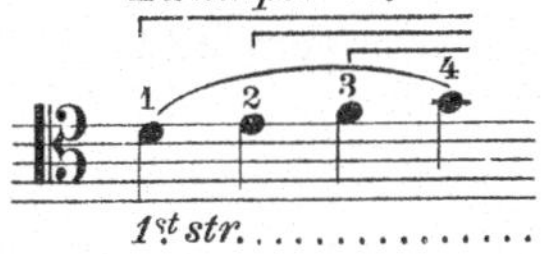

Tantôt entre le 2e et le 3e, et tantôt entre le 1er et 2me doigts.

or between the 2nd and 3rd, or between the 1st and 2nd fingers.

Exemple }
Example } B.

Exemple }
Example } C.

Aspect de la main: }
Appearance of the hand: } B

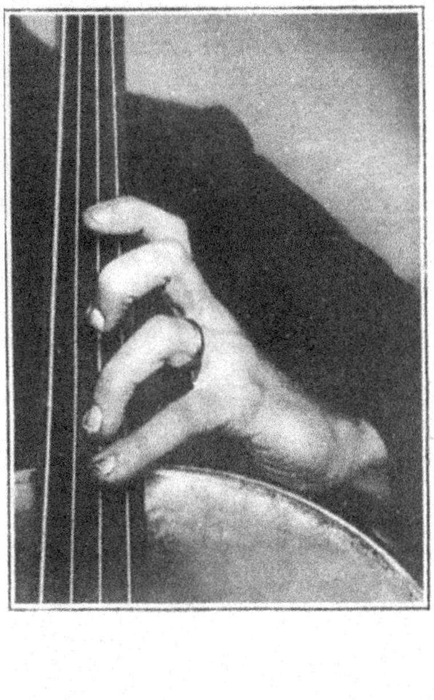

Aspect de la main: }
Appearance of the hand: } C

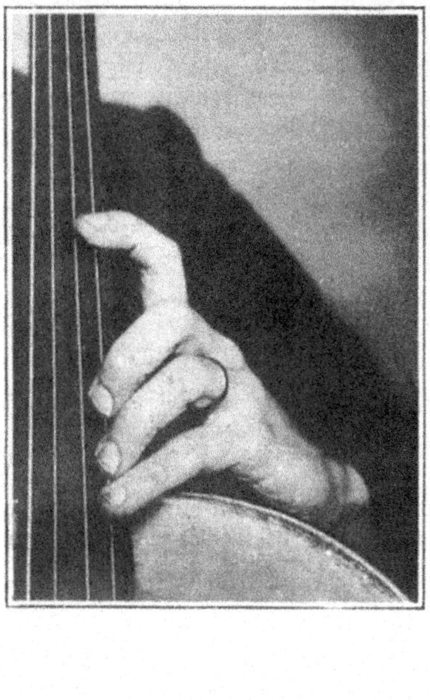

Voici quelques exercices profitables à la connaissance de certaines ressources (d'un usage assez courant) de la tenue provisoire.

Here are a few exercises that are profitable in that they give one an insight into the possibilities of this temporary disposition of the fingers.

In the following examples the letter C means String.

Sur un seul degré. – *On a single degree.*

Toute grande main, accoutumée à ces écarts devra reproduire les exercices ci-dessus, sur chacun des degrés inférieurs et en se rapprochant, au fur et à mesure, du sillet.

Every large hand, accustomed to these stretches, should reproduce the above exercises on each of the lower degrees of the scale, gradually getting nearer to the nut.

Exercices de déplacement pour une main assouplie aux écarts.

e x t. p. = extension provisoire. e x t. d. t. = extension de la 2me tenue.

Exercises for changing of place, for a hand that has been rendered supple by stretches.

ext. p. = *temporary extension.* ext. d. t. = *extension of the 2nd disposition.*

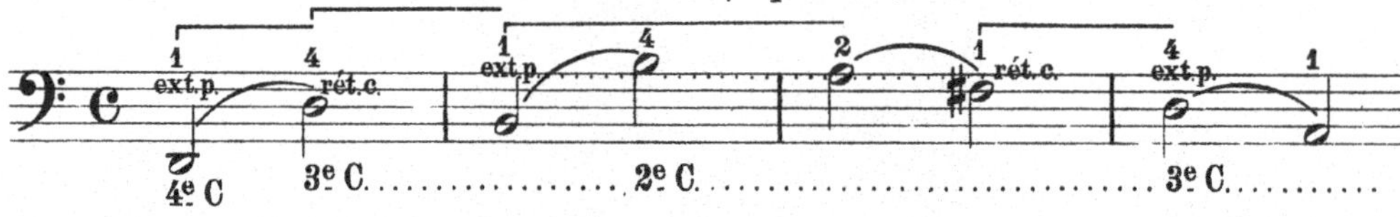

Je crois avoir résumé, dans ce chapitre, tous les modes de déplacement possibles, au manche. Il me paraît improbable que l'exécutant puisse s'en pénétrer intimement, avant d'avoir longuement pratiqué chacun d'eux. Aussi lui recommanderai-je de chercher i c i m ê m e les règles qui se rapporteraient aux déplacements „gênants" pour lui, jusqu'au jour où il saurait y suppléer d'instinct, par l'habitude musculaire.

Il importe, avant de travailler les exercices qui vont suivre, d'acquérir une science parfaite des i n t e r v a l l e s contenus dans un seul degré de la première où de la deuxième tenue, en choisissant ce degré au hasard.

A cet effet, on devra s'entraîner à répondre à des questions comme celles-ci:

1. Quelles sont les octaves réalisables sur le degré de la 2e t e n u e, où le premier doigt peut jouer sur la chanterelle, le mi♭ (5e ligne) de la portée (en clef d'ut)?
2. Si, après avoir joué, sur 2e corde, en tenue chromatique, les notes 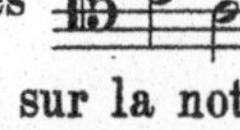 on s u b s t i t u a i t le 4e d o i g t a u 1er, sur la note „*La*" quelle note déterminerait le 1er doigt sur la chanterelle, en 2e t e n u e, sur ce nouveau degré?

I believe that I have summed up in this chapter all the different kinds of "change of place" that are possible at the neck. It seems to me improbable that the performer will be able to master them thoroughly until he has practiced each one of them for a very long time. I would therefore recommend that he should search h e r e *for the rules that would apply to the changes of place that might be "awkward" to him, until the day that the muscles, by habit, will act instinctively.*

It is essential, before practicing the exercises that follow, to acquire a perfect knowledge of the intervals contained in a single degree of the 1st or 2nd disposition, chosen at random.

For this purpose one should train one's self to answer such questions as these:

1. *What octaves are playable on the degree of the 2nd disposition, in which the 1st finger can play, on the A string the E♭ situated on the 5th line of the stave (C clef)?*
2. *If, after having played in chromatic disposition, on the 2nd string, the notes* 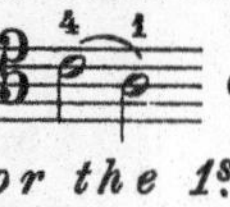 *one were to* s u b s t i t u t e *the 4th* f i n g e r f o r t h e *1st, on the note A, what note would the 1st finger produce on this new degree, with the 2nd disposition, on the A string?*

3. Le premier doigt occupant le mi♭ grave, sur la 4e corde, par quel doigt, et sur quelle corde, devra-t-on, en tenue chromatique, exécuter le sol♮ (dixième au dessus)?
4. La 1ère note de la série ci-dessous étant jouée par le premier doigt, quel devra être, en 2me tenue, sur le même degré, le doigté des notes suivantes?

3. If the 1st finger is on the low E♭, on the 4th string, with which finger and on what string should one play, in chromatic disposition, the G♮, a tenth above?
4. The first note of the following series being played by the first finger, what should the fingering be for the following notes, executed on the same degree, in the 2nd disposition?

Il est extrêmement efficace, de varier les questions. Au moyen d'un questionnaire étendu, facile à établir d'après le modèle ci-dessus, l'exécutant affermira sa connaissance du manche, connaissance des plus utile à la suppression de tous les déplacements non motivés par une nécessité musicale ou instrumentale.

It is extremely useful to vary the questions. By means of an extended questionnaire, easy to establish on the lines of the above, the performer will strengthen his knowledge of the neck, a knowledge that will be most helpful for the suppression of all changes of position that are not demanded by a musical or instrumental necessity.

Exercices pour les déplacements de toutes les sortes.

Exercises for all kinds of change of place.

Ce même exercice devra également se jouer sur les 3 autres cordes.

This same exercise should be played on the three other strings.

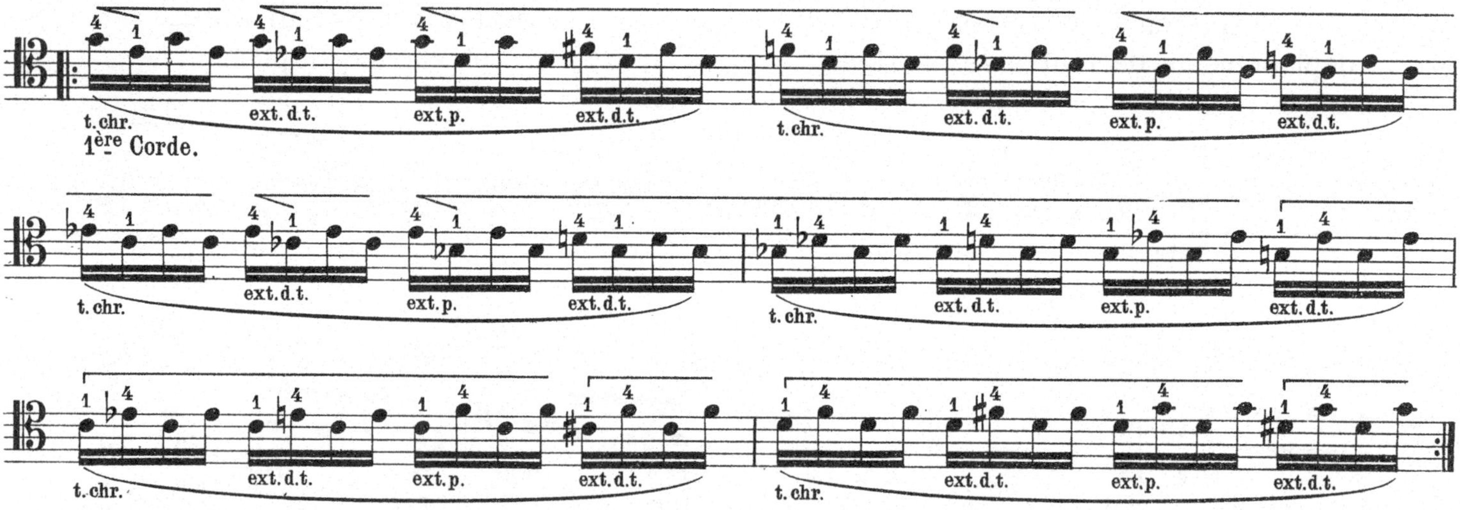

Voici, vu la fréquence des changements de tenue, les abréviations à connaître:

t. c. = tenue chromatique. e. 2. = extension de la 2me tenue. e. p. = extension provisoire.

Here, on account of the frequent changes of disposition, are the necessary abbreviations:

t. c. = *chromatic disposition.* e. 2. = *extension of the 2nd disposition.* e. p. = *temporary extension.*

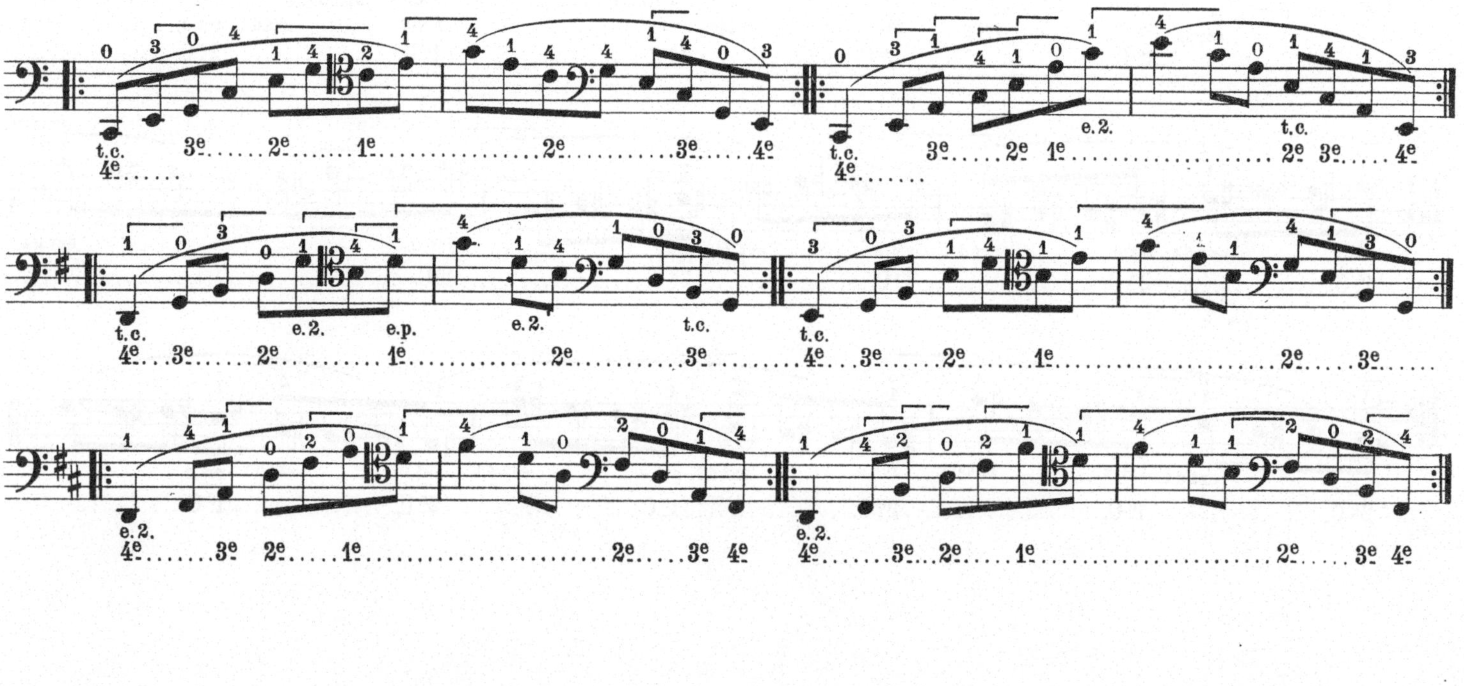

Arpèges avec la quinte augmentée.

Arpeggios with the augmented fifth.

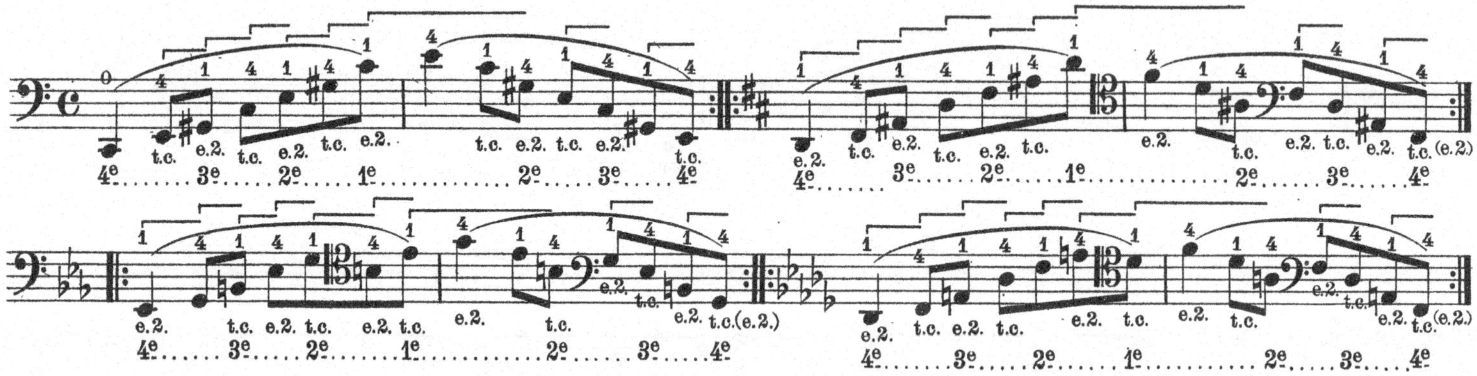

Les autres arpèges de même famille, ne se différencient des quatre exemples ci-dessus, que par l'orthographe seulement. Au point de vue des extensions, déplacements, etc., on n'aura aucun besoin d'en travailler d'autres.

The other arpeggios of the same category differ from the above four examples only in their notation. As regards extensions, changes of position, etc., it will be unnecessary to practice any others.

Septièmes diminuées.

Diminished sevenths.

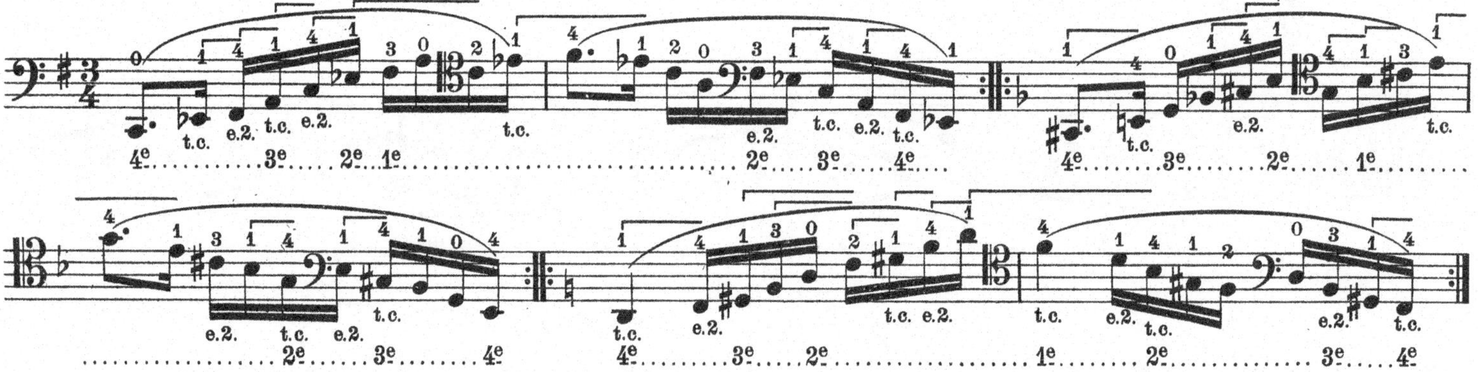

Les mêmes moyens d'exécution peuvent s'appliquer à toute reproduction synonyme (enharmonique) de ces trois exemples.

The same methods of execution can be applied to all synonymous (enharmonic) reproductions of these three examples.

Altération des tenues de la main gauche.

Afin de pouvoir travailler, sur une étendue plus grande, les gammes majeures et mineures, il nous faut prendre connaissance de la troisième tenue de la main gauche, comme aussi de l'application de ses 2 premières tenues, et de son extension provisoire, sur les degrés élevés (aux alentours de la base du manche) où la conformation du violoncelle met obstacle au maintien du pouce à la hauteur du 2e doigt.

Commençons par cette altération des tenues qui nous sont déjà familières. On pourra constater, d'abord, la „coupe“ o b l i q u e de l'extrémité des doigts par la corde sur laquelle ceux-ci sont appliqués.

Modifications of the dispositions of the left hand.

In order to be able to practice the major and minor scales over a more extended compass it will be necessary for us to become acquainted with the 3rd disposition of the left hand, as well as with the application of its first two dispositions, and its temporary extension, to the elevated positions (in the region of the base of the neck), where the shape of the violoncello puts an obstacle in the way of maintaining the thumb back of the 2nd finger.

Let us begin with the modification of the dispositions with which we are already familiar. First of all, one will note the way in which the string to which the fingers are applied crosses them o b l i q u e l y.

Coupe des doigts par la corde,
au cours des tenues altérées.

Crossing of the fingers by the string,
during the use of the modified disposition.

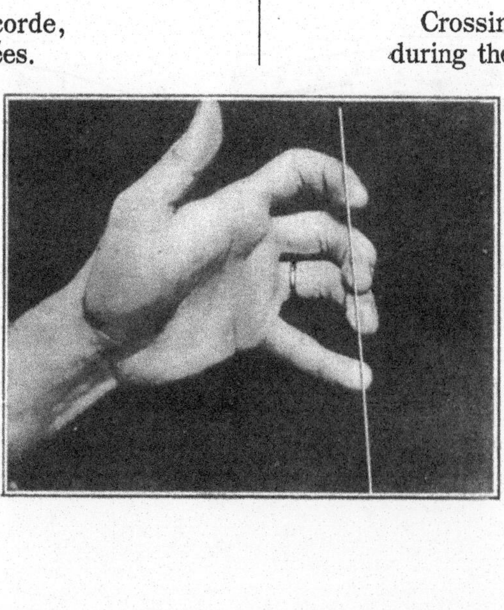

Cette déviation du point de contact, est le résultat de l'avancement des doigts 1, 2, 3 et 4, alors que le pouce, (f i x é à l a b a s e d u m a n c h e) entrave la liberté de la main.

This deviation from the point of contact is the result of the advance of the 1st, 2nd, 3rd and 4th fingers, while the thumb, (held at the base of the neck) hinders the free use of the hand.

Première tenue altérée.
First disposition modified.

Deuxième tenue altérée.
Second disposition modified.

Altération de l'extension provisoire.
Modification of the temporary extension

Chacune de ces tenues altérées peut être couramment appelée à servir, dans la pratique, sur trois degrés différents de chaque corde.

(Ces degrés, dont le plus grave accompagne, dans ce chapitre, l'exemple correspondant, s'échelonnent par demi-tons.)

Each of these modified dispositions may easily be called upon to serve on three different degrees on each string.

(These positions, of which the lowest accompanies, in this chapter, the corresponding example, follow each other in semitones.)

Exercices pour les déplacements sur les 3 degrés de chacune des tenues altérées.

Dans tous ces exercices, les doigts bougeant s i m u l t a n é m e n t, on devra maintenir, entre ces derniers, l'écartement correspondant à leur emploi sur un seul degré, et cela pendant toute la série applicable à une même tenue. On gardera, bien entendu, sur la corde où il aura été placé, tout doigt (ayant déjà été employé) qui porterait un chiffre inférieur à celui du nouveau doigt-sillet.

Exercises for the changing of place on the three Degrees of each of the modified dispositions.

In all these exercises, as the fingers move simultaneously, one must maintain between the latter the separations corresponding to those employed in a single disposition, and that during the whole of the series that can be applied to a single disposition. Every finger (already used) that bears an inferior number to the new nut finger, should of course be maintained on the string on which it has been placed.

1ère tenue. — *1st Disposition.*

et de même sur les autres cordes.

and the same on the other strings.

Selon la longueur du pouce, et selon, aussi qu'on le retire, plus ou moins, sur le côté du manche, (à gauche, par rapport à l'éxécutant), l'avancement de la main vers le régistre aigu peut encore être sensiblement accentué.

According to the length of the thumb, and also according to its withdrawal, more or less, onto the side of the neck, (to the left of the player) the advance of the hand towards the higher register can be considerably increased.

Exemple / *Example* A.

Le renversement de l'exemple ci-dessus, n'est réalisable que s i l e p o u c e e s t e n t i è r e m e n t l i b r e.

The inversion of the above example is playable only i f t h e t h u m b i s e n t i r e l y f r e e.

Exemple / *Example* B.

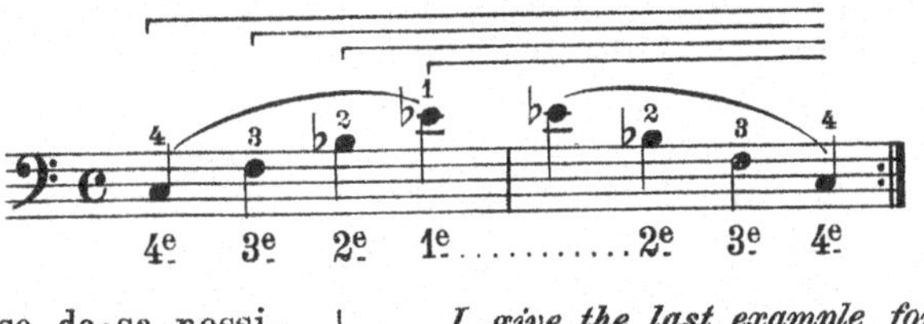

Ce n'est qu'à titre documentaire, et à cause de sa possibilité pour les très grandes mains, que je cite ce dernier cas. L'application de l'exemple A, par contre, peut être d'une certaine utilité pratique.

I give the last example for its documentary interest only, and because it is possible of execution by very large hands. On the other hand the application of example A may be of some practical use.

Troisième tenue de la main gauche.

La caractéristique de cette tenue consiste dans l'emploi exclusif des doigts 1, 2 et 3. On place ceux-ci sur la corde, très obliquement en variant leur disposition selon chaque cas. Voici quelques groupements courants en 3e tenue:

Third disposition of the left hand.

The characteristic of this disposition lies in the use of the 1st, 2nd and 3rd fingers exclusively. They should be played on the string very obliquely, and should change their disposition according to each individual case.

Here are a few of the current groupings of the 3rd disposition.

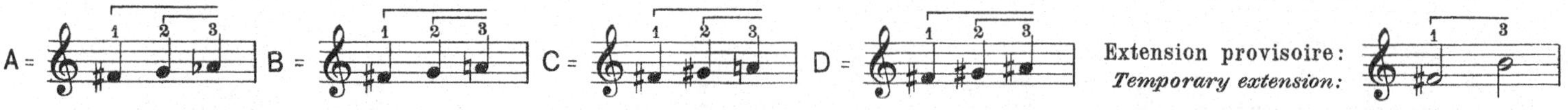

On peut constater que la 3e tenue n'est, en somme, que l'altération exagérée des tenues précédentes. Pourtant, elle offre plusieurs avantages spéciaux. Ainsi, par exemple, les extensions y sont plus faciles, le 3e doigt pouvant, dans sa position oblique, s'éloigner du premier doigt, bien plus considérablement que ne le ferait le quatrième. Il est bon, aussi, d'employer la 3me tenue, (vu la difficulté qu'il y a, dans la région aiguë du „manche" à passer sans secousse ni glissade, d'une note jouée par le 4e doigt, à une note comparativement plus élevée, jouée par un doigt inférieur) dans la plupart des cas de successions ascendantes.

It is evident that the 3rd disposition is, after all, only an exaggerated modification of the preceding dispositions. And yet, it offers several special advantages. Thus, for instance, the extensions will be found much easier of execution in it, the 3rd finger being able, in its oblique position, to get much further away from the 1st finger than the 4th would be able to do. It is well, also, to employ the 3rd disposition in most cases of rising series of notes (owing to the difficulty there is, in the upper region of the neck, to pass without a jerk or a slide, from a note played by the 4th finger to a comparatively higher note, played by another finger).

Pas très bon.
Not very good.

Bien meilleur.
Much better.

Les principes de déplacements que l'on connaît s'appliquent à toutes les tenues. Dans le cas présent nous nous en rapporterons aux graphiques ci-dessous, afin d'éviter les „ports de voix" trop prononcés. Les lettres majuscules qui se trouvent dans lesdits graphiques, se rapportent aux figures des différents groupements de doigts.

The principles of changing of position already learnt apply to all the dispositions. In the present case we will refer to the examples given below, in order to avoid a too pronounced "portamento." The capital letters that will be found in them refer to the foregoing examples of various finger-groupings.

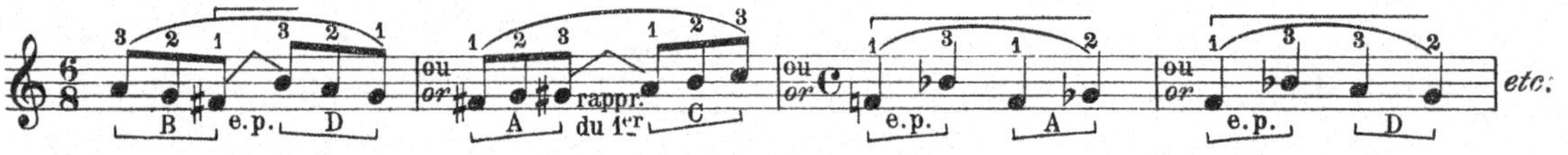

Ce dernier cas m'incite à faire, ici, une parenthèse en faveur des doigtés. Dans les séries diatoniques, prolongées, sur la même corde, au delà d'un degré de tenue, on pourra, souvent, diminuer, pour l'oreille, la perceptibilité du transport de la main, en effectuant le changement de degré sur un intervalle d'un demi-ton, et par le doigt-sillet dont l'usage précèdera immédiatement cet intervalle.

This last example leads me to make a digression in order to offer a few remarks about fingering. In a diatonic series of notes, prolonged, on one string, beyond a single disposition, one will often be able to diminish for the ear the perception of the transfer of the hand, by making the change of degree of disposition on the interval of a semitone and by the nut finger immediately preceding this interval.

On pourrait, par exemple, remplacer ce doigté:
One might for instance, replace this fingering:

par celui-ci:
by this one:

Cet exemple est extrêmement important. J'y insiste particulièrement, étant donné que l'on a tendance à suivre, sans discernement, la „routine officielle". Les doigtés imprimés ayant été, souvent, par désir de classicisme, calculés (d'instinct), en vue de l'utilisation la plus effective d'un même degré, on devra se bien garder de les suivre aveuglément. Le débutant, ne devra jamais perdre de vue l'asservissement de la technique à un but musical. Néanmoins, je m'adresse, ici, surtout à l'artiste expérimenté, auquel est confiée son éducation violoncellistique, pour le prier de veiller à la formation d'une technique de main gauche, plus logique pour l'ouïe que pour la vue. C'est aussi pourquoi je me borne à cette brève démonstration par les deux mesures ci-dessus, car, seul, un violoncelliste „rompu" au mécanisme de son instrument, saura distinguer, dans la pratique, l'opportunité d'appliquer le procédé d'exécution dont il vient d'être question.

Revenons maintenant à l'étude de la troisième tenue.

This example is extremely important. I lay particular emphasis on this, as one has a tendancy to follow, without discrimination, "official routine." One must be on one's guard against following blindly the printed fingering that has often, through a desire for "classicalism," been calculated (instinctively) for the most effective utilization of a given degree. The beginner should never lose sight of the subservience of technique to the musical aim. Nevertheless, I appeal here specially to the experienced artist, to whom is entrusted his education as regards the violoncello, to ask him to see to the formation of a technique of the left hand that will be more logical to the ear than to the eye. This is also why I limit myself to this brief demonstration by the above two measures, for only a violoncellist who is "broken" into the technique of his instrument will be able, in practice, to judge of the opportunity of applying the method of execution under discussion.

We will now return to the study of the third disposition.

Voici la tessiture normale de son étendue maxima:

Here is the normal tessitura of its maximum compass:

Quelques exercices pour les déplacements en troisième tenue.

A few exercises for changes of position in the third disposition.

Les 7 premiers exercices devront également se jouer sur chacune des trois autres cordes.

The first seven exercises should be played also on each of the three other strings.

Je ne crois pas utile de faire travailler des exercices plus nombreux de cette tenue. Son usage étant très fréquent dans les gammes qui vont suivre, on ne manquera pas, en travaillant celles-ci, de s'y accoutumer entièrement. Pourtant, la synthèse des ressources d'intervalles des deux premières tenues, ne pouvant se reproduire, ici, que si l'on emploie alternativement chacun des différents groupements de doigts (A, B, C, D) un nouveau questionnaire s'impose.

I do not think it useful to practice any further exercises of this disposition. As its use is very frequent in the scales to follow, one will not fail to get entirely accustomed to it, during their study. However, as the synthesis of the possibilities of intervals of the first two dispositions could not be reproduced here, unless each of the different groups of fingers (A. B. C. D.) *were applied alternately, a further questionnaire becomes necessary.*

Type des questions.

1. Quel est, en 3me tenue D, l'intervalle contenu entre le 1er doigt (sur la corde *Ré*) et le 3me doigt (sur la Chanterelle)?

2. Comment faut-il grouper les doigts (et sur quelles cordes) pour exécuter, sur un seul degré, une dixième majeure, puis une double octave?

3. Etant donné que l'on joue par le 1er doigt, sur une corde quelconque, une note quelconque, de combien sera, en extension provisoire, le déplacement de la main, pour jouer par le 3e doigt, sur la même corde, la quinte au-dessus? (Définir l'importance du déplacement par „ton" ou „½ ton".)

Et ainsi de suite, indéfiniment, jusqu'à la disparition de la moindre hésitation pour les réponses.

Pour terminer j'indiquerai deux dispositions de doigts, qui quoique moins couramment employées que les précédentes, trouvent, cependant exceptionnellement leur application.

Type of questions.

1. *What is, in the third disposition* D, *the interval contained between the 1st finger (on the D string) and the 3rd finger (on the A string)?*

2. *How should the fingers be arranged (and on what strings) in order to play, on one position, a major tenth, and then a double octave?*

3. *Given that the 1st finger plays any note on any string, to what extent does the hand move, in temporary extension, to play the fifth above with the 3rd finger on the same string? (Define the extent of the movement by "tones" or "semitones".)*

And so on indefinitely, until even the slightest hesitation in answering disappears.

Finally I give two fingerings that, although employed less often than the preceding ones, will find exceptionally their application.

Les voici:

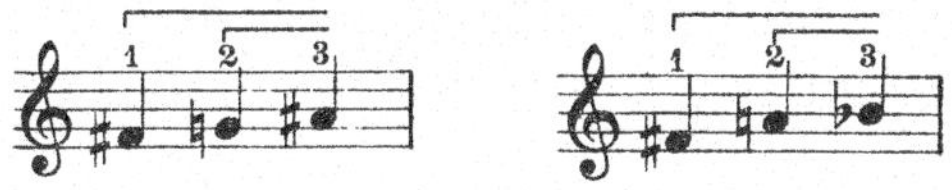

They are:

Avant de commencer l'étude des gammes, je tiens à démontrer que le doigté en est asservi aux rythmes.

Before beginning the study of the scales, I wish to prove that their fingering depends on the rhythms.

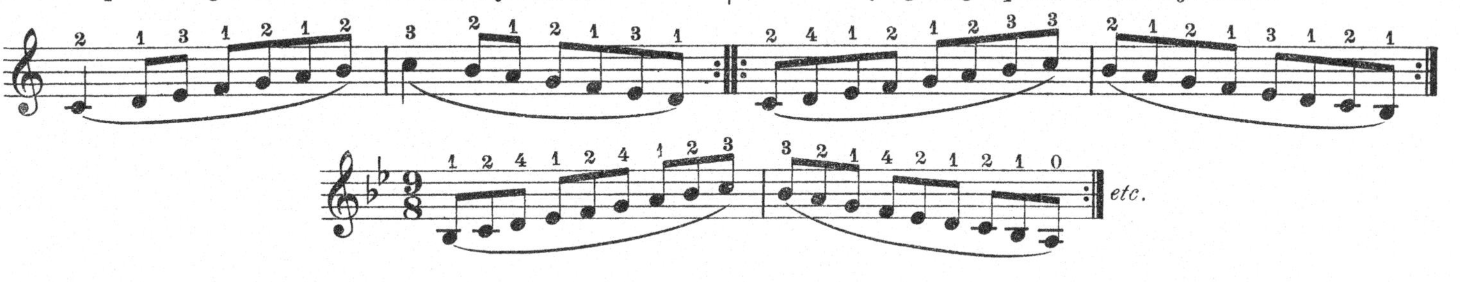

On voit d'après ces 3 exemples (à la suite desquels on pourrait en trouver bien d'autres), qu'il n'est pas possible d'indiquer un doigté fixe, s'adaptant à tous les cas. L'expérience seule comblera cette lacune, par la variété des moyens qu'elle enseignera à l'exécutant.

C'est également par l'expérience, que celui-ci parviendra à diminuer, pour l'oreille, l'effet désagréable de certains doigtés à contre-rythme, auquels on est parfois astreint, par l'obligation où l'on est, d'accepter pour point de départ d'une gamme (ou d'un fragment de gamme) le degré de corde et le doigt imposés, à cet effet, par les nécessités d'une période précédente.

Il est néanmoins indispensable, pour s'accoutumer à jouer juste sur des régistres différents, d'exécuter toutes les gammes avec un bon doigté de fond.

Les doigtés marqués entre parenthèses, sont ceux qui ne serviront pas dans les gammes plus étendues.

On travaillera les gammes d'abord par 8 notes liées, et sans souci du retour périodique de la tonique la plus grave à chaque reprise, mais en recommençant aussi souvent qu'il le faudra, pour arriver à finir sur cette tonique, celle-ci occupant, à elle seule, un dernier coup d'archet.

D'autres manières de travailler les gammes seront ultérieurement indiquées.

One can see from these three examples (to which many others could be added) that it is impossible to establish a fixed fingering that would fit every case. Experience only will make up for this deficiency, by teaching the performer the variety of possibilities. It is also only experience that will teach him how to diminish, for the ear, the disagreeable effect caused by certain fingerings that are contrary to the rhythm, but that one has to adopt owing to the necessity of accepting as the point of departure of a scale (or portion of a scale) the position on the string and the finger that are forced upon one by the preceding passage.

It is nevertheless indispensable, in order to accustom one's self to play in tune in the different registers, to play all the scales with a good fundamental fingering.

The fingerings marked in parenthesis are those that will not be used in more extended scales.

The scales should be practiced first by groups of eight notes, legato, without bothering about the periodical return of the tonic at the bottom of each scale during the repetitions, but repeating as many times as necessary to finish on this tonic, the latter being given a whole stroke of the bow.

Other ways of practicing the scales will be given later.

Gammes majeures. – Major scales.

Gammes mineures mélodiques et harmoniques. – Minor melodic and harmonic scales.

Gamme chromatique. – Chromatic scale.

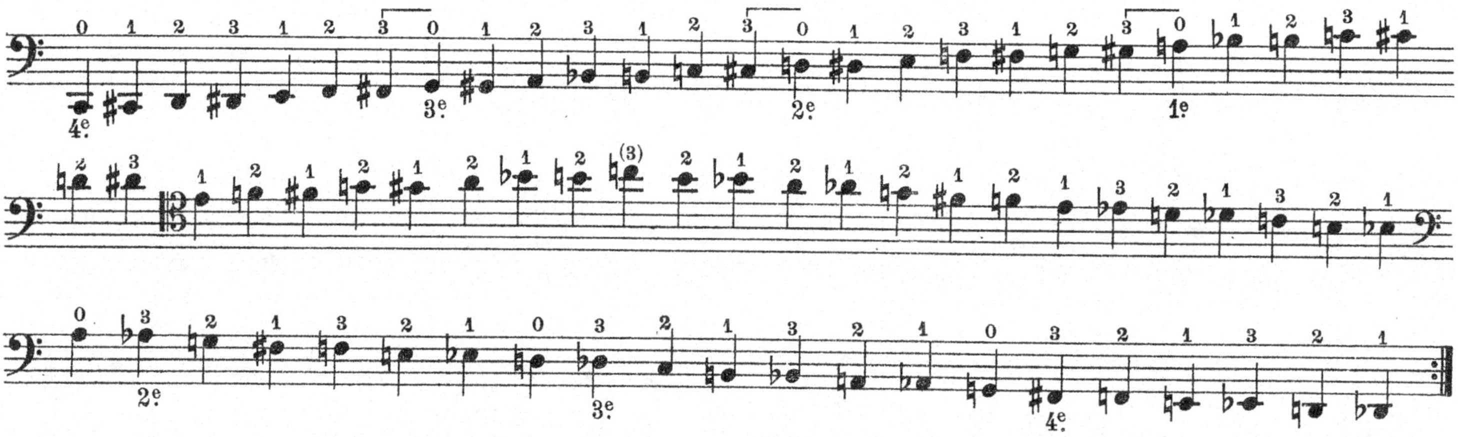

Gammes par tons. – Whole tone scales.

Ci-dessous quelques manières efficaces de travailler les gammes. Les mêmes doigtés serviront, en cas de **contre-rythmes**, dans le but d'éveiller chez les débutants, les mouvements réflexes de la préservation instinctive, contre les déplacements „boiteux" qu'il est souvent impossible d'éviter.

Here are a few useful ways of practicing scales. The same fingerings should be used in the case of counter-rhythms, in order to awaken in the beginner the reflex movements of instinctive preservation against any "hobbling" changes of position, that are often impossible to avoid.

(Grand détaché. Tout l'archet.)
(Great "détaché" whole bow.)

L'archet reste toujours adhérent à la corde jouée.
The bow must not leave the string.

Au talon et uniquement avec le poignet. (Déplacement de la main, dans le sens du parcours de l'archet.)
At the heel and with the wrist only. (The change of position of the hand to be made in the direction of the stroke of the bow.)

Avec l'avant-bras seulement.
With the forearm only.

Imperceptible mouvement de l'avant-bras. Aucune interruption de son au changement d'archet.
Imperceptible movement of the forearm. No interruption of the sound on the change of stroke.

Martelé de la pointe. Petit mouvement de l'avant-bras. L'archet adhère à la corde jouée, pendant les silences.
Martellato of the point. A slight movement of the forearm. The bow does not leave the string during the rests.

Martelé du milieu. Même petit mouvement rapide de l'avant-bras. Même adhérence à la corde pendant le repos.
Martellato of the middle. Same slight movement of the forearm. The bow does not leave the string during the rests.

Martelé du talon. Mouvement du poignet seulement. Adhérence de l'archet pendant les silences.
Martellato of the heel. Movement of the wrist only. The bow does not leave the string during the rests.

L'archet devra se déplacer au-dessus de la corde pendant les silences. Les mouvements du bras droit seront ceux des sons filés, mais bien plus rapides. — *The bow continues the stroke above the string during the rests. The movements of the right arm are the same as for the long-drawn strokes, but should be much more rapid.*

Grace à ces 3 derniers exercices, (au cours desquels on veillera à ce que les crins passent toujours au-dessus du même point de la corde jouée) on arrivera a avoir dans le „grand détaché chantant", un archet aisé. — *Thanks to these last three exercises, (during which one will have taken care that the hairs pass above the same point of the string that is being played), one will acquire an easy stroke of the bow in the "Great singing détaché".*

Le grand détaché chantant, n'est que le lié en plusieurs coups d'archet, chacun d'eux nécessitant la longueur totale des crins.
The great singing détaché is merely a legato executed by several strokes of the bow, each of which requires the full length of the hairs.

Au talon, avec le poignet, et en employant la même longueur de crins au tiré qu'au poussé.
At the heel, with the wrist, and using the same length of the hairs for the down stroke as for the up stroke.

Léger mouvement de l'avant-bras seulement.
Slight movement of the forearm only.

Autant d'archet pour chaque note détachée que pour les 3 notes liées réunies.
As much length of bow for each detached note as for the three bound notes together.

Déploiement de l'avant-bras seul, à chaque coup d'archet.
Movement of the forearm only, on each stroke of the bow.

Déploiement total du bras, à chaque coup d'archet.
Movement of the whole arm, on each stroke of the bow.

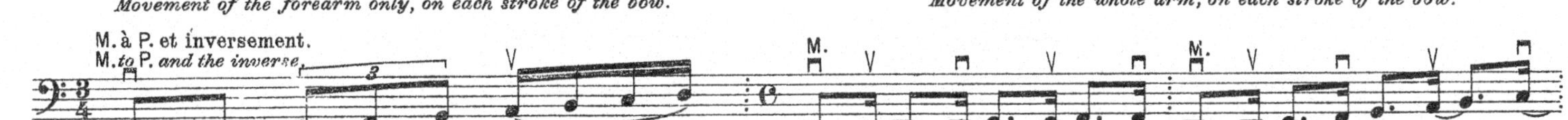

Rattrapper, au 2me coup d'archet la dépense de crins nécessitée par le 1er.
Use up the same length of bow for the 2nd stroke as for the 1st.

Avec une vingtaine de centimètres de la partie médiane de l'archet.
To be played with about eight inches of the middle of the bow.

Chaque note devra s'exécuter avec un demi-centimètre d'archet. Les crins devront adhérer, pendant les silences, avec la force de pression employée pour l'émission des sons.
Each note should be played with about a quarter of an inch of the bow. The hairs should be maintained on the string, during the rests, with the same amount of pressure as that employed for playing the notes.

Il suffira d'étudier quotidiennement un petit nombre de gammes, mais en employant, pour chacune d'elles, un mode d'exécution différent. Avant de travailler chaque gamme, l'exécutant devra apprendre par cœur la **mesure modèle**, se rapportant au rythme où à la branche de la technique d'archet qu'il comptera étudier.

Bien d'autres modes d'exécution s'ajouteront, par la suite, aux exemples ci-dessus. Néanmoins ceux-ci me paraissent les seuls cas **importants**, pouvant développer les connaissances acquises jusqu'ici par la lecture du présent ouvrage.

It will suffice to play daily a small number of scales, but using a different manner of execution for each of them. Before practicing a scale, the player should learn by heart the model measure that applies to the rhythm or to the special branch of technique that he wishes to study.

Many other methods of execution will, later on, be added to the above examples. The latter however appear to me to be the only important ones, that can develope the knowledge acquired so far by the perusal of the present work.

Alternances rapides entre deux mêmes cordes, puis entre 3 et 4 cordes.

Ces alternances constituent une branche spéciale de la technique d'archet, par le fait même qu'elles se composent de mouvements combinés, tout particuliers, de la main et du bras droits.

Dans les alternances rapides entre deux mêmes cordes, le bras suivra un tracé idéal, correspondant à celui que nécessiterait un son filé sur les deux cordes réunies.

Quant à la main, elle s'abaissera légèrement, et se relèvera de même (selon que les crins devront se poser sur la plus grave ou la plus aigüe des deux cordes) l'extrémité des doigts traçant ainsi une ligne ondulée.

Ces mouvements de la main devront être aussi peu prononcés que possible.

Il ne sera pas nécessaire, ici, que les crins se trouvent toujours à une hauteur égale des 2 cordes qui avoisinent la corde jouée (voyez sons filés). Ils devront, au contraire, quitter le moins possible, dans chaque sens, le niveau de la double corde.

Ainsi, pour exécuter l'exemple suivant,

le bras suivra la demi-droite A-B ci-dessous,

Rapid alternations between two given strings, and then between two and three strings.

These alternations constitute a special branch of the technique of the bow, from the very fact that they are made up of specially combined movements of the right hand and arm.

In rapid alternations between two given strings, the arm will follow an imaginary line, similar to that required for a long-drawn tone on two strings simultaneously.

As for the hand, it will be lowered or raised slightly, (according to whether the hairs are to touch the higherpitched or lower-pitched string) the tips of the fingers thus tracing an undulating line.

These movements of the hand should be as little pronounced as possible.

It is not necessary here that the hairs of the bow should always be at an equal height above the strings on each side of the one in play (See long-drawn tones). They should, on the contrary, leave as little as possible, in each direction, the level of the two strings in play.

Thus, in order to execute the following example,

the arm will follow the line A-B *given in the following figure,*

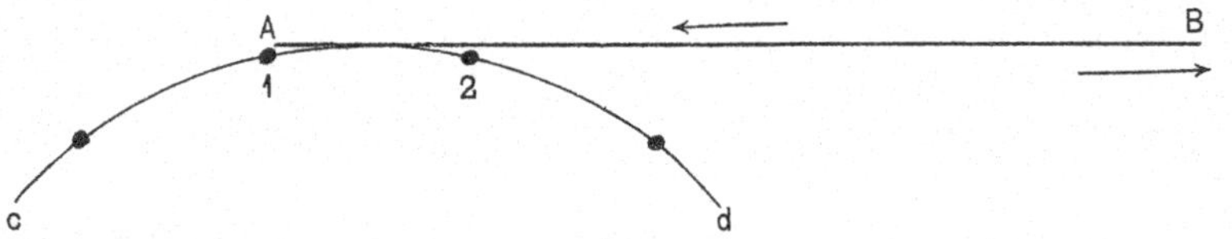

Courbe c-d = tracé fictif, parallèle au chevalet, reliant les points de passage des 4 cordes à hauteur d'archet.
Point 1 = corde *Ré*. Point 2 = corde *Sol*.

Quant à la main, elle fera adhérer les crins, (par son abaissement et son relèvement) tantôt à l'une, tantôt à l'autre des deux cordes. Ce mouvement, très léger dans la région du „talon" deviendra un peu plus apparent vers la „pointe" de l'archet, en raison de la longueur du rayon à déplacer.

Curve c-d = *imaginary line, parallel to the bridge, linking up the four strings at the point of passage of the bow.*
Point 1 = *D string. Point* 2 = *G string.*

As for the hand, it will bring the hairs of the bow to bear, by its rise or fall, first on one and then on the other of the two strings. This movement, very slight in the region of the "heel" will become a little more apparent towards the "point" of the bow, on account of the radius that has to be moved.

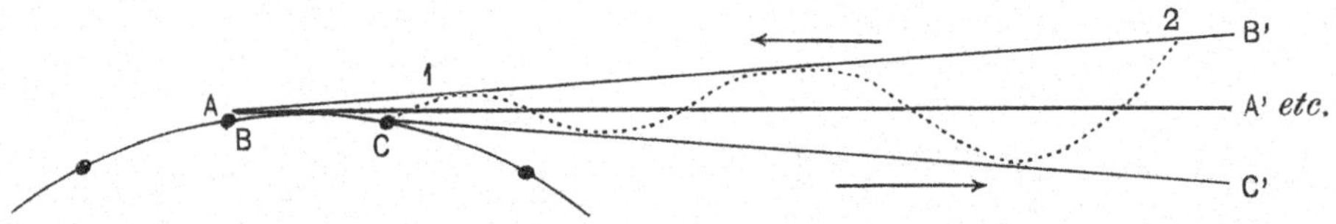

A-A' = tracé fictif suivi par l'extrémité inférieure du bras.
B-B' = Niveau de l'archet exécutant la note *Ré*.
C-C' = Niveau de l'archet exécutant la note *Sol*.
Ligne ondulée: 1-2 = Tracé fictif suivi par l'extrémité des doigts.

Le graphique ci-dessus reproduit, en grandeur naturelle, le mouvement de la main, tel qu'il doit être fait dans la région du „talon".

On devra bien se garder d'accentuer l'ondulation de la main.

Exercice pour les alternances régulières de deux mêmes cordes, composé de quelques mesures, extraites de la 1ère suite (*sol* majeur) pour violoncelle seul, de Jean Séb. Bach. (Praeludium.)

A-A' = Fictitious line followed by the lower extremity of the arm.
B-B' = Level of the bow playing the note D.
C-C' = Level of the bow playing the note G.
Undulating line: 1-2 = Fictitious line followed by the tips of the fingers.

The above figure reproduces the movement of the hand, natural size, as it should be in the region of the "heel".

Care should be taken to avoid any accents in the undulating movement of the hand.

Exercise for regular alternations between two given strings, consisting of a few measures taken from the 1st Suite (G Major) for Violoncello alone, of John Sebastian Bach. (Praeludium.)

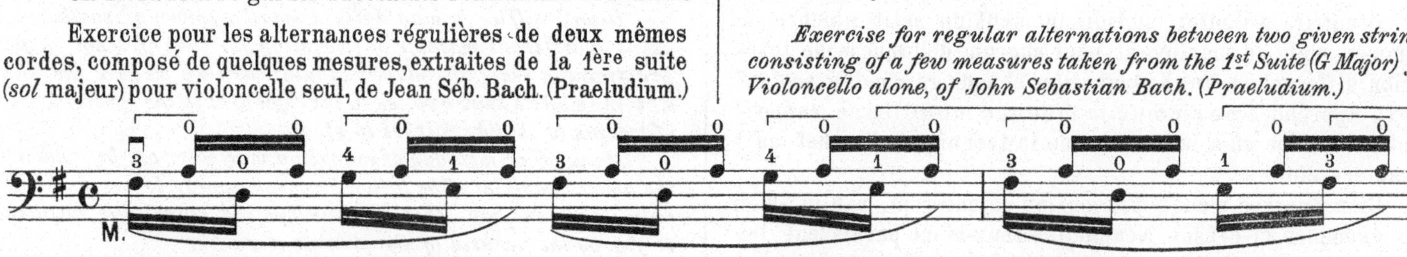

La voix inférieure s'exécute sur la 2me corde.

The lower part is played on the 2nd string.

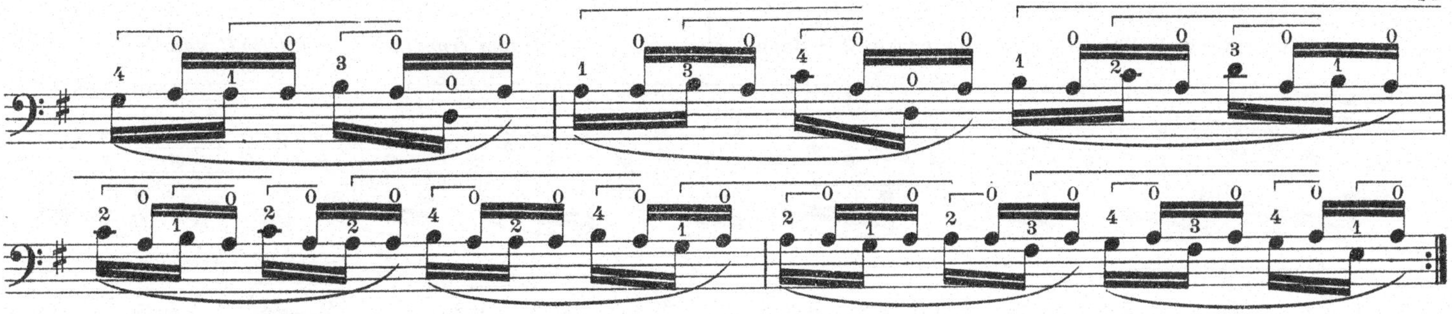

On devra également se conformer aux variantes dont se trouve, ci-après, un quartolet modèle. Bien que ces variantes n'aient aucun rapport musical avec l'exécution du prélude de Bach, elles seront d'une grande utilité, au point de vue de l'étude des alternances de cordes. On devra travailler ces variantes dans toutes les régions de l'archet, mais plus spécialement dans la partie des crins qui avoisine la hausse, les alternances en question nécessitant une aisance que, seul, un instrumentiste exercé pourra acquérir, à cette place.

One should also conform to the variants of which a sample group of four notes is given below. Although these variants have no musical bearing on the execution of the Prelude of Bach, they will be found extremely useful for the study of alternations between strings. These variants should be practiced with all parts of the bow, but specially with the portion of hairs nearest the frog, the alternations in question requiring an ease of execution that only a trained player will be able to acquire in that position.

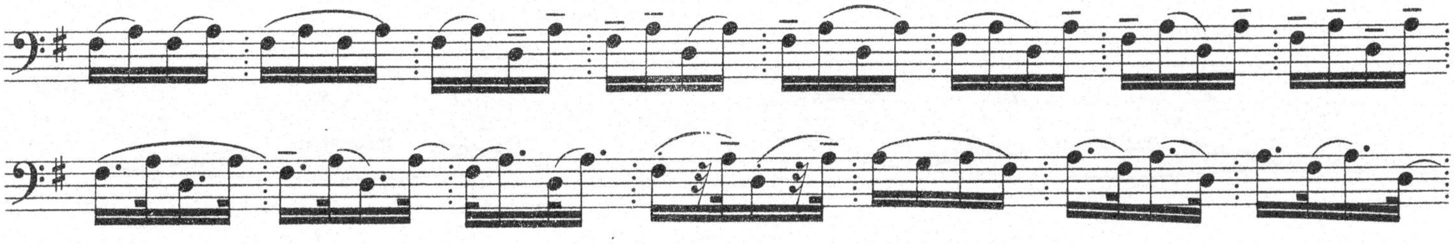

On pourra, ensuite, intervertir utilement, dans ces variantes, l'ordre du tiré et du poussé.

Il faudra, également, jouer sur les autres cordes, les exercices correspondants.

Dans les alternances régulières entre trois mêmes cordes, le bras exécute un son filé sur la corde médiane. Quant à la main, elle reproduit les mêmes mouvements que précédemment, pour faire adhérer les crins, aux moments voulus, à chacune des cordes avoisinantes. Le mouvement de la main sera, bien entendu, plus prononcé.

L'exécution du suivant exemple,

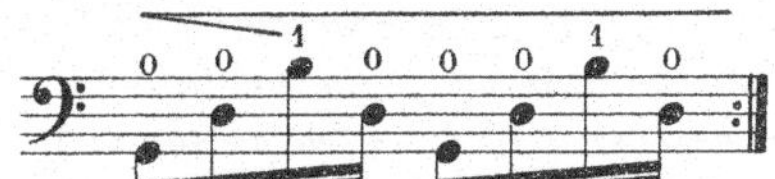

relèvera donc de ce graphique:

Afterwards it would be useful, in practicing these variants, to intervert the order of the down stroke and the up stroke.

The corresponding exercises should also be played on the other strings.

In the alternations between three given strings, the arm executes a long-drawn note on the middle string. The hand executes the same movements as above, in order to cause the hairs of the bow to come in contact, at given moments, with each of the neighboring strings. The movement of the hand will of course be more pronounced.

The execution of the following example,

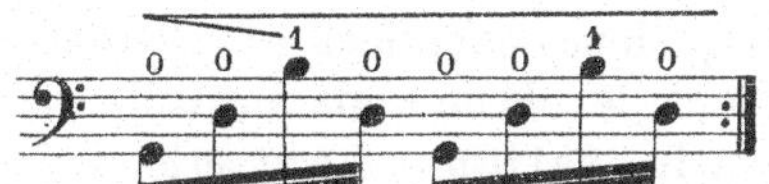

will therefore be according to the figure given below:

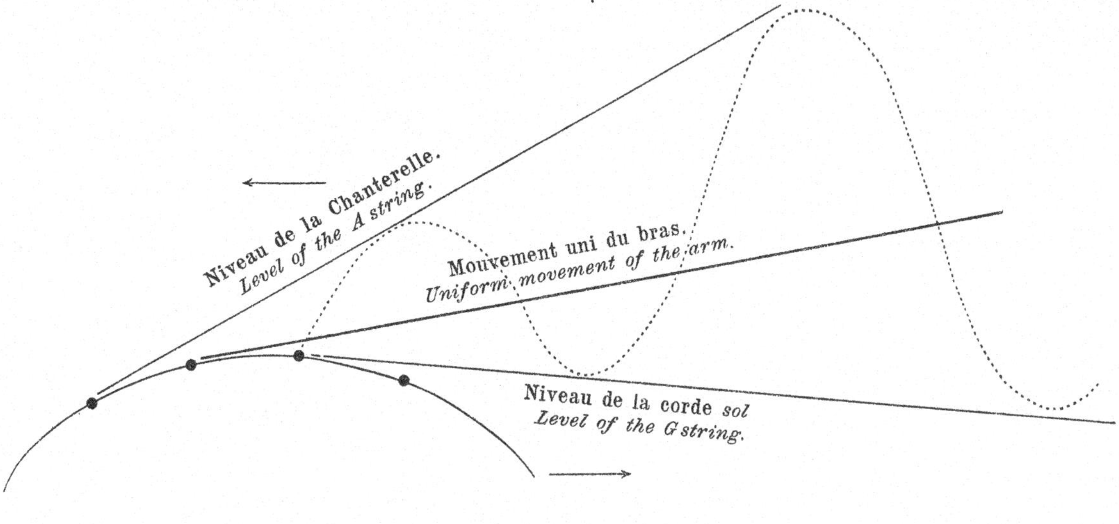

Exercices extraits de la 3e suite, (en *ut* majeur) de J. S. Bach.

Exercises drawn from the 3rd Suite, (in C Major) of J. S. Bach.

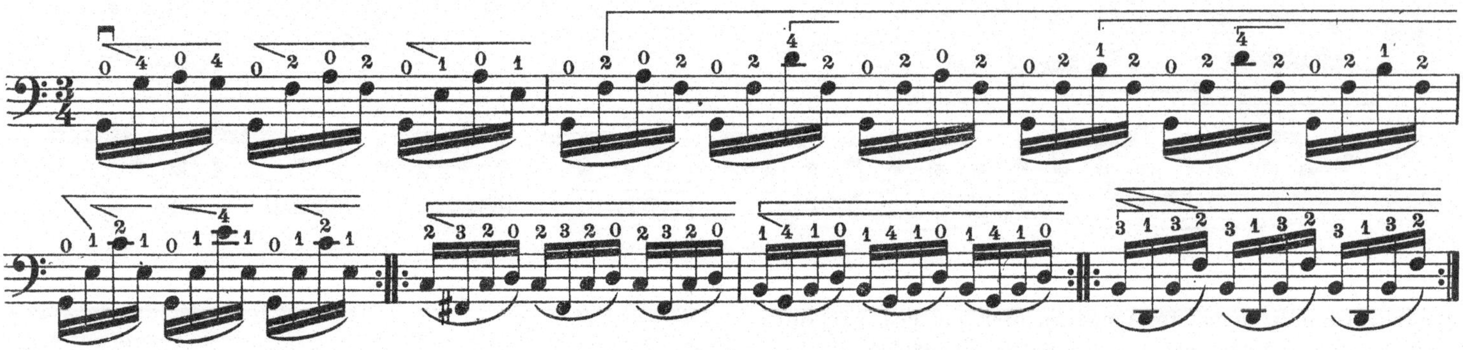

Et, de même, les variantes correspondant à celles des exercices sur deux cordes.

Lorsque les alternances seront mixtes, c'est-à-dire lorsqu'il y aura échange entre deux groupes différents, de deux cordes chacun, l'ondulation de la main ne devra pas excéder celle des alternances entre deux mêmes cordes. Le bras seul changera de place, selon qu'il devra se trouver au niveau de telle ou telle double corde.

Exemple: 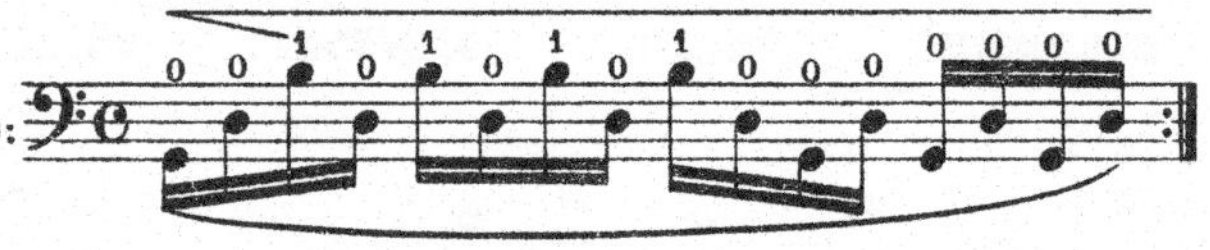

And, in the same manner, the variants corresponding to those of the exercises on two strings.

When the alternations are mixed, that is to say when there are alternate changes from one group of two strings to another, the undulating movement of the hand should not exceed that of the alternations between two given strings. The arm only will change its position, according to the level of one or the other of the two strings in play.

Example: 

Graphique des mouvements. – Figure of the movements.

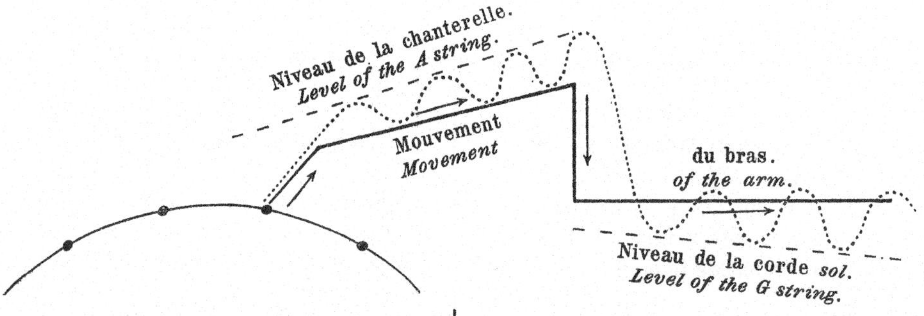

De ce graphique on pourra facilement déduire les mouvements que nécessitent les renversements du précédent exemple.

Ci-dessous quelques exercices à l'exécution desquels peut servir la même règle. Je ne crois pas utile de faire un graphique indiquant le stationnement du bras en cas d'alternances en „petit détaché" (Le petit détaché s'emploie surtout à la pointe, ou vers le milieu de l'archet. Il consiste en petits coups d'archet consécutifs, d'environ ½ centimètre chacun, et ne comportant, entre eux, aucune interruption des sons.)

From this figure it will be easy to deduce the movements required for the inversion of the preceding example.

Hereunder are given a few exercises to the execution of which the same rule can be applied. I do not think it necessary to give a figure of the halting of the arm in the case of alternations executed in small "détaché". (The small "détaché" is used at the point or towards the middle of the bow. It consists in consecutive little strokes of the bow, about a quarter of an inch in length, and without any interruption of sound between them.)

Extrait du Prélude de la 1ère suite (*sol* majeur) de J. S. Bach.

Extract from the Prelude of the 1st Suite (G Major) of J. S. Bach.

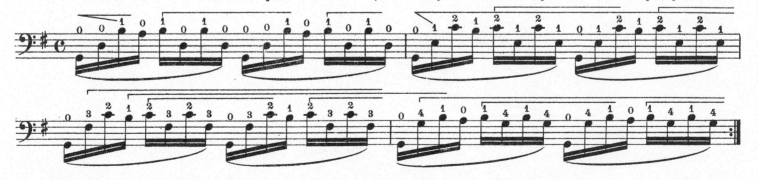

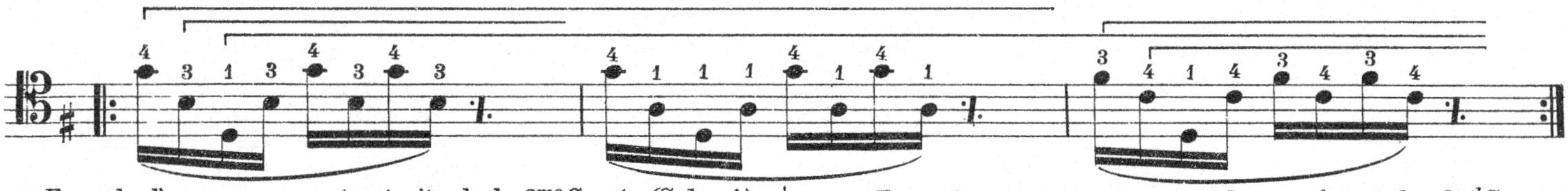

Formule d'accompagnement extraite de la 2me Sonate (*Sol* maj.) Piano et Violoncelle, de L. v. Beethoven.

Formula of accompaniment drawn from the 2nd Sonata (G Major) Piano and Violoncello, of L. v. Beethoven.

Formule d'accompagnement extraite de la 3me Sonate (*La* maj.) Piano et Violoncelle, de L. v. Beethoven.

Formula of accompaniment drawn from the 3rd Sonata (A Major) Piano and Violoncello, of L. v. Beethoven.

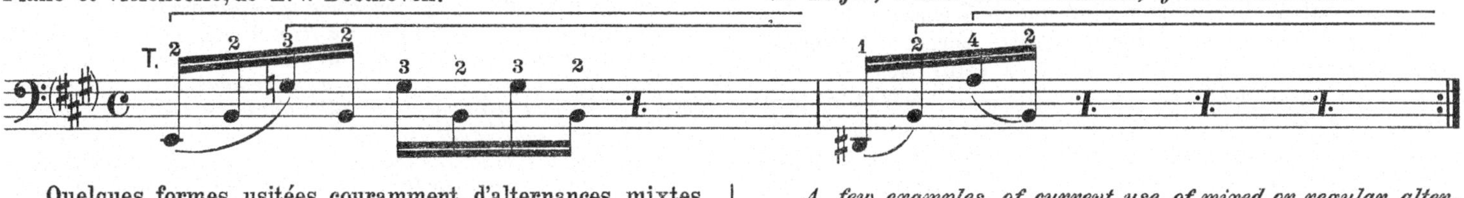

Quelques formes, usitées couramment, d'alternances mixtes ou regulières. N'importe quelles articulations d'archet pourront et devront, s'employer avec n'importe quelles figures rythmiques.)

A few examples, of current use, of mixed or regular alternations. (All kinds of bowing may - and should - be used for any one of the rhythms.)

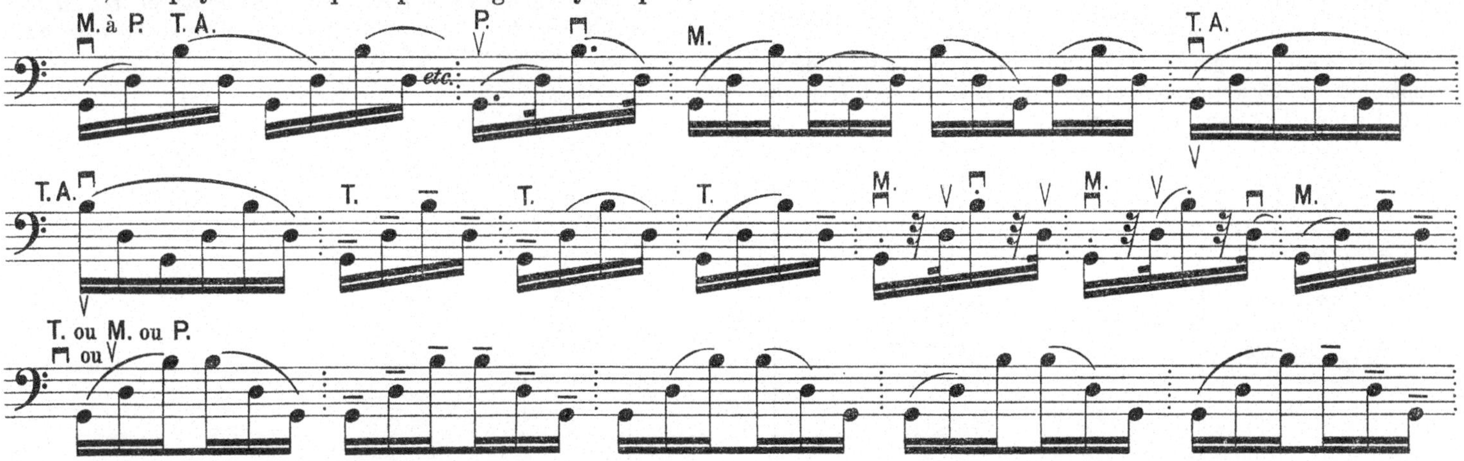

Lorsque les alternances contiendront un passage sur une corde intermédiaire non jouée, le mouvement d'ondulation de la main devra être secondé par le relèvement et l'abaissement du bras. J'extrais, à titre d'exercice pour ce cas, quelques mesures du trio en *ut* mineur de Johannes Brahms.

When the alternations contain a passage over an intermediary unplayed string, the undulating movement of the hand should be supplemented by the raising and lowering of the arm. To serve as an exercise for this case, I give an extract from the Trio in C minor of Johannes Brahms.

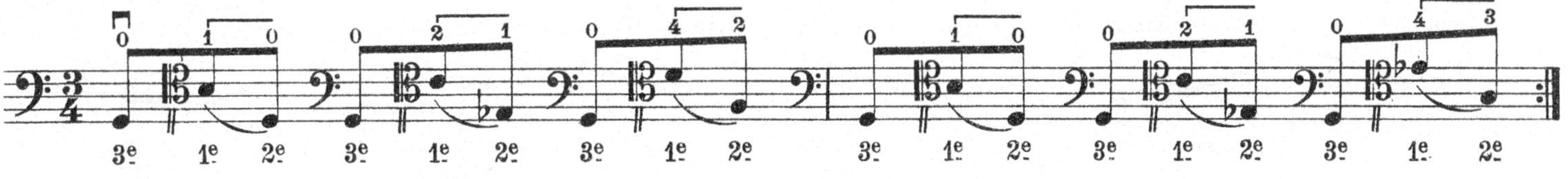

Quelques renversements de cet exercice:

A few inversions of this exercise:

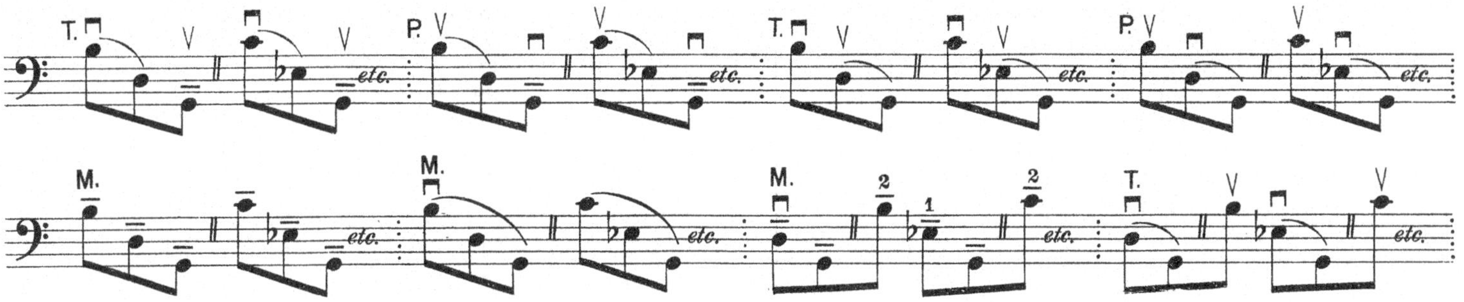

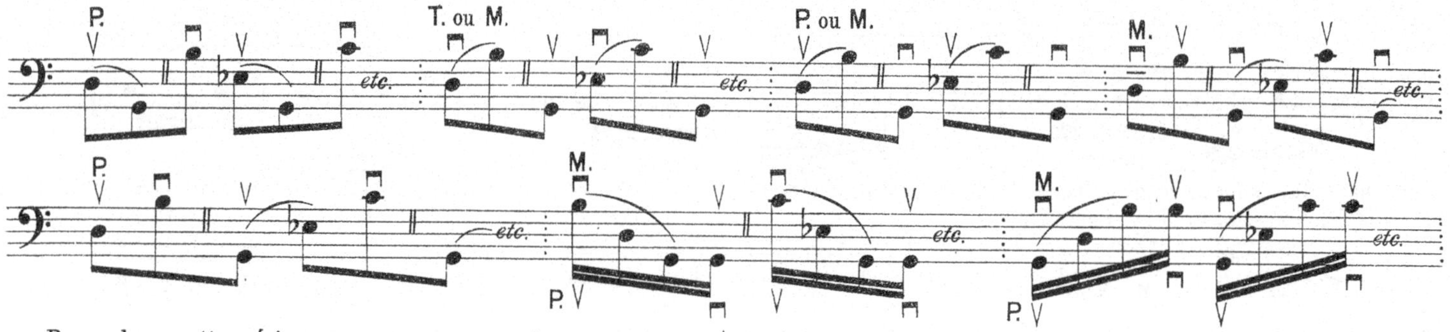

Pour clore cette série nous passerons maintenant aux alternances sur 4 cordes, quittes à revenir à celles que nous avons déjà étudiées, pour en établir le second mode d'exécution, applicable (selon les nécessités de l'interprétation musicale,) plus fréquemment que le premier.

Les alternances rapides entre quatre cordes exigent un mouvement u n i du bras, semblable à celui des changements de corde l e n t s, c'est-à-dire un mouvement qui amène progressivement (sans lignes brisées) les crins au niveau de chaque différente corde. A ce mouvement régulier du bras, pourra s'ajouter – au moment de l'arrivée sur chacune des cordes extrêmes – un très léger relèvement ou abaissement de la main. Dans le graphique d'exécution de l'exemple ci-dessous, les 4 demi-droites représentent le niveau des différentes cordes (pour l'archet).

L e s d e u x l i g n e s c o u r b e s se rapportent au développement du b r a s, quant au p o i n t i l l é, il sert à indiquer l'o n d u l a t i o n d e l a m a i n.

To end this series we will now pass on to the alternations between four strings, and will return later to those we have already studied, in order to demonstrate the second method of execution, which (according to the necessities of musical interpretation) is more frequently applicable than the first.

Rapid alternations between the four strings demand an even movement of the arm, resembling that employed for a slow change of string, that is to say a movement that brings the hairs of the bow (without any broken lines) progressively to the level of each individual string. To this regular movement of the arm may be added (at the moment of arrival on the outside strings) a very slight raising or lowering of the hand. In the descriptive figure of the example given below, the four straight lines represent the levels of the different strings (for the bow).

The two curved lines refer to the unfolding of the a r m; as for the d o t t e d l i n e s, they serve to indicate t h e u n d u l a t i n g m o v e m e n t o f t h e h a n d.

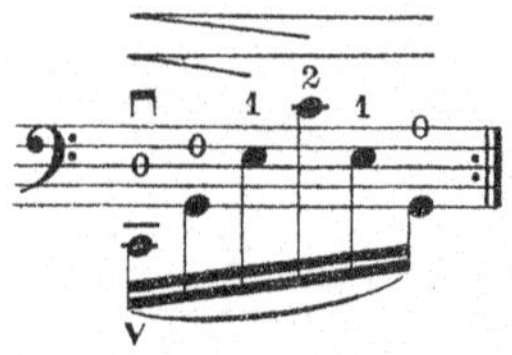

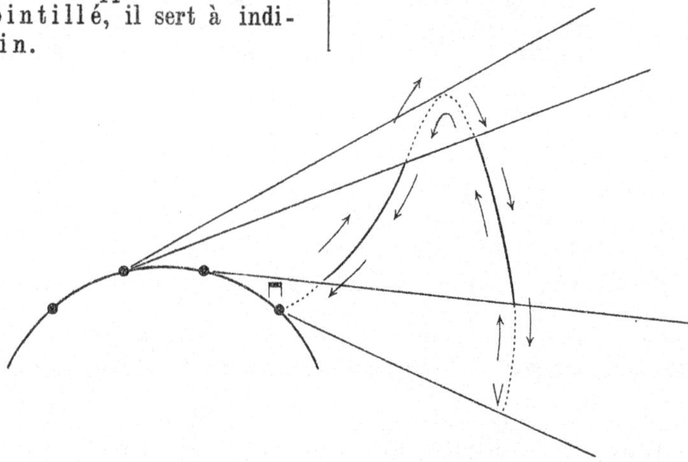

(Dans la reproduction, par le geste, de chacun de ces graphiques, l'ouverture des angles devra être proportionnelle à la dépense d'archet.)

(In the actual reproduction of these figures with the arm and hand, the width of the angles will be proportional to the length of bow used.)

Alternances régulières. – *Regular alternations.*

Alternances mixtes. – *Mixed alternations.*

Il sera bon d'adapter aux alternances sur 4 cordes les variantes d'archets et de rythmes correspondant à celles des précédentes séries d'exercices. On trouvera aussi, plus loin, des enchainements d'accords qui devront également servir pour l'étude des changements de corde rapides.

Revenons aux alternances entre deux mêmes cordes. Souvent l'effet à produire est p o l y p h o n i q u e. Dans ce cas, et m a l g r é l'é c r i t u r e, on devra faire entendre d'une façon c o n t i n u e la partie qui offrira le plus grand i n t é r ê t mélodique. Dans les suites de Bach, notamment, le mode d'exécution dont il est question, est très fréquemment nécessaire. Je redonne un fragment du premier exemple afin d'en indiquer l'interprétation naturelle, telle qu'elle doit être pour la satisfaction de l'oreille.

It will be well to adapt to the alternations between four strings the variants of bowing and rhythms corresponding to those of the preceding exercises. Further on will also be found a succession of chords that should be used for the study of rapid changes of string.

We will now return to the alternations between two strings. Often, the effect to be produced is p o l y p h o n i c. In this case, and notwithstanding the way it is written, one should bring out in a c o n t i n u o u s manner the part that offers the greater melodic interest. In the Suites of Bach, particularly, the method of execution in question is very frequently necessary. I repeat a fragment of the first example in order to indicate the natural interpretation, as it ought to be heard to satisfy the ear

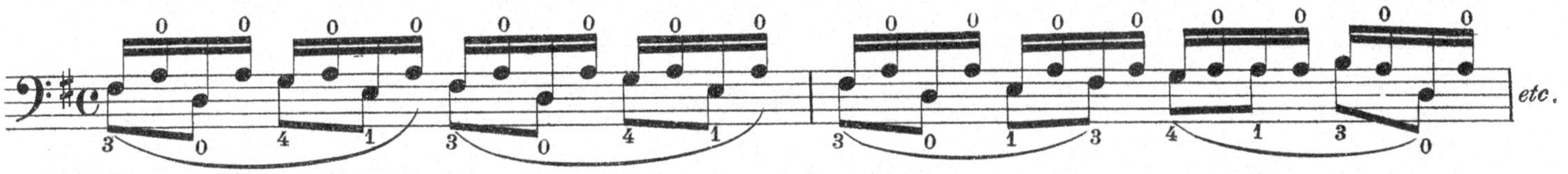

Seul l'abaissement de la main devra, dans cet exemple, faire quitter aux crins le niveau de la double corde.

Voici quelques autres exercices pour habituer le débutant à maintenir la sonorité pour une voix sur deux.

The lowering only of the hand should, in this example, make the hairs of the bow leave the level of the double string.

Here are a few other exercises to accustom the beginner to maintain the sonority of one of the two voices.

Extrait de la 3e suite de Bach (Gigue en *ut* majeur).

Extract from the 3rd Suite of Bach (Gigue in C major).

Extrait du prélude de la suite en *sol* majeur de Bach.

Extract from the Prelude of the G Major Suite of Bach.

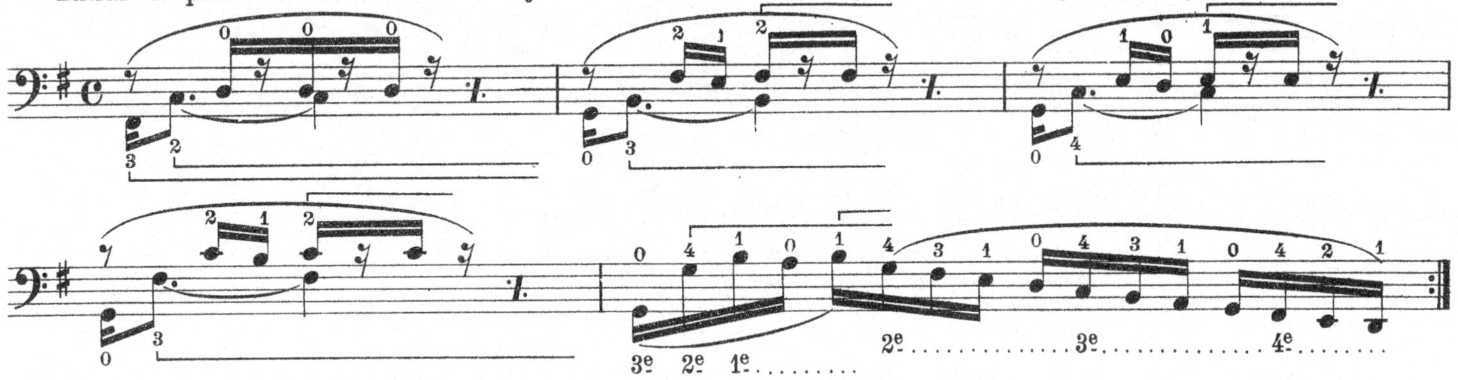

Ces exercices me paraissent suffisants, (pourvu qu'on les travaille jusqu'à complet assouplissement de tous les mouvements) pour la connaissance des alternances à deux voix, sur deux cordes. Je tiens à faire étudier, maintenant, les accords arpégés (polyphoniques) sur 3 cordes. Ici, l'impression de sonorité „répandue" devra être obtenue par le maintien de la corde médiane. L'archet jouera tantôt l'une, tantôt l'autre des doubles cordes, sans cesser de faire résonner la corde commune à celles-ci. Lorsqu'il y aura changement d'archet sur la corde médiane, on devra s'arranger pour joindre les articulations, de telle sorte que l'effet, pour l'oreille, soit celui d'une seule note continue.

These exercises appear to me to be sufficient for the learning of alternations of two voices on two strings. Chords in arpeggios (polyphonic) on three strings should now be studied. Here, the impression of "spread" sonority should be obtained by maintaining the sound of the middle string. The bow will play, now on this, now on that string, without ceasing to sound the string that is common to both of them. When there is a change of bow on the middle string, it must be played in such a manner that the effect, on the ear, is that of a single continuous note.

Extract de la Suite en *ut* majeur (No. 3, Prélude) de J. S. Bach. | *Extract from the C major Suite (No. 3, Prelude) of J. S. Bach.*

(alternances régulières entre 3 cordes) – *(regular alternations between three strings)*

La sonorité de la corde à vide, *sol,* se continuant tout naturellement, pendant que l'archet jouera sur la chanterelle, l'effet de la basse sera celui d'une formidable pédale d'orgue.

The vibration of the open string G, continuing naturally by it's self, while the bow is playing on the A string, the effect of the bass will be that of a gigantic organ pedal note.

Les alternances rapides entre deux cordes séparées entre elles par une ou deux cordes intermédiaires, se feront de préférence au talon, et en martellé. La courbure normale du poignet devra y être constante.

Le passage d'une corde à l'autre devra se faire par un petit „roulement" de la main, sans aucun mouvement du bras. Au cours de ces mouvements, et vu la forme du chevalet, l'index devra, sur la plus grave des deux cordes, se trouver plus éloigné du corps de l'instrument, que ne le sera le petit doigt. Le phénomène contraire se produira naturellement sur la corde la plus aiguë.

Ci-après des exercices nécessitant l'alternance continuelle des tenues de main droite indiquées plus haut.

Rapid alternations between two strings, separated from each other by one or two intermediary strings, should be played preferably at the heel of the bow, and martellato.

The normal curve of the wrist should be maintained continuously.

The passage from one string to another should be made by a little "roll" of the hand, without any movement of the arm. During these movements, and on account of the shape of the bridge, the forefinger should be further away from the body of the instrument than the little finger, when the G string is in play. When playing on the A string the opposite will be the case.

Here follow some exercises that require continual alternances of the above-mentioned dispositions of the right hand.

Extrait de la 2me Sonate (Rondo. Final.) de Beethoven.

Extract from the 2nd Sonata (Rondo. Finale.) by Beethoven.

Extrait du Concerto en *Si♭* majeur de Boccherini. (Final.)

Extract from the B flat major Concerto by Boccherini. (Finale.)

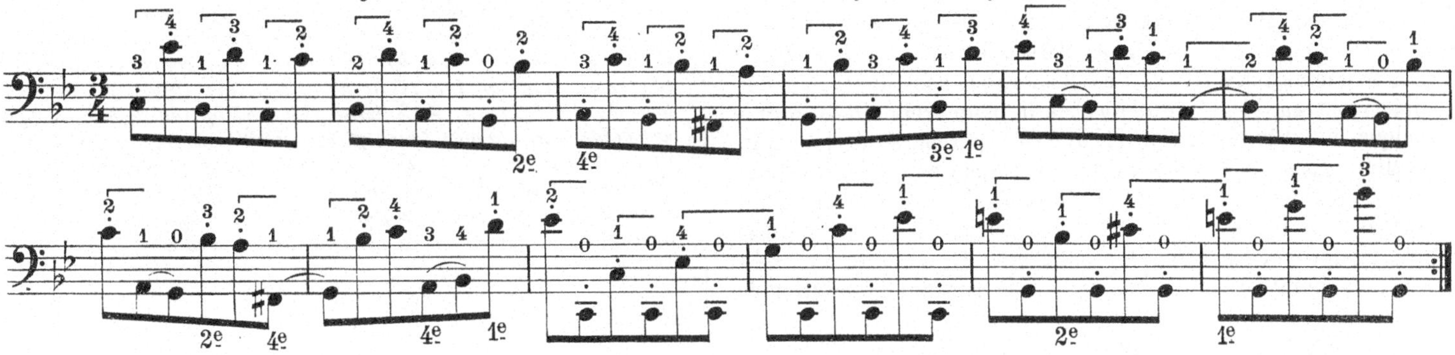

A l'extrême talon, ce procédé est également applicable à tous les changements de corde, sans exception.

At the extreme heel, this method is also applicable without exception to all changes of string.

Les Accords.

L'étude des accords devient, ici, extrêmement utile, et celà, en grande partie, à cause de l'obligation où l'on s'y trouvera, de placer simultanément sur plusieurs cordes, les doigts qui devront occuper les degrés constitutifs de chaque accord. (C'est d'ailleurs ainsi qu'il convient de placer les doigts pour exécuter les harmonies, partielles ou complètes dont se composent les alternances rapides sur plusieurs cordes.)

Les accords, sur 3 ou 4 cordes, se divisent, généralement du grave à l'aigu, en deux double-cordes consécutives. Dans les accords de 3 sons, la deuxième double-corde résulte de l'adjonction de la note supérieure, à la prolongation de la note médiane.

Chords.

The study of chords becomes extremely useful here, and that, in a great measure, owing to the obligation under which one finds oneself to place, simultaneously on several strings, the fingers called upon to play the notes that constitute each separate chord. (This is, moreover, the way in which to place to fingers for the execution of the partial or complete harmonies that go to make up the rapid alternations between several strings.)

The chords on three or four strings are generally divided, from the lower to the higher register, into two consecutive groups of two strings. In the case of chords of three notes, the second group of two notes results from the addition of the highest note to the prolongation of the middle one.

Ecriture:
Written:

Exécution:
Played:

Dans tous les accords joués au talon, le passage d'une double corde à l'autre, devra se faire sans modification de la courbure normale du poignet, tout comme dans les alternances entre deux cordes éloignées. (Voyez chapitre précédent.)

Lorsque plusieurs accords se succèderont il n'y aura lieu d'employer l'archet dans ses deux directions (⊓ V) que lorsque la partie mélodique se composera de notes soutenues.

In the playing of chords at the heel, the change from one double string to the other should be made without modifying the normal curve of the wrist, exactly as for the alternations between two strings situated far from each other. (See the preceding chapter.)

When several chords follow each other it will be necessary to use the bow in both directions (⊓ V) only when the melodic part consists of sustained notes.

Exemple extrait du Menuet de la Suite en *ré* mineur de Bach.

Example taken from the Menuet of the D minor Suite by Bach.

Une série d'accords devra être jouée exclusivement en coups d'archets tirés, lorsque son caractère musical comportera, entre les sons, des interruptions plus marquées.

A series of chords should be played exclusively with down strokes of the bow when its musical character calls for greater spaces between the chords.

Exemple extrait du prélude de la Suite en *ré* mineur de Bach.

Example taken from the prelude of the D minor Suite by Bach.

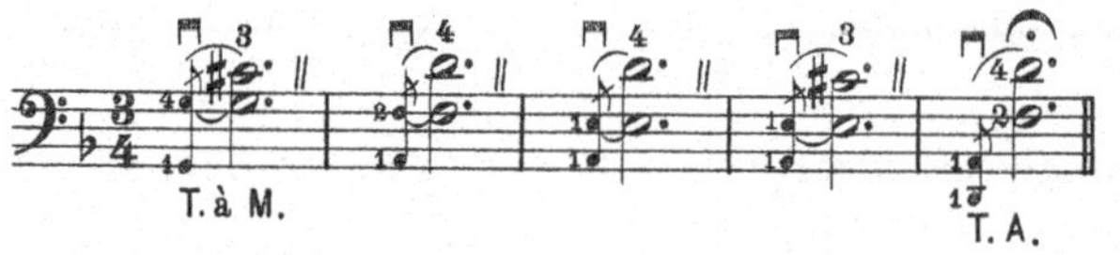

Je n'indique les dernières mesures de ce prélude, sous cette forme, que pour faire travailler les accords. Il est très admissible d'arpéger ces harmonies, dans l'exécution complète du morceau dont elles font partie.

Certains accords de 3 sons pourront être „plaqués." Il faudra pour cela, – l'archet étant maintenu au-dessus des cordes, – produire, par sa chute, un nivellement momentané des 3 cordes que l'on désirera mettre simultanément en vibration.

Cette chute, combinée, dès son début, avec le mouvement habituel de l'archet, constituera un déplacement en ligne courbe de la main droite. Dans le graphique ci-après, le pointillé A-A' (parcours de la main droite) passe au-dessous du niveau normal de la corde médiane, afin d'indiquer l'abaissement de celle-ci au niveau des deux autres. La ligne courbe B-B' représente le niveau normal des quatre cordes. Quant à la droite C-C', elle synthétise les points d'adhérence des crins pendant l'exécution de l'accord.

I give the last bars of this prelude, written thus, only to practice the chords. It is quite permissible to play them arpeggio, when playing the entire piece to which they belong.

Certain chords of three notes may be "plaqué" (that is to say, not arpeggio.) In order to accomplish this it will be necessary, the bow being held above the strings, to produce by its fall on them a momentary levelling of the three strings that one wishes to put simultaneously into vibration.

This "fall," combined, from the start, with the usual movement of the bow, will constitute a curved line movement of the right hand. In the figure given below, the dotted line A-A' *(line followed by the right hand) passes below the normal level of the middle string, in order to indicate the lowering of this string to the level of the other two. The curved line* B-B' *represents the normal level of the four strings. As for the straight line* C-C', *it synthesizes the points of contact of the hairs of the bow during the execution of the chord.*

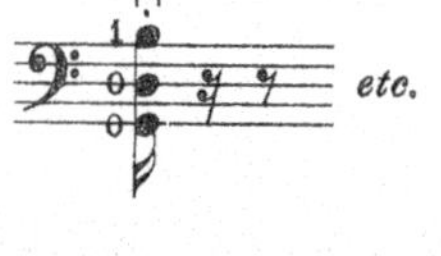

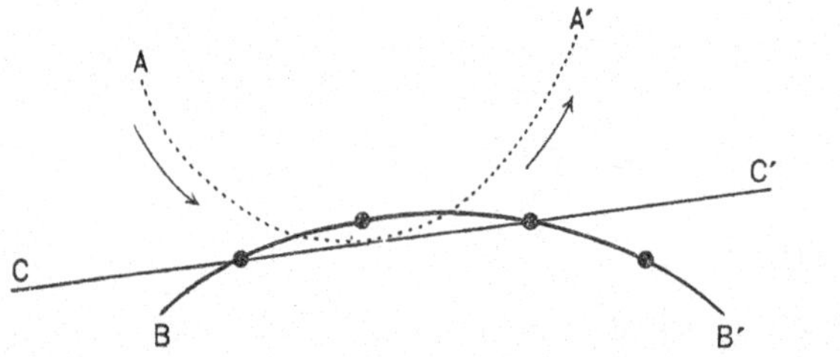

La chute de l'archet devra se faire sur un point où les cordes sont susceptibles de fléchir rapidement sous la pression des crins. Ce point devra être situé plus près de la touche que du chevalet.

The bow should fall on the strings at a point where they will yield rapidly under the pressure of the hairs. This point should be situated nearer the fingerboard than the bridge.

Les accords plaqués se jouent, de préférence, en tirant seulement. Lorsque plusieurs accords plaqués se succèderont, la main droite devra décrire un nombre équivalent de petites circonférences, afin de revenir régulièrement au même point de départ.

"Plaqué" chords should be played preferably with the down stroke only. When several "plaqué" chords follow each other, the right hand should describe an equivalent number of little circles, in order to return after each to the starting point.

Exemple extrait du Menuet de la Suite en *ré* mineur de Bach.

Example drawn from the Minuet of the D minor Suite by Bach.

A = Point de départ pour chaque nouvelle chute de l'archet. (Dans ces graphiques, le mouvement de la main droite est figuré en grandeur naturelle.)

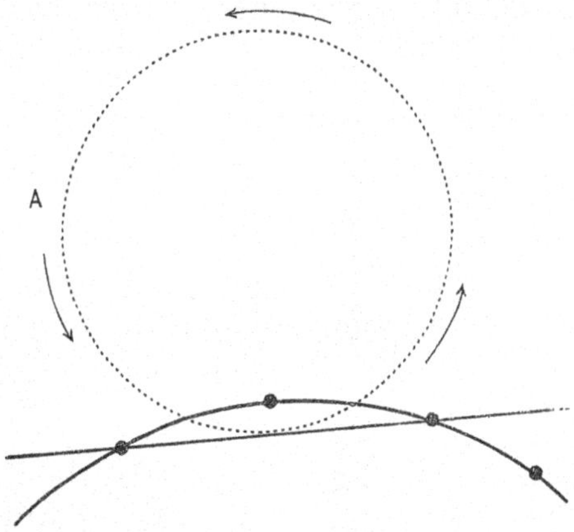

A = *Starting-point for each new fall of the bow. (In this figure the dotted circle represents the movement of the right hand, natural size.)*

Le dernier accord du précédent exemple, devant être prolongé, on en maintiendra la double-corde supérieure seulement. La mémoire des sons suppléera, dans ce cas, pour l'auditeur, à la durée effective de la basse.

Dans certains cas d'exception, d'ailleurs assez rares dans la musique de violoncelle, il y aura lieu d'arpéger les accords de l'aigu au grave.

As the last chord of the above example is to be prolonged, the two upper notes only will be maintained. By our memory of sounds, the bass will prolong it's self for a period equal in length to the duration of the two above mentioned upper notes.

In certain exceptional cases, that seldom occur in violoncello music, it is necessary to arpeggio the chords from the higher to the lower register.

Fragment extrait de la Courante (Suite en *ré* mineur) de Bach.

Fragment of the Courante (D minor Suite) by Bach.

On voit que, seule, la note la plus grave de l'accord est soutenue.

It will be seen that only the lowest note of the chord is maintained.

Un autre exemple typique de ce cas, existe dans la Sonate en *mi* mineur de Brahms. (1er Allegro.)

Another typical example of this will be found in the E minor Sonata by Brahms. (1st Allegro.)

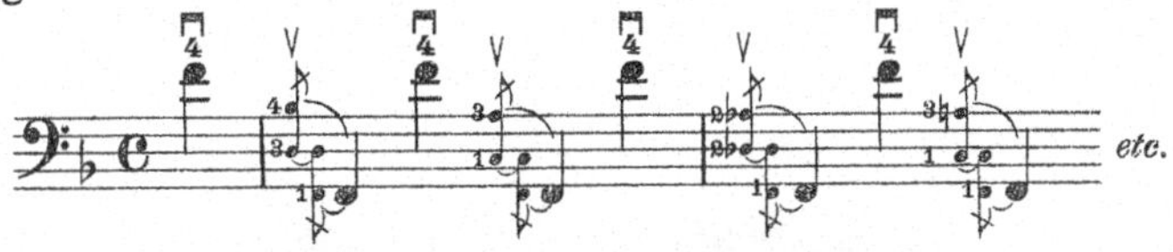

Cette écriture, bien que n'étant pas absolument conforme à l'exécution musicale de ce passage, est néanmoins favorable à l'étude des accords d'exception.

Although this way of writing does not conform absolutely with the musical execution of this passage, it is nevertheless suited to the study of these exceptional chords.

Dans les accords joués normalement, c'est à-dire du grave à l'aigu, il est souvent plus agréable d'entendre se détacher la partie mélodique. Celle-ci se trouve tantôt dans le dessus.

When chords are played normally, that is to say from the bottom upwards, it is often more agreable to hear the melody note detached from the chord. This note will be found sometimes at the top of the chord.

Fragment extrait de la Sarabande (Suite en *ut* majeur) de Bach.

Fragment of the Sarabande (C Major Suite) by Bach.

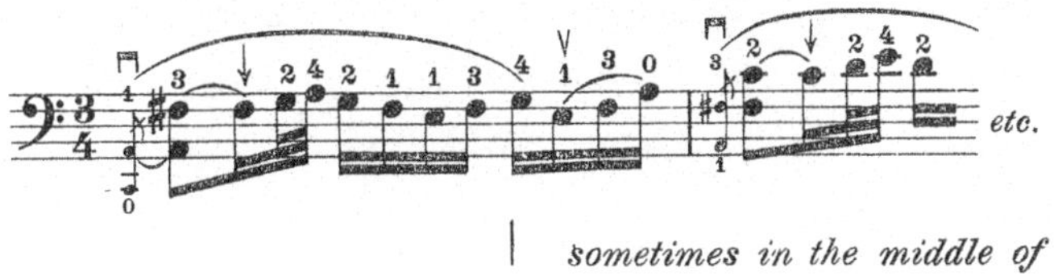

tantôt dans le milieu de l'accord:

sometimes in the middle of the chord:

Fragment extrait de l'Allemande (Suite en *ré* mineur) de Bach.

Fragment of the Allemande (D minor Suite) by Bach.

Afin d'accoutumer le débutant à toutes sortes de **groupements anormaux**, que nécessitent les accords, **dans la disposition des doigts**, et aussi afin d'exercer son endurance, en ce qui concerne la combinaison d'appui des doigts et de l'archet, dans les enchainements d'harmonies complètes, je crois bon de donner ici une version (destinée à ce travail) du Prélude en *mi♭* (Suite No. 4) de Bach. Mais auparavant il nous faudra passer en revue ceux des accords qui ne s'y exécutent pas de façon naturelle.

In order to accustom the beginner to all sorts of ***abnormal groupings****, necessitated by the chords,* ***in the disposition of the fingers****, and also in order to exercise his powers of endurance, as far as the combination of pressure of the fingers and the bow are concerned, in series of complete harmonies, I think it advisable to give here a version (specially adapted to this work) of the E flat Prelude (Suite No. 4) by Bach. But first of all it will be necessary to pass in review the chords in this piece that are not played in a normal manner.*

Places d'appui de l'index. — *Points of contact of the forefinger.*

A 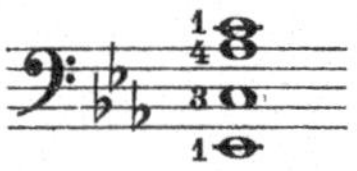

Le premier doigt devant servir simultanément pour le „*mi♭*" sur la 4e Corde et pour le „*do*" sur la Chanterelle, applique, avec **une égale pression**, sur les 4 cordes, la face intérieure de ces deux premières phalanges.

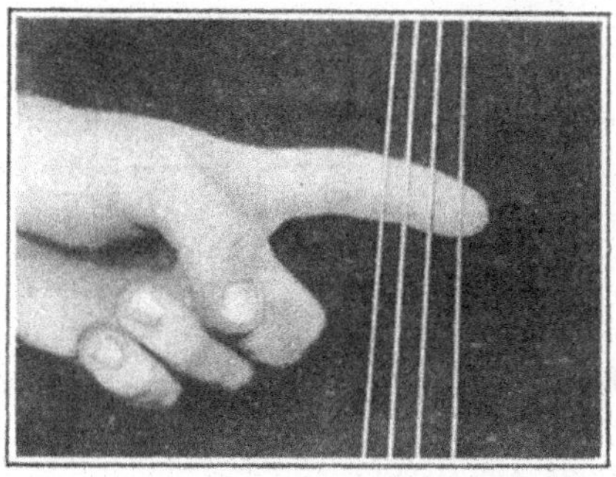

A 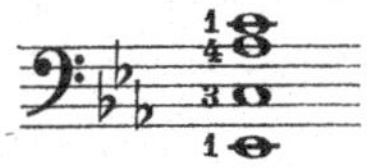

As the first finger is to serve simultaneously for the E flat on the 4th string and for the C on the A string, the inner side of its first two phalanges should be applied, with an equal pressure to the four strings.

B 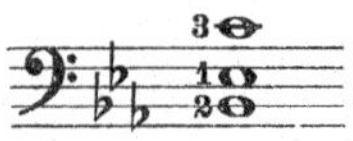

Une légère inclinaison de la main s'impose, afin d'amener sur le même plan les doigts 2 et 3. Le „*si♭*" sur la corde *sol* se trouve au même niveau que le „*do*" sur la Chanterelle.

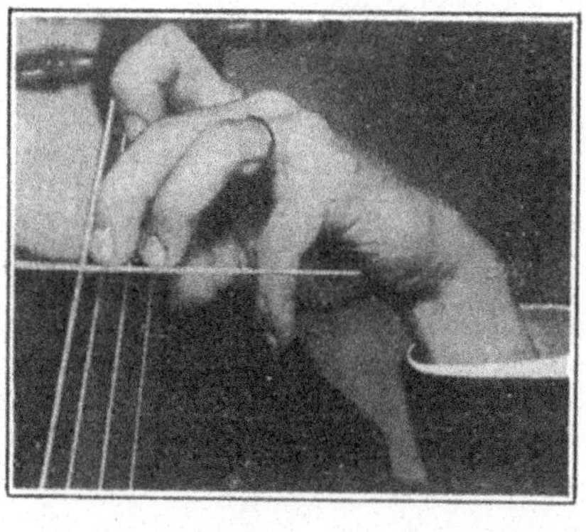

B 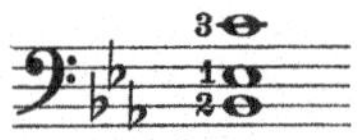

The hand should be slightly inclined in order to bring the 2nd and 3rd fingers into line. The B flat on the G string is on the same level as the C on the A string.

C 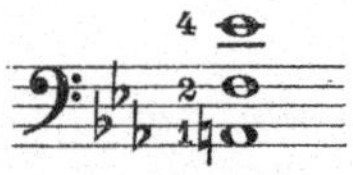

L'intervalle de 7e = *fa-mi♭* nécessite une extension du 4e doigt. On à déjà trouvé des cas analogues dans les **extensions provisoires**.

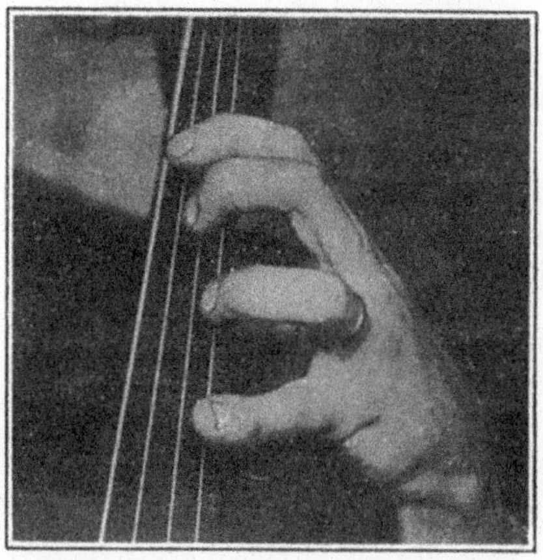

C 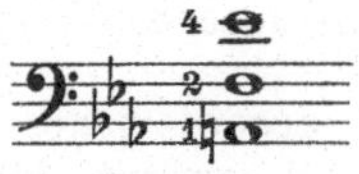

The interval of the 7th, F-E flat, calls for an extension of the 4th finger. Similar cases have already been seen in the ***temporary extensions****.*

D 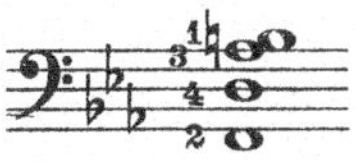

Cet accord, assez malcommode, même pour les grandes mains, ressort également des extensions provisoires.

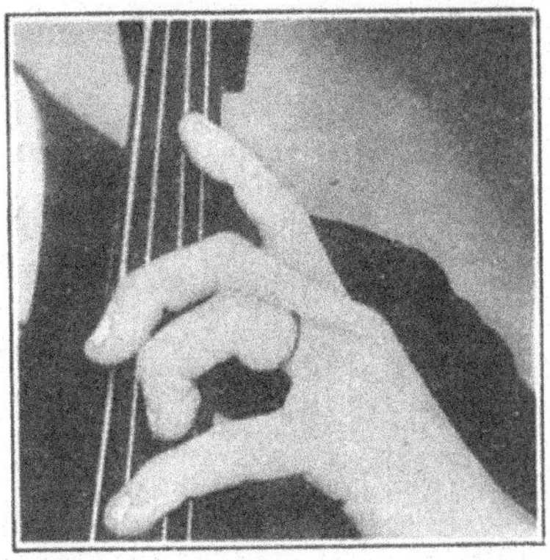

D 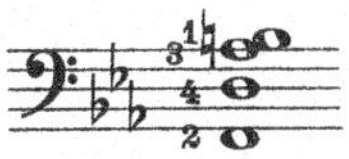

This chord, that is fairly awkward, even for large hands, also belongs to the category of temporary extensions.

E 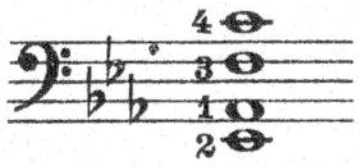

Tenue très oblique. Les doigts 2, 3 et 4 sont appliqués sur le même plan. Vu la tenue oblique, la quinte *„fa-do"* (2me Corde et Chanterelle) ne peut pas s'exécuter par le même doigt.

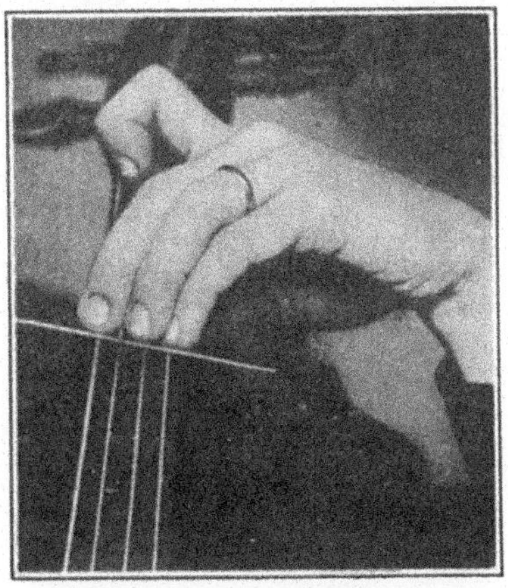

E 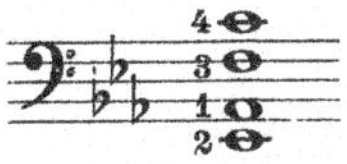

Very oblique disposition. The 2nd, 3rd and 4th fingers find themselves all on the same line. On account of the oblique disposition, the fifth "F-C" (2nd string and A string) cannot be played by the same finger.

F 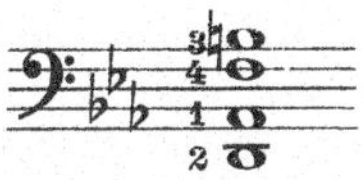

Les 2me et 3e doigts sont sur le même plan. L'intervalle compris entre les 1er et 4e doigts, est plus resserré que dans la tenue chromatique.

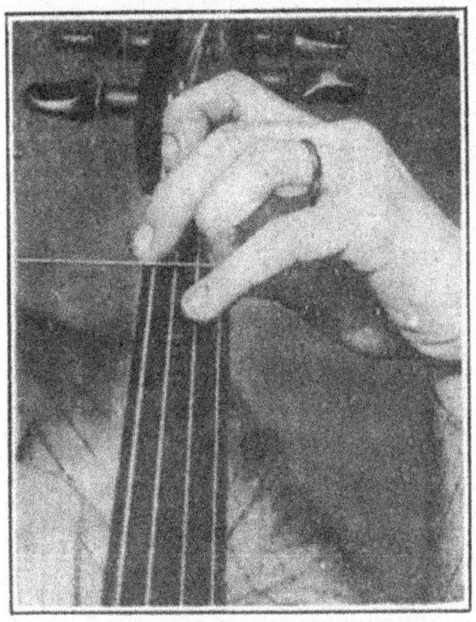

F 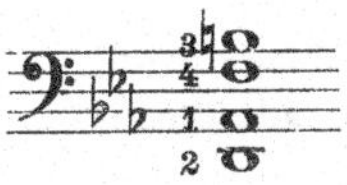

The 2nd and 3rd fingers are in line with each other. The interval between the 1st and 4th fingers is less than in the chromatic disposition.

G 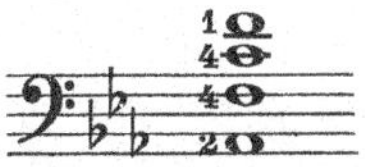

Le *„la♭"* (4e corde, 2me doigt) se trouve sur le même plan que le *„fa"* (Chanterelle, 1er doigt.) Cet accord est difficile, étant donné qu'il nécessite l'appui de la seule 1ère phalange du 4e doigt sur les deux cordes médianes.

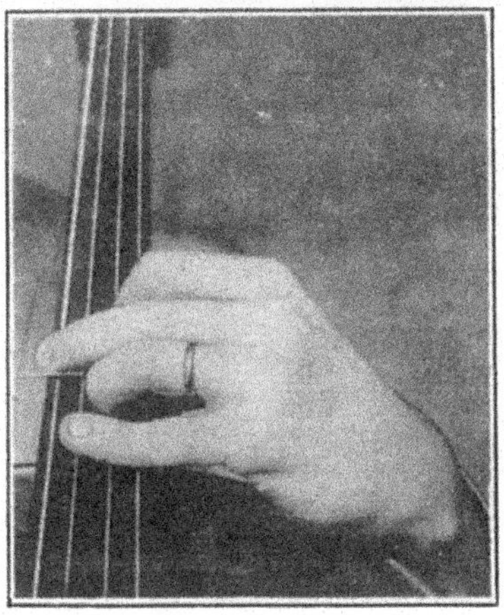

G 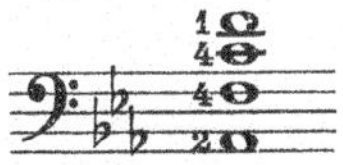

The A flat (4th string, 2nd finger) is in line with the F (A string, 1st finger.) This chord is a difficult one, in that it requires the pressure of the 1st phalange only of the 4th finger on the two middle strings.

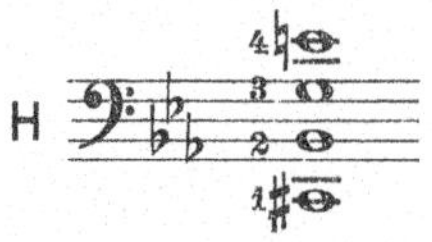

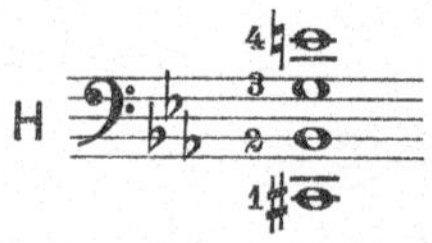

Cet accord, comprenant 3 extensions, ne peut être exécuté sur ce degré, que par un „roulement“ de la main, faisant quitter aux doigts 1 et 2 la 1ère double corde au moment où l'archet passe sur les 2 cordes supérieures.

This chord, comprising three extensions, can be executed in this position only by a "roll" of the hand, causing the 1st and 2nd fingers to leave the first two strings at the moment when the bow passes onto the two upper strings.

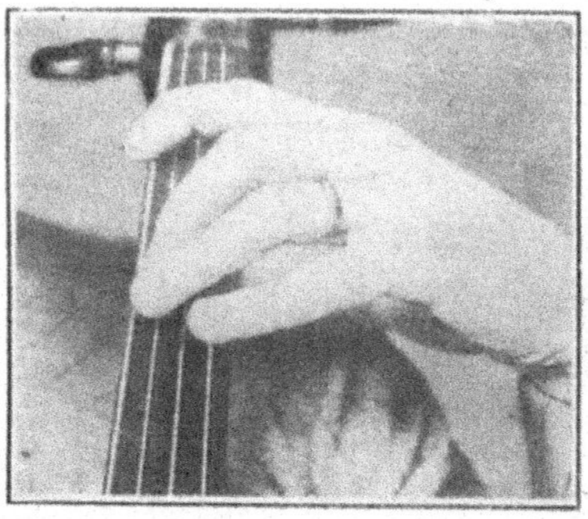

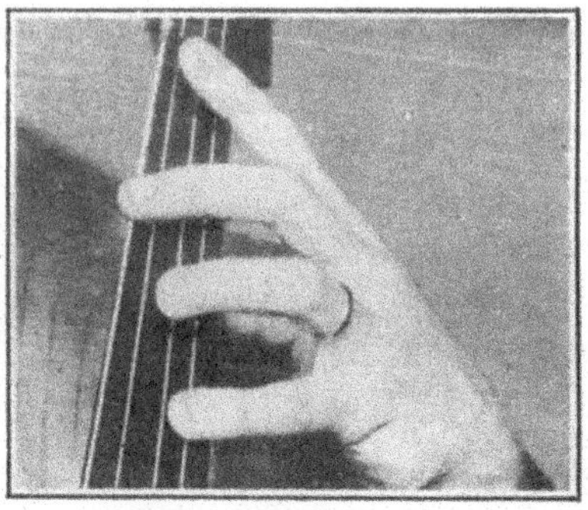

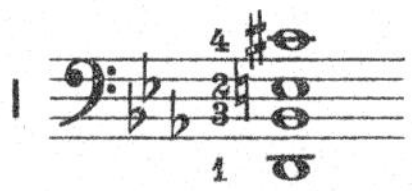

Disposition plus resserrée que dans la tenue chromatique. Les 1er et 2me doigts sont sur le même plan. Les 1er et 3me doigts occupent des degrés voisins.

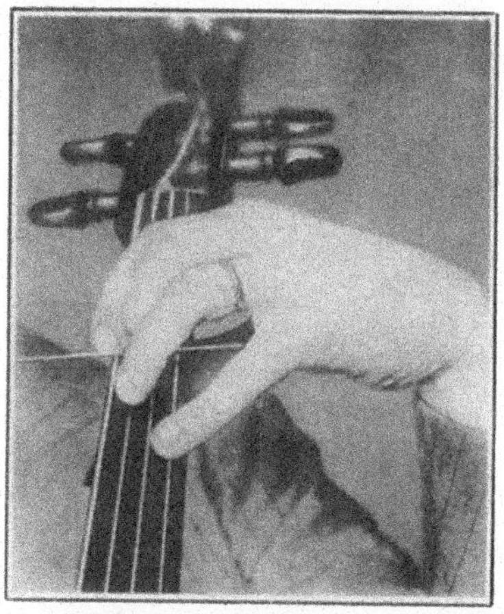

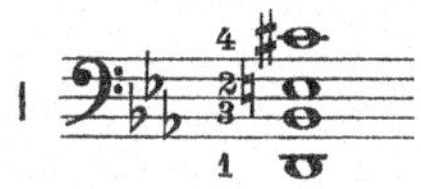

Much more contracted than in the chromatic disposition. The 1st and 2nd fingers are in line with each other. The 1st and 3rd fingers are separated on the fingerboard by the interval of a single note only.

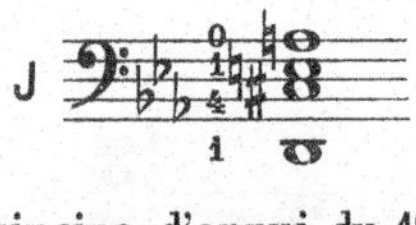

Même principe d'appui du 1er doigt, que pour l'accord A. La seule particularité consiste, ici, à relever le 1er doigt, du côté de la main, de manière à ce quil n'entrave pas la libre émission du „*La*“ à vide.

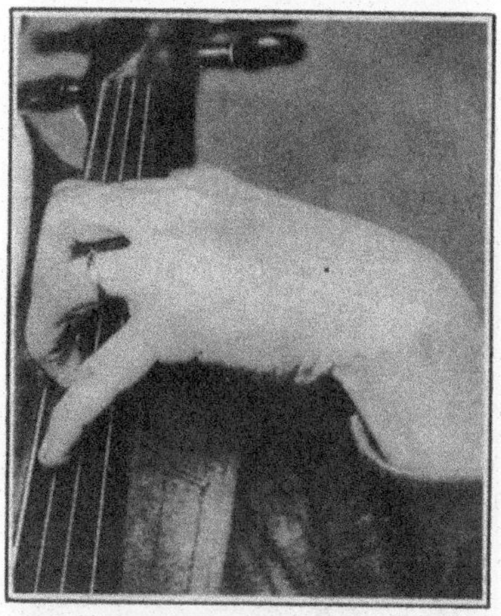

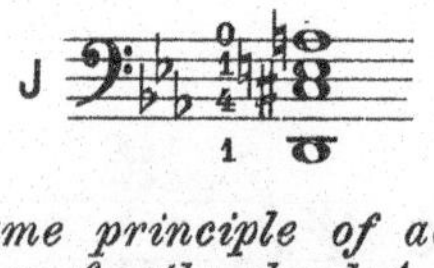

The same principle of action of the 1st finger as for the chord A. The only peculiarity here consists in the raising of the 1st finger, at the end nearest the hand, so that the open A string should not be prevented from sounding.

K 

Extension provisoire. Les très grandes mains réaliseront cet accord sans déplacement. Les autres auront recours au même procédé que pour l'accord H.

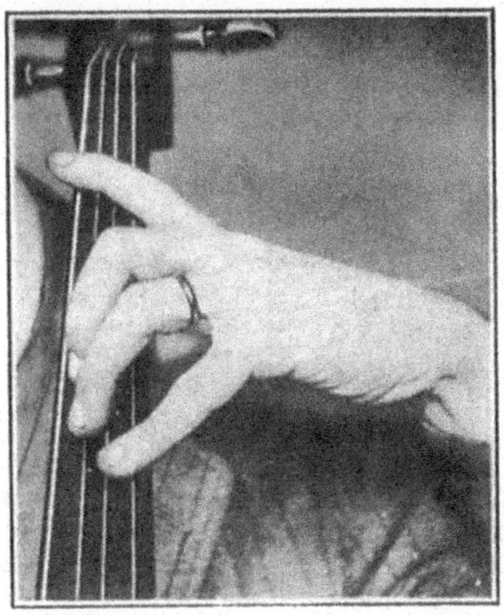

K 

Temporary extension. Very large hands can manage this chord without any change of position. Other hands will have to make use of the method employed for the chord H.

Adaptation, pour l'étude des accords, du Prélude en mi♭ (4e Suite pour Violoncelle seul) de Bach.

Adaptation, for the study of chords, of the E flat Prelude (4th Suite for Violoncello solo) by Bach.

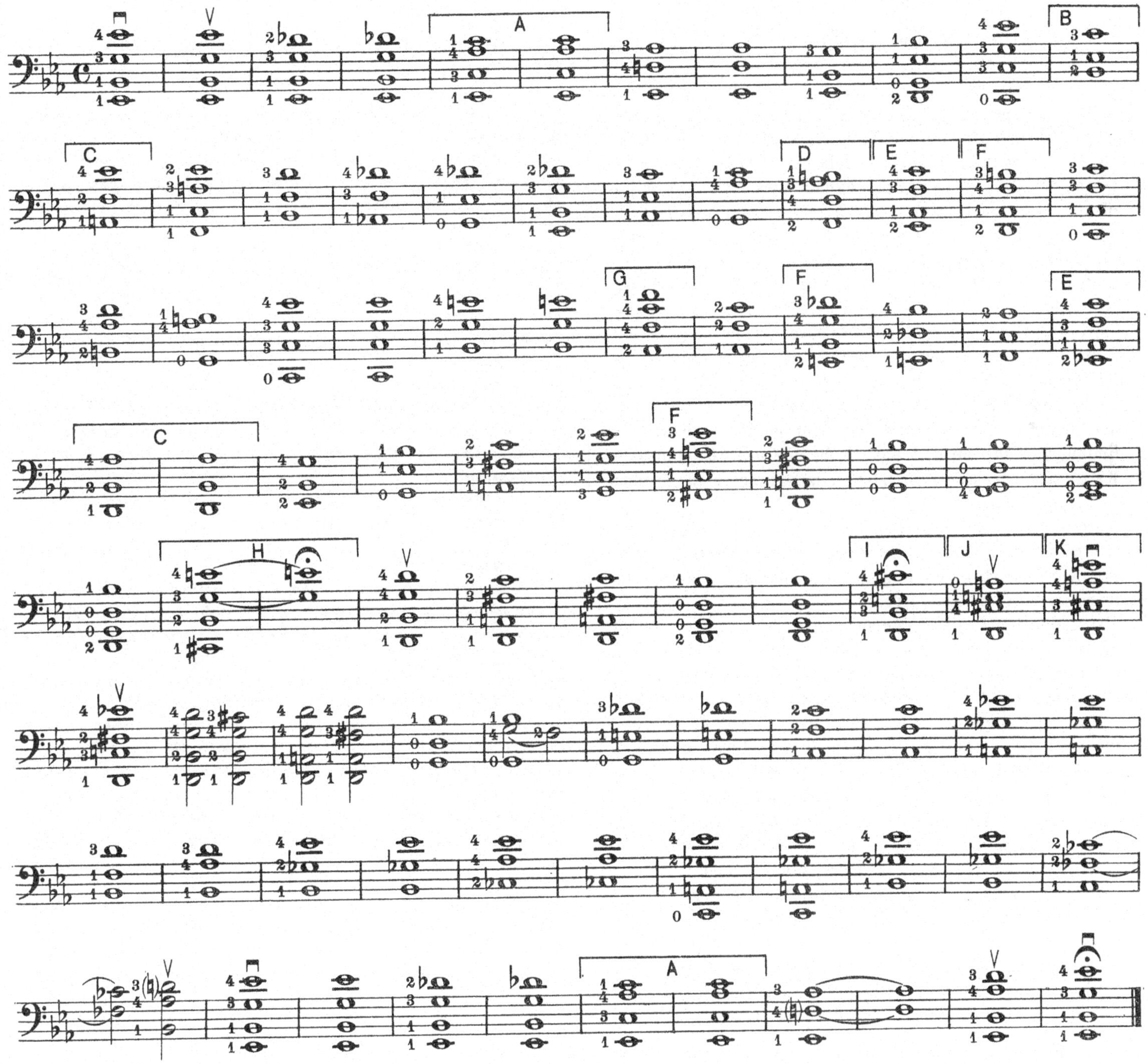

Lorsque l'on aura suffisamment travaillé ce prélude, on sera apte à trouver, tout seul, la solution pratique de toutes les autres dispositions d'accords, qui pourraient se rencontrer par la suite. Pour l'instant, il est indispensable que, connaissant à la perfection toutes les „tenues classées" l'on puisse utiliser lorsque le cas s'en présentera, n'importe quelle „tenue de fortune".

Ce prélude devra également servir à l'étude des alternances de toutes les espèces.

When this prelude has been sufficiently practiced, the student will be able to find for himself the practical fingering for any other chords that he may meet. The principal thing for the moment is to be able, from knowing all the "catalogued dispositions", to utilize a "make-shift disposition" if the case presents itself.

This prelude should also serve for the study of alternations of all kinds.

Exemples: — *Examples:*

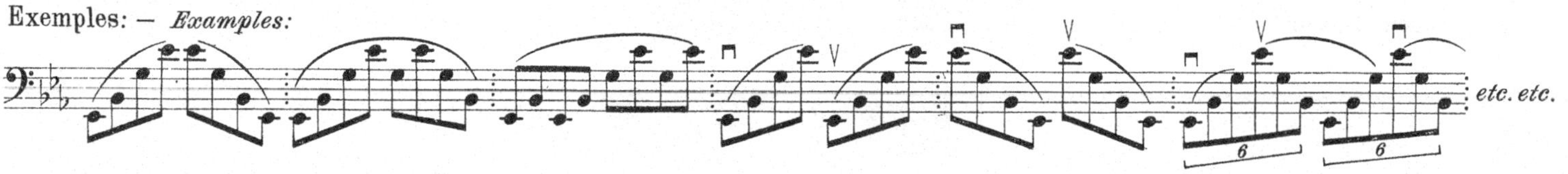

On pourra aussi varier les articulations au cours d'une même exécution.

One may also vary the bowing during the execution of one and the same example.

Les Intensités, les Timbres, les Accents.

Il est assez peu vraisemblable qu'un instrumentiste musicalement doué, ait étendu jusqu'à ce degré ses capacités techniques, sans découvrir de lui-même, la manière de réaliser certaines oppositions ou fluctuations dynamiques. Si je traite ici de cette matière, c'est autant pour fixer les observations personnelles du débutant, que pour l'aider à élargir, sur ce point, le champ de ses recherches.

Il faudra, d'abord, nous reporter à un principe énoncé lors de l'étude des sons filés. A savoir que le maintien d'une même intensité entre le talon et la pointe (ou réciproquement) est dû à une pesée du pouce et des 1er et 4me doigts de la main droite, proportionnelle à l'éloignement de cette main, par rapport au point d'intersection de l'archet et de la corde.

De cela, nous déduisons logiquement que le „crescendo" et le „diminuendo" doivent se traduire par une pesée ou un allègement, gradués en rapport de l'importance et de la durée des fluctuations.

Le dosage de la pression qui détermine chaque intensité, est, naturellement, confié au tact physique de l'exécutant. Néanmoins, il existe certaines lois générales, auxquelles la personnalité ne saurait se soustraire.

Près de la touche (il arrive même que l'on joue parfois à un ou deux centimètres au-dessus de l'extrémité inférieure de la touche) la sonorité la meilleure s'obtient par l'effleurement de quelques crins. A mesure que l'on s'éloigne de cette région pour se rapprocher du chevalet, la même pureté de son exige une pression de plus en plus grande. Etant donné que cela ne constitue pas un effort conscient, mais simplement un travail intuitif, résultant des nécessités de la mise en vibration, il serait assez juste de confondre ces pressions, apparemment différentes, en une seule, et de constater qu'une même pression, exercée dans un même laps de temps, par une égale portion d'archet, sur différents points d'une même corde, produit, de la touche au chevalet, des sons de plus en plus clairs et pleins.

Pour la nuance pianissimo — effleurement de l'archet, — on devra incliner celui-ci de telle sorte que les crins, appliqués „de profil" sur la corde, occupent un plan inférieur à celui de la baguette.

Intensities, Qualities of tone, Accents.

It is not likely that a player with musical talent will have reached this degree of technical knowledge without having himself discovered the way to obtain certain dynamic oppositions or fluctuations. If I treat of this matter here, it is as much to define the personal observations of the beginner, as to help him to widen, on this point, the field of his researches.

It will be necessary, first of all, to refer to a principle enounced during the study of the long-drawn tones, namely, that the maintenance of an equal intensity of sound between the heel and the point of the bow (or vice versa) is due to a pressure of the thumb and 1st and 4th fingers of the right hand, proportional to the distance of this hand from the point of intersection of the bow and the string.

From this we deduce logically that a crescendo and a diminuendo are to be produced by an increase or decrease of pressure in proportion to the importance and duration of the fluctuations.

The proportion of pressure that determines each intensity is, naturally, left to the physical impulse of the player. Nevertheless, there are certain general rules from which personality cannot stand aloof.

Near the fingerboard (it happens even sometimes that one plays nearly an inch above the lower extremity of the fingerboard) the best sonority is obtained by a very slight stroke of only a few hairs. The further one gets away from this region and approaches the bridge, the greater must be the pressure in order to produce the same pure quality of sound.

As this does not constitute a conscious but an instinctive effort, resulting from the necessity of putting the string in vibration, it would be well to combine all these apparently different pressures into a single one, and so prove to one's self that a given pressure, exercised during a given period of time by the same part of the bow on different parts of the same string produces, in the direction from the keyboard to the bridge, ever clearer and fuller tones.

For a pianissimo — a very slight stroke of the bow — the latter should be inclined in such a manner that the hairs, applied edgeways to the string, will be on a lower plane that the stick of the bow.

Profil des crins.
Edge of the hairs.

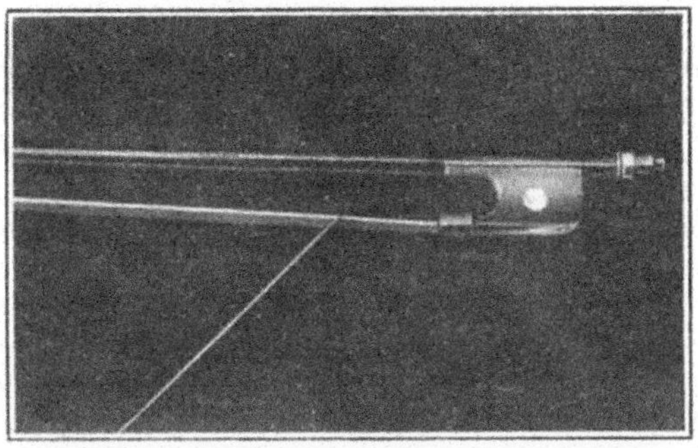

Inclinaison de l'archet.
Inclination of the bow.

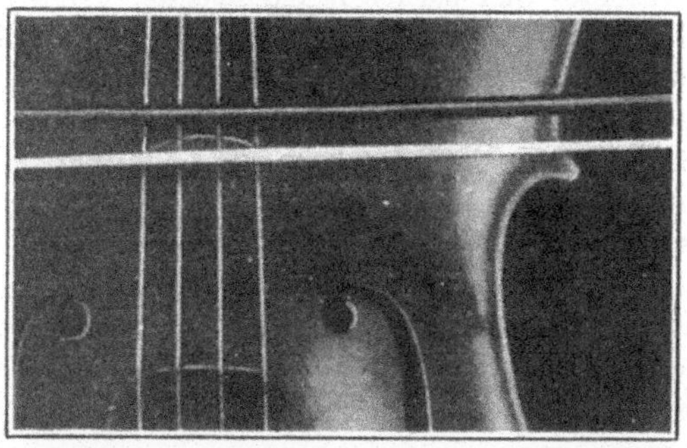

Cette inclinaison modifie très légèrement la tenue de l'archet. Il faut, par un repliement à peine plus accentué, des doigts 1, 2, 3 et 4, amener sous la partie charnue de la face intérieure du pouce, (à un peu plus d'un centimètre de son extrémité), le biseau de la baguette, dont l'arète inférieure fait suite à la bordure métallique de la hausse.

This inclination modifies very slightly the manner of holding the bow. By a nearly imperceptible drawing in of the 1st, 2nd, 3rd and 4th fingers the bevel of the stick, of which the lower edge forms the continuation of the metallic edging of the nut, should be brought under the fleshy part of the thumb, (at about a half an inch from its extremity).

Place d'appui du pouce.
Point of contact of the thumb.

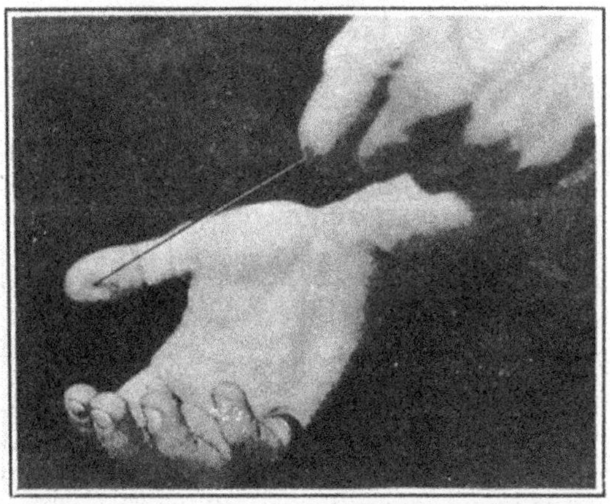

La baguette devra s'appliquer sur la face intérieure des 1ères phalanges 1, 2, 3 et 4, à quelques millimètres de leurs jointures.

The stick should be placed against the inside of the 1st phalange of the 1st, 2nd, 3rd and 4th fingers, very slightly above the joint.

Place du pouce sur l'archet.
Point of contact for the thumb.

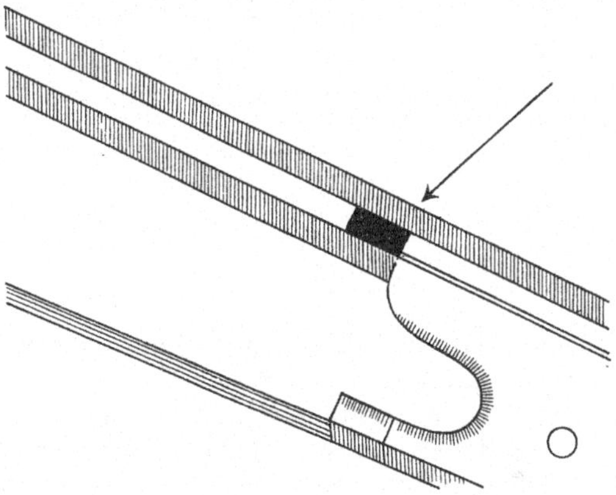

Aspect intérieur de la main droite pendant un pianissimo.

Aspect of the interior of the right hand during a pianissimo.

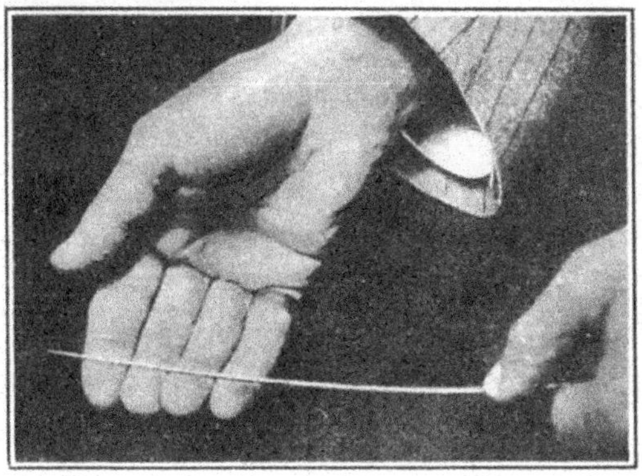

On se rend compte que cette petite différence de tenue devra s'obtenir par une légère rétraction des extrémités 1, 2, 3 et 4, produisant un imperceptible roulement de la baguette, contre la face intérieure du pouce allongé.

(Pendant les pianissimi, le pouce devra rester complètement allongé, même au talon.)

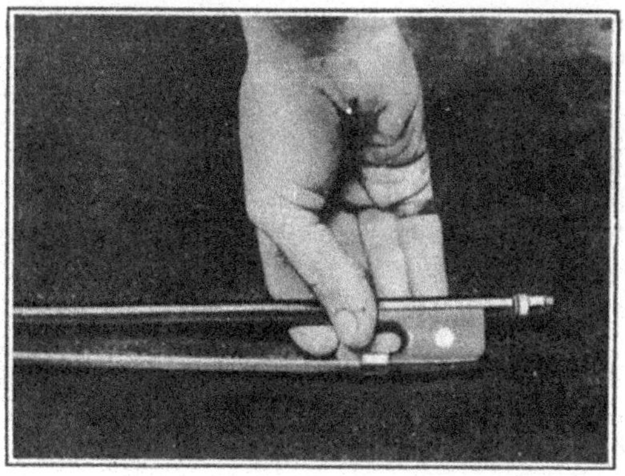

One must realize that this slightly different manner of holding the bow is obtained by the drawing in of 1st, 2nd, 3rd and 4th fingers, thus causing a small "roll" of the bow on the inside of the outstretched thumb.

(During the pianissimos, the thumb should remain outstretched, even at the heel.)

Il est très important que ce roulement de la baguette, destiné à présenter aux cordes la surface de crins proportionelle à l'intensité du moment, devienne l'une des fonctions instinctives de la main droite.

On pourra, à cet effet, travailler le mouvement de doigts, par lequel devra s'effectuer cette inclinaison relative de l'archet.

Ce travail se fera d'abord sans le violoncelle.

La main droite tenant l'archet, (sans desserrer le moindrement les doigts), et le poignet conservant immuablement sa courbure normale, il s'agira de faire occuper alternativement, à la hausse, les positions A (pleins crins) et B (profil) de la figure ci-après.

It is very important that this "rolling" of the bow, that is intended to apply to the strings an amount of surface of the hairs in proportion to the intensity of sound of the moment, should become one of the instinctive functions of the right hand.

To this end one should practice the movement of the fingers, by which this relative inclination of the bow is to be obtained.

This should be practiced first without the violoncello.

The exercise consists in causing the nut to take up alternately the positions A *(all the hairs) and* B *(edge of the hairs) of the following figure, without loosening in the least the pressure of the fingers or changing in the slightest degree the normal curve of the wrist.*

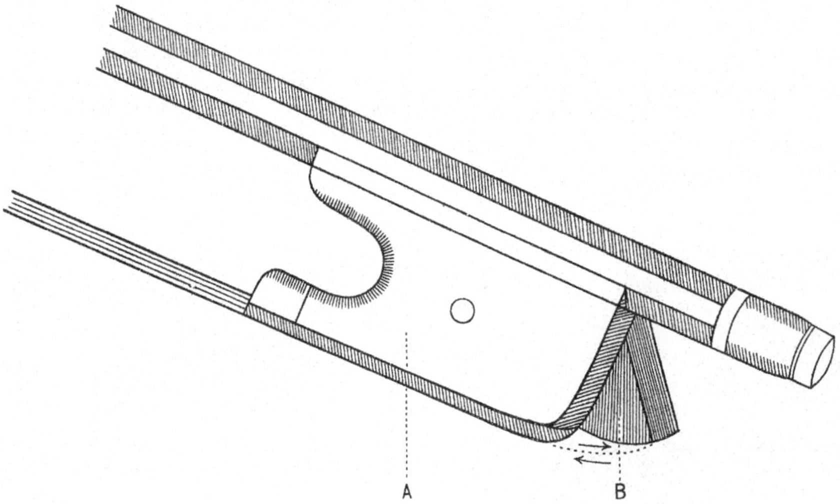

Le pianissimo s'exécute le plus couramment dans la région des cordes qui avoisine la touche.

Le fortissimo s'exécute à pleins crins, et le plus près possible du chevalet. Au début, cette place des cordes paraîtra peu propice à l'émission pure des sons. Néanmoins, on en viendra à bout par l'expérience.

Le passage progressif de l'une à l'autre des intensités extrêmes comportera, en plus de la pesée ou de l'allègement, un déplacement combiné de l'archet. Complémentairement à son mouvement habituel, celui-ci devra effectuer un glissement quasi-vertical, de telle sorte que les crins, passant par tous les degrés intermédiaires, soient amenés, peu à peu, sur le point de corde compatible avec la production de l'intensité finale.

Dans les graphiques suivants, le faisceau rayonnant figure la portion des cordes comprise entre la touche et le chevalet.

La demi-droite AA' représente le niveau d'archet au moment de la première intensité. La demi-droite BB' se rapporte au niveau d'archet au moment de la différence maxima de l'intensité. Quant au pointillé a b, il décrit le changement de plan opéré par la main, au cours des fluctuations.

The pianissimo is usually played in that part of the strings nearest to the fingerboard.

The fortissimo is produced with all the hairs, and as near as possible to the bridge. In the beginning this place on the strings will not appear propitious for a pure production of sound. Nevertheless with practice it is possible.

The progressive passing from one to the other extreme of sound intensity calls for a combined movement of the bow, in addition to light and heavy pressure. As a complement to its usual action, the bow should execute a practically vertical slide, so that the hairs, after passing over all the intermediary points should by degrees be brought to a place on the string suitable for the production of the final intensity of sound.

In the following figures the radiating lines represent that part of the strings situated between the fingerboard and the bridge. The line A–A' *represents the level of the bow at the moment of the first intensity. The line* B–B' *represents the level of the bow when the maximum of intensity has been reached. The dotted line* a–b *is the line followed by the hand during the "slide".*

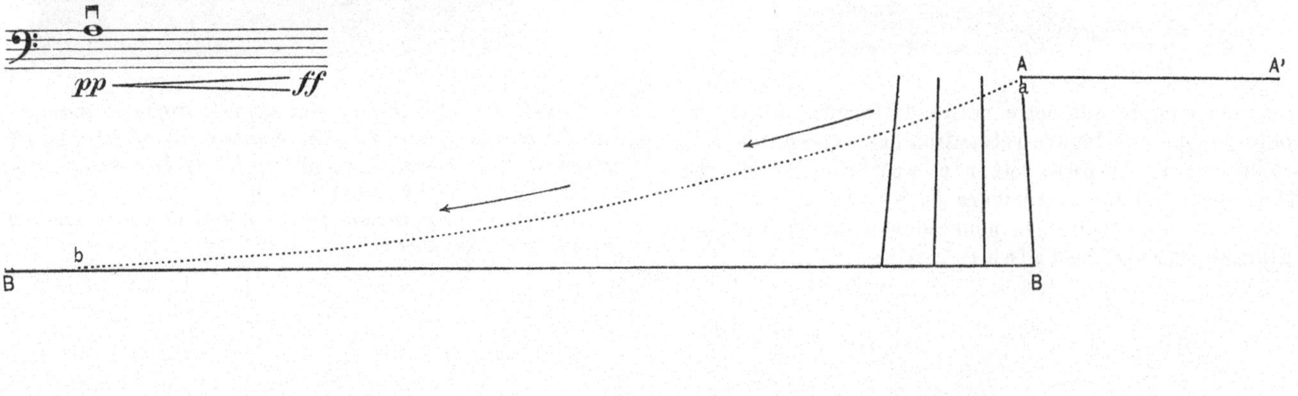

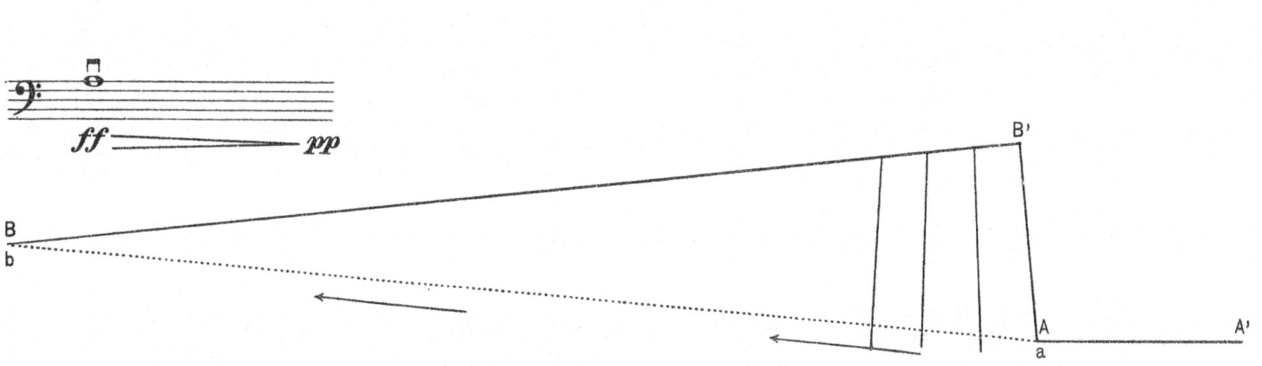

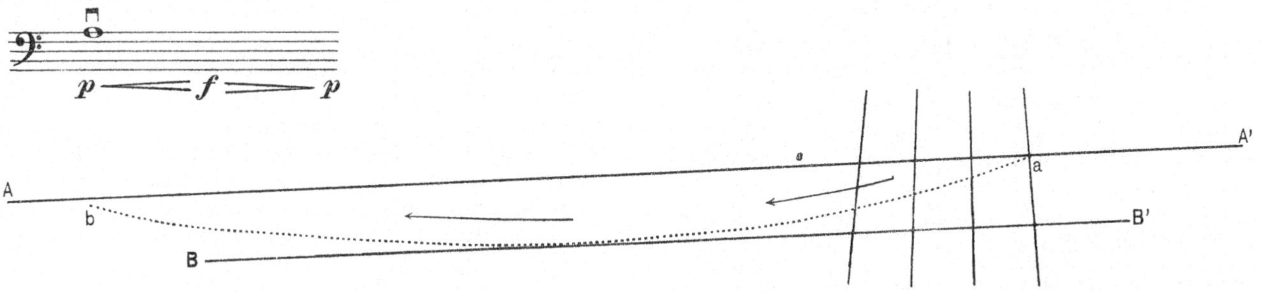

Ce procédé concerne les fluctuations progressives seulement. Il existe une manière d'augmenter ou de diminuer la sonorité sur un même point d'une corde; cette manière consiste à combiner la pesée ou l'allègement de la main droite, avec une accélération ou un ralentissement dans la course de l'archet. On s'en sert pour les oppositions. (Voir plus loin: „Accents".)

Toutes intensités, faibles ou fortes, s'exécuteront aux alentours du milieu de la portion de corde comprise entre la touche et le chevalet, lorsqu'il y aura fréquence dans les changements d'archet.

On verra, par la suite, qu'une corde perd de sa sonorité au fur et à mesure qu'on la raccourcit. Plus on monte vers le registre aigu d'une corde, plus l'archet se rapproche du chevalet, même quand il s'agit de jouer „piano." C'est, d'ailleurs, à cette particularité que l'on doit de pouvoir se servir, dans des effets de douceur, de l'extrême aigu des cordes médianes („*Sol* et *Ré*") sans „accrocher" les cordes environnantes.

Bien que cela soit tout à fait enfantin, je dois mentionner ici que chaque intensité soutenue s'accommode d'une course totale de l'archet, et peut, par conséquent s'obtenir dans n'importe quelle région de celui-ci.

Néanmoins, toutes les fois que l'on pourra librement choisir cette région, il sera plus avantageux (au point de vue de l'aisance musculaire) de jouer près du „talon" les notes „*f*" ou „*ff*," et près de la pointe les notes „*p*" ou „*pp*."

Je crois bon de rappeler ici que, quelle que soit l'intensité à réaliser, le bras, toujours inerte, ne doit servir qu'en qualité de „fil de transmission" entre le corps et la main. Une sensation physiologique assez fréquemment éprouvée, consiste à avoir l'impression de commander par l'abandon ou la retenue de l'épaule droite, la pesée ou l'allègement de la main. Je répète que cela n'est qu'une sensation, et ne doit, sous aucun prétexte, engendrer le plus petit mouvement apparent du corps.

Sur le violoncelle, la variété des timbres est, d'une part, le produit de la plus ou moins grande dépense d'archet, fait, à tour de rôle, sur différents points des cordes, ceux-ci étant, ou n'étant pas favorables à l'exécution normale des intensités que l'on désire en tirer; elle résulte, d'autre part, de la diversité des cordes employées, et principalement lorsque la portion vibrante de chacune d'elles est sensiblement différente des autres par sa longueur.

This method applies only to progressive fluctuations. There is a way of augmenting or diminishing the sonority on one and the same part of a string; this consists in combining with the increase or the lightening of the pressure of the right hand the acceleration or slowing down of the movement of the bow. This method is used for oppositions. (See further on: "Accents".)

When there are frequent changes in the bowing, all intensities of sonority, be they weak or strong, should be executed in the middle of that part of the string situated between the finger-board and the bridge.

It will be observed later on that the shorter the string the lesser the sonority. The higher one plays into the upper register of a string, the nearer the bow should be brought to the bridge, even in the case of a "piano". It is, moreover, thanks to this particularity that one can make use of the extreme high regions of the middle strings G and D for soft effects, without the risk of touching the outside strings.

Although it may appear childish I must mention here that every sustained intensity of sound is possible for the full length, and can therefore be obtained with any section of the bow.

Nevertheless, whenever one is free to choose the section, it will be found better (from the point of view of muscular ease) to play the "f" or "ff" notes near the heel and the "p" or "pp" notes near the point of the bow.

I think it well to mention here that, no matter what intensity of sound is to be produced, the arm, always passive, should never act as anything but a "connecting wire" between the body and the hand. A physiological sensation often experienced is that of an impression that the pressure or the lightening of the hand is regulated by an advancing or withdrawing of the right shoulder. I repeat that this is only a sensation, and should in no wise be allowed to engender even the smallest apparent movement of the body.

On the violoncello the different varieties of tone color are produced in part by the lesser or greater length of bow employed, in turn, on different parts of the strings, these strings lending themselves or not to the normal production of the intensities one desires to draw from them; on the other hand they are produced by the diversity of strings employed, and principally when the vibrating portion of each of these is palpably different in length from the others.

Il est évident, bien que chaque corde ait son timbre propre, que l'on peut, (grâce au tact instinctif qui fait appuyer l'archet plus fortement sur les cordes à émission „dure" que sur celles à émission „facile") égaliser la sonorité dans les changements de corde sur le même degré de tenue:

It is evident that, although each string has its own tone color, one can equalize the sonority when changing from one string to another in the same position on the fingerboard, (thanks to the instinctive feeling that makes one bear more heavily with the bow on the strings that are "hard" of emission of sound than on those of "easy" emission):

Exemple extrait du Prélude de la Suite en *ut* majeur de Bach. — *Example drawn from the Prelude of the C Major Suite by Bach.*

ou quand deux longueurs très dissemblables sont réunies progressivement, au moyen de plusieurs transitions, (ce qui est le cas des séries diatoniques ou chromatiques prolongées sur une même corde.) Dans le fragment ci-dessous, extrait de la Sonate en *La* majeur de Beethoven (1er Allegro) les changements de corde ne comporteront aucun changement de niveau de l'archet. L'allongement progressif des portions vibrantes, entraînera de lui-même un éclaircissement du timbre, partant, un crescendo naturel.

or when two very dissimilar lengths are progressively joined, by means of several transitions, (which is the case in long series of diatonic or chromatic intervals on one and the same string). In the fragment given below, drawn from the A Major Sonata of Beethoven (1st Allegro) the changes of string do not call for any change in the level of the bow. The gradual lengthening of the vibrating portions of the string will, in itself, carry with it a clearing of the tone color, and consequently a natural crescendo:

Crescendo inconsciemment obtenu par le maintien du niveau de l'archet.
Crescendo unconsciously obtained by the maintenance of the level of the bow.

Système normal des fluctuations.
Normal system of the fluctuations.

Pour exécuter le même passage sans crescendo, il faudrait, depuis la 4e corde jusqu'à la 1ère ramener au fur et à mesure, l'archet vers la touche, tout comme pour un diminuendo sur le même degré. On pourra perfectionner cette partie de l'équilibre sonore, en travaillant les gammes qui nécessitent un changement de degré à chaque changement de corde; de même tous les exercices pour les déplacements par extension.

Ce principe s'applique encore plus rigoureusement aux exemples suivants. Aux changements de corde, l'opposition des timbres serait absolue, si l'on n'avait soin de compenser les différences des longueurs, par un réglage proportionnel des différents points de jonction de l'archet et des cordes, réglage dosé selon le maintien ou la transformation graduée de l'intensité.

To play the same passage without a crescendo it would be necessary, from the 4th to the 1st string, to gradually bring the bow up towards the fingerboard, exactly as though it were for a diminuendo on a same position on the fingerboard. One will be able to perfect this part of the sound equilibrium by practicing scales that require a change of position on the fingerboard for each change of string; also by all the exercises for change of position by extension.

This principal applies even more strictly to the following examples. On changing strings, the opposition of tone color would be absolute, if one did not take care to compensate for the differences of string-lengths by a proportionate regulation of the different points of contact of the bow and the strings, a regulation that must be proportioned to the maintenance or to the gradual transformation of the intensity of sonority required.

Exemple extrait de l'Elégie de Fauré: — *Example drawn from the Elégie by Fauré:*

Pour que les deux „si♮" offrent une similitude de timbre satisfaisante, il faut, au passage de la deuxième corde à la première, et pendant le court silence exigé par le transport de la main gauche, d'un degré à l'autre, glisser l'archet de façon à ce que son éloignement de la touche soit diminué d'environ deux centimètres.

Cet autre exemple, pris dans l'Andante du quatuor avec piano de Schumann, obligera les musiciens délicats à prendre, presque constamment, les précautions correspondantes.

In order that the two B♮ should offer a satisfactory similarity of tone color, it will be necessary, when passing from the second string to the first, and during the short silence imposed by the transfer of the left hand from one position to another, to slide the bow so that it is brought about four fifths of an inch nearer the fingerboard.

The following example, drawn from the quatuor for piano and strings of Schumann, will force sensitive musicians to take almost constant precautions of a similar character.

Voici un exercice pour accoutumer le débutant à égaliser les timbres. On devra le travailler dans un mouvement lent,et en employant tout l'archet pour chaque articulation.

Here is an exercise to accustom the beginner to equalice the tone colors. One should practice it slowly, using the full length of the bow for each group.

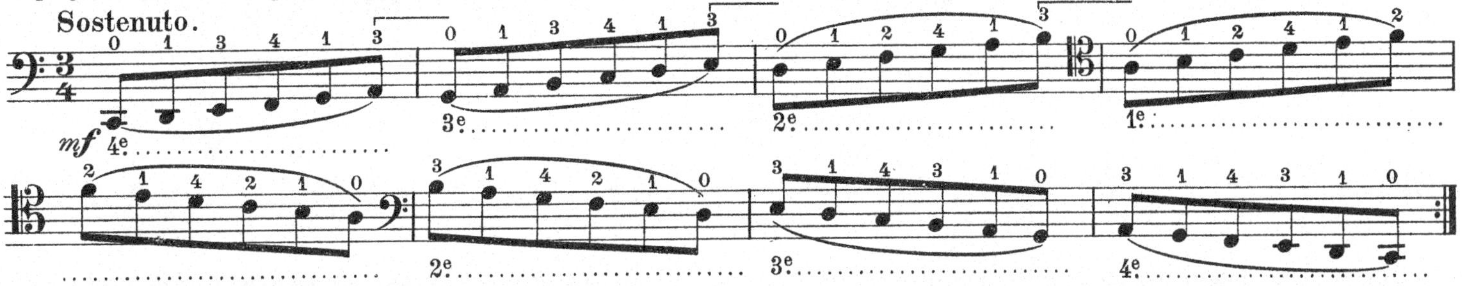

Au cours de cet exercice le maintien du *mf* sera dû aux fluctuations suivantes, exécutées par des glissements et pressions de l'archet, proportionnels aux intensités fictives cidessous:

During this exercise the maintenance of the mf will be due to the following fluctuations, executed by slides and pressures of the bow, adapted to the fictitious intensities indicated below:

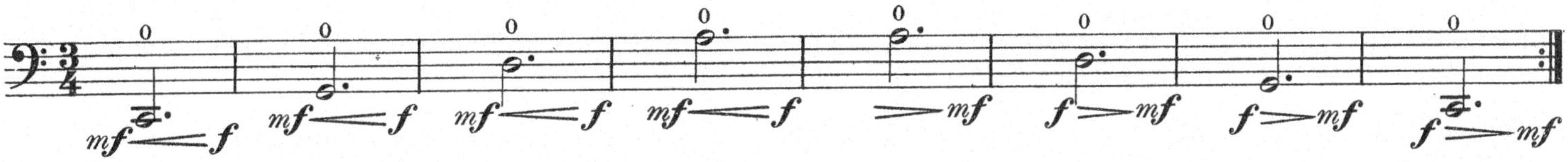

On peut aussi réaliser le maintien d'une intensité sur le même point de chaque corde, à la condition d'accélérer le déplacement normal de l'archet et d'augmenter la pesée de la main, en proportion du raccourcissement des cordes.

Ce procédé ne s'emploie qu'en cas de fréquence dans les changements d'archet.

Les démonstrations ci-dessus me paraissent devoir suffire à la compréhension des moyens par lesquels on fusionne les timbres.

Passons maintenant aux moyens exceptionnellement employés pour déterminer la caractère spécial de certaines sonorités.

La nuance „piano" obtenue près de la touche, (ou sur la touche) par une course de l'archet, apparemment disproportionnée à cette intensité, entraîne une certaine mollesse de l'émission. Autrement dit: un timbre „flou".

One can also obtain the maintenance of an intensity at one and the same point of a string by accelerating the normal movement of the bow and by increasing the pressure of the hand, in proportion to the shortening of the strings.

This method is employed only in case of frequent changes of bow.

The above demonstrations will, I think, suffice for the comprehension of the means by which tone colors may be blended.

We will now pass on to the exceptional means employed in order to determine the special character of certain sonorities.

The shade "piano" obtained near the fingerboard (or on the fingerboard) by a stroke of the bow seemingly disproportionate to this intensity, carries with it a certain slackness of emission of sound. In other words: a "veiled" tone color.

Exemple extrait de la Sarabande en *ut* majeur de Bach. — *Example drawn from the Sarabande in C Major by Bach.*

Tout ce passage peut, à la rigueur, être conçu dans le même esprit. Mais c'est surtout au „*Ré* à vide" que cet exemple devient important: cette note sert de basse; aussi faut-il l'isoler des autres par le timbre, et cela sans la changer sensiblement de plan.

Lorsque le jeu flou se sera affranchi de toute raideur, on aura, malgré la rapidité — peut-être même à cause de la rapidité — du déplacement des crins, et tout en ne relâchant pas du tout l'adhérence des doigts autour de la baguette, l'impression de produire les sons par le transport du seul poids de l'archet, sans aucun appui de la main.

Diverses intensités faibles ou moyennes revêtent un aspect sourd et mystérieux, un caractère puissant mais intérieur, lorsqu'on les obtient avec quelque retenue dans la dépense d'archet, et aux alentours de la touche.

This passage, if needs be, may all be conceived in the same spirit. But it is specially at the "open D" that this example becomes important: this note serves as a bass note, and it must consequently be detached from the others by the tone color, without by this changing very much its level of sonority.

When the "veiled" manner of play will have divested itself of all stiffness, one will have the impression, notwithstanding the rapidity — perhaps even, on account of the rapidity — of the stroke of the hairs, and this without relinquishing the grip of the fingers around the bow, that the sounds are being produced solely by the weight of the bow in its course, without any pressure of the hand.

Various weak or medium intensities of sound are invested with a muffled or mysterious quality, a powerful but inward character, when they are obtained by a certain reduction in the speed of the bow, and that in the region of the fingerboard.

Extrait de la 1ère Sonate de Jean Huré.
Extract from the 1st Sonata by Jea Huré.

Extrait du Quintette de César Franck.
Extract from the Quintet by César Franck.

Dans certains cas, le „forte" sera, malgré la fréquence des coups d'archet, obtenu à 2 ou 3 centimètres, environ, au dessus du chevalet, lorsqu'il s'agira de rendre des sons âpres et stridents.

In certain cases, the "forte" will be obtained, notwithstanding the frequent strokes of the bow, at about an inch above the bridge, when it is a question of producing harsh and strident tones.

Exemple extrait de la 4e Sonate de Beethoven (1er Allegro). — *Example drawn from the 4th Sonata by Beethoven (1st Allegro)*

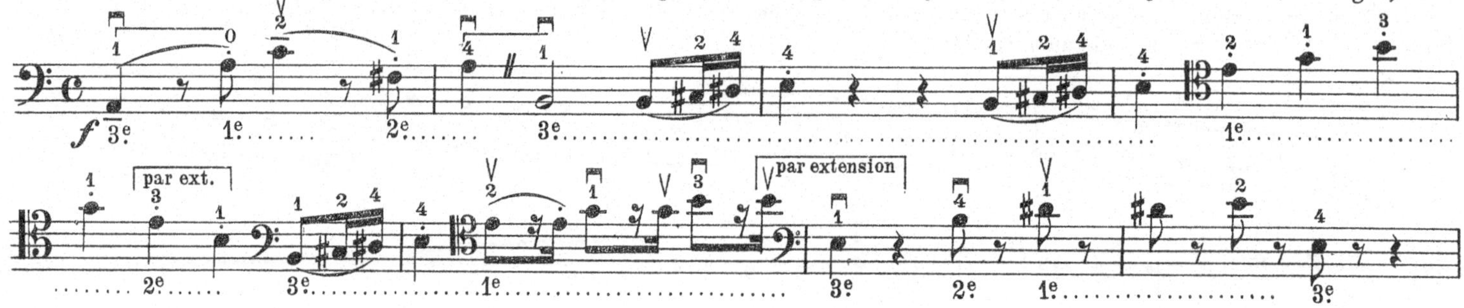

Ce passage doit s'exécuter avec le 1er tiers de l'archet (au talon). Sauf pendant les deux „soupirs" de la troisième mesure, les crins devront adhérer constamment à l'une des cordes, de telle façon que chaque nouvelle attaque de l'archet se trouve préparée par une pesée préalable.

Le charme et la douceur de la nuance „piano" pourront être compatibles avec le déplacement de l'archet à 2 ou 3 centimètres du chevalet, lorsque la durée d'une articulation nécessitera un déploiement très lent du bras droit.

This passage is to be executed with the first third of the bow (at the heel). With the exception of the two "rests" in the third measure, the hairs should adhere constantly to one of the strings, in such manner that each new attack by the bow should be preceded by a preparatory pressure.

The charm and sweetness of a "piano" are compatible with the use of the bow about an inch from the bridge when a note or a group of notes requires a very slow motion of the right arm.

Aria de Bach.
Aria by Bach.

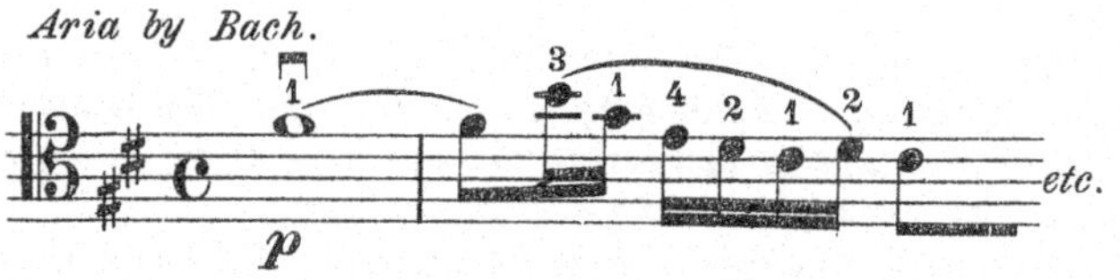

Adagio du concerto en *si♭* de Boccherini.
Adagio of the B♭ Concerto by Boccherini.

Enfin, un timbre spécial consiste à jouer „piano" très près du chevalet, avec une pression insuffisante pour la production de sons purs. Le „nasillement" qui résulte de ce procédé, rappelle vaguement la sonorité de la viole de gambe. De là l'indication „alla gamba" par laquelle on détermine quelquefois le point d'adhérence de l'archet et des cordes pendant une période musicale.

Finally, a special tone color consists in playng "piano" very near the bridge, with insufficient pressure to produce pure sounds. The "nasal" sounds resulting from this method of playing remind one vaguely of the sonority of the viola da gamba. From this comes the indication "alla gamba" by which the point of contact of the bow and the strings is sometimes determined during a musical passage.

Exemple extrait du 1er trio — *Ré* mineur, 1er Allegro — de Schumann. — *Example drawn from the 1st Trio — D minor, 1st Allegro — by Schumann.*

Il ne pourra être question qu'au fur et à mesure, des changements de timbre apportés par le „vibrato", le „pizzicato", comme aussi par toutes les formes de la technique d'archet qu'il nous reste encore à travailler.- Quelques mots, maintenant, sur les accents.

Je ne parlerai pas, ici, des accents de „rythme intérieur." Ces accents que l'on indique, d'ailleurs, rarement dans l'écriture, sont tellement ténus et demandent une si grande discrétion dans le jeu, que souvent, sans le faire exprès, des musiciens soucieux du phrasé, arrivent à les trop souligner, et cela à cause des intentions avouées de leurs mouvements. Ce défaut est très fréquent chez les gens qui ressentent trop peu en comparaison de ce qu'ils savent. Si, par contre, au lieu de la logique cérébrale, ou même concurremment avec celle-ci, il y a chez un exécutant délicat, un „sentiment physique" des accents intérieurs, leur mise en valeur exacte sera due à d'intangibles propulsions réflexes de l'archet. Je m'en remets pour cela au goût individuel de chaque violoncelliste.

La réalisation d'un accent, quel que soit le caractère de celui-ci, comporte toujours une accélération momentanée de la course de l'archet. Cette accélération est proportionnelle à la plus ou moins grande facilité d'émission des sons, (selon que l'on attaque la corde près du chevalet, ou, au contraire, dans les environs de la touche) et aussi à l'importance dynamique de chaque opposition.

Les accents matériels se divisent en trois catégories: l'attaque simple, le forte-piano et le sforzando.

Lorsque l'attaque porte sur une note brève,

It is only later on in the course of the present work that I can comment the other varieties of tone colors produced by the "vibrato", the "pizzicato" or by all the kinds of bow-technique that still remain for us to study. A few words, now, on "accents".

I will not discuss here accents of "interior rhythm". These accents, that are moreover rarely indicated in writing, are so slight, and require such an amount of caution in their use, that often, without doing it on purpose, musicians who lay stress on phrasing exaggerate these accents, and that on account of the acknowledged intentions of their movements. This fault is very frequent with people who feel too little as compared with what they know. If on the contrary, instead of brain logic, or perhaps concurrently with it, one finds, in a sensitive player, a "physical recognition" of the interior accents, the exact value of their significance will be due to intangible reflex movements given to the bow. This I can only leave to the individual taste of each violoncellist. The production of an accent, no matter what its character may be, always requires a momentary acceleration of the movement of the bow. This acceleration is proportionate to the greater or lesser facility of sound-production, (according to whether one attacks the string near the bridge, or on the contrary, in the neighborhood of the fingerboard) and also to the dynamic importance of each opposition.

The material accents can be divided into three categories: the simple attack, the forte-piano and the sforzando.

When the attack is that of a short note,

Exemple extrait du Concerto de Schumann (Mouvement Allegro).
Example drawn from the Concerto of Schumann (Allegro Movement).

l'archet produit „l'enfoncement" de corde nécessaire à chaque accent, par une chute (voir le paragraphe concernant le nivellement de 3 cordes, au chapitre des „accords").

Lorsque l'attaque est suivie du maintien de l'intensité,

the bow produces the necessary bending of the string for each accent by a fall (see the paragraph concerning the leveling of three strings in the chapter on "Chords").

When the attack is followed by the maintenance of the intensity,

Exemple extrait de la Sonate en *La* majeur de Beethoven (1er Allegro).
Example drawn from the A Major Sonata by Beethoven (1st Allegro).

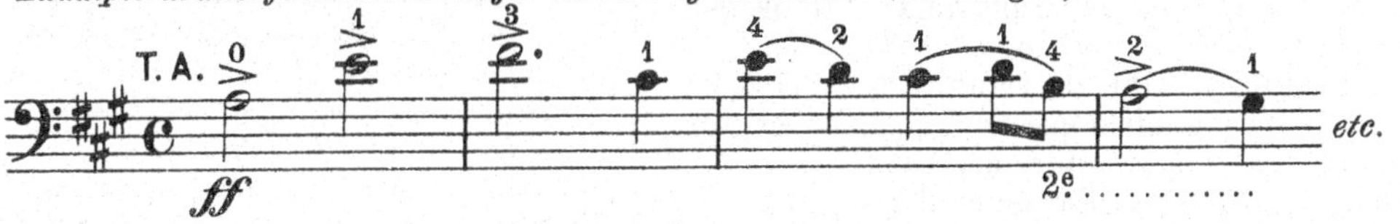

ou lorsque la diminution qui lui succèdera sera progressive,

or when the decrease that follows it is progressive,

Exemple extrait du 2me Concerto d'Emanuel Moor (Introduction).
Example drawn from the 2nd Concerto by Emanuel Moor (Introduction).

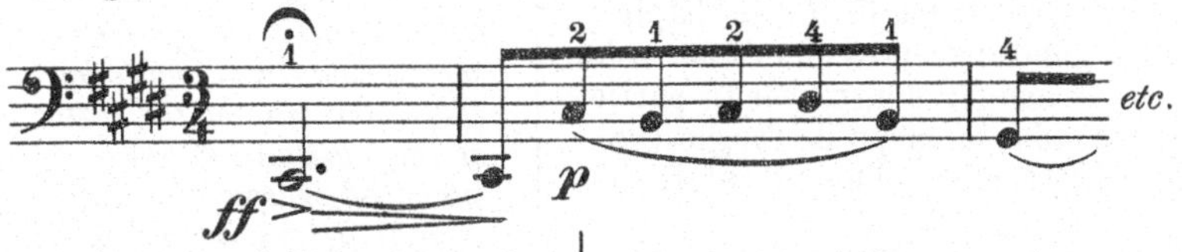

l'archet devra exercer la pression nécessaire à l'„amorçage" de l'accent, avant la mise en vibration de la corde. Les attaques peuvent être renforcées par des accents de doigts, autrement dit, par la rétraction ou par la percussion frappée des doigts de la main gauche.

Le forte-piano, ou toute autre attaque, même d'une intensité moyenne ou faible, suivie d'une réduction instantanée du volume du son, se réalise par une pression proportionnelle à l'accent, et préalable au mouvement de la main droite. L'attaque est suivie d'un allègement subit de l'archet, en coïncidence avec un notable ralentissement de sa course. Les accents s'exécutent généralement sur le même point de corde que la continuation des notes dont ils affirment le début. Néanmoins lorsque la durée de la période „piano" ne s'y opposera pas, on pourra, afin de favoriser la pureté de l'émission, ramener l'archet, petit à petit, vers la touche.

the bow should exercise the necessary pressure for the preparation of the accent, before putting the string in vibration. The attacks may be reenforced by finger-accents, that is to say be the withdrawal or the striking of the fingers of the left hand.

The forte-piano, or any other attack, even of a medium or feeble intensity, followed by an instantaneous reduction of the volume of sound, is produced by a pressure proportionate to the accent, and previous to the movement of the right hand. The attack is followed by a sudden lightening of the pressure of the bow, coinciding with a very apparent slowing down of its stroke. Accents are usually executed on the same point of the string as the continuation of the notes of which they have established the beginning. Nevertheless, when the duration of the "piano" will not prevent, one can, in order to insure the purity of sound-production, bring the bow gradually nearer the fingerboard.

Le forte-piano. – The forte-piano.

Ecriture: *Written:*

Exécution: *Played:*

Le sforzando. – The sforzando.

Ecriture: *Written:*

Exécution: *Played:*

Graphiques de ces deux sortes d'accents: – Figure of these two kinds of accents:

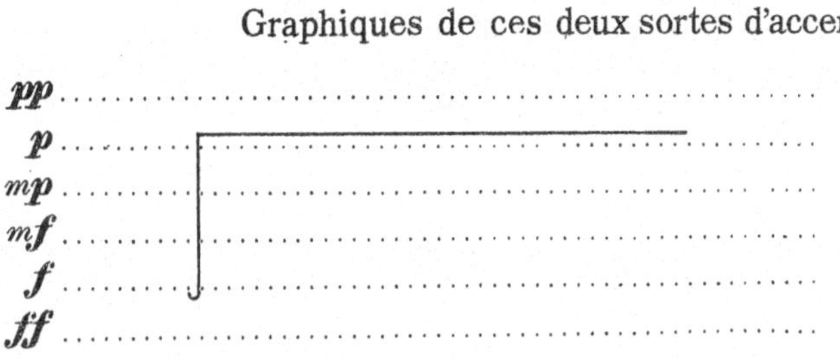

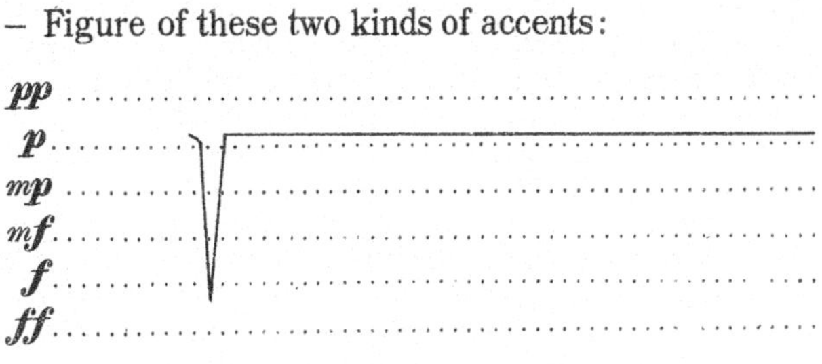

Les attaques les plus énergiques se réalisent en tirant, au talon, et en poussant, à la pointe.

The most energetic attacks are executed by drawing the bow, at the heel, and by pushing, at the point.

Le Vibrato.

Le vibrato est un des facteurs les plus actifs de la „plénitude" du timbre. L'école en bannissait autrefois l'usage régulier, sans doute à cause du „flottement" de la justesse que sa mauvaise exécution engendrait.

J'ai connu un violoniste très âgé, qui prétendait que le vibrato était une habitude maladive contractée par le manque de contrôle de la pureté des sons, et que les instrumentistes à archet commettaient la plus grave inconséquence, en se livrant à un tremblement de leur main gauche, aussi grotesque et indéfendable que le chevrotement de certaines voix „mal posées."

Ce raisonnement est indéfendable.

Le vibrato n'est pas plus un chevrotement, que le port de voix n'est une gamme chromatique.

Le vibrato est une ondulation expressive; principalement sur le violoncelle, cette ondulation permet de chanter une phrase, avec le charme et l'intensité d'émotion d'une voix chaleureuse et bien timbrée.

Il s'agit, pour travailler le vibrato, d'établir le sens dans lequel doit se faire l'ondulation, ainsi que sa fréquence et son étendue, selon la puissance et la tessiture des sons.

Le vibrato consiste en une oscillation du doigt-sillet, l'extrémité de celui-ci restant fermement appuyée sur le degré qui lui est propre. Cette oscillation doit résulter d'un petit mouvement souple et régulier, effectué quasi-verticalement (dans le sens de la longueur des cordes) par la main et l'avant-bras gauches.

Il me faut citer ici une phrase que l'on a dû lire au chapitre de la première tenue de la main gauche. „La pression de la corde devra être faite par l'extrémité de chaque doigt, avec la partie de sa face intérieure qui correspond à la coupe de l'ongle (celui-ci étant coupé très court)." Cette place d'appui est favorable au vibrato.

Elle offre, en effet, d'une part assez de fermeté pour produire une scission nette de la corde; elle est, d'autre part, assez charnue, pour que, sans déplacement extérieur, il y ait par le simple mouvement oscillatoire de l'avant-bras, un changement du point de sectionnement de la corde. Le ballant de la main entraîne, malgré la fermeté de la partie charnue du doigt, une légère déviation interne de sa partie osseuse. Comme c'est à l'appui direct de cette partie osseuse que l'on doit la détermination précise d'un degré quelconque, il résulte de ces déviations périodiques, un frémissement qui amplifie la portée émotive des sons.

Le vibrato devra être espacé et souple dans les sons faibles. Il faudra, au contraire, dans les sons pleins un vibrato serré et nerveux. Pour se persuader de la justesse de cette observation, il suffira de tenter le renversement du principe ci-dessus énoncé. Dans la nuance „piano" un frémissement serré ne manquera pas de provoquer une sensation de fébrilité. En revanche, un „forte" paraîtra veule et mou, s'il coïncide avec une ondulation lente.

Il y a également lieu de prendre en considération les différences de dimension imposées au vibrato par les changements de registre.

L'étendue des oscillations doit, naturellement, se restreindre en proportion du raccourcissement de la corde jouée.

Chaque doigt-sillet devra être placé sur la corde seulement pour la durée de son emploi. L'appui simultané de plusieurs doigts inoccupés serait, inutilement, une entrave assez sérieuse à l'aisance du vibrato.

La tenue d'extension est néfaste au vibrato du premier doigt. En cas de prolongement dans la durée d'une note expressive jouée par le 1er doigt dans les conditions susdites, il faudra abandonner l'extension dès le début de cette note, et ne la rétablir qu'à son extrémité. Il est recommandable, d'une manière générale, de juxtaposer toutes les phalanges des doigts 1, 2, 3 et 4 pendant toutes les notes vibrées de longue durée. La main formant ainsi une masse concentrée pèse plus effectivement sur le doigt-sillet, et cela est très avantageux pour le vibrato. Je redis encore ici qu'il faut éviter tout cramponnement du pouce. Si l'adhérence de ce dernier au manche, à la légèreté voulue, le mouvement de l'avant-bras gauche entraînera, pour lui, un déplacement périodique de la même importance que celui des autres doigts libres.

The Vibrato.

The Vibrato is one of the most active factors of the "fullness" of tone-color. The old school forbade its regular use, no doubt on account of the inaccuracy of pitch that its execution engendered.

I knew a very aged violonist, who maintained that the vibrato was an unhealthy habit brought on by the lack of control of the pureness of sound, and that string-instrumentalists would make a grave error in permitting a trembling of the left hand, as grotesque and indefensible as the quavering of certain badly placed voices.

This reasoning was based upon an inexactitude.

The vibrato is not any more a quavering than the "portamento" is a chromatic scale.

The vibrato is an expressive undulation; principally on the violoncello, this undulation allows of the singing of a phrase, with the charm and intensity of a warm and well colored voice.

In order to study the vibrato it will be necessary to establish in what manner the undulation is to be produced, as well as to define its frequency and extent in connection with the volume and the tessitura of the tones.

The vibrato consists of an oscillation of the nut finger, the extremity of the latter remaining firmly pressed down upon the proper note. This oscillation is to be produced by a slight, supple and regular movement of the left hand and forearm, executed in a practically vertical direction, (in relation to the length of the strings).

I must here repeat a sentence that will be found in the chapter on the 1st disposition of the left hand. "The pressure on the string should be made by the tip of each finger, at a point on the inner side of the latter, corresponding to the line of the "cut" of the nail on the outside (the latter being cut very short)." This place of pressure is suitable for the vibrato.

It offers, indeed, on the one hand sufficient firmness to produce a clean sectioning of the string; on the other hand it is fleshy enough to bring about, by the simple oscillating movement of the forearm, without any change of place a change in the point of division of the string. The oscillation of the hand produces, notwithstanding the firmness of the fleshy part of the finger, a slight internal deviation of the bone. As it is to the direct pressure of this bone that is due the precise determination of a given note, there results from these periodical deviations a tremor that amplifies the emotive effect of the sounds produced.

For weak sounds the vibrato should be spaced and supple. For full sounds the vibrato should, on the contrary, be rapid and nervous. In order to prove to oneself the correctness of this it will be sufficient to undertake to reverse the above principle. In a "piano" a rapid tremor would not fail to give an impression of feverishness. A "forte", on the other hand would appear weak and nerveless if played with a slow undulation.

The proportions imposed on a vibrato by the changes of register should also be taken into consideration.

The extent of the oscillations should naturally be reduced in proportion to the shortening of the string in play.

Every nut finger should be placed on the string only for the length of time it is in play. The simultaneous pressure of several unoccupied fingers would be a serious and useless hindrance to an easy vibrato.

The extended disposition is very bad for the vibrato of the first fingers. In case of the prolonging of the duration of an expressive note played by the 1st finger under the above conditions, the extension should be abandoned at the beginning of the note, and be reestablished only at the end. In general, it is advisable that the 1st, 2nd, 3rd and 4th fingers should be brought together during the execution of a long vibrato on a single note. As the hand thus forms a concentrated mass, it bears more effectively on the nut finger, and this is very useful for the vibrato. I repeat here that all cramping of the thumb must be avoided. If the pressure of the latter on the neck of the instrument is as light as it should be, the movement of the forearm will communicate itself and produce the same periodical oscillation as that of the free fingers.

L'altération de la note vibrée ne devra pas combler l'intervalle contenu entre deux notes synonymes. Néanmoins j'emploierai l'orthographe enharmonique, afin d'établir approximativement la fréquence des battements. Le „frottement" qu'il s'agit de réaliser pourrait être comparé à un trille composé de deux notes distantes, au plus, d'un huitième de ton, et obtenues par un seul doigt fixe.

The blurring of a note by the vibrato should not fill up the interval between two enharmonic notes. Nevertheless I will use the enharmonic notation, in order to establish approximately the frequency of the oscillations. The "friction" to be obtained might be compared to a trill consisting of two tones, an eighth of a tone, at the maximum, apart, and produced by a single stationary finger.

Battements du vibrato: — Oscillations of the vibrato:

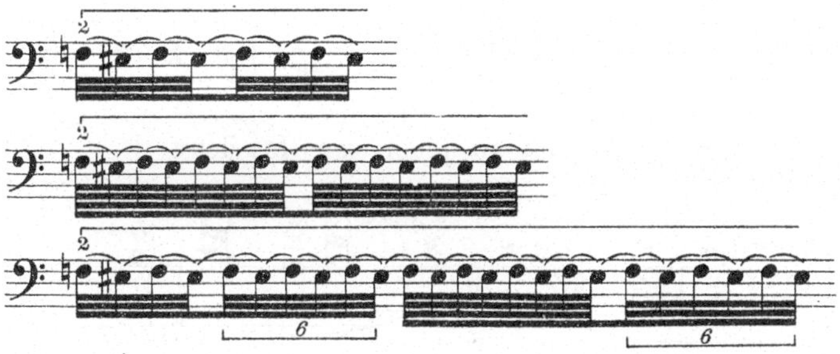

Tout son attractif d'un autre son, devra être vibré dans l'intervalle qui le sépare du son vers lequel il est attiré:

Every note attracted by another note, should be played vibrato in the interval that separates it from the note by which it is attracted:

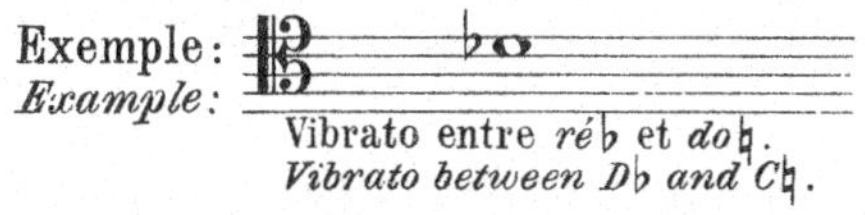

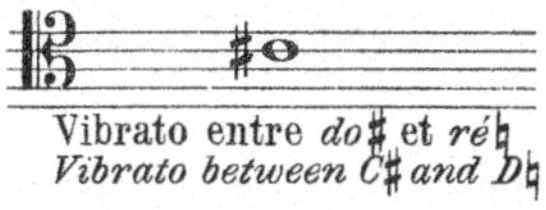

En principe on ne doit s'abstenir de vibrer que dans les passages rapides de certains traits de virtuosité, où il est absolument hors de question, de donner à chaque note un relief individuel; ou encore dans des situations musicales nécessitant, au goût de l'instrumentiste, une sonorité blafarde; et enfin, dans le cas où, ayant à jouer une des voix composantes de l'harmonie (basse ou partie intérieure), on craindrait, en la vivifiant, de nuire à la mise en valeur de la partie mélodique.

On devra ménager le vibrato dans les sons qui précèderont ou suivront immédiatement l'emploi des cordes à vide. Sans cette précaution, la crudité de timbre des notes non doigtées détruirait la cohésion de la ligne sonore.

L'étude du vibrato, pas plus que celle des intensités, ne comporte d'exercices spéciaux. On n'aura qu'à appliquer, désormais, à toute la musique, les moyens techniques indiqués ici-même au sujet de ces différentes branches de l'exécution. L'expérience y ajoutera le „naturel". Je crois, cependant, utile de conseiller le travail quotidien du vibrato et des fluctuations dynamiques, sur des gammes excessivement lentes.

As a general rule one should abstain from using the vibrato only in certain rapid virtuoso passages, where it is absolutely out of the question to give an individual color to each note, or again, in musical situations requiring, according to the taste of the player, a dull sonority; and finally, in any case where having to play a part belonging to the harmony (bass or middle voice), one might fear, by giving life to it, to interfere with the bringing out of the melodic voice.

The vibrato should be employed with great care for notes that precede or follow the use of an open string. Without this precaution the crude quality of the latter would destroy the continuity of the sound color.

The study of the vibrato, any more than that of sound intensities, does not call for special exercises. One need only apply, in future, to all music, the technique described here concerning these different branches. Experience will add "naturalness" of execution. I think it useful, however, to advise the daily practicing of the vibrato and of dynamic fluctuations, on extremely slow scales.

Etude du trille (en notes simples).

Cette étude se divise en deux catégories: le trille articulé, et le trille nerveux. Dans le trille articulé, le nombre des battements est sensiblement inférieur à celui que comporte le trille nerveux. Cette particularité justifierait des appellations secondaires telles que: „trille mélodique" et „trille mordant".

La routine officielle nous enseigne une gymnastique des doigts uniquement applicable au trille articulé. Il s'agit de percuter les deux notes du trille (par chute et par rétraction du doigt-sillet supérieur) d'abord avec la plus grande lenteur, puis en les accélérant graduellement, jusqu'à la rapidité maxima fixée par l'indépendance relative du doigt-frappeur. L'exécutant familiarisé avec les exercices pour la force et l'indépendance des doigts, contenus dans le présent ouvrage, arrivera, en peu de jours, grâce à l'effort d'agilité réclamé par les quelques exemples ci-dessous, à une réalisation satisfaisante du trille articulé.

Study of the trill (on single notes).

This study is divided into two categories: the "articular" trill, and the nervous trill. In the "articular" trill the number of beats is appreciably less than that demanded by the nervous trill. This particularity justifies secondary names, such as: "melodic trill" and "mordant trill".

Official routine teaches us a finger-gymnastic solely applicable to the "articular" trill. This consists in the percussion of the two notes of the trill (by the striking and withdrawing of the upper nut finger) first very slowly, then gradually increasing the speed to the maximum allowed by the relative independence of the striking-finger. The player who has familiarized himself with the exercises for the strengthening and for the independence of the fingers, contained in the present work, will thanks to the effort of agility called for by the following examples, attain a satisfactory execution of the "articular" trill.

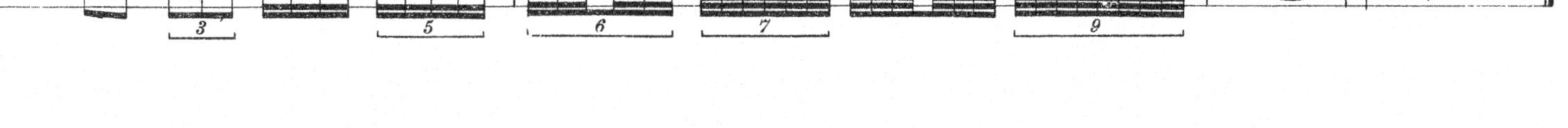

Les exemples suivants devront être précédés de deux mesures d'introduction correspondant à celles du premier exercice.

The following examples should be preceded by two measures of introduction corresponding to these of the first exercise.

Les exemples suivants devront se jouer sans les deux mesures d'introduction.

The following exercises should be played without the two introductory measures.

Le trille nerveux ressort bien moins de la théorie que de la pratique. Néanmoins il est utile de savoir s'y entraîner.

Les 3èmes phalanges de tous les doigts étant juxtaposées, et l'extrémité du doigt-sillet inférieur étant fermement appuyé sur le degré qui lui est propre, il faudra obtenir, par la crispation des doigts libres, un tel raidissement du bras gauche, que la fatigue causée par la tension musculaire amène un tremblement de la main, assez semblable à un vibrato très serré, et provoquant des battements dont la fréquence ne saurait être approchée par l'articulation. Le doigt-sillet supérieur devra se maintenir à la plus petite distance possible de la corde, et cela afin d'éviter que le tremblement nécessaire à sa mise en contact périodique avec ladite corde, ne se transforme, (chose indéfendable), en un roulement de la main. On remarquera que dans les trilles nerveux l'enfoncement du doigt-sillet supérieur n'aura pas besoin d'être complet. On se servira, pour l'étude du trille nerveux, des mêmes exercices que pour celle du trille articulé. Seule la manière de les travailler diffèrera selon les cas.

Le trille nerveux sert principalement lorsque la note trillée est de courte durée. Exemples:

The nervous trill depends more on practice than on theory. Nevertheless it is well to know how to train for it.

The 3rd phalanges of all the fingers being joined together, and the extremity of the lower nut finger being firmly pressed down on the note that it has to play, one must obtain by the straining of the other fingers such a stiffening of the left arm that the fatigue brought on by the muscular tension will cause a trembling of the hand, similar to a rapid vibrato, and producing a number of beats unobtainable by articular motion. The upper nut finger should be held as near to the string as possible, and this in order to avoid that the "tremor" necessary for its periodical contact with the string should be transformed into a roll of the hand, (that would be indefendable). It will be noted that in "nervous" trills the complete driving home of the upper nut finger is not necessary. The same exercises should be used for the study of the "nervous" trill as for the "articular" trill. Only the manner of practicing them will differ with each case.

The "nervous" trill is used principally when the note to be trilled is of short duration. Examples:

Nous travaillerons ultérieurement les doubles-trilles.

Double note trills will be studied later on.

Le pizzicato.

Cette forme de la percussion est très usitée sur le violoncelle. Elle consiste en une mise en vibration des cordes, par „pincement". Ce pincement se fait le plus souvent par un des doigts de la main droite, et quelquefois seulement par un de ceux de la main gauche.

Il existe plusieurs sortes de pizzicati: le pizzicato détaché, le pizzicato lié, le pizzicato arpégé, et le pizzicato en accords plaqués. Sauf cette dernière manière, toutes les catégories susnommées peuvent aussi, le cas échéant, s'exécuter avec la main gauche. Il en sera question un peu plus loin. Occupons-nous, pour le moment des pizzicati de la main droite.

The pizzicato.

This form of percussion is very much used on the violoncello. It consists in putting the strings in vibration by "plucking" them. This "plucking" is done usually by one of the fingers of the right hand, and, sometimes only, by one of those of the left hand.

There are several kinds of pizzicati, the "detached" pizzicato, the "bound" pizzicato, the "arpeggioed" pizzicato, and the pizzicato of "struck chords". With the exception of the last named, all the other kinds of pizzicato can, if necessary, be executed by the left hand. This will be treated later on. For the moment we will occupy ourselves with the pizzicato of the right hand.

Pendant une période en pizzicati, la hausse de l'archet devra être maintenue contre la paume de la main droite, par les 3e et 4e doigts repliés, de façon que le pouce et les doigts 1 et 2 restent libres.

During a pizzicato passage, the nut of the bow should be held against the palm of the right hand by the folded 3rd and 4th fingers, so that the thumb and the 1st and 2nd fingers should remain free.

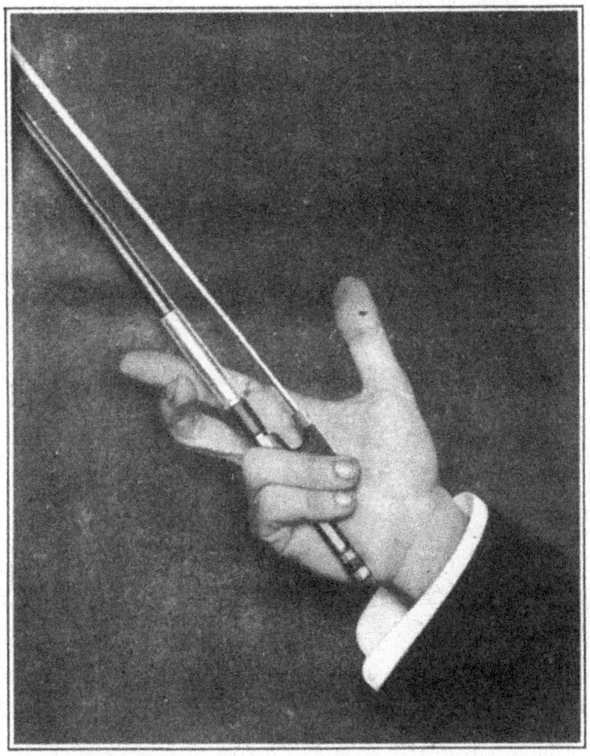

Dans les pizzicati détachés, liés et arpégés de l'aigu au grave, l'extrémité du pouce droit devra s'appliquer contre la bordure de droite de la touche, pour y servir de point d'appui à la main. Le point de contact du „doigt-pinceur" et de la corde, partant, le point d'appui du pouce sur la touche, varient selon l'intensité ou le prolongement sonore que l'on recherche.

L'une des principales conditions requises pour la prolongation de n'importe quel son percuté, est le maintien de la pression maxima du doigt-sillet. Pour étouffer brusquement un son, il suffit d'alléger la pesée du doigt qui en détermine le degré.

On peut favoriser la durée relative d'un son, au détriment de sa puissance au moment de l'attaque, en pinçant la corde aux alentours de son troisième tiers inférieur.

Les pizzicati les plus énergiques s'obtiennent à l'extrémité inférieure de la touche.

La tessiture du degré de corde a aussi son influence sur la place où doit se faire le pizzicato. Il faudra, même en cas d'intensité faible, exécuter le pizzicato d'autant plus près de l'extrémité inférieure de la touche, que la corde aura perdu de sa longueur, par l'avancement du doigt-sillet vers le registre aigu.

Tous ces détails ont, ainsi qu'on peut le voir, des rapports étroits avec les détails correspondants des fluctuations dynamiques de l'archet.

Voyons, à présent, comment s'exécute le pizzicato.

Le pincement de la corde est, en réalité, une mise en oscillation de celle-ci, par la liberté que lui rend, en la quittant, un doigt qui, au moyen d'une traction préalable, lui assure un élan plus ou moins grand.

Le pizzicato détaché peut se faire facultativement avec le 1er ou le 2me doigt, ou même, dans les séries prolongées, tantôt avec l'un, tantôt avec l'autre, pour les faire reposer alternativement. Le doigt devra opérer la traction de la corde avec la partie charnue de sa première phalange.

In the "detached" and "bound" pizzicati, and in the arpeggioed pizzicati from the treble to the bass, the extremity of the right thumb should be applied to the right border of the fingerboard, to serve as a bearing point for the hand. The point of contact of the "plucking finger" and the string, and consequently the bearing point of the thumb on the fingerboard, vary according to the intensity or length of sonority required.

One of the principal conditions required for the prolonging of any sound obtained by percussion, is the maintenance of the maximum pressure of the nut finger. In order to stifle suddenly a note, it suffices to lighten the pressure of the finger that is playing it.

One can favor the relative length of a sound, to the detriment of its intensity, by plucking the string in the region of the third portion of its lower extremity.

The most energetic pizzicati are obtained at the lower end of the fingerboard.

The tessitura of the note on the string influences also the choice of the place where the pizzicato is to be executed. The more the string will have lost in length, through the advancing of the nut finger towards the upper register, the nearer to the lower extremity of the fingerboard should be executed the pizzicato, even in the case of feeble intensities. As one can see, all these details have a close affinity with the corresponding details of the dynamic fluctuations of the bow.

Let us now see how the pizzicato is executed.

The plucking of the string is in reality the putting in vibration of the latter, by the finger freeing it, after having assured for it, by a preparatory traction, a greater or lesser momentum. The "detached" pizzicato can be played by either the 1st or the 2nd finger, or, in a long series of notes, by each in turn, in order to obviate fatigue. The finger should pluck the string with the fleshy part of the 1st phalange.

Le pouce étant appliqué contre la bordure de droite de la touche, la mise en oscillation de la corde devra se faire par articulation **intérieure** du 1er ou du 2e doigt, autrement dit, de gauche à droite, par rapport à l'exécutant. On veillera à ce que la portion vibrante de la corde ne „frise“ la touche à aucun moment de la période sonore. (Cet inconvénient est surtout difficile à éviter dans les accords plaqués.)

Exemple extrait du trio en *si♭* (op.97) de Beethoven:

The thumb being applied to the right edge of the fingerboard, the putting in vibration of the string should be produced by a drawing in of the 1st or 2nd finger, in other words, from left to right, in relation to the player. One must take care that during the sounding of the string, the vibrating portion should not at any moment touch the fingerboard. (This is specially difficult to prevent during the execution of "struck" chords.)

Example drawn from the B♭ Trio (Op.97) by Beethoven.

Lorsqu'il y aura alternance entre deux cordes éloignées, on pourra se servir régulièrement du 1er doigt pour la corde la plus grave, et du 2e doigt pour la corde la plus aigüe.

Exemple extrait de la 1ère Sonate (en *ut* mineur) pour Piano et Violoncelle de C. Saint-Saëns.

Exceptionnellement, on peut exécuter le pizzicato **détaché avec le pouce**. Dans l'exemple suivant, extrait de la 2me Sonate (*fa* majeur) de J. Brahms, ce procédé donne un excellent résultat. L'oscillation nécessaire à chaque son étant obtenue par un déplacement de la main entière, les vibrations paraissent plus pleines.

Lorsque c'est le pouce qui exécute le pizzicato, l'oscillation de la corde doit lui être imprimée dans le sens contraire, c'est à dire de droite à gauche par rapport à l'instrument et sans qu'il reste à la main aucun point d'appui.

Le lié consiste à combiner, dans les pizzicati, l'action des deux mains. Dans une série de notes liées, la première devra être pincée par un doigt de la main droite, quant aux suivantes, elles seront „greffées“ sur la vibration générale ainsi obtenue, par la percussion frappée des doigts de la main gauche, ou par leur rétraction, selon que ces notes seront plus aiguës ou plus graves que la première.

When there is alternation between two widely separated strings, the 1st finger can be employed regularly for the lower string, and the 2nd finger for the upper one.

Example drawn from the 1st Sonata (in C minor) for Piano and Violoncello by Camille Saint-Saëns.

Exceptionally, the detached pizzicato may be executed by the thumb. In the following example, drawn from the 2nd Sonata (F major) by J. Brahms, this method gives an excellent result. As the oscillation necessary for each tone is obtained by the movement of the whole hand, the vibrations appear to have more body.

When it is the thumb that executes the pizzicato, the vibration of the string should be produced in the opposite direction, that is to say from right to left, in relation to the instrument and without any bearing point for the hand.

The "bound" pizzicato consists in combining the action of the two hands. In a series of bound notes, the first should be "plucked" by a finger of the right hand; as for the others they should be "grafted" onto the general vibration that has thus been obtained, by the striking or removing of the fingers of the left hand, according to whether these notes are higher or lower than the first one.

Je me servirai, pour désigner les pizzicati de la main gauche, du même doigté de convention que pour les exercices du chapitre de la percussion.

Extrait de la 2me Sonate (en *Ré* majeur) pour Piano et Violoncelle, de Mendelssohn:

I will use, for the marking of the pizzicato of the left hand, the same conventional signs employed in the chapter on percussion.

Extract from the 2nd Sonata (D major) for Piano and Violoncello by Mendelssohn.

Allegretto scherzando.

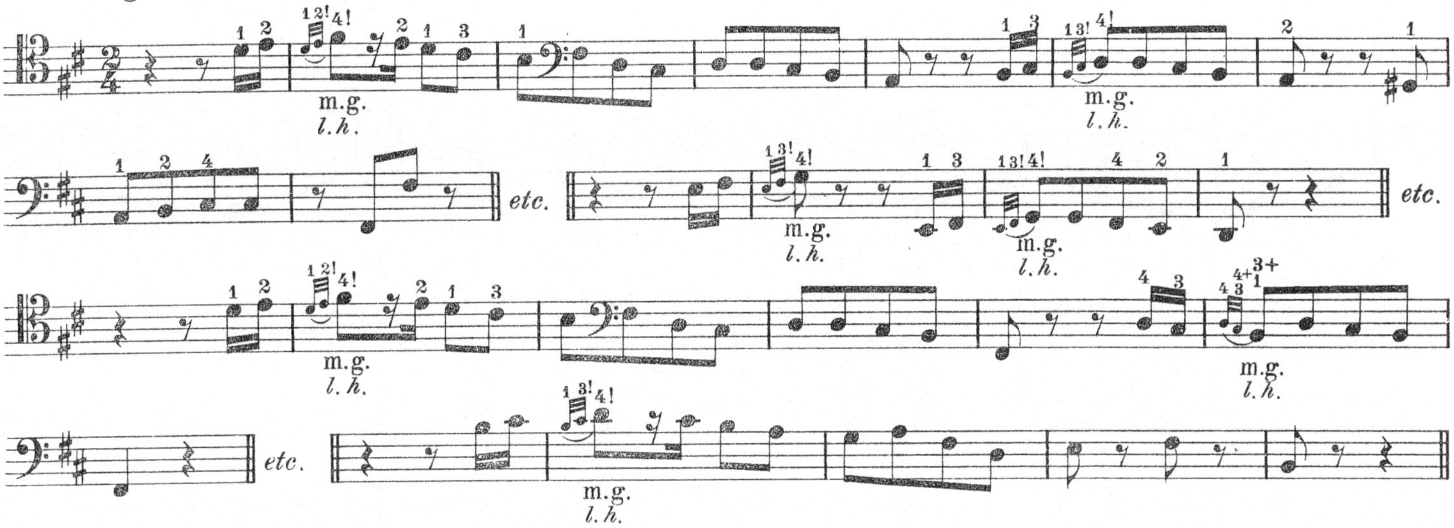

Un cas typique du pizzicato lié existe dans le final de la 2me Sonate *(fa* majeur*)* de Brahms:

A typical case of the "bound" pizzicato is to be found in the finale of the 2nd Sonata (F major) by Brahms:

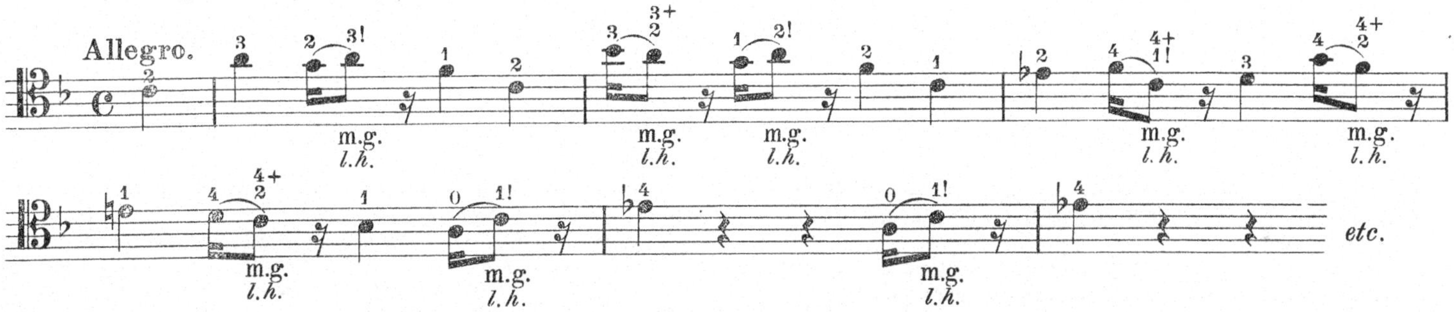

Les deux premières mesures de cet exemple sont assez difficiles à „faire sonner". Dès les premières notes de la 3e tenue, la corde raccourcie de moitié ne peut avoir, dans le pizzicato, que des vibrations assez brèves. La force des doigts de la main gauche, est le seul remède à cet inconvénient.

Exercice pour le pizzicato lié.

The first two measures of this example are rather difficult to "bring out". From the first notes of the 3rd disposition onwards, the vibrations of the string, whose length is shortened by half, are in a pizzicato greatly reduced. The strength of the fingers of the left hand are, in this case, the only remedy.

Exercises for the "bound" pizzicato.

L'exécutant devra improviser, pour son usage personnel, des exercices dans le genre du précédent.

Bien que s'exécutant par la main droite, les exemples ci-après constituent aussi une variété du pizzicato lié. Les notes composant chaque quartolet doivent s'y rattacher au moyen d'un glissement transversal du doigt-pinceur.

The player should improvise, for his personal use, exercises like the foregoing one.

Although executed by the right hand, the following examples form also a variety of "bound" pizzicato. The notes forming the groups of four should be joined together by a slanting stroke of the pizzicato-finger.

Pizzicato du pouce droit dans le lié du grave à l'aigu.

Pizzicato of the right thumb in a "legato" from the bass to the treble.

Dans la combinaison des deux exercices précédents, la main droite n'aura de point d'appui que pour les quartolets arpégés de l'aigu au grave.

In the combination of the two foregoing exercises the right hand will have a bearing point only for the groups of four notes from the treble to the bass.

Les accords s'arpègent rapidement (du grave à l'aigu ou inversement) sans aucun point d'appui pour la main droite.

Chords should be arpeggioed rapidly (from the bass to the treble, or vice versa) without any bearing point for the right hand.

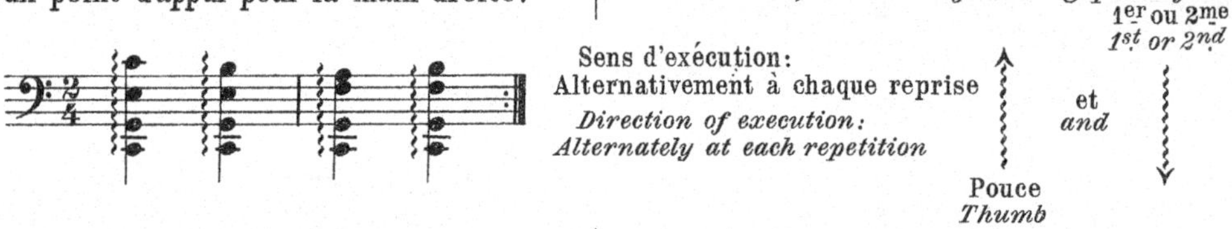

Le glissement devra, ici, se flaire obliquement.

The stroke should, in this case, be made obliquely.

Pour les accords du grave à l'aigu:
For the chords from the bass to the treble:

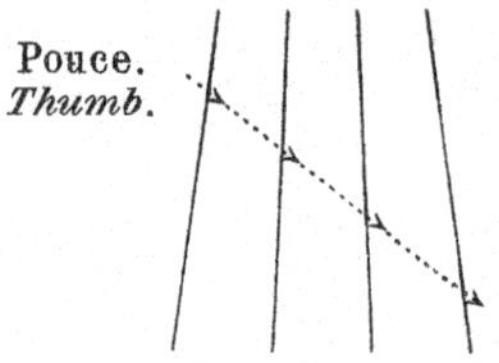

Pour les accords de l'aigu au grave:
For the chords from the treble to the bass:

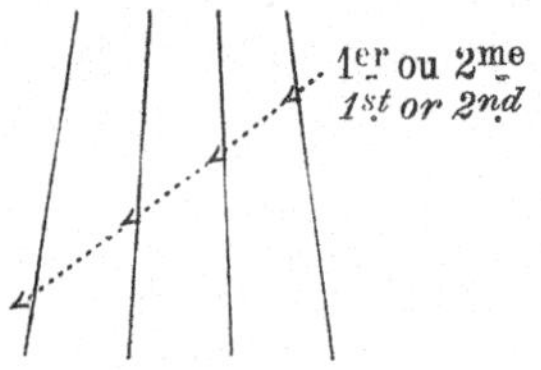

Ces deux graphiques représentent les mouvements de la main droite, tels qu'on peut les voir en se placant en face de l'exécutant.

Les accords plaqués de 3 sons s'exécutent avec le pouce, et les 1er et 2me doigts, ces derniers étant appliqués, du grave à l'aigu, dans l'ordre ci-dessus indiqué, et pinçant les trois cordes simultanément. (Pour les accords plaqués de 4 sons, il serait nécessaire de déposer l'archet, l'auriculaire seul ne pouvant assurer son maintien contre la paume de la main.)

L'exemple suivant est extrait du double Concerto de Brahms pour Violon et Violoncelle.

These two figures represent the movements of the right hand, as seen from in front of the player.

"Plaqué" chords of three notes are played with the thumb, the 1st and the 2nd fingers, the latter being placed in the foregoing order, and "plucking" the three strings at the same time. (For "plaque" chords of four notes it will be necessary to lay down the bow, as the little finger would not be strong enough to hold it against the palm of the hand.)

The following example is drawn from the double Concerto by Brahms for Violin and Violoncello.

Le troisième accord de cet exemple *(mi-si-ré-la)* devra être arpégé très rapidement, du grave à l'aigu, au moyen du pouce. Quant aux croches qui suivent, elles sont en „détaché", et peuvent facultativement s'obtenir par le 1er ou par le 2me doigt.

On peut aussi donner l'impression de l'accord plaqué, en cinglant presque simultanément les cordes (de gauche à droite, pour l'exécutant) avec l'extrémité du 1er ou du 2me doigt.

A fin de s'accoutumer à l'alternance entre „pizz." (abréviation de pizzicato) et „arco" (terme par lequel ou désigne la reprise de l'archet) on pourra jouer des gammes de la façon suivante:

The third chord of this example (E-B-D-A) should be arpeggioed very rapidly from the bass to the treble by the thumb. As for the quavers that follow, they are "detached" and may be played by either the 1st or the 2nd finger.

One can also give the impression of a "plaqué" chord by striking (pizzicato) the strings, almost simultaneously (from left to right in relation to the player), with the extremity of the 1st or 2nd finger.

In order to accustom oneself to alternations between "pizz." (abbreviation of pizzicato) and "arco" (term used to indicate the resuming of the use of the bow) one can practice scales as follows:

Le „pizz.“ de la main gauche se combine parfois avec l'„arco“. Voici des exercices pour l'emploi simultané de ces deux modes d'exécution:

The "pizz." of the left hand is sometimes combined with the "arco". Here are some exercises for the simultaneous use of these two varieties of play.

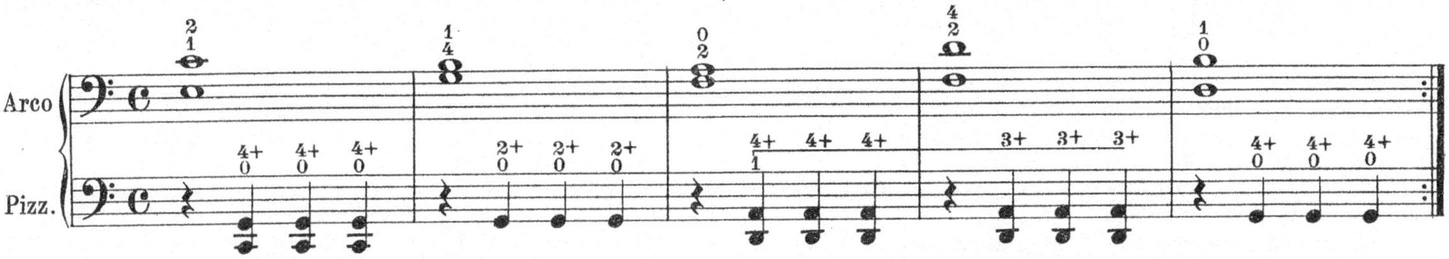

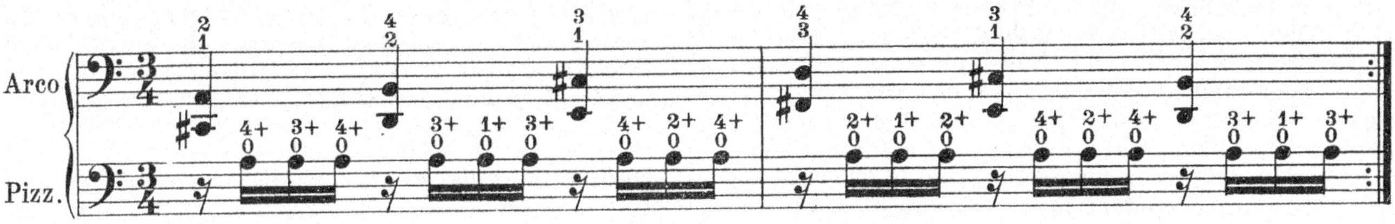

Arpèges liés de la main gauche:

"Bound" arpeggios of the left hand:

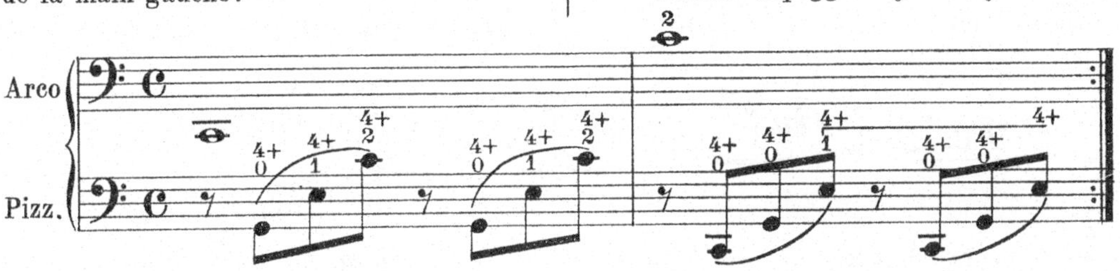

Voilà, je crois, toutes les applications courantes du pizzicato. Il en existe d'autres, plus flantaisistes, mais dont l'utilité musicale est contestable.

These are, I believe, all the current applications of the pizzicato. There are others, more fanciful, but of doubtful musical value.

Les harmoniques du manche.

Les sons harmoniques ont un timbre flûté. De là, le nom de „Flageolet“ qui leur est donné en Allemagne. Certains d'entre eux ont même, dans les intensités pleines de l'extrême aigu, l'éclat strident du fifre. En vue d'effets spéciaux, quelques maîtres ont stipulé, dans leurs œuvres, l'exécution exclusivement en sons harmoniques, de périodes musicales entières, d'assez longue durée.

On en trouvera des citations au chapitre consacré aux harmoniques du „démanché“.

Il n'entre pas dans les attributions de ce livre, d'analyser le phénomène physique, d'ailleurs fort simple, auquel on doit de pouvoir produire des sons harmoniques. C'est la manière d'exécuter ces derniers, ainsi que l'ordre dans lequel en sont disposés les principaux, qu'il importe de démontrer ici.

Si, par l'effleurement d'un doigt de la main gauche, l'on divise en deux parties vibrantes d'égales longueurs, la portion d'une corde, comprise entre le sillet et le chevalet, on obtiendra un son harmonique qui sera la première octave au-dessus de la note que donnerait, à vide, cette même corde. Un seul doigt, (le doigt effleurant) devra se trouver sur la corde, pendant l'exécution d'un son harmonique.

L'harmonique centrale (je dénommerai désormais ainsi la note obtenue par l'effleurement du milieu de la corde) correspond, dans l'échelle musicale, au degré que l'on exécuterait en note réelle, c'est-à-dire en appuyant fermement le doigt à cette même place.

Exemple [1]:

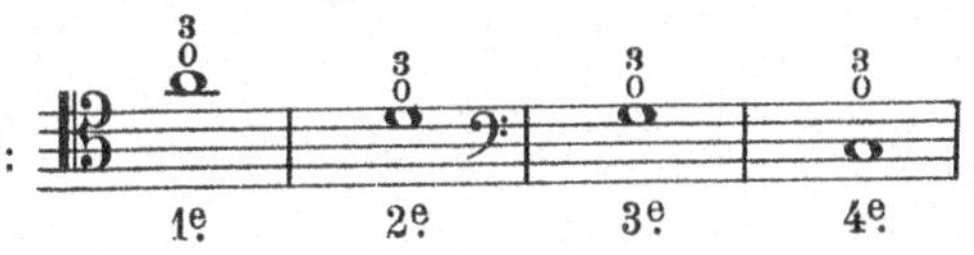

[1] On désigne par un zéro les sons harmoniques. Dans l'écriture instrumentale, ce zéro se place au-dessous du doigté.

The harmonics of the neck.

The harmonic sounds have the coloring of the flute. It is on account of this that the Germans have given them the name of "Flageolet". Certain harmonics have even, in the full intensity of sound of the upper register, the strident quality of the fife. For certain special effects, some composers have called, in their works, for the use of the harmonics exclusively for entire musical phrases, of fairly long duration.

Examples will be given in the chapter dealing with harmonics of the "thumb-position".

It does not enter into the purpose of this work to analyse the physical phenomenon, that is anyway quite simple, thanks to which one can produce harmonic sounds. It is the way to execute the latter, as well as the order in which the principal ones are arranged, that it is important to demonstrate.

If, with a finger of the left hand one divides by a light touch into two vibrating parts of equal length that part of a string comprised between the nut and the bridge, one will obtain a harmonic sound that will be an octave above the note that is given by the same string, open. Only one finger, the one used for the harmonic, should touch the string during its execution. The central harmonic (by this name I will in future designate the note obtained by touching the centre of the string lightly) corresponds in the musical scale to the degree that would give the real note, that is to say by pressing the finger firmly on the same spot.

Example [1]:

[1] *Harmonics are indicated by a nought. In instrumental writing this nought is placed underneath the fingering.*

Il en est de même de toutes les harmoniques (moins la première) existant entre l'harmonique centrale et le chevalet. Nous nous occuperons ultérieurement de cette seconde série. Pour le moment, il nous suffit de savoir à ce sujet, que le glissement vertical d'un doigt effleurant, produit au passage de certains sectionnements pairs ou impairs d'une même corde, une succession de sons harmoniques, et que cette succession est identiquement la même, si l'on réalise le susdit glissement de bas en haut, (soit, de l'harmonique centrale vers le sillet) ou de haut en bas, (soit, de l'harmonique centrale vers le chevalet).

Avant de passer en revue les harmoniques de la partie supérieure du manche, il sied de s'étendre un peu sur l'emploi de l'harmonique centrale, celle-ci étant, sans conteste, la plus usitée. L'harmonique centrale peut être obtenue sur un point quelconque d'une région de corde comprenant, dans sa totalité, plusieurs centimètres. L'absolue précision étant, ici, moins indispensable que partout ailleurs, on s'expliquera aisément que la facilité engendrée par ce fait, soit mise à profit, et que, souvent, la main gauche s'élance, pour cette seule harmonique centrale, sur un degré de la 3e tenue, ce qui serait assez risqué, surtout dans un passage rapide, si l'on remplaçait l'harmonique par une note réelle.

The same applies to all the harmonics (except the first one) that exist between the central harmonic and the bridge. We will treat later of this second series. For the moment it suffices to know with regard to this subject that the vertical sliding of a finger, with a light touch, produces, on passing over certain odd or even dividing points of a string, a succession of harmonic sounds, and that this succession is identically the same, whether the said slide is executed from the bottom upwards (that is to say, from the central harmonic towards the nut) or from the top downwards, (that is to say, from the central harmonic towards the bridge).

Before passing in review the harmonics of the upper part of the neck, it will be opportune to study a little the use of the central harmonic, this one being, without a doubt, the most used The central harmonic can be obtained in the middle of any one of the four strings on a section of a total length of about one inch. Absolute precision being less indispensable here than anywhere else, it can be readily understood that the facility engendered by this fact should be turned to profit, and that often the left hand, for this central harmonic alone, flies to a note of the 3rd disposition, which would be very risky, specially in a rapid passage, if the harmonic where replaced by a real note.

Exemple extrait de la Bourrée en *ut* maj. (Suite N° 3) de J. S. Bach:

Example drawn from the C major Bourrée (Suite No. 3) by J. S. Bach.

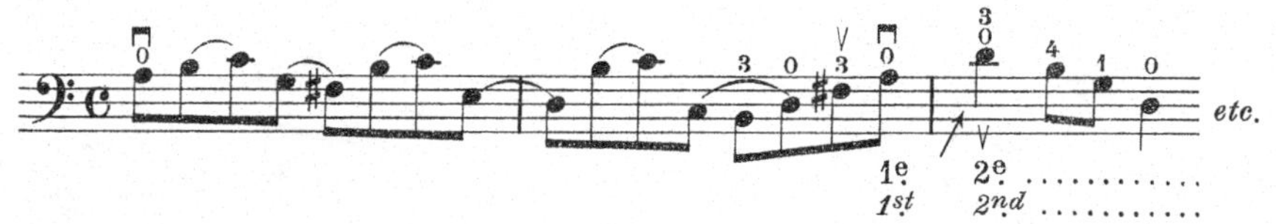

L'harmonique centrale devra s'exécuter par le 3e doigt, toutes les fois qu'en qualité de point culminant, elle succédera à un important déplacement ascendant.

The central harmonic should be executed by the 3rd finger, whenever, as a culminating point, it follows an important rising movement.

Extrait du Prélude en *Ré* majeur (Suite N° 6) de J. S. Bach:

Extract from the D major Prelude (Suite No. 6) by J. S. Bach.

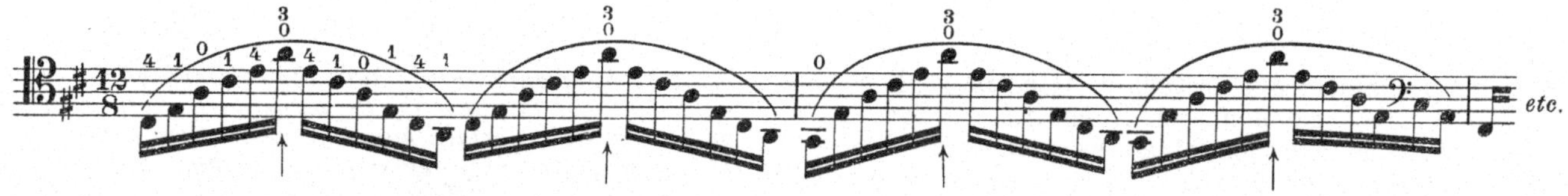

Toujours en qualité de point culminant, l'harmonique centrale pourra s'exécuter par le 4e doigt lorsqu'elle succédera à une note jouée par le même doigt, cette dernière n'étant séparée d'elle que par un petit intervalle.

Still in its quality as a culminating point, the central harmonic may be played by the 4th finger when it follows a note played by the same finger, if the latter is separated from it by only a small interval.

Extrait de la Bourrée en *ut* maj. (Suite N° 3) de J. S. Bach:

Extract from the C major Bourrée, (Suite No. 3) by J. S. Bach.

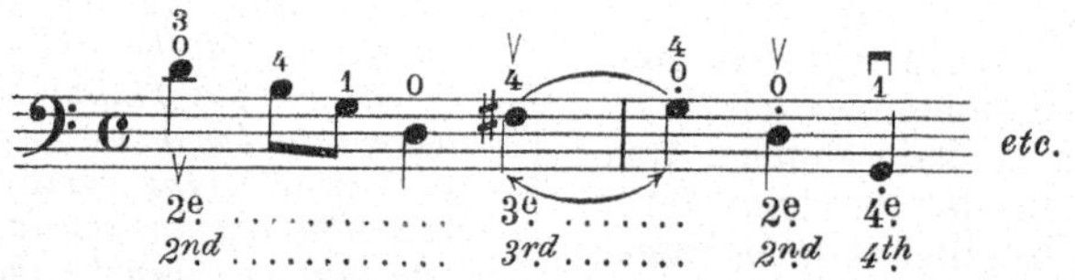

Ou bien lorsque l'exécutant pourra, au moyen de l'extension provisoire, prolonger l'immobilité de sa main gauche.

Or when the player can, by means of a temporary extension, prolong the immobility of his left hand.

Extrait de la 2me Sonate (Rondo) pour Piano et Violoncelle, de Beethoven:

Extract from the 2nd Sonata (Rondo) for Piano and Violoncello, by Beethoven:

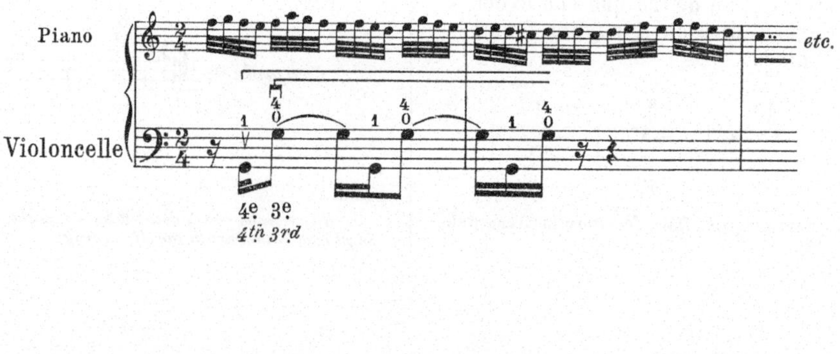

L'effet acoustique de l'harmonique centrale peut se prolonger au delà de l'effleurement effectif. Continuons le mouvement de notre archet, après avoir fait cesser le contact de la corde et de la main gauche. Nous constaterons alors, si les crins se déplacent avec légèreté, que la corde primitivement divisée, continuera encore un bon moment à „octavier", alors même qu'en apparence, sa longueur totale lui sera rendue par le départ du doigt effleurant. (Ce phénomène est de courte durée dans les intensités pleines.) On bénéficie de cette circonstance, toutes les fois que l'on désire éviter un port de voix entre l'harmonique centrale et la note qui lui succède, cette dernière nécessitant un déplacement. La notation arbitraire de l'exemple suivant (extrait de la 3e Sonate de Beethoven) s'applique, non à l'effet musical, mais à la durée de l'effleurement. La continuation du mouvement de l'archet, comblera, en durée sonore, la valeur du demi-soupir.

The acoustic effect of the central harmonic can be prolonged beyond the actual contact of the finger of the left hand. If one continues the movement of the bow, after having removed the pressure of the finger of the left hand, one will find that if the hairs of the bow continue their stroke l i g h t l y, the string, originally divided, will continue for some time to "octavate", although apparently its full length has been reestablished by the suppression of the contact of the finger. (This phenomenon is of short duration in full volumes of sound.) One can take advantage of this every time that one wishes to avoid a "portamento" between the central harmonic and the following note, the latter requiring a change of position. The arbitrary notation of the following example, (drawn from the 3rd Sonata by Beethoven) applies, not to the musical effect, but to the duration of the contact of the finger. The continuation of the movement of the bow will fill up with sound the period of the rest.

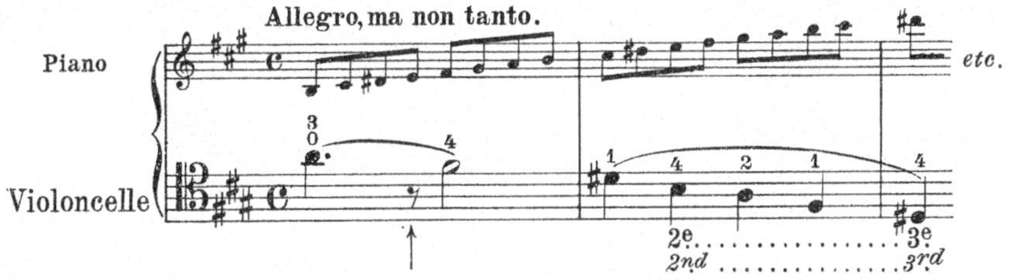

L'avantage ci-dessus, devient un inconvénient, lorsque la corde à vide succède à son harmonique centrale. Dans ce cas, une légère rétraction du doigt effleurant, empêchera la division de la corde de persister.

The above advantage becomes a disadvantage when an open string follows upon its central harmonic. In this case, a slight "plucking" by the finger on leaving the string will prevent the continuation of the division of the string.

Extrait de la 5e Sonate *(Ré maj.)* de Beethoven:

Extract from the 5th Sonata (D major) by Beethoven:

Le timbre de l'harmonique dépourvu de vibrato, et s'alliant mal, étant donné sa pureté quasi-cristalline au frémissement des notes réelles vibrées, on est parfois obligé de convertir en appui ferme, l'effleurement du doigt diviseur. Ici, la précision s'impose. Il arrive, en effet, que la note réelle déterminée par la pression d'un doigt, sur le point de corde où s'était préalablement obtenue une harmonique centrale n o n c o n t r ô l é e, soit, par rapport à cette dernière, trop haute, où trop basse. Il convient de choisir, pour les sons à deux modes d'exécution, le point de corde où l'harmonique est le plus l i m p i d e.

Au cours de la notation ci-dessous, le zéro barré d'une croix (⊗) indique la transformation dont il vient d'être question.

The quality of tone of the harmonics, devoid of vibrato, mixing badly, on account of its almost crystalline purity, with real notes played "vibrato", one sometimes has to convert the light pressure of the finger into firm pressure. Here, precision is imperative. It happens, in fact, that the real note, played on that (u n c e r t a i n) point of the string where a central harmonic has just been obtained, may be in relation to the latter either too high or too low. It is the best to choose, for notes of dual manner of execution, the point on the string where the harmonic sounds are the most l i m p i d.

In the following example, the crossed nought indicates the above mentioned transformation.

Extrait de l'Aria en *Ré* maj. de J. S. Bach:

Extract from the Aria in D major by J. S. Bach.

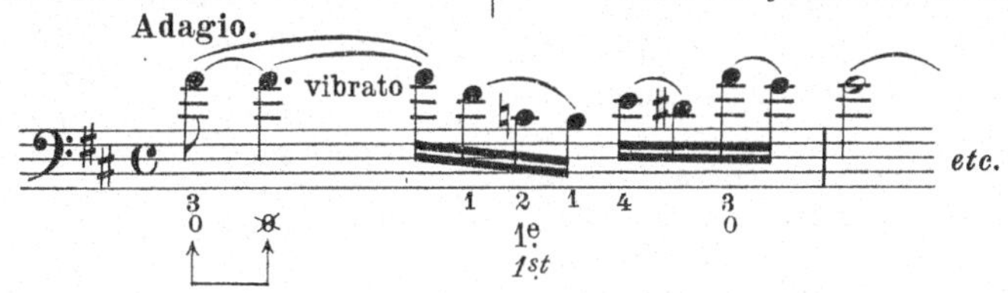

Tout port de voix ascendant devra se faire p a r l e d o i g t d e l'a r r i v é e, lorsqu'il aboutira à une note harmonique.

Passons maintenant à l'étude de la série complète des harmoniques du manche. Nous aurons recours, pour commencer, à un graphique partiel où se trouvent réferées les fractions d'une même corde (de la chanterelle, dans le cas présent,) compatibles avec la production des notes effleurées. Le calcul mathématique donnant des résultats qu'il m'est impossible de transcrire ici, (quant à l'orthographe musicale des sons réels qui correspondent à certains sons harmoniques), je suis forcé de m'en tenir au moyen empirique de l'approximation instrumentale.

Every ascending "portamento" should be made b y t h e f i n g e r c o m i n g i n t o p l a y when it ends with a harmonic note.

We will now proceed to the study of the complete series of harmonics of the neck. Primarily we will have recourse to a partial figure on which are marked the fractions of a given string, (the A string in the present case,) that will give the harmonics. It being impossible to transcribe the result of mathematical calculations, (as far as the musical orthography of the real notes that correspond with certain harmonic sounds is concerned) I have to content myself with the empirical means provided by approximate musical notation.

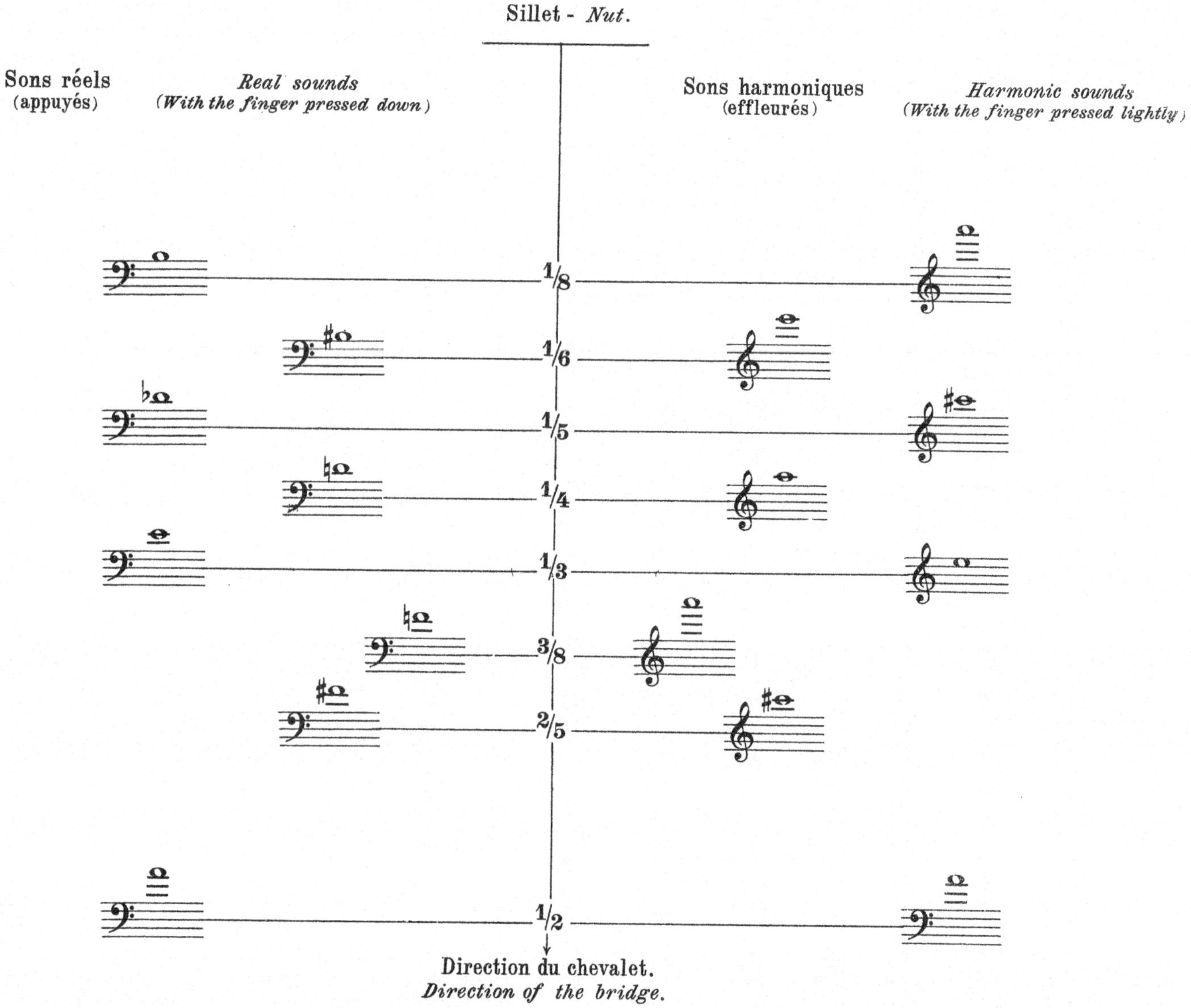

On peut encore, si l'on rehausse, avec circonspection, la main vers le sillet, percevoir deux sons harmoniques assez faibles, qui sont le „*si*" 1/9, – seconde majeure du „*la*" 1/8 – et le „*do*♯" 1/10, – tierce majeure du même „*la*". Néanmoins, le choix du point de contact de l'archet sur la corde, et l'immobilité du doigt effleurant, jouent un trop grand rôle dans la réussite de ces deux sons suraigus, pour qu'ils soient pratiquement utilisables, à cette place. On verra, dans l'étude ultérieure des harmoniques du „démanché", le parti que l'on peut en tirer.

Il existe aussi, à 6 places différentes de la corde entière, un son harmonique (1/7) que je ne mentionne qu'à titre documentaire. Le „pseudo-*sol*" que nous trouvons à chacun de ces 6 points, est b e a u c o u p t r o p b a s dans ses rapports avec les autres sons harmoniques, pour qu'un musicien à l'oreille délicate puisse songer à s'en servir.

On peut, sans entraver l'émission pure de certains sons harmoniques, effleurer simultanément plusieurs points d'une même corde. Le sectionnement multiple est plus théorique que pratique, en ce sens qu'il faudrait une main supplémentaire pour tenter l'expérience au-delà du double-effleurement ci-après:

One can, by bringing the hand circumspectly up towards the nut, hear two very soft harmonic sounds, that are: "B" 1/9, – major second of "A" 1/8 – and "C♯" 1/10, – major third of the same "A". However, the choice of the point of contact of the bow and the string, and the immobility of the finger touching the string, play much too great a role in the successful production of these super-shrill notes for them to be of any practical use in this position. It will be seen, later on, in the study of the harmonics of the "thumb-position" to what use they can be put. There exists, at six different points of the whole string, a harmonic sound (1/7), the mention of which is only of documentary value. The "pseudo-G" that we find at each one of these six points, is m u c h t o o l o w in relation to the other harmonic sounds for a musician with a sensitive ear to think of using it.

One can, without impeding the pure emission of certain harmonic sounds, touch simultaneously several points of the same string. The multiple sectioning of a string is more theoretical than practical, in that it would require two hands to attempt the experiment beyond the double notes given below:

Le double effleurement n'offre d'intérêt que pour la mesure „D" du précédent exemple. L'harmonique 1/8 est souvent „récalcitrante". Lorsque le doigt effleurant n'est pas sur le point précis où il devrait se maintenir, ou lorsque l'archet, se trouvant lui-même sur l'un des points de sectionnement de la corde, met obstacle à la subdivision de celle-ci en huit parties vibrantes d'égales longueurs, l'absence du phénomène physique attendu, fait dire vulgairement que la note „ne sort pas".[1] On peut, alors, forcer la subdivision, en plaçant un autre doigt sur un second huitième de la corde. Nous aurons, désormais, recours à ce procédé pour l'harmonique la plus aiguë de chaque corde, au sillet.

Voici les 28 harmoniques de quatre cordes, au manche.

The double touch offers no interest except in the measure "D" of the preceding example. The harmonic 1/8 is often "refractory." When the "touching" finger is not on the precise spot where it ought to be, or when the bow, finding itself on one of the sectioning points of the string, prevents its subdivision into eight vibrating parts of equal length, the absence of the awaited result leads to the common saying that the "note does not come out."[1] One can, then, force the subdivision, by placing another finger on another eighth of the string. We shall, in future, have recourse to this method for the most shrill harmonic of each string, at the nut.

The following are the 28 harmonics of the four strings, at the neck.

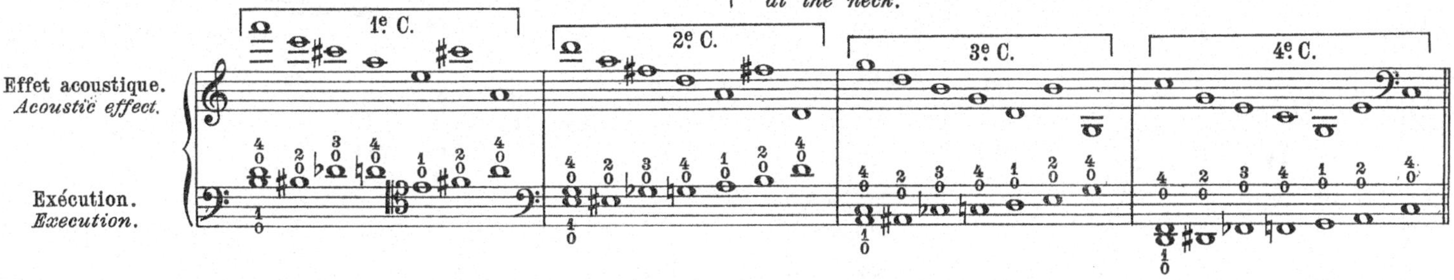

Les sons harmoniques ne pouvant être joués tantôt plus haut, et tantôt plus bas, selon les besoins de la justesse absolue, nous sommes obligés, pour cette branche de la technique seulement, de considérer le violoncelle comme un instrument tempéré, et de faire servir les mêmes sons en cas de synonymie dans l'écriture.

Tableau des ressources d'intervalles offertes par les harmoniques du manche, chaque intervalle étant exécuté sans déplacement.

As harmonic sounds cannot be played sometimes higher and sometimes lower, according to the necessities of absolute pitch, we are obliged, in this branch of technique only, to consider the violoncello as a keyed instrument, and to use the same sounds for synonymous notes.

Table of the possible intervals offered by the harmonics of the neck, each interval being played without change of position.

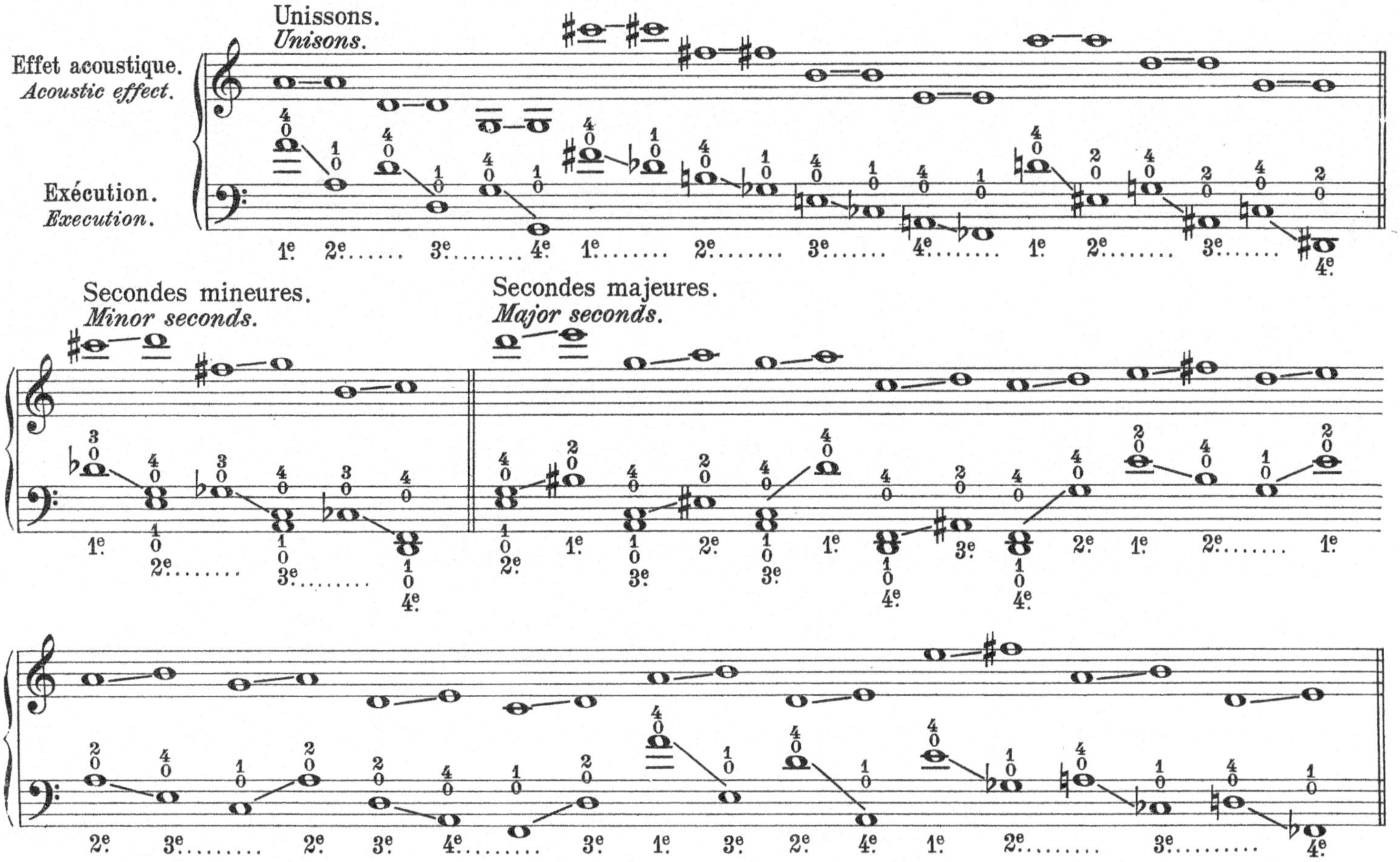

[1] Cela est souvent le cas pour la plupart des harmoniques sur les cordes entourées de fil métallique – le „Sol" et le „Do". – L'exécutant aura beaucoup à lutter contre cette incommodité, dans l'étude qui suit.

[1] *This is often the case for most of the harmonics on the strings spun with metallic wire – the "G" and the "C." The player will have to struggle considerably against this inconvenience in the study that follows.*

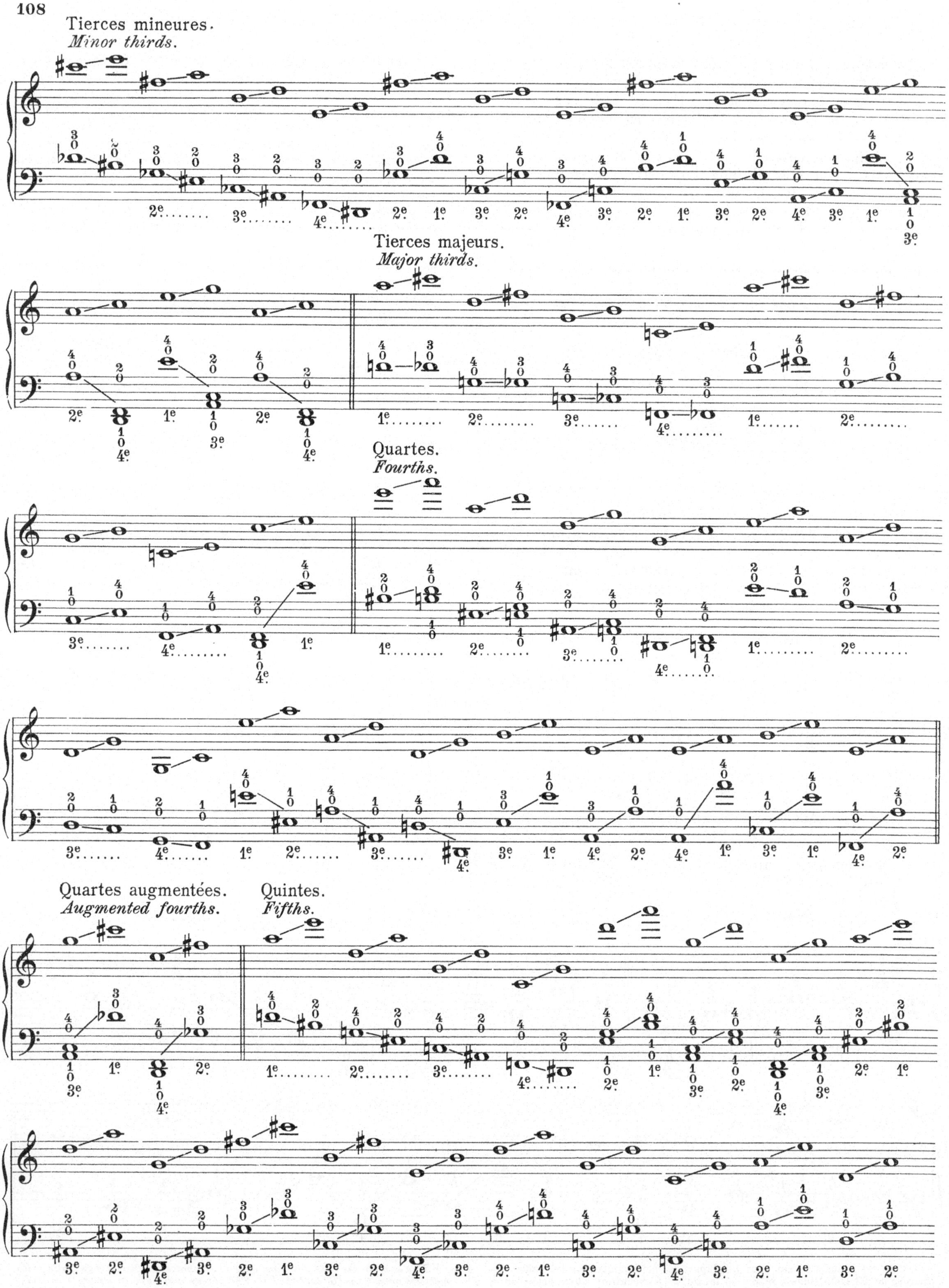
Tierces mineures.
Minor thirds.
Tierces majeurs.
Major thirds.
Quartes.
Fourths.
Quartes augmentées.
Augmented fourths.
Quintes.
Fifths.

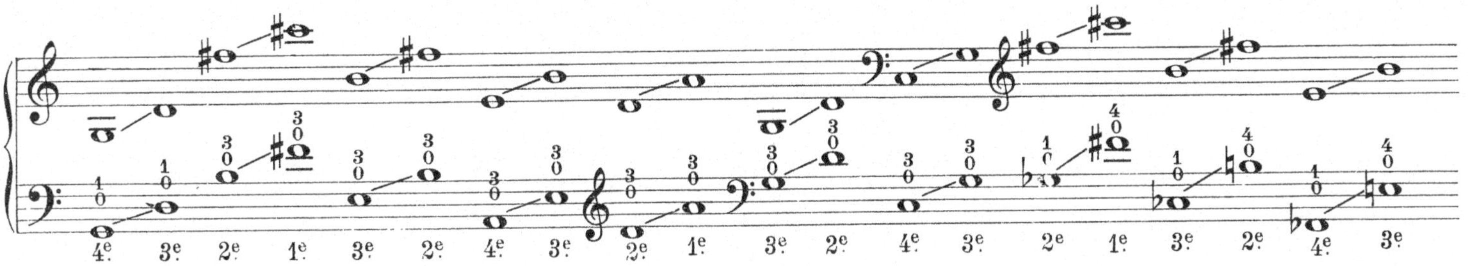

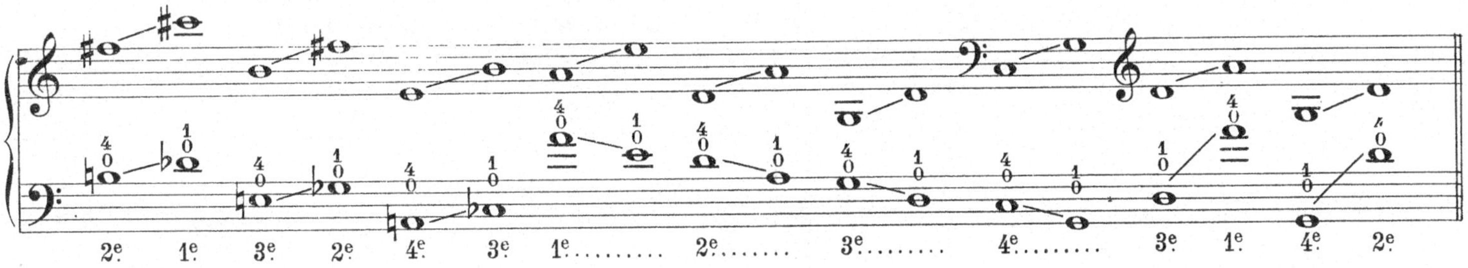

Sixtes mineures.
Minor sixths.

Sixtes majeures.
Major sixths.

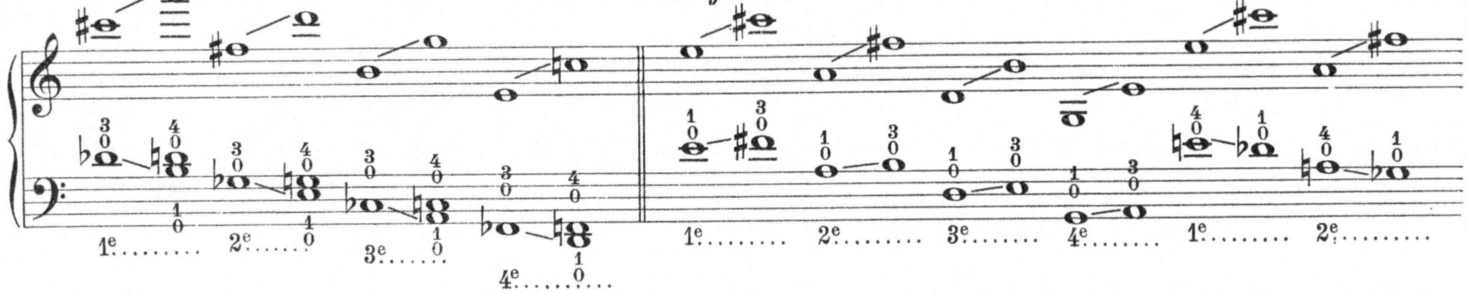

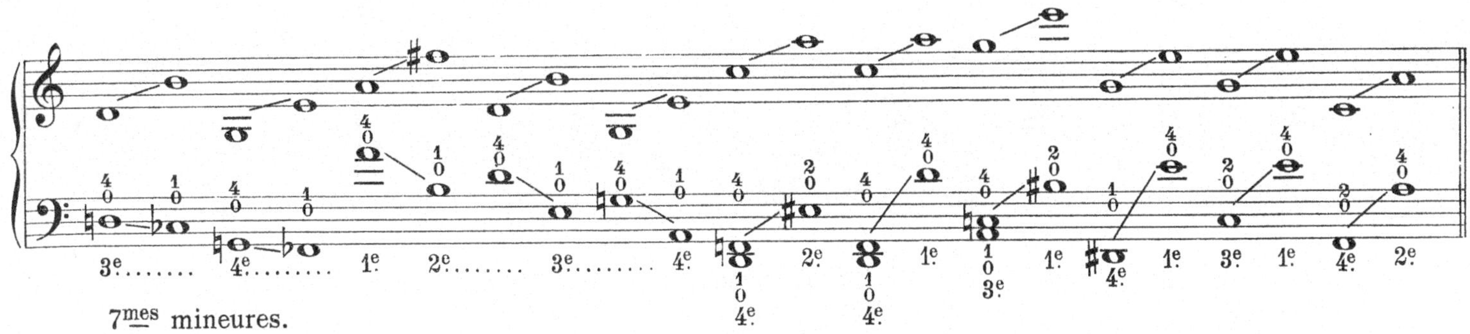

7mes mineures.
Minor sevenths.

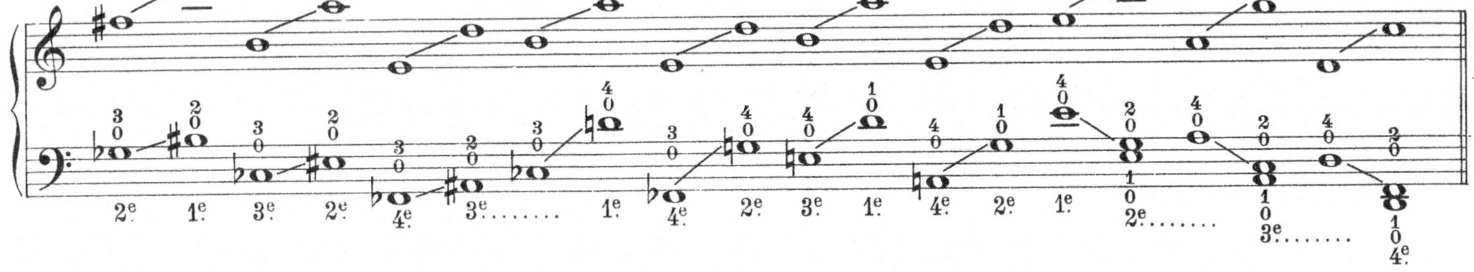

7mes majeures.
Major sevenths.

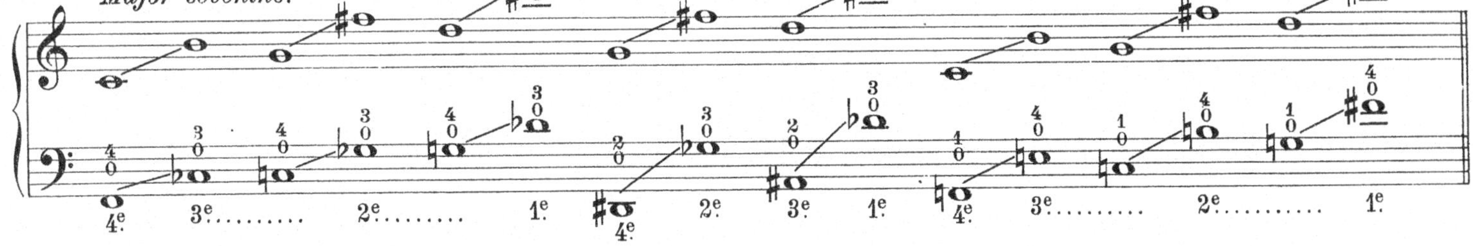

Octaves.
Octaves.
9me mineure.
Minor ninth.
9mes majeures.
Major ninths.
10mes mineures.
Minor tenths.
10mes majeures.
Major tenths.
Quartes à l'octave.
Fourths all' Octava.

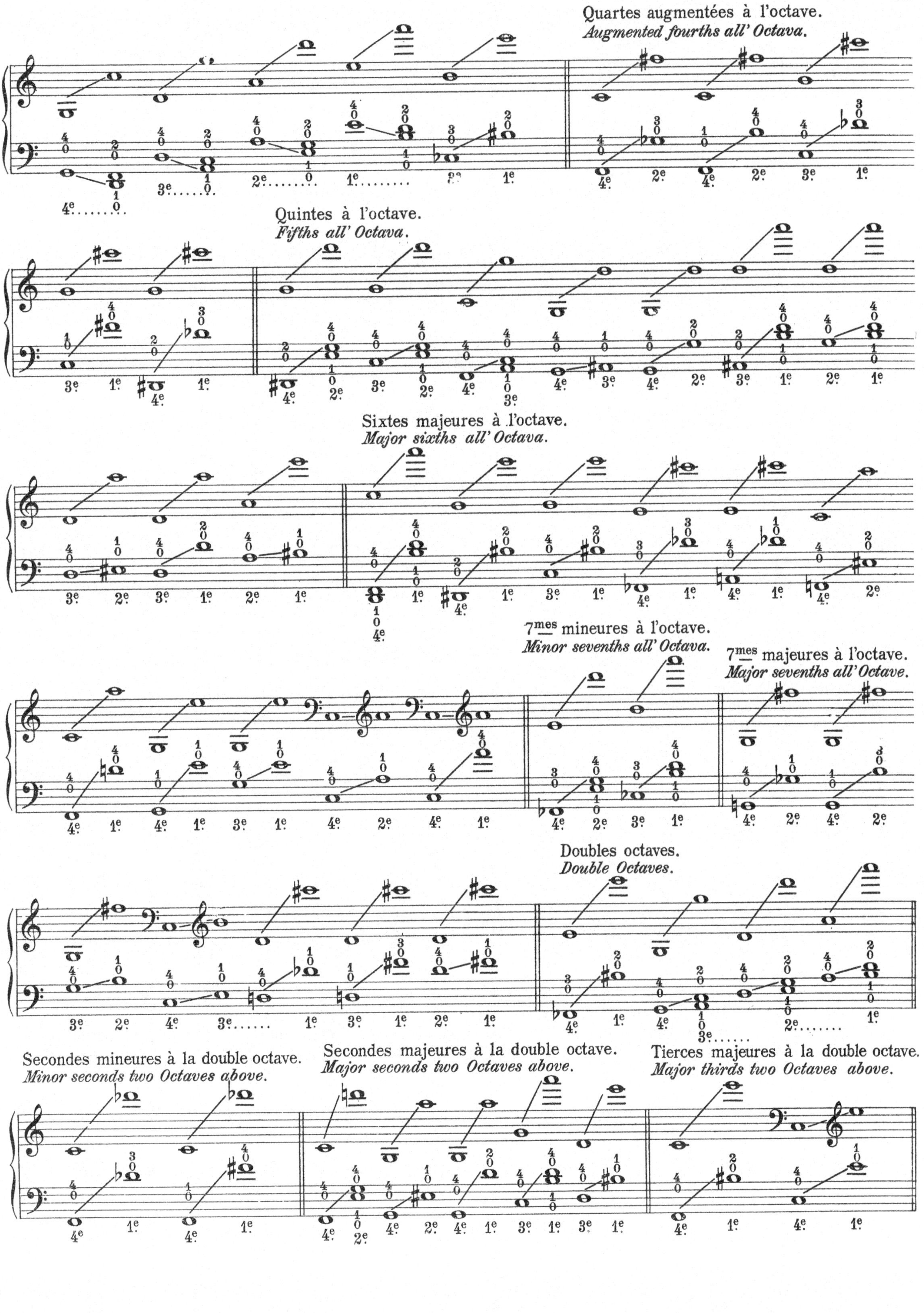
Quartes augmentées à l'octave.
Augmented fourths all' Octava.
Quintes à l'octave.
Fifths all' Octava.
Sixtes majeures à l'octave.
Major sixths all' Octava.
7mes mineures à l'octave.
Minor sevenths all' Octava.
7mes majeures à l'octave.
Major sevenths all' Octave.
Doubles octaves.
Double Octaves.
Secondes mineures à la double octave.
Minor seconds two Octaves above.
Secondes majeures à la double octave.
Major seconds two Octaves above.
Tierces majeures à la double octave.
Major thirds two Octaves above.

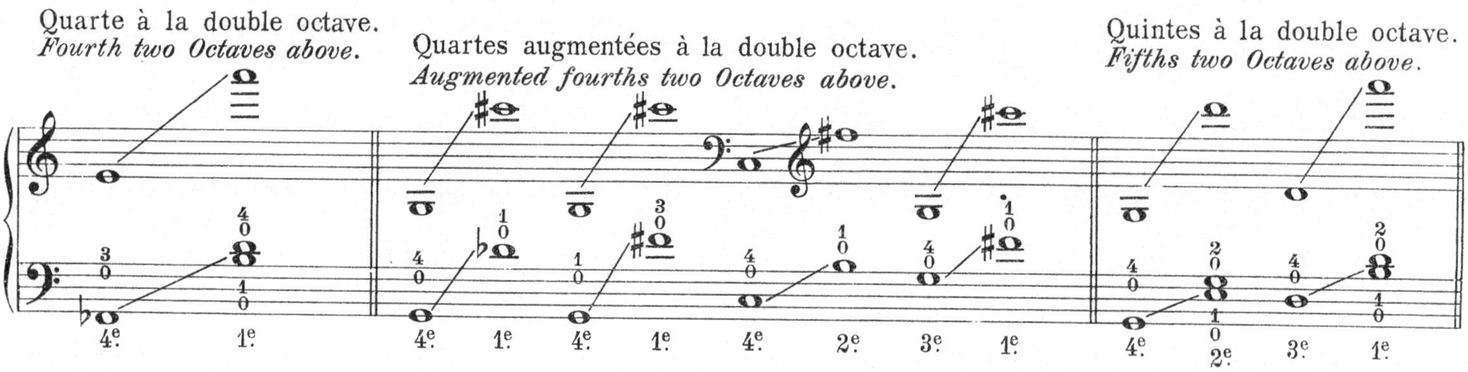

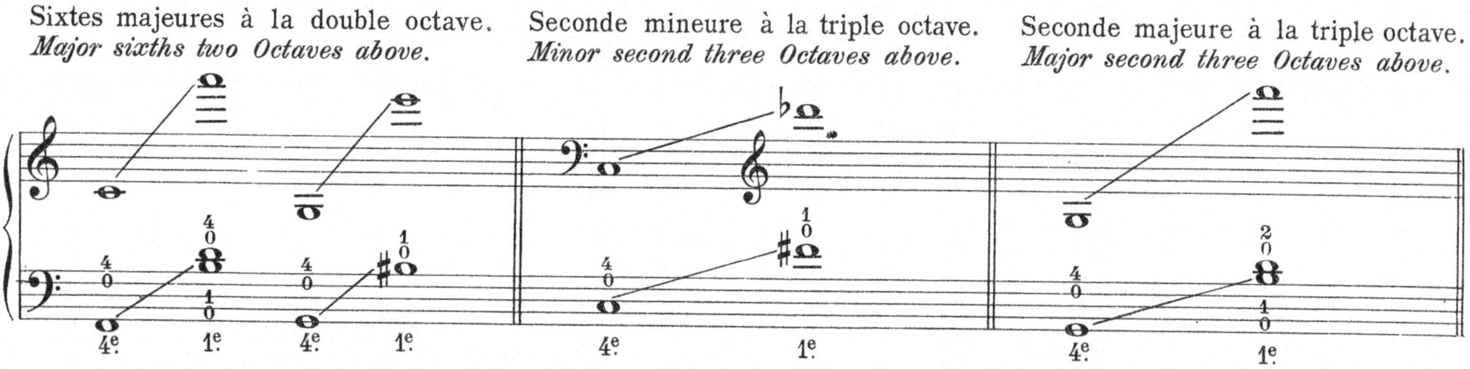

Il est tout à fait indispensable que le violoncelliste se pénètre de ce tableau. Je lui indiquerai, à cet effet, un procédé mnémonique absolument simple. Nous diviserons le travail en six parties.

1e Partie: Prenons tous les intervalles réalisables sur une seule corde, (par exemple la chanterelle), en passant à tour de rôle par tous les degrés, mais sans déplacer la main entre les deux notes composantes de chaque intervalle. De l'intervalle minimum à l'intervalle maximum, qui sont ici l'unisson et la quarte à l'octave, nous trouverons les possibilités ci-dessous, à extraire du tableau précédent:

It is quite indispensable that the violoncellist should master this table. In order to do this I will give him a very simple method for memorizing it. We will divide the work into six parts.

1st Part: Let us take all the intervals that can be obtained on a single string, (as for instance the A string) passing in turn through all the degrees, but without changing the place of the hand between the two productive notes of each interval. From the minimum interval to the maximum interval, that are here the unison and the fourth all' Octava, we find the following possibilities, drawn from the foregoing table:

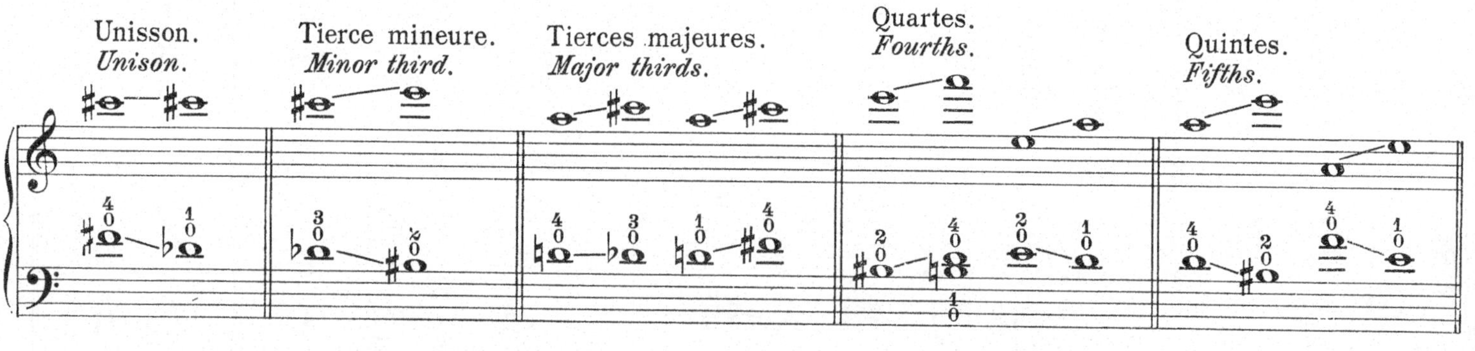

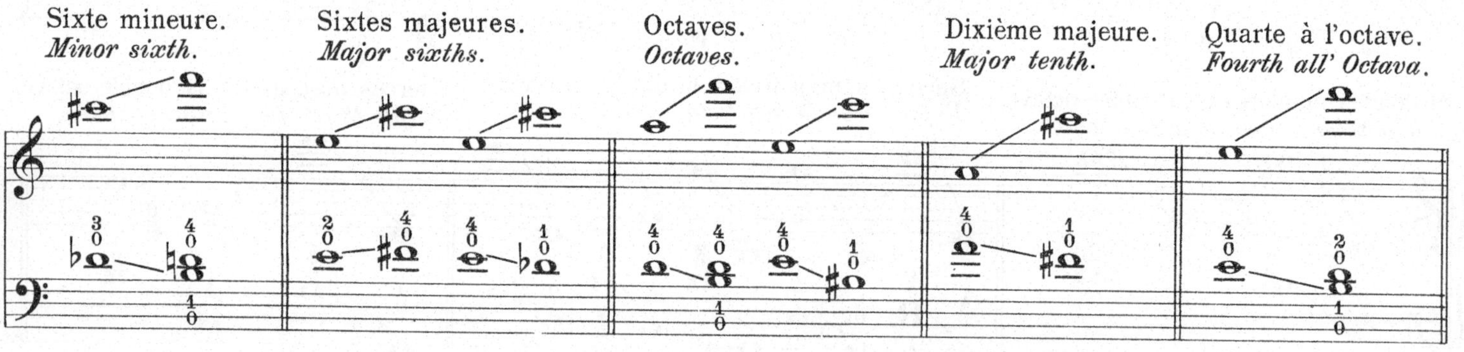

Cette série étant apprise par cœur, le profit de la connaissance, ainsi acquise, sera quadruplé. Chaque corde offre, bien entendu, les mêmes ressources, quant au nombre des intervalles que l'on peut en tirer; aussi ne restera-t-il à l'exécutant qu'une transposition des plus facile à faire pour reproduire, sur n'importe laquelle des autres cordes, le résultat de cette première étude.

IIe Partie: L'exécutant devra extraire du tableau, et cela d'après le modèle ci-dessus, tous les intervalles réalisables, sur chaque degré à tour de rôle, entre deux cordes voisines, (par exemple „*Ré*" et „*La*") chacune des deux notes qui composent chaque intervalle, se jouant sur une corde différente. Intervalles extrêmes: unisson et double octave. Le résultat de cette étude sera triplé par la transposition.

IIIe Partie: Même travail pour deux cordes séparées entre elles par une corde intermédiaire. Intervalles extrêmes: Seconde majeure, et quinte à la double octave. Le résultat de cette étude sera doublé par la transposition.

IVe Partie: Même travail pour les rapports entre les deux cordes extrêmes. Intervalle minimum: tierce majeure; intervalle maximum: seconde majeure à la triple octave.

Ve Partie: Analyse du multiple-emploi; autrement dit: étude séparée des combinaisons, plus ou moins nombreuses, selon le cas, pouvant aboutir, au même effet acoustique.

VIe Partie: Récapitulation des 5 autres parties, au moyen d'un questionnaire indéfini, dans le genre du suivant.

Quelles sont les octaves réalisables entre les cordes „*Ré*" et „*Sol*"?

Quelle est la note obtenue au moyen du double-effleurement (1/4 1/8) sur la corde „*Do*"?

Quelles sont les dixièmes majeures réalisables entre les deux cordes extrêmes?

Combien peut-on exécuter de doubles octaves? Quelles sont elles? Quel en est le doigté?

Quelles sont les quintes que l'on peut jouer sur la corde „*Ré*"? Par quels doigts?

Etc. ..... Etc. ..... Etc. .....

On voit qu'il est possible d'acquérir, en six séances bien employées, une connaissance parfaite de la catégorie dite: „Harmoniques naturelles."

Harmoniques „artificielles."

Les harmoniques artificielles sont le résultat d'une combinaison simultanée, sur la même corde, d'un doigt-sillet et d'un doigt effleurant. Idéalement, toute fraction vibrante obtenue par l'appui ferme d'un doigt, sur un point quelconque d'une corde, et comprise entre ce doigt et le chevalet, possède, à son tour, une série d'harmoniques, identique à celle de la corde à vide, tout comme si cette dernière était simplement rehaussée au moyen d'un ou de plusieurs tours de cheville, jusqu'au degré de l'échelle musicale, fixé, pour l'harmonique artificielle, par le déplacement du sillet.

On verra, au chapitre des harmoniques du „démanché", l'usage que l'on peut faire d'un certain nombre de „combinaisons artificielles."

Au manché, vu l'exiguïté de l'écartement des doigts, (en proportion de la partie vibrante de la corde), nous ne trouvons que deux sortes d'applications de l'harmonique artificielle. La première, (la plus importante,) consiste à effleurer par le 4e doigt, la quarte au-dessus du degré déterminé par l'appui ferme du 1er doigt.

L'effet acoustique étant, dans ce cas, invariablement la double octave de la note du 1er doigt, je me contenterai, pour l'écriture instrumentale, d'une seule portée: celle de l'exécution.

Au cours de la notation ci-dessous, le point de l'effleurement est figuré par une note en losange.

This series having been learnt by heart, the knowledge thus acquired can be quadrupled. Each string offers, of course, the same resources, as far as the number of obtainable intervals is concerned; all that is required is, therefore, an easily executed transposition, in order to reproduce on any one of the other strings, the result of this first study.

2nd Part: The player should extract from the table, taking the above as a model, all the intervals playable, on each degree in turn, between two neighboring strings, (for instance, "D" and "A") each one of the notes producing each interval being played on a different string. Extreme intervals: unison and double Octave. The result of this will be trebled by transposition.

3rd Part: Same study for two strings separated from each other by an intermediary string. Extreme intervals: Major second, and fifth two octaves above. The result of this study will be doubled by transposition.

4th Part: Same study for the relations between the two outside strings. Minimum interval: Major third; maximum interval: major second three octaves above.

5th Part: Analysis of the multiple use; in other words: study separately of the combinations, more or less numerous, as the case may be, that can bring about the same acoustic result.

6th Part: Recapitulation of the other five parts, by means of an indefinite questionnaire, somewhat as follows.

What are the octaves that can be produced between the strings "D" and "G"?

What is the note that can be obtained by the double touch (1/4 1/8) on the C string?

What are the possible major tenths between the two outside strings?

How many double octaves are there? What are they? What is their fingering?

What are the fifths that one can play on the D string? With what fingers?

Etc...... Etc...... Etc......

One can see that it is possible to acquire, in six well employed lessons, a perfect knowledge of the category known under the name of "Natural Harmonics."

"Artificial" Harmonics.

The artificial harmonics are the result of a simultaneous combination, on one and the same string, of a nut finger and a "light touch" finger. Theoretically every vibrating fraction obtained by the firm pressure of a finger on any part of a string, and situated between this finger and the bridge, possesses in its turn a series of harmonics, identical with that of the open string, exactly as though the latter, simply by several turns of the peg, had been brought up to the pitch of the degree of the musical scale fixed, for the artificial harmonic, by the change of place of the nut.

One will see, in the chapter on harmonics of the "thumb-position" the use that can be made of a certain number of "artificial combinations." At the neck, on account of the smallness of stretch between the fingers, (in proportion to the vibrating part of the string), we will find only two kinds of applications of the artificial harmonic. The first, (the most important), consists in touching slightly with the 4th finger, the fourth above the degree of the scale determined by the firm pressure of the 1st finger.

As the acoustic effect, in this case, is invariably the double octave of the note of the 1st finger, I will content myself, for the instrumental writing, with a single staff: that of the execution.

In the notation given below, the notes to be touched lightly are designated by a square note.

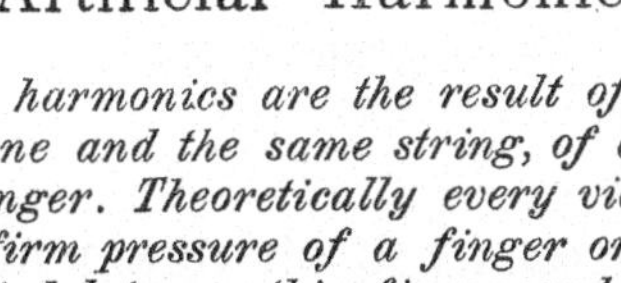

L'on peut exécuter, en sons harmoniques artificiels, tous les degrés chromatiques compris entre les deux points extrêmes, qui sont, au manche:

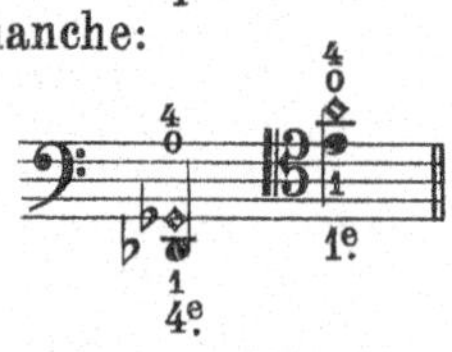

One can execute, in artificial harmonics, all the chromatic notes comprised between the two extreme points, that are, at the neck:

Voici quelques exercices destinés à habituer le violoncelliste aux enchaînements de plusieurs „harmoniques artificielles." L'on sera tenu d'y observer rigoureusement les différences de dimension dans les intervalles de quarte, dimension toujours proportionnelle à celle de portion vibrante de la corde jouée. Ainsi, dans la partie inférieure du manche, les 1er et 4e doigts devront être sensiblement moins écartés qu'ils ne le seront aux alentours du sillet.

Here are a few exercises intended to accustom the violoncellist to the successions of several "artificial harmonics." In these one must pay strict attention to the differences of dimension in the intervals of the fourth, intervals that are always proportionate to the vibrating part of the string in play. For instance, in the lower part of the neck, the 1st and 4th fingers will be much less far apart than they would be in the region of the nut.

Exercices.

Exercises.

Il sera utile de transposer sur les 3 autres cordes, quelques-uns de ces exercices.

It will be useful to transpose some of these exercises onto the three other strings.

Exercices avec changements de corde.

Exercises with changes of string.

Emploi mixte des harmoniques naturelles et artificielles.

Dans un assez grand nombre de cas, l'on combine alternativement ces deux sortes d'harmoniques. Il se peut, par exemple, que dans une série d'harmoniques naturelles, on soit obligé d'intercaler momentanément le sillet artificiel, en vue de pouvoir exécuter une note ne figurant pas dans les divisions de la corde à vide.

Mixed use of the natural and artificial harmonics.

In a fairly great number of cases, one combines alternately these two kinds of harmonics. It might be, for instance, that in a series of natural harmonics one would be obliged to insert temporarily the artificial nut, in order to play a note that does not figure in the divisions of the open string.

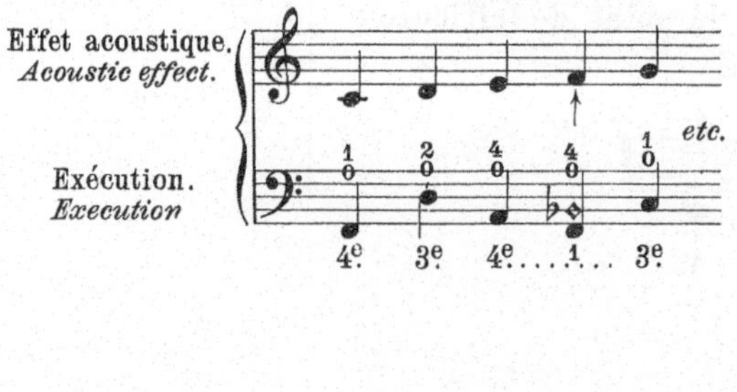

L'harmonique artificielle peut aussi remplacer une harmonique naturelle existante, lorsque son adjonction doit éviter à la main gauche un déplacement important, ou simplement lorsque la division naturelle suppléée se trouve dans la partie supérieure du manche, et présente, par ce fait, des conditions d'émission moins avantageuses que celles de la division artificielle.

Ce dernier cas, de même que celui de force majeure, se trouvent contenus plusieurs fois dans l'exemple ci-dessous:

The artificial harmonic may also replace an already existing natural harmonic, when its use may relieve the left hand of an important change of place, or simply when the natural replaced division is situated in the upper part of the neck, and presents, for this reason, less advantageous conditions for the emission than those of the artificial division.

This last case, as well as that of "force majeure," will be found in several places in the following example:

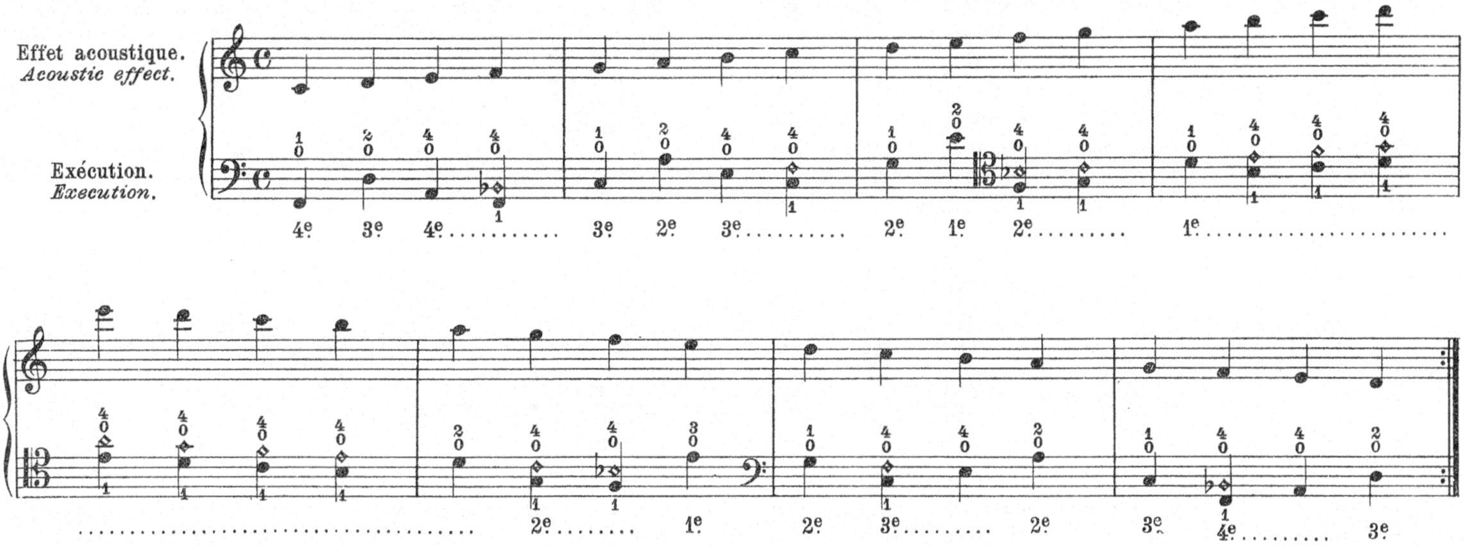

Même procédé pour une série diatonique en *sol* majeur.

Voici, selon moi, en me basant sur le même principe, le meilleur doigté pour la gamme et l'arpège de *ré* majeur.

Same method for a diatonic series in G major.

Taking as a base the same principal here is, to my mind, the best fingering for the scale and the arpeggio of D major.

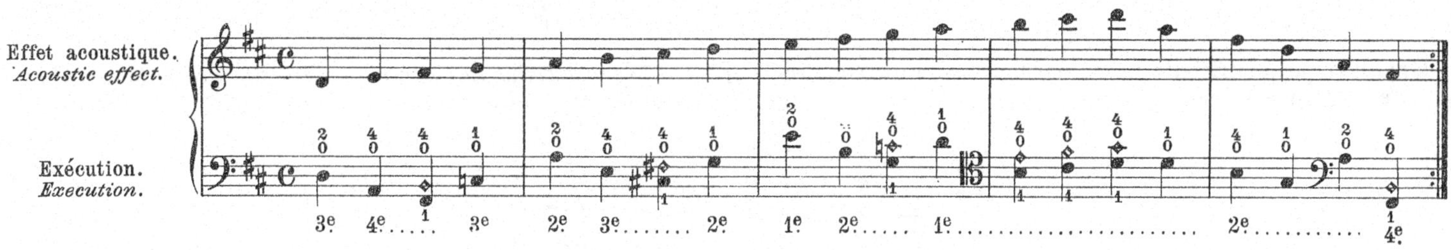

Trois variantes utiles de l'exercice précédent, seraient: l'arpège ascendant, suivi de la gamme descendante; l'arpège, alternativement dans ses deux directions; la gamme alternativement dans ses deux directions.

Three useful variants of the foregoing exercise would be: the rising arpeggio, followed by the falling scale; the arpeggio, alternately, in both directions; the scale, alternately, in both directions.

Les combinaisons d'intervalles entre harmoniques naturelles et harmoniques artificielles sont innombrables, on s'en rend facilement compte. Je tiens à citer, néanmoins, trois intéressantes octaves mixtes:

One can easily realize that the combinations between natural and artificial harmonics are innumerable. Nevertheless, I would call attention to three interesting mixed octaves:

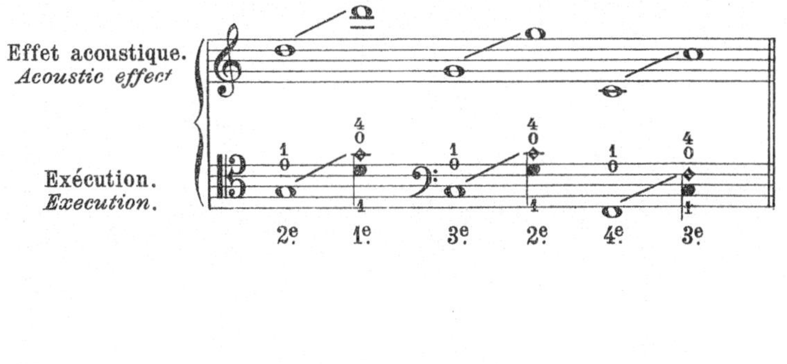

La deuxième application des harmoniques artificielles consiste à adjoindre au doigt-sillet un double-effleurement (1/4 1/8). L'effet acoustique de ce procédé est la triple octave de la note appuyée. On pourra faire servir pour l'étude des harmoniques artificielles à double-effleurement, les exercices destinés aux autres harmoniques artificielles sur une seule corde.

The second application of the artificial harmonics consists in adding to the nut finger a double light-touch (1/4 1/8). The acoustic effect of this is the triple octave of the pressed note. One can use, for the study of artificial harmonics with a double light-touch, the exercises intended for the study of other artificial harmonics on a single string.

Exemple:
Example

1e Corde. - *1st String.*

Les harmoniques artificielles, quelles qu'elles soient, se jouent toujours „arco". Il en est de même pour la plupart des harmoniques naturelles. Il y en a pourtant deux, parmi ces dernières, qui, étant donné le petit nombre des divisions que chacune d'elles impose à la corde, ne perdent pas, par l'exécution pizzicato, le volume de son nécessaire à leur perceptibilité.

Les harmoniques en pizzicato, rappellent le timbre des sons harmoniques de la harpe, ou encore des vibrations de cloches.

All artificial harmonics, no matter of what kind, are played "arco." It is the same with the majority of natural harmonics. There are however, among the latter, two, that, owing to the small number of divisions that they require of the string, do not, when played pizzicato, *lose the volume of sound necessary to be audible.*

The harmonics played pizzicato *remind one of the quality of sound of harmonics on the harp, or again of the vibrations of bells.*

Effet acoustique.
Acoustic effect.

Exécution.
Execution.

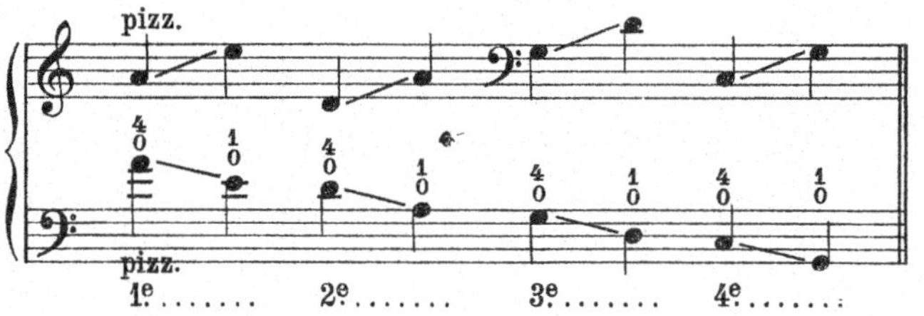

Pour les mêmes raisons, ces deux seules harmoniques ont une ampleur sonore permettant la combinaison de l'une d'elles, en exécution simultanée avec une note réelle sur une corde voisine.

For the same reason, these two harmonics only have sufficient sonority to permit of the combination of one of them executed simultaneously with a real note on a neighboring string.

Exemple.
Example.

L'harmonique artificielle ne se combine avec un son réel qu'en exécution alternée.

The artificial harmonic can be combined with a real note only by alternation.

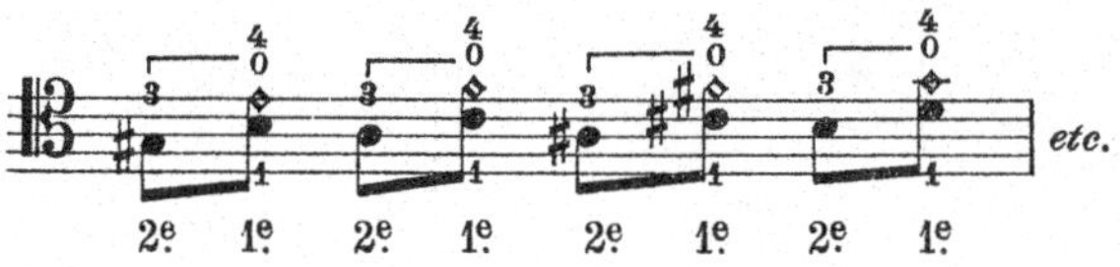

L'exécutant peut maintenant, s'il a bien approfondi ce chapitre, exercer son ingéniosité dans l'exploration d'un monde sonore nouveau pour lui. Je lui conseille de s'exercer à l'exécution improvisée d'un certain nombre de phrases musicales, choisies parmi celles dont la tonalité est riche en harmoniques naturelles, (sans préjudice, bien entendu, de la combinaison de ces dernières avec les harmoniques artificielles).

Je prends, à titre d'exemple, quelques mesures du „Cygne" Saint-Saëns.

If he has thouroughly mastered this chapter, the player can now exercise his ingenuity in exploring a, to him, new world of sound. I would advise him to practice improvising a certain number of musical phrases, chosen among those that are rich in natural harmonics (without prejudice, of course, to the combination of the latter with artificial harmonics.)

As an example, a few bars of the "Cygne" by Saint-Saëns are given below.

Effet acoustique.
Acoustic effect.

Exécution.
Execution.

Anomalies.

Un phénomène assez curieux permet d'aligner au-dessus de certaines harmoniques (principalement de l'harmonique „¼“ sur la Chanterelle) une série diatonique ou chromatique de notes effleurées, à la condition que l'on maintienne sur leur point d'action, ceux des doigts effleurants qui, ayant déjà servi, se trouveront porter un chiffre inférieur à celui du doigt exécutant la note du moment.

Anomalies.

A rather curious phenomenon permits the playing above certain harmonics (principally the harmonic ¼ on the A string) of a series of lightly touched diatonic or chromatic notes, on condition that those fingers already used, of an inferior fingering number to that of the finger in play, be maintained on the notes that they have played.

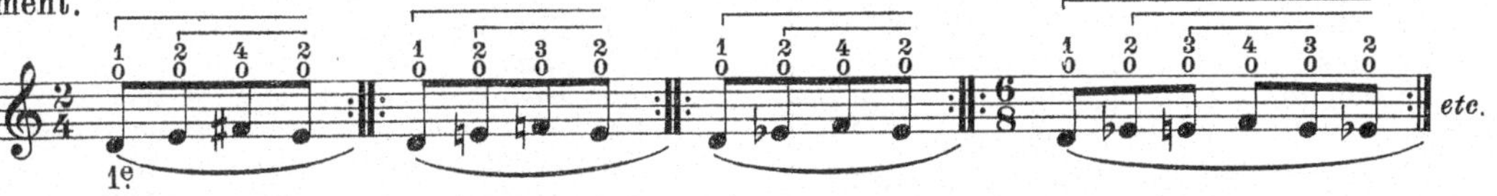

L'effet acoustique de cette notation correspondrait à une transposition, ayant pour point de départ, le premier son harmonique joué; soit, dans le cas présent, le „*la*“ double octave de la corde à vide.

Ce même phénomène (applicable, le cas échéant, ainsi qu'on le verra par la suite, à toutes les harmoniques artificielles „¼“ du „démanché“) peut se répéter à ½ ton, voire même à 1 ton au-dessous de l'harmonique initiale, pour peu que, dans ce cas, une légère percussion frappée du doigt affirme son passage effleuré sur la corde.

L'on doit à cette particularité de pouvoir exécuter des trilles harmoniques avec terminaisons.

The acoustic effect of this notation would correspond to a transposition, of which the point of departure would be the first harmonic played; that is to say, in the present case, the "A" two octaves above the open string.

The same phenomenon (that can be applied, when necessary, as will be seen later on, to all the artificial harmonics of the "thumb-position") can be repeated a half a tone, or even a whole tone below the principal harmonic, on condition that, in this case, a slight percussion of the finger affirms its (light) passage on the string.

It is thanks to this peculiarity that one is able to execute harmonic trills with final notes.

Je dois enfin, à la documentation instrumentale, de citer, ici, un dernier fait, bien que l'indigence sonore résultant de son emploi, lui retire toute qualité pour servir à des effets musicaux. L'on peut, au moyen d'un appui imparfait des différents doigts-sillets, et à la condition que ces derniers s'appliquent un par un sur la corde jouée, réaliser l'octave au-dessus de la note réelle, et cela sur tous les degrés chromatiques compris entre le premier „*si*♮“ et le premier „*sol*♯“ de la chanterelle, ou sur tous les degrés correspondants de chacune des trois autres cordes.

Les sons ainsi obtenus ne constituent pas des harmoniques proprement dites, mais je ne pouvais en faire mention ailleurs que dans ce chapitre-ci.

As being of merely documentary value I would finally mention something, although the paucity of sound resulting from its use precludes its use for any musical effects. One can, by means of the imperfect pressure of the different nut fingers, and on condition that the latter are placed one by one on the string, obtain the octave above the real note, and that on all the chromatic degrees of the scale comprised between the first "B♮" and the first "G♯" of the "A" string, or on all the corresponding degrees of each of the three other strings.

Properly speaking, the sounds thus obtained do not constitute harmonics, but I could not speak of them elsewhere than in this chapter.

Étude des doubles notes (au manche).

Nous avons eu souvent l'occasion de placer simultanément sur plusieurs cordes, les doigts déterminant les degrés constitutifs d'un accord.

D'autre part, notre archet s'est accoutumé, au cours de cette même étude des accords, comme aussi lors des alternances polyphoniques de trois mêmes cordes (voir au chapitre des alternances, l'exemple extrait du Prélude en *ut* majeur – 3º suite de Bach,) à enchaîner, par le maintien de la sonorité sur la corde médiane, deux doubles cordes situées sur deux points différents de l'arc de cercle du chevalet.

Il ne s'agit donc plus ici d'acquérir ces connaissances, si indispensables à la présente branche de la technique, mais de les amplifier par l'adjonction d'une complication nouvelle: la coïncidence entre le déplacement de la main gauche, et celui de l'archet, ce dernier quittant les cordes graves pour les aiguës, ou inversement. Cette difficulté ne nous est pas non plus tout à fait étrangère. A tout instant nous contournons l'une de ses formes, lorsque nous exécutons, en notes simples, les gammes de *mi* majeur, *si* majeur, *fa*♯ majeur, etc...

Il importera, dans les exercices qui vont suivre, de maintenir, pendant le déplacement courbe de l'archet, la note jouée sur la corde commune aux deux doubles notes, et d'effectuer le déplacement de la main gauche, au moment précis où l'archet, finissant son mouvement de transition, atteindra son but.

Exemple pour une série ascendante:

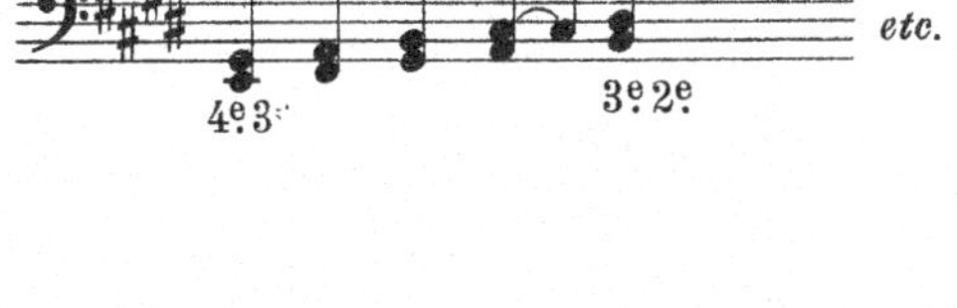

The study of double notes (at the neck).

We have often had occasion to place simultaneously on several strings the fingers determining the different notes of a chord. On the other hand, during the course of the study of these same chords as also of the polyphonic alternations of three strings (see in the chapter on alternations the example drawn from the C major Prelude – 3rd Suite – by Bach) the bow has got accustomed, by means of the maintenance of the sonority of the middle string, to linking up two double strings situated on two different parts of the arc of the circle of the bridge. Here, therefore, it is no longer a question of acquiring this knowledge, that is so indispensable for this branch of violoncello technique, but rather to amplify it by the adjunction of a new complication: the coincidence of the change of position of the left hand with that of the bow, the latter leaving the low strings for the high ones or vice versa. This difficulty is also not quite unknown to us. We are continually passing around one of its forms when we play, in single notes, the scales of E major, B major, F♯ major, etc...

It will be essential, in the following exercises to maintain, during the circular movement of the bow, the note played on the string that is common to both double notes, and to change the place of the left hand at the precise moment when the bow, finishing its transitory movement, has reached its goal.

Example for a rising series:

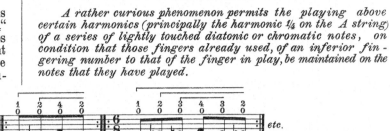

Exemple pour une série descendante:

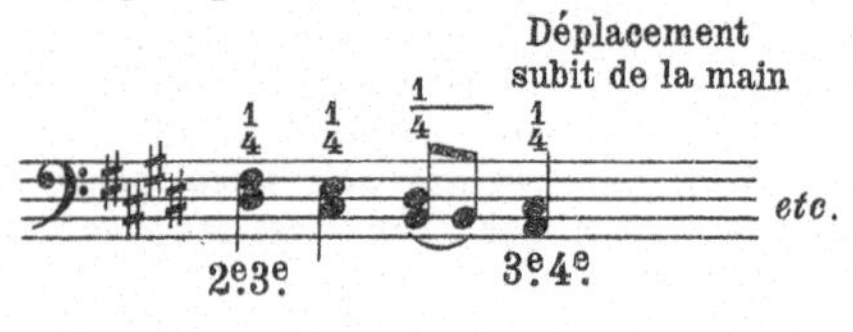

L'exécutant pourra transposer quelques-uns des exercices suivants, s'il juge ennuyeuse la répétition fréquente d'une même série de notes dans un seul ton. Si, personnellement, je m'abstiens de ce travail, c'est qu'il n'y a pas lieu de l'imposer à chacun. Je n'ai pas davantage pour but, la nomenclature des ressources musicales offertes par les rapports des doubles-notes entre elles; ces ressources sont infinies.

Je veux simplement donner aux violoncellistes une série de combinaisons, aussi profitables à l'évolution souple de la main gauche, qu'à la constance d'équilibre de l'archet.

Il me faut encore dire ici qu'il existe pour chaque espèce de doubles-cordes, plusieurs doigtés. Le doigté, apparemment fixe, d'une double-corde, peut être modifié par les rapports de cette dernière avec les notes qui l'environnent, ou même par sa tessiture. Ainsi par exemple, les tierces sans cordes à vide, s'exécutant par le 4e doigt pour la note inférieure, et le 1er doigt pour la note supérieure. Voici pourtant un doigté parfaitement logique pour un degré élevé du manche, puisqu'il supprime, grâce à l'extension provisoire, le déplacement de la main gauche.

Cet exemple prouve combien il serait téméraire de vouloir indiquer, non pas un bon doigté, mais l e d o i g t é convenant à chaque groupement.

Les exercices ci-après devront être joués tour à tour avec chacun des coups d'archet indiqués lors de l'étude des gammes. Je tiens, néanmoins, à localiser plus particulièrement les efforts de l'exécutant sur le „legato" pendant le déplacement courbe de l'archet.

Example for a falling series:

The player may transpose some of the following exercises, if he finds the frequent repetition of the same series of notes in the same key monotonous. If personally I refrain from doing it, there is no reason for imposing it on others. It is not my intention, either, to name all the musical resources offered by the relations of the double-notes to each other; these resources are infinite. I merely wish to give to violoncellists a series of combinations, as useful for the supple evolution of the left hand as for the constancy of the equilibrium of the bow.

I must also state here that for each kind of double-strings there are several fingerings. The apparently fixed fingering of a double-string may be modified by the relations of the latter to the surrounding notes, or even by its tessitura. Thus for example, thirds without open strings are played with the fourth finger for the lower note and the first finger for the upper one. And yet here is a perfectly logical fingering for a position high up the neck, since it suppresses, thanks to the temporary extension, the change of position of the left hand.

This example proves how rash it would be to wish to give, not a good fingering, but t h e fingering for each group.

The following exercises should be played in turn with all the different styles of bowing given for the study of the scales. Nevertheless I should advise the player to bring special effort to bear on the execution of the "legato" during the curved movement of the bow.

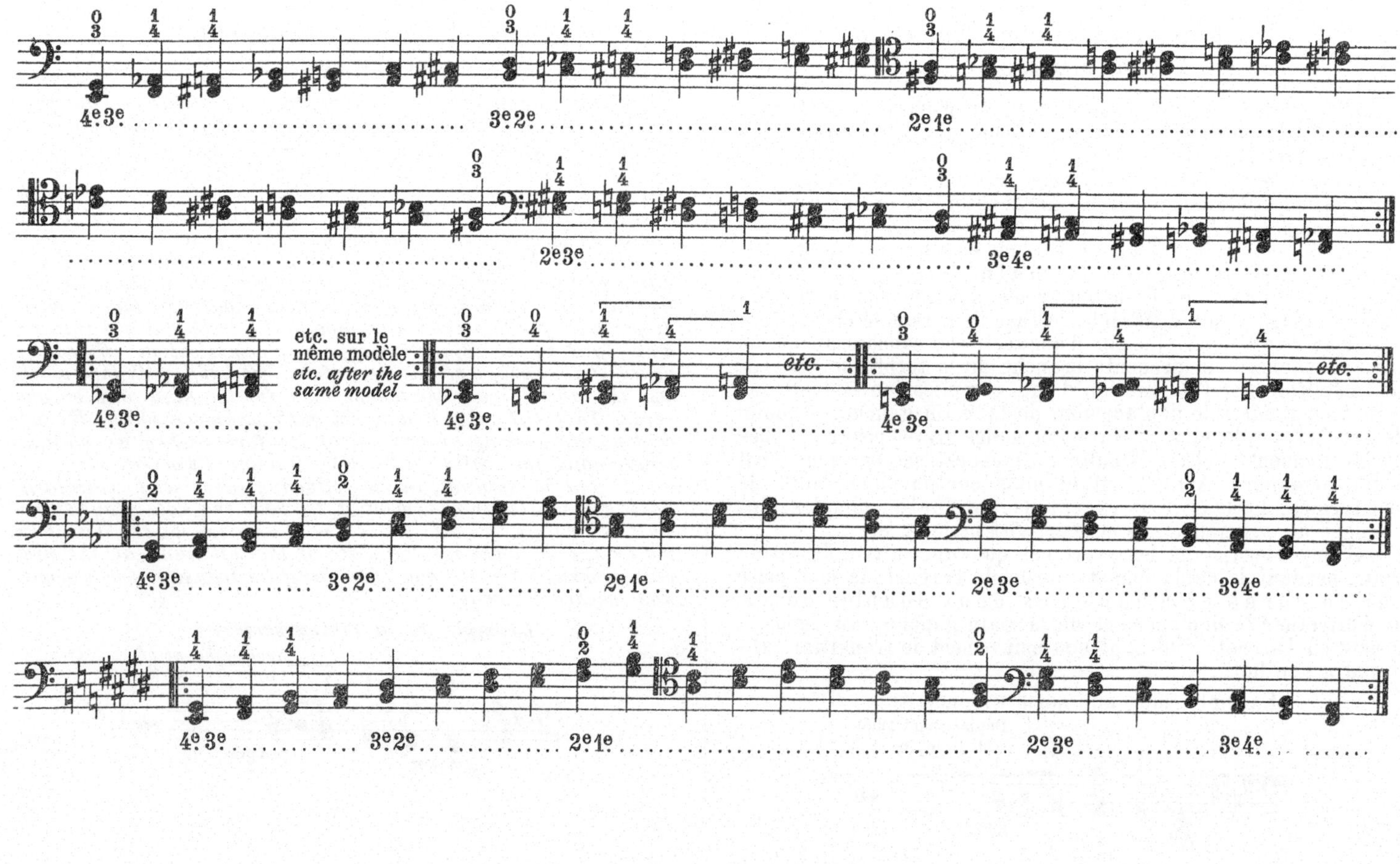

Je suis forcé d'intercaler, ici, une parenthèse concernant la main gauche. Lorsque le changement de corde d'un doigt, suivra immédiatement son emploi sur l'une des cordes voisines, (exercices 1 à 6,) ou lorsque continuant à servir sur une corde, ce doigt devra aussi occuper passagèrement le point correspondant d'une corde relativement plus grave, (exercices 7 à 20) les „échanges" ou les „adjonctions" qui résultent de ces deux cas devront se faire **sans articulation**, et par de simples glissements transversaux, perpendiculaires à la longueur des cordes.

I am forced to insert here a parenthesis concerning the left hand. When the change of string by a finger follows immediately upon its use on one of the neighboring strings (exercises 1 to 6,) or when, its use being continued on a string, a finger has temporarily to occupy the corresponding place on a relatively lower string (exercises 7 to 20) the "changes" or "adjunctions" resulting from these two cases should be made without moving the joints of the fingers, simply by transversal slides, perpendicular to the length of the strings.

L'accélération des exercices 7 à 10 constituant une sorte de „vibrato transversal", j'intitulerai par la suite „trilles vibrés" les trilles à exécuter d'après ce même procédé.

The acceleration of the exercises 7 to 10 produces a kind of "transversal vibrato". I shall in future call the trills that are to be played in this manner "vibrated trills".

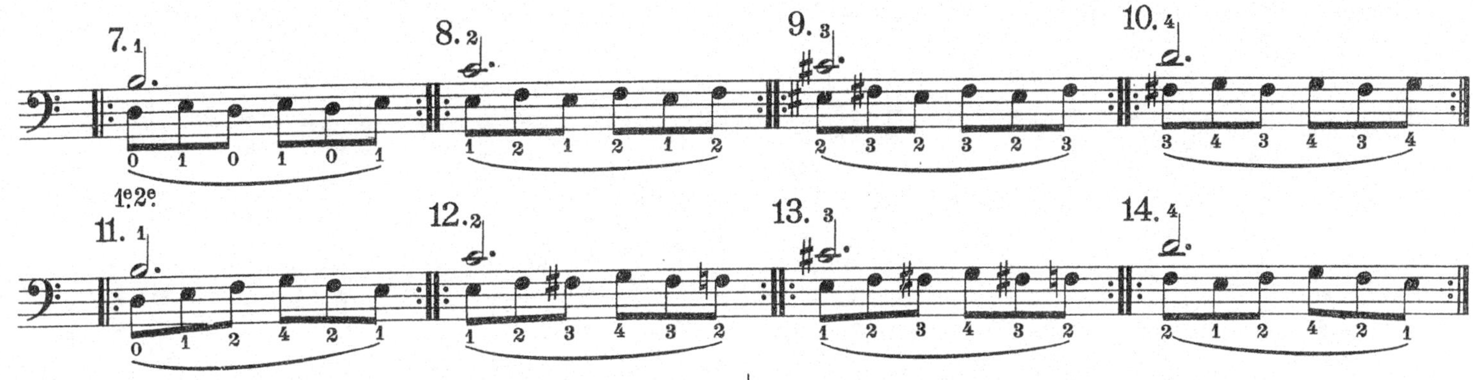

L'accélération des exercices 15 à 20 constituera le „double trille vibré".

The acceleration of the exercises 15 to 20 will produce the "double vibrated trill".

Lorsque le second emploi d'un doigt déjà occupé portera sur une deuxième corde plus aiguë que la première, la quinte supérieure de la note déterminée par ce doigt s'obtiendra par un fléchissement de la première phalange dudit doigt. (Exercices 1 à 8 de cette nouvelle série.)

When the second employment of a finger already in use is to be on a second string that is higher than the first, the fifth above the note being played by this finger will be obtained by the giving way of the first phalange of this finger. (Exercises 1 to 8 of this new series.)

Dans ce cas le trille vibré est impossible. On verra plus loin par quels artifices de doigté on peut suppléer au trille vibré par un trille articulé. Revenons pour le moment aux successions régulières.

In this case the vibrated trill is impossible. It will be seen later on by what arrangement of the fingers it will be possible to replace the vibrated trill by an articulated trill. Let us return for the moment to the regular successions of notes.

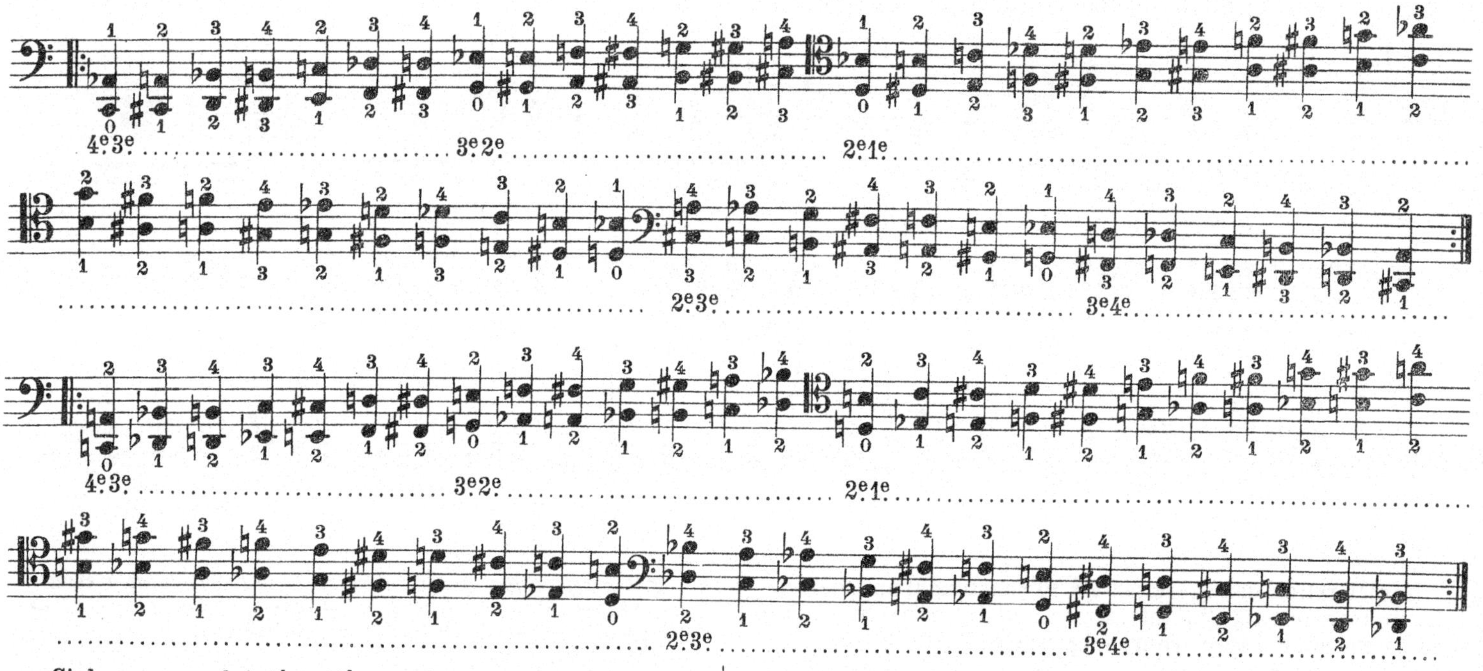

Ci-dessous un doigté usité pour les glissades chromatiques en sixtes.

Here is a fingering used for chromatic slides in sixths.

* Mes préférences personnelles vont au second doigté, par lequel on économise, grâce à l'extension provisoire, un déplacement. Ci-après, les deux mêmes gammes, avec un doigté glissé, uniforme, comprenant des extensions et rapprochements alternés.

** My personal preference goes to the second fingering, by which, thanks to the temporary extension, one suppresses one change of place. Underneath will be found the same two scales, with an unchanging sliding fingering, comprising alternating extensions and contractions.*

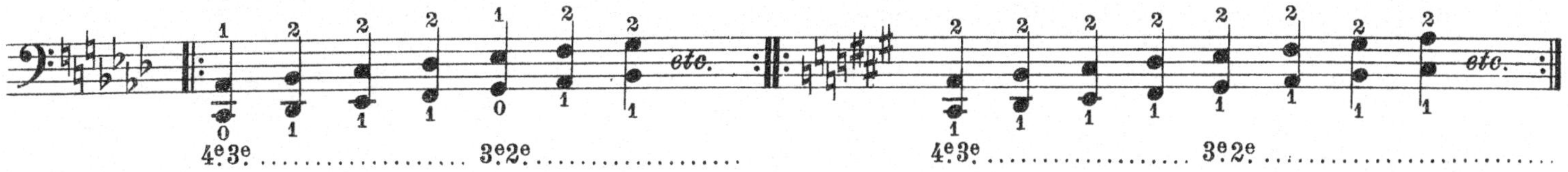

Dans l'exercice suivant, l'on devra s'efforcer de bien réaliser les extensions du 4e. doigt.

In the following exercise, one should force oneself to execute the extensions of the 4th finger cleanly.

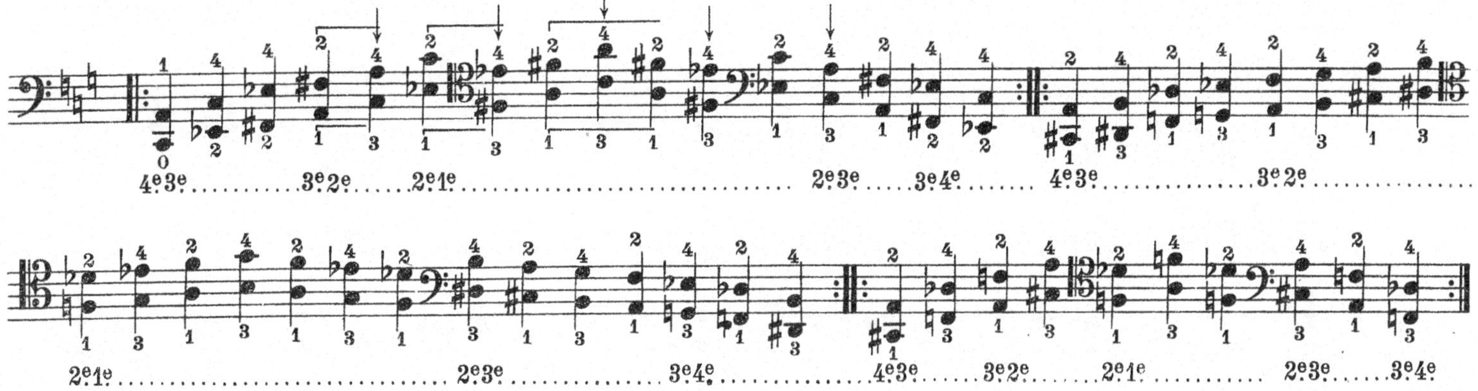

Les séries d'octaves s'exécutent généralement par le pouce pour la note grave et le 3e. doigt pour la note supérieure. Le doigté ci-dessous, utilisé, dans la pratique, pour des octaves disséminées, au manche, affermira, dans le cas présent, l'appui simultané des doigts extrêmes, au cours de l'extension provisoire.

Series of octaves are usually played with the thumb for the lower note and the 3rd finger for the upper one. The following fingering, commonly used for scattered octaves, at the neck, will strengthen in the present case the outside fingers, during the temporary extension.

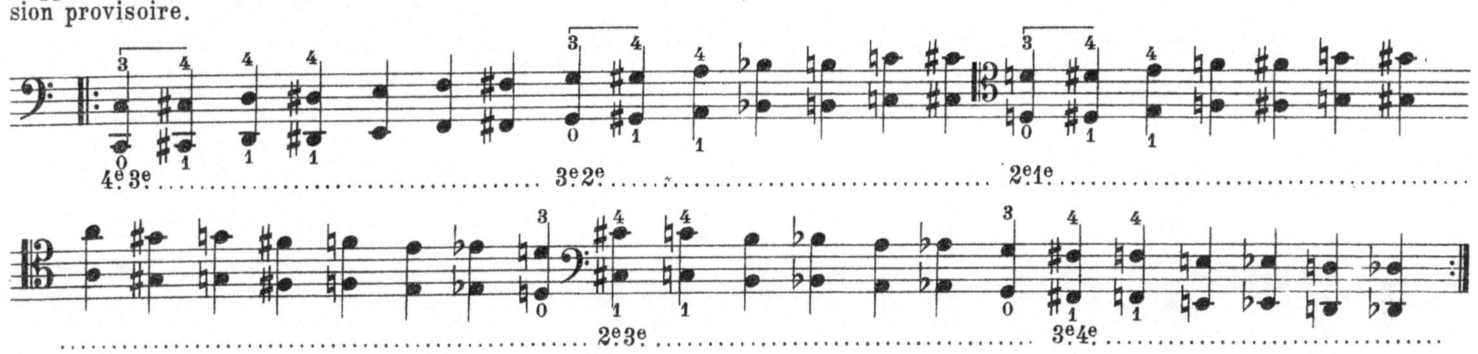

Dans l'exercice ci-dessous, l'on devra exécuter sans déplacement de la main gauche, l'octave comprenant une note à vide, et l'octave voisine supérieure; (de même dans la gamme chromatique qui précède).

In the following exercise, one should play, without any change of place of the left hand, the octave containing an open string and the neighboring superior octave; (the same in the preceding chromatic scale).

Exercices mixtes pour l'emploi combiné des doubles cordes de plusieurs espèces.

Mixed exercises for the combined use of double strings of several kinds.

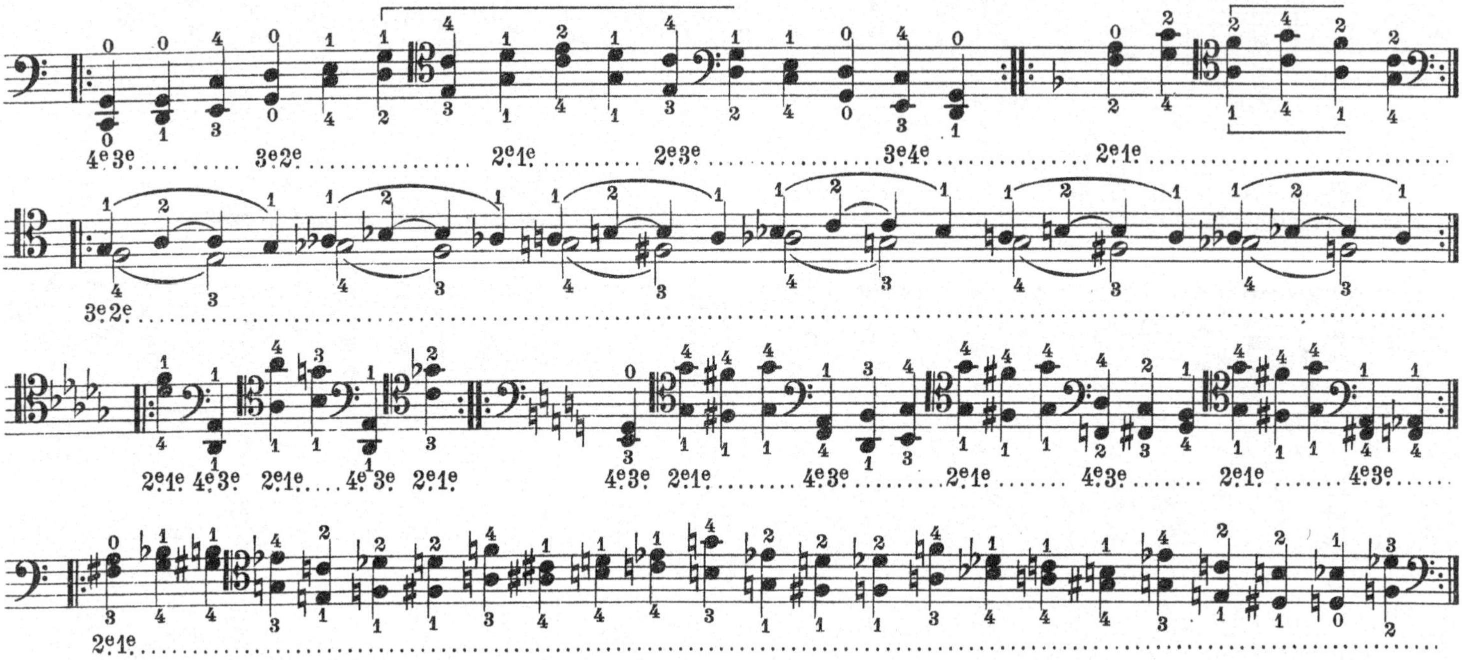

Doubles sons harmoniques naturels et artificiels.

La ligne supérieure se rapporte à l'effet acoustique; la ligne inférieure à l'exécution.

Natural and artificial double harmonics.

The upper line gives the acoustic effect; the lower line the execution.

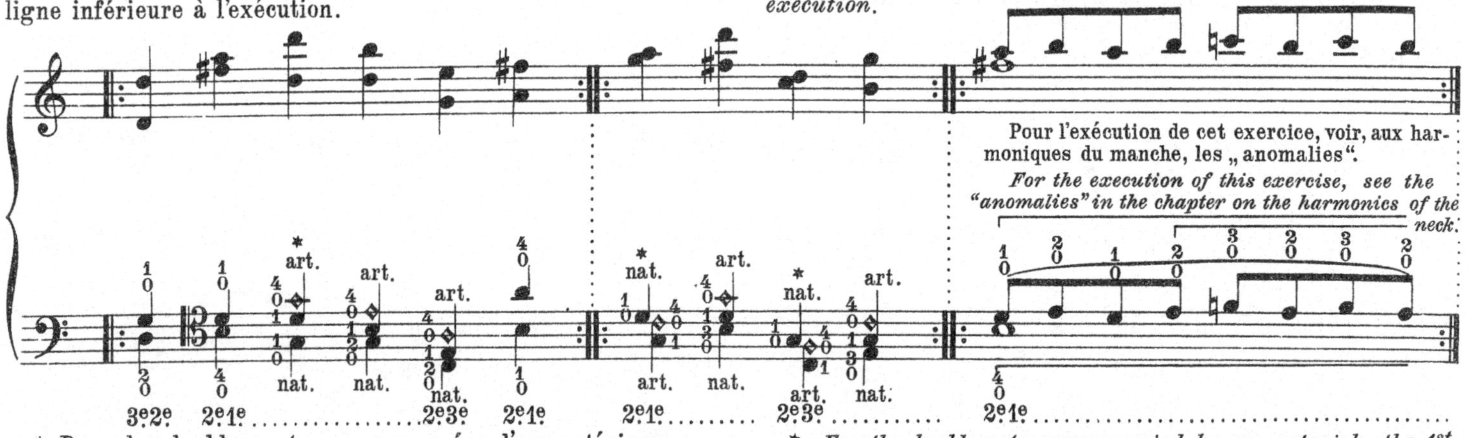

* Dans les doubles notes accompagnées d'une astérisque, le 1er doigt sert, sur une corde, de sillet artificiel, (appuyé,) et, sur l'autre corde, de doigt effleurant.

* *For the double-notes accompanied by an asterisk, the 1st finger serves on one string as an artificial nut (pressed down) and on the other for the light touch.*

Exercices en doubles cordes, avec une partie trillée sur deux.

Trilles articulés.

Dans les trilles dont la note supérieure se trouvera occuper, sur une corde voisine, le degré correspondant à celui de la note tenue, l'intervalle de quinte s'obtiendra par le „nivèlement" du doigt qui déterminera cette note tenue, et du premier doigt suivant, (portant un chiffre supérieur). On a déjà travaillé ces anomalies de tenue au chapitre des accords.

Exercises in double strings with one part trilled.

Articulated trills.

In trills of which the upper note is found to be on a degree corresponding to that of the held note, the interval of the fifth will be obtained by the "lining up" of the finger playing the latter with the finger next to it of a higher fingering number. These anomalies of disposition have already been studied in the chapter on chords.

Exemple:
Example:

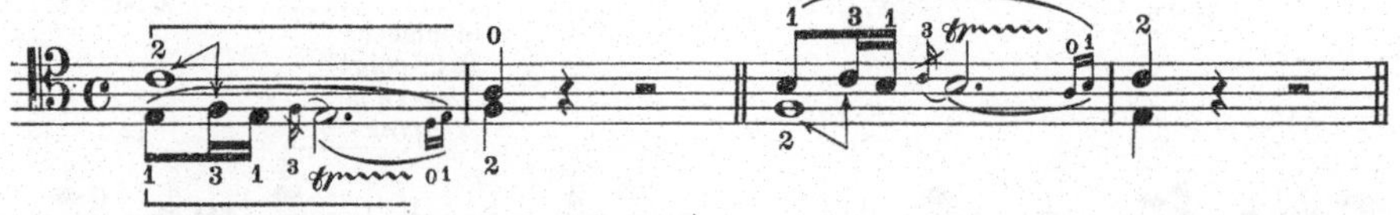

Seules, un certain nombre de terminaisons comporteront, dans le cas présent, des glissements transversaux (à la suite des trilles exécutés sur une corde plus aiguë que celle où se jouera la note tenue) et des fléchissements et repliements de phalanges (après les trilles exécutés sur la plus grave des deux cordes).

A certain number of endings only will, in the present case, call for transversal slides (at the end of trills played on a string that is higher than the one on which the held note is played) and for givings away and lifting of the phalanges (at the end of trills played on the lower of the two strings).

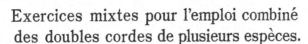

Trilles vibrés. – Vibrated trills.

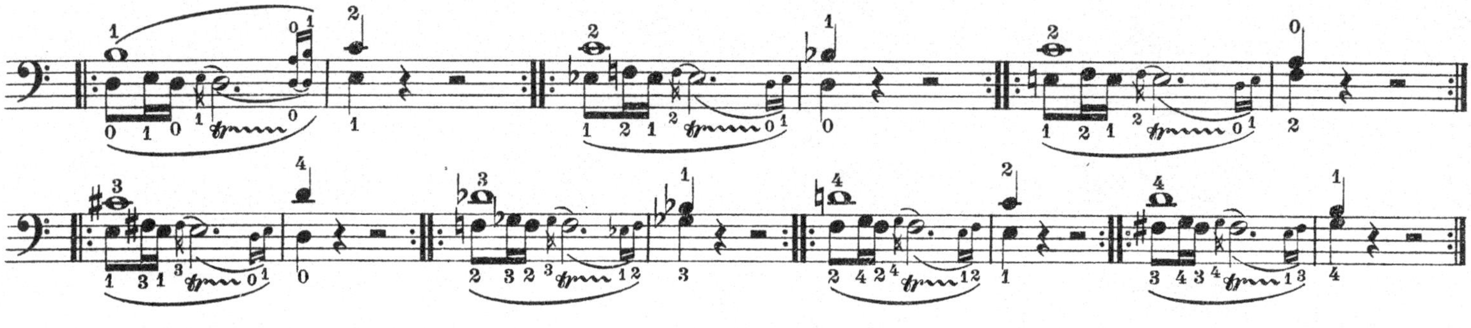

Doubles trilles articulés. – Articulated double-trills.

Doubles trilles vibrés. – Vibrated double-trills.

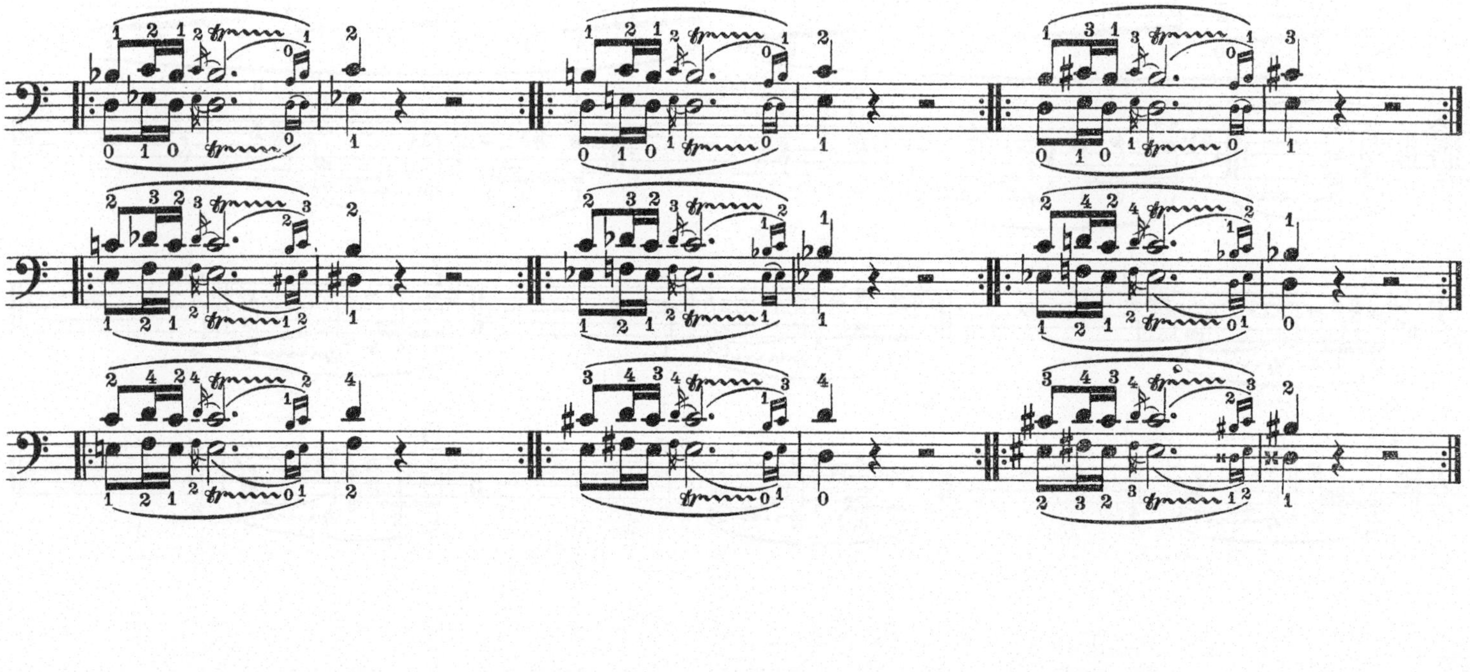

Préparation à l'emploi du pouce-sillet.

La technique de la main gauche atteint ici une de ses phases les plus intéressantes. Une vraie superstition, jadis implantée par nos ancêtres virtuoses, et maintenue encore de nos jours (la faute en incombe au peu de place que la routine cède au raisonnement, dans l'évolution des opinions de cette espèce), classe l'emploi du pouce-sillet parmi les grandes difficultés de notre instrument. Nous voyons, en effet, quantité d'amateurs, voire même de professionnels, négliger dans leur partie de musique de chambre, ou de solo, l'étude de certains passages qui ne sont faciles qu'en apparence, pour s'acharner uniquement à celle des phrases ou traits qui comportent l'usage du pouce, surtout — et cela est plus illogique encore, — lorsque ces derniers sont écrits dans un registre élevé. Une pareille appréhension serait, à la rigueur, défendable pour un passé lointain. Autrefois la tessiture normale du violoncelle se limitait au manche, et les rares applications d'une tenue, alors exceptionnelle, pouvaient effaroucher ceux qui, lors de la formation de leur technique, n'en avaient pas fait un cas suffisant.

Mais aujourd'hui l'adjonction du pouce-sillet se renouvelle à chaque instant, et un violoncelliste exercé ne peut qu'être persuadé des commodités qui en résultent, au point même, de s'en servir fréquemment au manche, pour aplanir les plus petites gênes du doigté.

L'ancienne légende „terroriste“ disparaît d'elle-même à l'énumération des avantages sérieux que l'on peut tirer de l'adjonction du pouce-sillet, en échange d'un effort relativement insignifiant. Avant de signaler les plus importants de ces avantages, je tiens à initier l'exécutant à la quatrième et dernière tenue de la main gauche. Cette tenue qui synthétise, sur un seul de ses degrés, les possibilités des tenues précédentes, sur plusieurs des leurs, permet l'utilisation des 5 doigts en qualité de sillets. Nous passerons en revue, au fur et à mesure, les dispositions de doigts, indispensables à connaître. Le nombre de ces dispositions est énorme, et défie le classement. Voici les détails que nous devrons observer pour le moment.

Le pouce se place sur les cordes transversalement, c'est-à-dire perpendiculairement à leur longueur. Il s'applique généralement sur deux cordes à la fois, et par celui de ses côtés qui resterait e n d e h o r s d e l a m a i n, si, cette dernière étant grande ouverte, l'on en juxtaposait tous les doigts. C'est à la hauteur du milieu de l'ongle, environ, que devra s'exercer, sur la plus grave des deux cordes, la pression du pouce.

Preparation for the use of the Nut-thumb.

The technique of the left hand here reaches one of its most interesting phases. A veritable superstition, formerly implanted by our ancestral virtuosos, and maintained still in our day (the fault lies with routine not giving way to reason in the evolution of opinions of this nature,) classes the use of the nut thumb among the great difficulties of our instrument. In fact, we see many amateurs, and even professionals, neglecting in their part of a piece of chamber music, or solo, the study of certain passages that are only easy in appearance, in order to devote themselves entirely to those phrases that call for the use of the thumb, especially—and that is even more illogical—when these phrases are written in a high register. Such an apprehension might possibly have been excusable in a time long since passed. Formerly the normal tessitura of the violoncello was confined to the neck, and the rare application of a disposition that was then exceptional was enough to frighten those who, during the formation of their technique, had not sufficiently studied it.

But nowadays the use of the nut thumb reverts continually, and an experienced violoncellist cannot be but persuaded of the facilities that result from it, even to the point of making frequent use of it at the neck, in order to avoid the slightest difficulties of fingering.

The old "terrorist" legend disappears by itself when one enumerates the serious advantages that can accrue from the adjunction of the nut thumb and this with a so relatively insignificant effort. Before calling attention to the more important of these advantages, I wish to initiate the player to the fourth and last disposition of the left hand. This disposition, that synthesizes on a single one of its own degrees the possibilities of the preceding dispositions on several of theirs, permits of the use of all five fingers as nuts. We will pass in review, successively, the finger-dispositions that are indispensable to know. The number of these dispositions is enormous and defies classification. Here are the details that we must observe for the moment.

The thumb is placed on and across the strings, that is to say, perpendicularly to their length. It is generally applied to two strings at a time, and t h a t, by the edge that would be o n t h e o u t s i d e o f t h e h a n d, if the latter were held wide open with all the fingers touching. It is at about the level of the middle of the nail that the pressure of the thumb should be applied to the lower of the two strings.

Coupe du pouce par les cordes.
Crossing of the thumb by the strings.

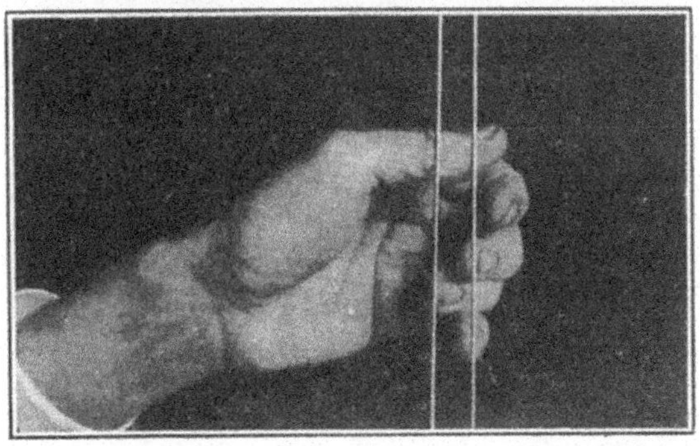

Aspect extérieur de la main dans l'une des formes de la 4e tenue.
Exterior aspect of the hand in one of the shapes of the 4th disposition.

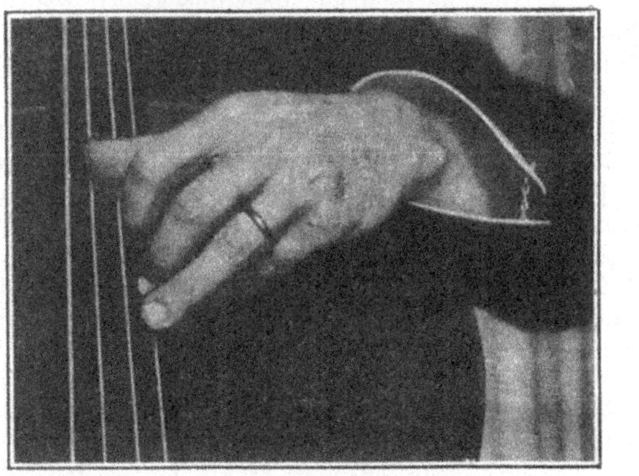

La pouce étant, de par la structure même de la main, un doigt complètement indépendant, on peut, si l'on éloigne de lui les autres doigts, en proportion des intervalles que l'on désire réaliser, exécuter sur un seul degré d'innombrables combinaisons de notes.

Ces combinaisons s'enrichissent d'autant plus que la main se rapproche du chevalet. La raison de cette particularité réside dans l'assujettissement des dimensions qui comblent les intervalles, à celles des portions vibrantes des cordes. Principalement pour ce motif, je crois inutile l'essai d'enclaver dans des lois strictes les écarts possibles d'un doigt au suivant.

As the thumb is, from the structure of the hand, a completely independent finger, if one separates from it the other fingers in proportion to the intervals that one wishes to obtain, one can execute innumerable combinations of notes on a single degree.

These combinations become more numerous the nearer the hand gets to the bridge. The reason of this particularity is the subjection of the dimensions of the spaces between the intervals to those of the vibrating portions of the strings. Principally for this reason I do not think it useful to try to define with strict laws the possible stretches between one finger and another.

Beaucoup de ces écarts irréguliers, rentrent d'ailleurs dans le domaine des aptitudes physiques personnelles. On peut affirmer, d'une manière générale, qu'aucune extension possible n'est illogique lorsqu'elle ressort de l'un des trois cas suivants: 1° si, à la suite de leur écartement, les doigts sont appelés à reprendre leurs disposition et situation primitives. 2° (ceci s'adresse aux instrumentistes déjà exercés), si, ayant à réaliser un grand intervalle, l'exécutant, familier de certaines distances, croit trouver une garantie de justesse, plus parfaite dans l'extension que dans le déplacement. 3° si, enfin, l'extension n'entrave pas, au cours d'une phrase chantante, la continuation aisée du vibrato. (En cas de vibrato, les doigts inférieurs, en chiffre, au doigt-sillet, devront être maintenus, non sur, mais au-dessus de la corde jouée, et cela sans qu'aucune modification ne dérange leur disposition).

Nous travaillerons ultérieurement, sous le titre de „déplacements partiels" une série d'exercices spéciaux destinés à ouvrir un nouveau champ d'action à l'ingéniosité des débutants.

Le pouce ajoute à l'instrument, toutes les „cordes à vide artificielles" dont l'exécutant peut désirer faire l'emploi. Je m'explique: lorsque le pouce opère une pression continue sur deux points correspondants, c'est-à-dire sur un même point donné de deux cordes voisines, les notes déterminées par cette pression, ont, avec celles que déterminent les autres doigts, des rapports identiques à ceux des notes à vide avec les notes doigtées, au manche. On se souvient que, grâce aux rapports en question, les deux premiers degrés du manche offrent des ressources diatoniques plus nombreuses que les degrés suivants. En 4e tenue, ces mêmes avantages sont dévolus à tous les degrés, le pouce pouvant y assimiler aux „sons à vide artificiels", n'importe quels points des cordes.

Les autres facilités, particulières à cette tenue, se manifestent seulement sur la moitié inférieure des cordes. Constatons, notamment, que le rapprochement relatif des intervalles simplifie considérablement le travail de la main gauche. Nous remarquerons aussi que le poids concentré du bras et de la main surplombant les cordes, opère inconsciemment l'abaissement de ces dernières vers la touche, et, par ce fait, diminue d'une manière très appréciable, l'effort nécessité par la pression individuelle de chaque doigt-sillet.

Enfin la conduite de l'archet demande elle-même moins de tact absolu dans le registre aigu que dans le grave. Pour me faire comprendre plus clairement, j'extrais du chapitre des intensités la phrase suivante: „au fur et à mesure que l'archet s'éloigne de la touche pour se rapprocher du chevalet, la même pureté de son exige une pression de plus en plus grande". Etant donné que la „retenue" du bras, compatible avec l'effleurement des crins, est plus fatigante que l'„abandon" de son poids inerte, la nuance „piano" s'accommodera, ici, d'une délicatesse moins minutieuse. Nous savons aussi que l'importance du glissement vertical de l'archet, au moyen duquel nous varions les intensités et les timbres, est proportionnelle à la longueur des cordes, et que, par conséquent, les inégalités naturelles du volume de son, occasionnées au manche (si l'on ne lutte sans cesse contre cette difficulté), par les changements de corde que l'on sait, sont presque imperceptibles sur les degrés élevés de la 4e tenue. L'axiome: „Qui peut le plus peut le moins" trouvera donc à présent une application indiscutable.

Nous prendrons pour point de départ de l'emploi du pouce, le centre de la corde (l'octave de la note à vide) quittes à reporter ensuite les connaissances acquises dans cette région, sur différents points de la longueur totale des cordes.

Vu la vastitude des ressources de la 4e tenue sur le degré en question, (les intervalles des doigts s'y trouvant déjà notablement réduits, par rapport aux degrés de la partie supérieure du manche), nous diviserons l'étude du pouce-sillet en cinq catégories. Il nous faudra étudier séparément: 1° les 16 groupements chromatiques ou diatoniques comprenant, entre deux doigts voisins, l'extension maxima d'un ton. 2° quelques fragments de gammes, arpèges, etc... sur un seul degré, donnant souvent lieu à l'extension régulière d'une seconde augmentée, entre deux doigts voisins. 3° des exercices pour les déplacements partiels. 4° les déplacement complets. 5° les extensions irrégulières.

Anyway, many of these irregular stretches depend on the personal physical aptitude of the player One can state, generally speaking, that no extension that is possible is illogical if it applies to one of the three following cases: 1) If, after their extension, the fingers are called upon to resume their primitive disposition and position; 2) (this is for experienced players) If, having to execute a big interval, the player, accustomed to certain distances, thinks that by an extension rather than by a change of position he has a greater guarantee of true pitch; 3) If, finally, the extension does not hinder in the course of a singing phrase the easy continuation of the vibrato. (In the case of a vibrato, the fingers that are numbered with lower figures than the nut finger should be maintained, not on the string, but above it, and that, without any modification of their disposition.)

We will study later on, under the title of "partial changes of place", a series of exercises destined to open up a new field of action to the ingenuity of the beginner.

The thumb adds to the instrument all the "artificial open strings" that the player may desire to use. To make my meaning clear: when the thumb exercises a continuous pressure on two corresponding points, that is to say on a same given point of two neighboring strings, the notes determined by this pressure have the same relation to the notes determined by the other fingers as those of the open strings to the notes played by the fingers at the neck. One will remember that thanks to the relations in question, the first two degrees of the neck offer diatonic resources that are more numerous than the following degrees. In the 4th disposition these same advantages are open to all the degrees, as the thumb can assimilate any points of the strings to the "artificial open sounds."

The other facilities, peculiar to this disposition, are to be found only on the lower half of the strings. We can note specially that the relative contraction of the intervals simplifies considerably the work of the left hand. We will also notice that the concentrated weight of the arm and the hand bearing on the strings brings about unconsciously the lowering of the latter towards the fingerboard, and by this diminishes very appreciably the effort required for the individual pressure of each nut finger.

Finally the use of the bow requires less absolute care in the upper than in the lower register. In order to make my meaning clearer I will quote the following phrase from the chapter on Intensities: "The further the bow gets away from the fingerboard and approaches the bridge, the greater must be the pressure in order to produce the same pure quality of sound". As the "restraining" of the arm that is compatible with the light stroke of the hairs is more fatiguing than the "relinquishing" of the dead weight of the arm, the shade "piano" will require here less minute delicacy. We know also that the importance of the vertical slide of the bow, by means of which we vary the intensities and the quality of sound, is proportional to the length of the strings, and that, consequently, the natural inequalities in the volume of sound, produced at the neck (unless one is constantly fighting this difficulty) by the well-known changes of string, are almost imperceptible in the upper degrees of the 4th disposition.

As a point of departure for the use of the thumb we will take the middle of the string (the octave of the open note) leaving it till later to transfer to different points on the total length of the strings the knowledge acquired in this region.

Owing to the vastness of the resources of the 4th disposition on the degree in question (the intervals between the fingers being already considerably reduced, as compared with the degrees of the upper part of the neck), we will divide the study of the nut-thumb into five categories. We shall have to study separately: 1) the 16 chromatic or diatonic groupings comprising, between two fingers, the maximum extent of one tone. 2) some fragments of scales, arpeggios, etc... on a single degree, often calling for the regular interval of an augmented second, between two adjoining fingers. 3) exercises for partial changes of position. 4) complete changes of place. 5) irregular extensions.

La 4e tenue revêt le plus fréquemment l'apparence de la 3e tenue avec l'adjonction du pouce. Le 4e doigt n'ayant pas les qualités requises pour exécuter un „vibrato“ aussi expressif que celui des doigts 1, 2 et 3, on s'en sert le moins possible en 4e tenue. Maints traits de virtuosité nous obligent cependant à l'employer, sans compter les passages chantants au cours desquels il serait trop malaisé d'éliminer l'usage du 4e doigt.

Aussi sera-t-il indispensable d'accoutumer ce doigt, dès le début, à remplir correctement son rôle d'exception. Le 4e doigt étant plus court que les 3 doigts précédents leurs pressions à tous s'exerçant simultanément sur la même corde, entraîneraient une gêne inutile. On pourra éviter cette gêne, en ne maintenant, pendant l'emploi du 4e doigt, que la pression du seul doigt-sillet précédent. (La pression du pouce est constante).

Une dernière recommandation: <u>il est indispensable</u> que le débutant travaille les exercices ci-après, en contractant ses doigts de telle façon que, dès l'instant où l'un d'eux exécutera la première note d'une série quelconque, la disposition des autres doigts, au-dessus des cordes, corresponde à l'éloignement respectif des degrés qu'ils auront à occuper par la suite. En d'autres termes, il faudra disposer ses doigts toujours à l'avance, comme le font, au moment de frapper un accord, les instrumentistes à clavier. Cette habitude qui est appelée à rendre de précieux services dans la virtuosité rapide, peut être prise en quelques jours, si l'on s'y applique avec acharnement.

Le pouce (que nous doigterons par le signe ♀) s'appliquera avec fermeté sur les cordes „*Ré*“ et „*La*“, aux points de leurs harmoniques centrales.

The 4th disposition takes on, most frequently, the appearance of the 3rd disposition with the adjunction of the thumb.

As the 4th finger has not got the qualities required for the execution of a "vibrato" as expressive as that of the 1st, 2nd and 3rd fingers, it is used as little as possible in the 4th disposition. Many virtuoso passages force us however to use it, without counting the singing passages in which it would be awkward to eliminate the use of the 4th finger. It will therefore be indispensable from the beginning to accustom this finger to its exceptional use. As the 4th finger is shorter than the other three, their combined pressure on the same string would be an unnecessary annoyance. This can be avoided by maintaining, during the use of the 4th finger, the pressure of the preceding nut finger only. (The pressure of the thumb is continuous.)

A final counsel: <u>It is indispensable</u> that the beginner should practice the following exercises, preparing the fingers in such a manner that, from the instant that one of them plays the first note of any given series, the disposition of the others, over the strings, should correspond to the position of the notes that they will be called upon to play. In other words, the fingers should always be put in position beforehand, in the same manner that players of keyed instruments prepare them to play chords. This habit, destined to render the greatest services in rapid virtuosity, can, by intense application, be acquired in a few days.

The thumb (that will be fingered with the sign ♀) must be pressed firmly on the D and A strings, on the point of their central harmonics.

Exercices pour les 16 premières dispositions des 5 doigts.

Exercises for the 16 first dispositions of the five fingers.

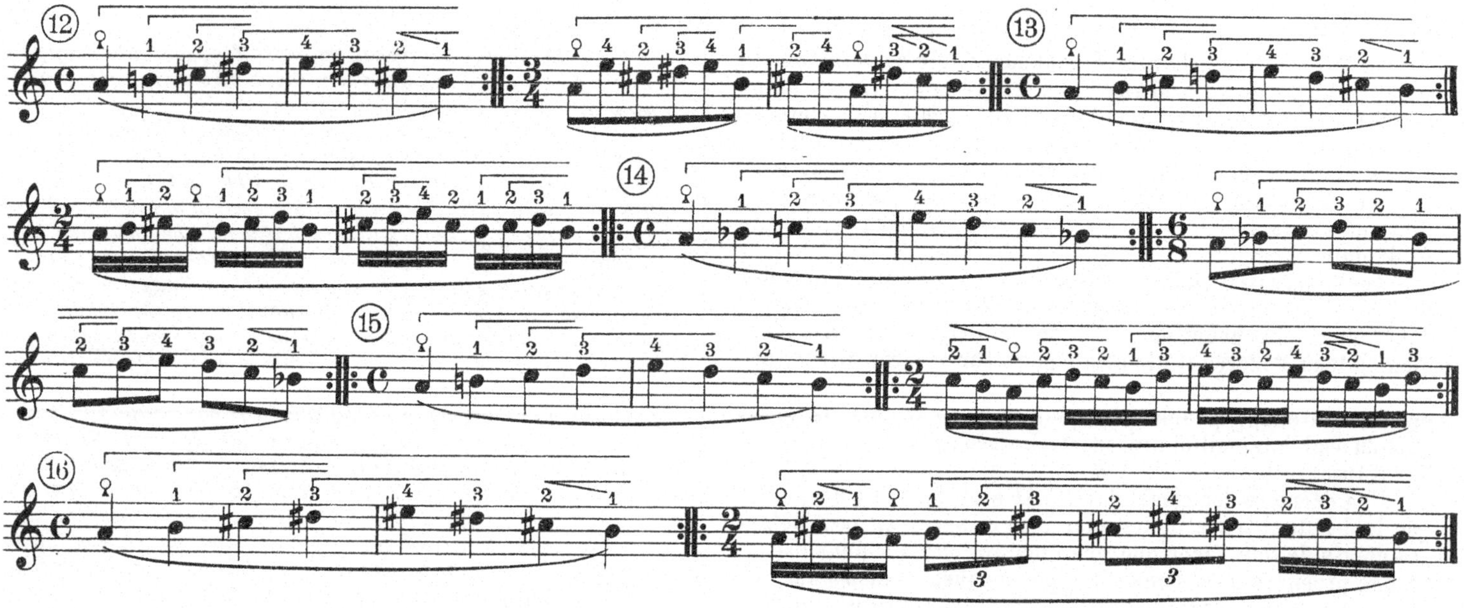

Plusieurs de ces exercices devront être transposés sur les places correspondantes des 3 autres cordes.

Maintenant que nous voilà un peu familiarisés avec une partie des procédés monocordes, sur un seul degré de la 4e tenue, nous allons passer aux exercices sur plusieurs cordes, basés, eux aussi, sur le principe de la pression fixe du pouce aux points correspondants de deux cordes voisines. L'intervalle de **seconde augmentée** sera souvent exécuté, ici, par deux doigts consécutifs dans l'ordre numérique.

En voici la raison: le 4e doigt ne servant qu'exceptionnellement, (ainsi qu'il a été dit plus haut), et le pouce restant immobile, la série des 6 degrés chromatiques qui séparent les deux „notes à vide artificielles" se divise forcément en trois couples de degrés successifs, s'exécutant, chacun, par un seul doigt glissant.

Several of these exercises should be transposed onto the corresponding positions on the other strings.

Now that we have familiarized ourselves to a certain extent with a part of the technique of the one string on a single degree of the 4th disposition, we will pass on to exercises on several strings, that are also based on the principal of a continuous pressure of the thumb on the corresponding points of two adjoining strings. The interval of the augmented second will often be executed here by two numerically consecutive fingers. The reason for this is as follows: As the 4th finger is used only exceptionally, (as stated above), and as the thumb remains stationary, the series of six chromatic notes that separates the two "artificial open notes", is naturally divided into three couples of notes following each other, each of which is played by the sliding of a single finger:

Ce doigté, (le seul employé pour la gamme chromatique sans déplacement), constitue la clef des transformations perpétuelles, que subit, en 4e tenue, (à l'instar d'un kaleidoscope), la configuration du groupement des doigts. Ainsi ce fragment de la gamme de *Sol* majeur, **exécuté au manche** avec le doigté ci-dessous:

se réalisera, en 4e tenue, à l'octave supérieure, de la manière suivante:

Le doigté usité au manche ne sera applicable à la 4e tenue, qu'au seul cas où deux notes simultanées ou successives y formeraient l'intervalle de quinte diminuée, (ou son enharmonie).

Exemple:

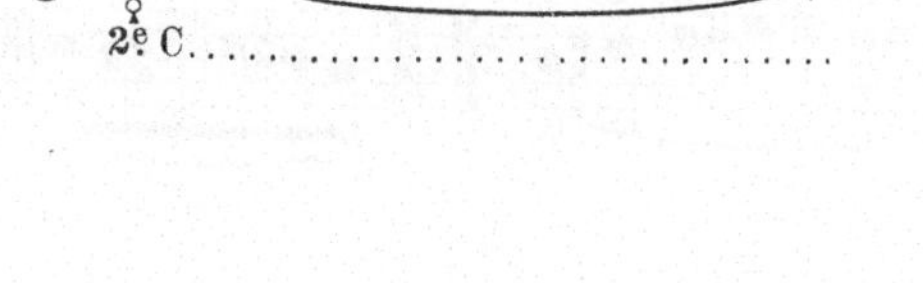

This fingering, (the only one used for the chromatic scale without change of place), constitutes the key to the perpetual transformations that take place, (as in a kaleidoscope), in the configuration of the finger-groupings. For instance, this fragment of the G Major scale, ***played at the neck*** *with the following fingering:*

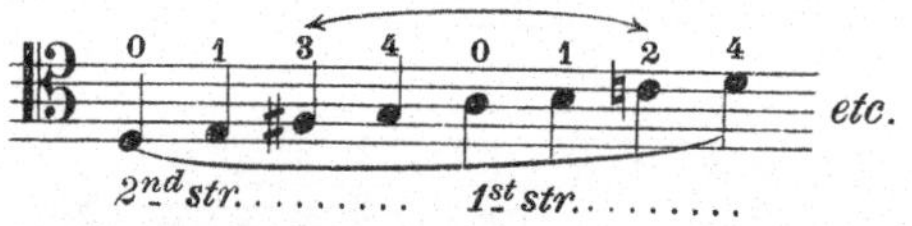

would be played, in the 4th disposition, an octave above, in the following manner:

The fingering used at the neck would be applicable to the 4th disposition only in the single case of two notes, played simultaneously or immediately following each other, forming the interval of a diminished fifth (or its enharmonic equivalent).

Example:

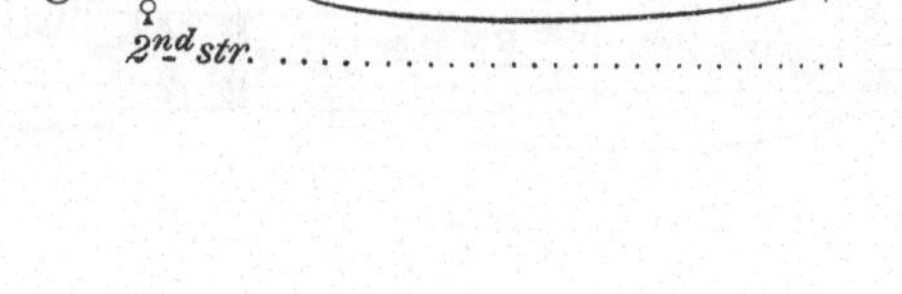

Il sera, ultérieurement, fait mention des cas où l'intervalle de quinte s'exécute par le nivèlement de deux doigts voisins.

La règle qui concerne l'appui fixe des doigts inoccupés nous étant suffisamment connue, je ne me servirai, désormais, qu'en cas d'absolue nécessité, du signe ⌐———

Exercices: [1]

J'exclus de cette série, les gammes ne comportant aucune des deux notes du pouce.

Mention will be made later on of the cases where the interval of the fifth will be executed by the lining up of two adjoining fingers.

As the rule concerning the constant pressure of the unoccupied fingers is now sufficiently known, I will in future use the sign ⌐——— only in case of absolute necessity.

Exercises: [1]

I exclude from this series all scales that do not contain one of the two thumb notes.

Gammes mineures mélodiques et harmoniques. — Melodic and harmonic minor scales.

1) Ces exercices doivent s'appliquer, par la même occasion, à l'étude des coups d'archet les plus divers.

1) *These exercises should also be utilized for every kind of bowing.*

A.
3e. 2e. 1e. 2e. 3e.
B.
3e. 2e. 1e. 2e. 3e.
A.
3e. 2e. 1e. 2e. 3e.
B.
3e. 2e. 1e. 2e. 3e.
A.
3e. 2e. 1e. 2e. 3e.
B.
3e. 2e. 1e. 2e. 3e.
A.
3e. 2e. 1e. 2e. 3e.
B.
3e. 2e. 1e. 2e. 3e.
A.
3e. 2e. 1e. 2e. 3e.
B.
3e. 2e. 1e. 2e. 3e.
A.
3e. 2e. 1e. 2e. 3e.

Variantes pour l'étude des gammes précédentes. – Variants for the study of the preceding scales.

et toutes autres variantes de même espèce.
and all other variants of the same kind.

1) Dans ce cas, le changement de corde se fait par un glissement transversal de l'extrémité du doigt. Ce glissement doit s'effectuer de telle sorte que la partie charnue de la 1ère phalange soit en contact avec la touche, durant son passage d'une corde à l'autre.

1) *In this case the change of string should be made by a transversal slide of the finger. This slide should be executed in such a manner that the fleshy part of the 1st phalange will come in contact with the fingerboard, during its passage from one string to the other.*

L'on ne peut se passer d'exercices de ce genre, si l'on tient à acquérir une connaissance approfondie de la 4e tenue. Pourtant je dois reconnaître qu'il s'y trouve beaucoup de doigtés appartenant à la catégorie de ceux qu'un de mes collègues traite ironiquement de „doigtés pour paralytiques". En effet, le séjour prolongé sur un même degré, sans le moindre déplacement partiel, donne souvent lieu, pendant les changements de corde, à des „arythmies" désastreuses. Il nous arrive plus d'une fois, dans la pratique, de donner la préférence aux déplacements, et cela surtout dans le but de conserver une belle sonorité.– Cette observation ne doit, en aucune façon, diminuer les soins exigibles de l'exécutant, pour le présent travail.

Si la pression du pouce a été continue, pendant l'exécution des exercices précédents, il a dû se produire, aux deux parties de ce doigt, mises en contact avec les cordes, un certain durcissement de l'épiderme; (chez certaines personnes les cordes parviennent même à creuser, sur le côté du pouce, deux sillons plus ou moins accusés).

Lorsque le pouce devra occuper successivement 3 ou même 4 points correspondants du faisceau des cordes, il le fera par un glissement perpendiculaire à ce faisceau, et de façon à placer sur chaque nouvelle corde à jouer, sa partie indurée la plus rapprochée de l'ongle. (Pour les séries ascendantes, ce glissement se terminera, bien entendu, à la 2me corde. Nous verrons par la suite, dans quels cas exceptionnels le pouce s'appuie sur la chanterelle par l'extrémité de sa phalange).

Le passage du pouce devra s'effectuer à l'instant même où l'on attaquera la première note de la série dévolue à une corde nouvelle, intéressant ce doigt, et quel que soit le doigt-sillet qui détermine cette note.

One cannot neglect the study of exercises of this kind, if one wishes to acquire a thorough knowledge of the 4th disposition. However, I must acknowledge that in them will be found many fingerings belonging to the category of those that one of my colleagues calls ironically "fingerings for paralytics". For, the prolonged stay on the same note, without the slightest partial change of place, often gives rise during changes of string to disastrous "arrhythms". In practice it happens more than once that we give the preference to changes of position, and that especially with a view to maintaining a fine sonority.— This observation should in no way diminish the care that the player should give to the execution of this work.

If the pressure of the thumb has been constant during the execution of the foregoing exercises, a certain thickening of the skin must have been brought about at the two points of contact of the thumb with the strings; (it occurs with some players that the strings make more or less deep furrows on the side of the thumb).

When the thumb has to occupy, in succession, three or even four corresponding points on the strings, it should be done by a slide, perpendicular to the strings, and in such a manner that the hardened part nearest to the nail should be brought to bear on each new string. (For rising series of notes this slide will, of course, finish on the 2nd string. We shall see later on in what exceptional cases the thumb is used on the A string, by the pressure of the extremity of its phalange).

The passage of the thumb should be made at the exact moment of the attack of the first note of the scale belonging to the new string, (on which the thumb is to be used), and that, no matter what nut finger determines this note.

Exercice: — *Exercise:*

L'exécutant fera un travail utile, s'il s'assure par l'étude de plusieurs des gammes précédentes, prolongées à cet effet, l'assimilation parfaite du procédé en question, procédé des plus courant.

Quoiqu'assez rare, le cas où le pouce aurait à servir alternativement sur les deux cordes extrêmes, doit être prévu tout de même.

Lorsque pareille éventualité se présente, le pouce doit opérer son mouvement transversal au-dessus des cordes, (sans contact intermédiaire), et cela pendant la note jouée avant le changement de corde;— si cette dernière est exécutée par le pouce, c'est à la note suivante que se fera le transport de ce doigt.—

The player would do well to thoroughly assimilate this method, that is a very current one, by the study of several of the preceding scales, prolonged for this purpose.

Although somewhat unusual, the case where the thumb has to be used alternately on the outside strings should be foreseen.

When such a case presents it's self, the thumb should execute its transversal movement above the strings, (without any intermediary contact), and this while the last note before the change of string is being played;— if the latter is played by the thumb, then it is during the execution of the following note that the transfer should be made.

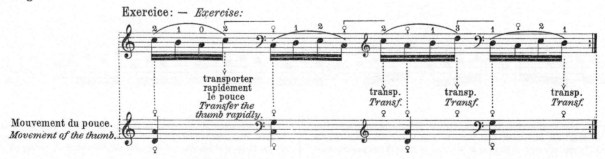

Exercice: — *Exercise:*

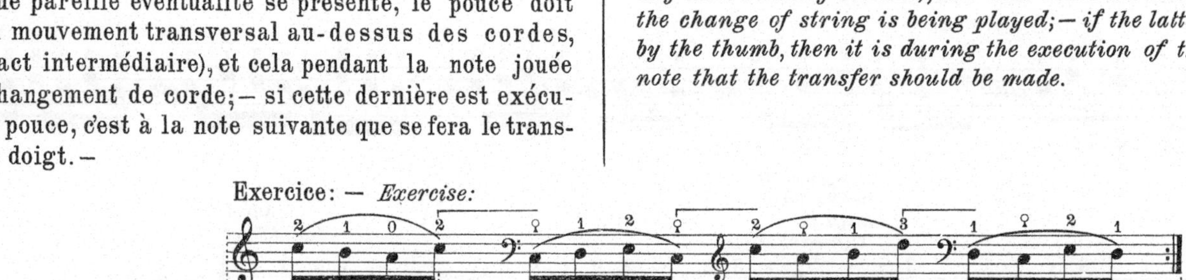

Une fois cette question aplanie, nous pourrons entamer, librement, l'étude des déplacements partiels. Ces derniers consistent, le point d'appui du pouce restant fixe, à transporter les autres doigts sur certains degrés éloignés, par rapport à ce point, et cela en les disposant, pour chaque cas, dans une forme adéquate de leurs groupements réguliers. La difficulté résultant des risques de l'intonation, sera facilement réduite. L'on contracte, en effet, assez rapidement, l'acuité de prescience grâce à laquelle doit se régler, d'instinct, l'ouverture d'angle du pouce et du 1er doigt. C'est sur cette ouverture d'angle, proportionnelle à chaque intervalle possible, que devra se baser l'étude des exercices qui vont suivre.

Les lois qui régissent les „ports de voix" sont les mêmes, ici, qu'au manche, à quelques rares exceptions près, que je signalerai plus loin, mais dont, pour l'instant, nous n'avons pas à faire état.

Avant de commencer ce travail, je dois signaler un fait qui, bien qu'inéluctable, ne manque pas d'intérêt quant à la tenue de la main gauche.

Plus les 4 doigts s'éloignent du pouce, plus leur inclinaison, en s'accentuant au fur et à mesure, leur fait approcher la position finale, qui est quasi-parallèle à celle des cordes.

Exemple: 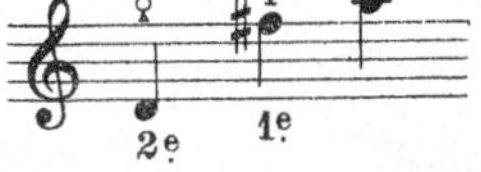

Once this question is settled it will be possible to begin the study of partial changes of place. These partial changes of place consist in maintaining the pressure of the thumb on a given point, and then transferring the fingers to certain distant notes, as far as the latter are related to it, arranging them in each case in a manner adequate to their regular grouping. The difficulties arising from the risks of intonation will be easily overcome. For one acquires quite rapidly the sense of measure, thanks to which the angle between the thumb and the 1st finger is regulated instinctively. It is on this angle, proportioned to each possible interval, that is based the study of the following exercises.

The laws that regulate the "portamento," are the same here as at the neck, with a few exceptions that will be discussed further on, but that need not occupy us for the moment. Before beginning this I must call attention to something concerning the disposition of the left hand that, although unavoidable, is not lacking in interest.

By their gradual inclination, the further the fingers get away from the thumb, the nearer they get to the final position, which is almost parallel to the strings.

Example: 

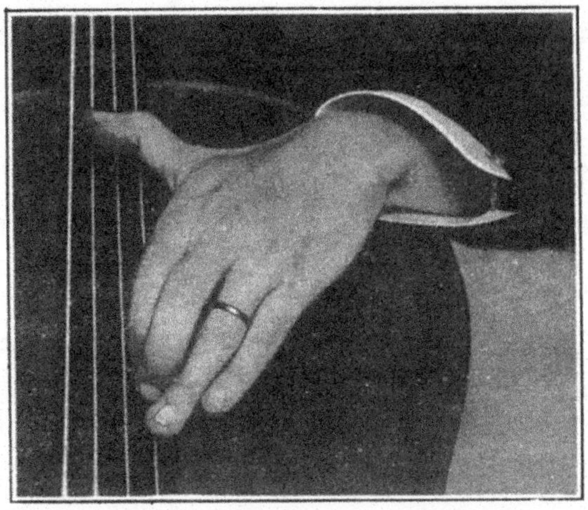

Non compris les arpèges, tous les exercices suivants devront être transposés aussi souvent que cela pourra se faire par le glissement transversal du pouce.

Excluding the arpeggios, all the following exercises should, as often as possible, be transposed by the transversal slide of the thumb.

Sous le titre de „Fragments de gammes monocordes;" les exercices suivants serviront aussi à l'étude des déplacements complets.

Under the title of "Fragments of single-string scales" the following exercises may also be utilized for the study of complete changes of position.

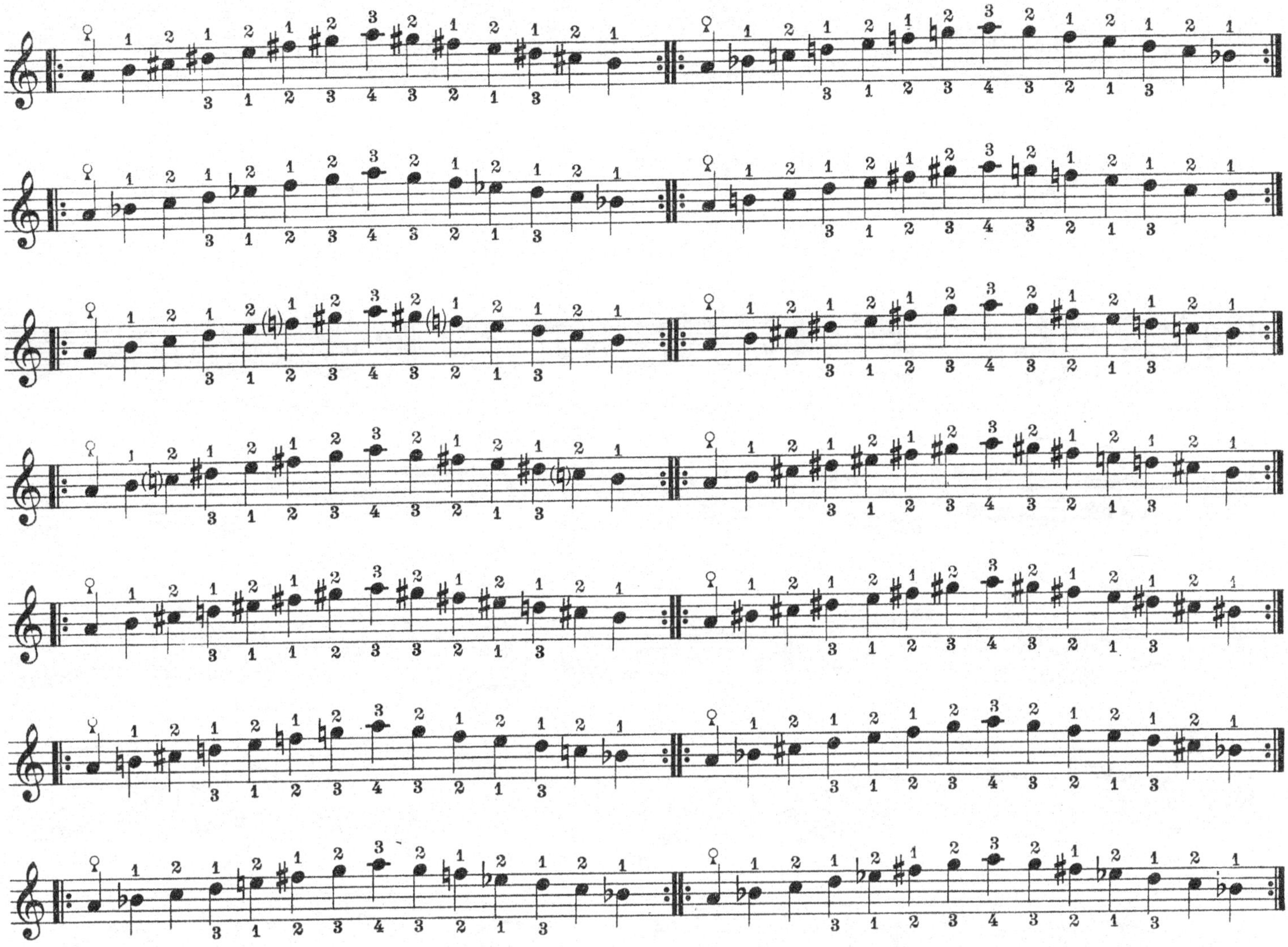

Arpèges en déplacements partiels sur un seul degré.

Arpeggios with partial changes of place on a single degree.

1) L'intervalle de **tierce mineure**, (en l'espèce: *do♯-mi*, sur la 4e corde) peut s'exécuter par l'extension régulière de deux doigts voisins, tout comme l'intervalle synonyme de **seconde augmentée**.

1) *The interval of the* **minor third** *(that is to say: C♯-E. on the 4th string) can be played by the regular extension of two adjoining fingers, exactly like the synonymous interval of the* **augmented second**.

En cas de possibilité, il sera avantageux de doigter l'intervalle de quinte, par deux doigts voisins, nivelés, le doigt numériquement supérieur étant placé sur la plus élevée des deux cordes. Ce procédé est motivé par le fait, qu'en 4e tenue, la position très oblique des 4 doigts rend malaisée, l'occupation simultanée par l'un d'eux, des points correspondants de deux cordes.

If possible, it will be found advantageous to finger the interval of the fifth with two adjoining fingers, the finger with the higher number being placed on the higher of the two strings. This for the reason that, in the 4th disposition, on account of the oblique position of the fingers, it is not easy for one finger to be placed simultaneously on the corresponding points of two strings.

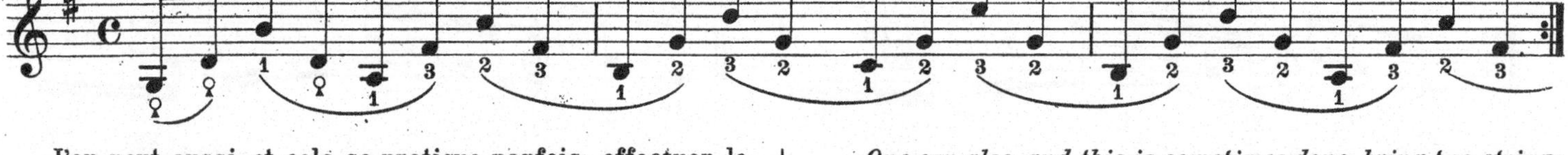

L'on peut aussi, et cela se pratique parfois, effectuer le rapprochement de deux cordes voisines, en exerçant sur l'une d'elles, (à l'aide d'un doigt resté libre), une légère traction, ayant pour but d'assujettir à la pression d'un seul doigt-sillet, les deux points de sectionnement. Dans l'exemple suivant, c'est le 1er doigt qui, – pour chacune des quintes, – rapprochera les deux cordes en cause. La traction, très minime, ira de la corde grave à la corde aiguë.

One can also, and this is sometimes done, bring two strings together, by drawing one of them nearer to the other by an unoccupied finger, and thus make it possible for two notes to be brought under the pressure of one nut finger. In the following example it is the 1st finger that – for each of the fifths – draws up the string that is involved. The traction, that is very slight, must be made from the lower to the higher string.

D'autres déplacements partiels résultent encore d'un mouvement indépendant du pouce.

Lorsque ce dernier devra, seul, déterminer les différences d'éloignement entre les points extrêmes d'un même degré de tenue, (les autres doigts renouvelant, sans cesse dans une même région, partie ou totalité des notes rendues possibles par un de leurs groupements réguliers,) ses déplacements seront asservis aux lois suivantes.

Quand deux points (ou plus), d'une même corde, devront être occupés par le pouce, dans un ordre consécutif,

Other partial changes of place are brought about by an independent movement of the thumb.

When the latter, alone, has to determine the differences of distance between the extreme points of one and the same degree of a given disposition, (the other fingers repeating constantly in the same region a part or a whole of the notes that are made possible by one of their regular groupings,) the changes of place of the thumb will be subject to the following rules.

When two or more points of a given string are to be occupied consecutively by the thumb,

Exemple:
Example:

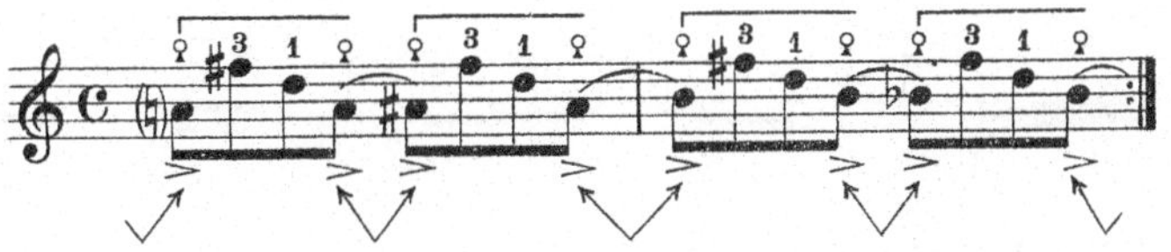

ou quand la note de départ et la note d'arrivée du pouce, ne seront séparées que par une seule note, de courte durée, exécutée par un autre doigt,

or when the note of departure and the note of arrival of the thumb are separated by only one note, of short duration, played by another finger,

Exemple:
Example:

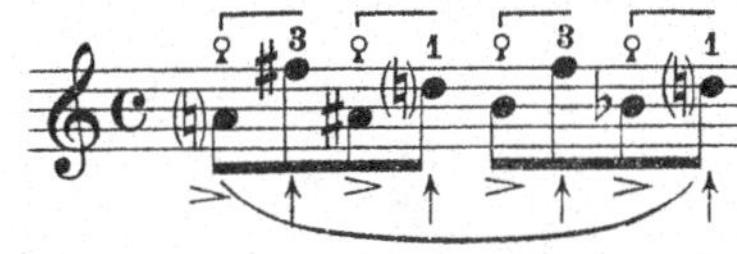

le mouvement du pouce consistera en un glissement vertical, très rapide, comportant sa pression constante, et saccadé de telle sorte, que chaque point d'arrêt soit nettement précisé. Les deux exemples précédents exigeront un travail prolongé. Il sera impossible à l'exécutant d'acquérir, sans y insister beaucoup, l'habitude de conserver aux doigts libres, pendant ces évolutions du pouce, leur situation topographique au-dessus des points où s'exerce leur action intermittente.

Tout déplacement du pouce se fera par l'articulation de ce doigt, au-dessus des cordes, lorsqu'au moins deux notes intermédiaires (exécutées par d'autres doigts,) en sépareront la note de départ de celle d'aboutissement.

Dans l'écriture de l'exemple suivant, la croix (+) indique le soulèvement du pouce, et le point d'exclamation se rapporte à la chute percutée du dit doigt, sur le nouveau point de sectionnement de la corde.

the movement of the thumb will consist of a vertical slide, very rapid, requiring continuous pressure, and played with a jerk, so that each stopping point will be clean cut. The two preceding examples will require prolonged study. It will be impossible, without great perseverance, for the player to acquire the habit of keeping for the free fingers, during the evolutions of the thumb, their topographical positions above the points where their intermittent action is to be exercised.

Every change of place of the thumb should be made by lifting it, above the strings, when at least two intermediary notes, (played by other fingers,) separate the note of departure from the note of arrival.

In the following example the cross (+) indicates the lifting of the thumb, and the exclamation point its stroke on the new point of the string.

Exemple:
Example:

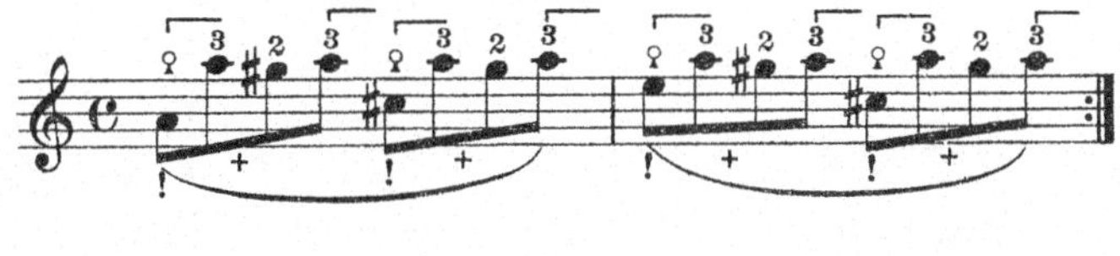

Droite A B = Plan de la touche, vu en se plaçant à la droite de l'exécutant.

Pointillé = Parcours du pouce pendant ses déplacements.

Points c d e d' = Points d'action du pouce, classés dans l'ordre des déplacements nécessités par l'exécution de ce dernier exemple.

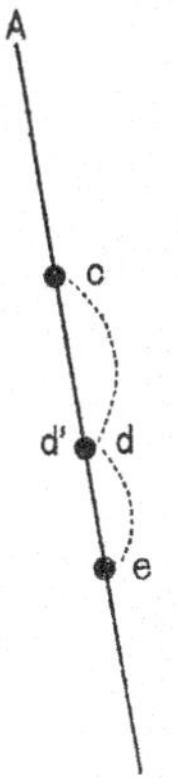

Line A B = *Profile of the fingerboard, seen from the right of the player.*

Dotted line = *Line followed by the thumb during its changes of place.*

Points c d e d' = *Points of contact of the thumb, in the order required for the execution of the foregoing example.*

Je ne saurais trop recommander aux violoncellistes la patiente assimilation des quelques exercices qui vont suivre. Certains d'entre eux étendent l'emploi du pouce dans le domaine des deux premières tenues. La réalisation n'en est pas sans péril, quant à l'intonation, et constitue la branche, peut-être la plus vétilleuse, de la 4e tenue.

I cannot recommend to violoncellists too strongly the patient assimilation of the few exercises that follow. Certain of them extend the use of the thumb into the sphere of the first two dispositions. Their execution is, from the point of view of pitch, not without peril, and constitutes perhaps the most ticklish branch of the 4th disposition.

Exercices.

Les accents se rapporteront, ici, aux déplacements saccadés du pouce

Exercises.

The accents apply here to the jerky changes of place of the thumb.

Quand le pouce est seul doigt-sillet sur une corde, ses déplacements doivent être tous glissés.

When the thumb is alone the nut finger on a string, the changes of place should all be made by slides.

Lorsqu'au moins deux déplacements successifs, de catégories différentes, s'effectuent par mouvement direct, autrement dit, convergent vers une même direction de l'échelle musicale, ils constituent un déplacement complet. Nous trouvons, pour ce cas, un exemple saillant dans le 1er Allegro de la Sonate en „*La mineur*" d'Emanuel Moor. J'indiquerai ici par l'abréviation „D. P." le déplacement partiel des doigts 1 à 4, et par les mêmes signes que précédemment, (+ et !) le déplacement indépendant du pouce.

When at least two successive changes of place, of different kinds, are made by direct motion, that is to say, converging in the same direction of the musical scale, they constitute a complete change of place. A striking example of this will be found in the 1st Allegro of the A minor Sonata of Emanuel Moor. I will indicate by the abbreviation "D. P." the partial change of place of the 1st and 4th fingers, and by the same signs as before (+ and !) the independent change of place of the thumb.

---

*) Glisser obliquement le pouce pour réaliser simultanément les changements de corde et de degré.

*) *Slide the thumb obliquely in order to obtain simultaneously the change of string and note.*

Exemple.
Example.

Déplacement du pouce.
Change of place of the thumb.

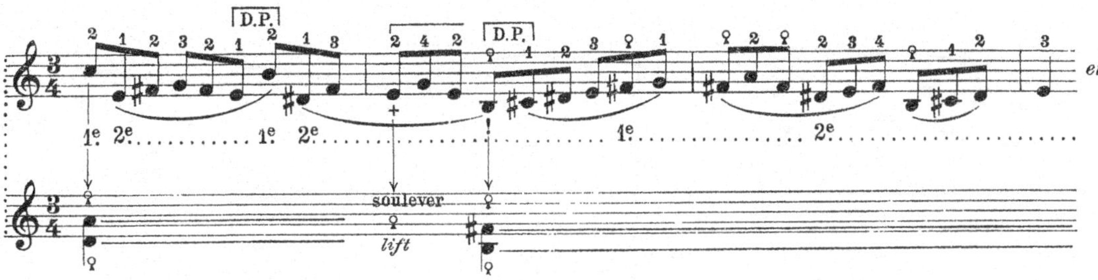

Ci-après, une série d'exercices spéciaux, destinés à l'assimilation de ce nouveau principe.

There follows a series of special exercises, intended for the assimilation of this new principle.

Étude des déplacements combinés.

Study of combined changes of place.

D.P.
gliss.
slide
simile
gl.

De même la variante ci-dessous: | *The following variant in the same manner.*

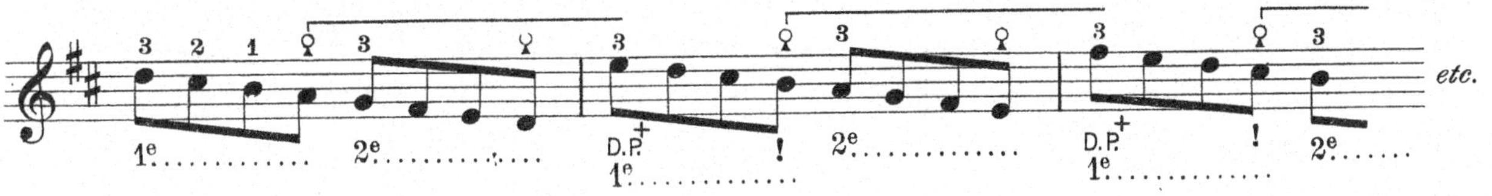

* Les deux mesures agrémentées d'astérisques, (et dont le renversement se trouve aussi aux places correspondantes de la variante,) relèvent d'un cas particulier, du plus grand intérêt instrumental. Lorsque deux notes, exécutées sur des cordes voisines, et formant entre elles l'intervalle de **quinte diminuée** (ou son enharmonie), sont communément dévolues au pouce-sillet, le changement de niveau de ce dernier doit se faire par un glissement comportant le maintien de sa pression. **Ce glissement doit se réaliser pendant la note qui précède le nouvel emploi du pouce.** Si la „reptation" de ce doigt s'effectuait au moment même de son utilité musicale, il en résulterait une secousse, partant, **un accent involontaire.**

** The two measures marked with an asterisk (of which the inversion will be found in the corresponding places of the variant) belong to a particular case that is of the greatest instrumental interest. When two notes, played on adjoining strings, and forming the interval of a **diminished fifth**, are severally assigned to the nut thumb, the change of level of the latter should be made by a slide while maintaining the pressure. **This slide should be made during the execution of the note that precedes the use of the thumb.** If the "creeping" of the thumb took place at the moment of its musical utilization it would produce a jerk, and by that, an **involuntary accent.***

Modèle d'exécution pour ce cas. | Model for the execution of such a case.

Exercice pour acquérir de l'aisance dans le mouvement de reptation du pouce.

Exercise to acquire ease in the creeping movement of the thumb.

Place du pouce au début de l'exercice:
Place for the thumb at the beginning of the exercise:

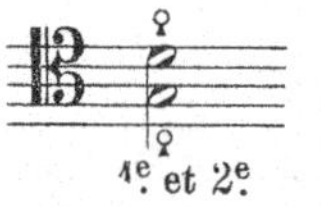

Groupement des autres doigts au même moment:
Grouping of the other fingers at the same moment:

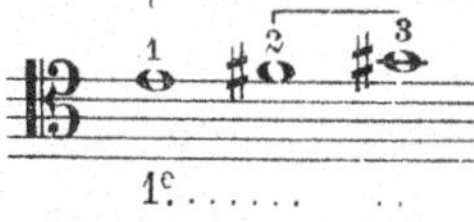

Préparation aux déplacements complets.

Quelques mots sont indispensables ici, si nous voulons établir les causes pour lesquelles, principalement, l'on déplace la main entière. L'expérience des maîtres nous prouve que l'intervention périodique du pouce-sillet ne saurait être compatible avec l'égalité de l'exécution, dans les séries diatoniques ou chromatiques monocordes, ayant une direction constante. Autrement dit, lorsque les successions susnommées ne contiennent aucune „brisure de ligne", aucun retour momentané sur un point déjà franchi de l'échelle musicale, il est favorable à la souplesse des déplacements, de faire abstraction du pouce-sillet, (sauf à en faire usage pour la note du départ, dans les séries ascendantes). Le 4e doigt étant (on s'en souvient) cantonné, de par sa petite dimension,- sans compter ses autres désavantages,- dans les seuls rôles d'exception, la fréquence d'emploi se manifeste surtout pour les doigts 1, 2 et 3, on le verra au chapitre des gammes.[1]

Sachons, pour l'instant, que dans les déplacements complets, le pouce (toujours appuyé sur deux cordes,) doit suivre les mouvements de la main, et cela à la distance permanente d'un ton du 1er doigt.

On sait les raisons qui déterminent le maintien fixe du pouce, sur un point donné d'une corde. Il est bon que l'on sache aussi pourquoi la continuité de l'intervalle susdit, entre le pouce et le 1er doigt, est recommandable.

Dans ses déplacements, la main est sujette à „glisser" par inadvertance, soit sous l'effet de la pesée du bras, soit par une maladresse fortuite, toutes choses contre lesquelles ne peut nous immuniser, surtout dans la virtuosité rapide, aucune surveillance, si absolue soit-elle.

Ces glissements involontaires ne sont pas à redouter au point de vue de l'intonation. Nous avons, surtout lorsque nous possédons notre technique à fond, une masse de ressources réflèxes qui nous font parer à cette sorte d'accidents. Mais il arrive que, sous l'une des influences mentionnées plus haut, le doigt-sillet glisse à côté de la corde, rendant brusquement, à celle-ci, toute sa longueur, ou encore, diminuant tout à coup, grâce à l'insuffisance de sa pression, la plénitude des vibrations. Cet inconvénient peut être, à mon sens, évité, si, dans ce cas, l'on considère le pouce comme un doigt-guide, „patinant" en quelque sorte sur deux cordes à la fois, et stabilisant, (par l'abaissement continu de ces dernières, au niveau de la touche,) l'équilibre des doigts en activité. La souplesse d'évolution de la main, ne sera nullement entravée de ce fait, si l'on en concentre le poids sur la partie du pouce qui est en contact avec la plus grave des deux cordes. La répartition égale du poids en question, entre les deux places indurées du dit doigt provoquerait des déplacements saccadés.

Dans la pratique, la distance d'un ton, du pouce au 1er doigt, est purement préventive. Cette précaution se rapporte à l'emploi, plus ou moins accidentel, du pouce-sillet, dans les séries à directions alternées, (c'est-à-dire, se composant de successions ascendantes et descendantes). Le pouce doit alors se fixer, selon le cas, sur l'une des 3 divisions chromatiques, dont est formée sa distance régulière, maxima, du 1er doigt, soit: la seconde augmentée. Le maintien de la distance moyenne d'un ton, constitue donc une économie de mouvements (chose très précieuse en technique), car elle réduit à un seul degré chromatique l'éloignement ou le rapprochement éventuel du pouce, par rapport au corps de la main.

Tout cela étant bien établi, l'exécutant pourra utilement passer à l'étude (en déplacements complets), de tous les fragments monocordes des déplacements partiels. Il sera essentiel, qu'il transpose, ensuite, sur plusieurs degrés antérieurs et postérieurs au point de l'harmonique centrale

[1] Bien entendu, le pouce-sillet s'emploie avantageusement, dans les séries diatoniques ou chromatiques, comportant des changements de corde. Cela ne détruit en rien le principe ci-dessus énoncé, puisque, loin de servir à un déplacement, le pouce prolonge, au contraire, dans ce cas, l'utilisation d'un degré quelconque de la 4e tenue.

Preparation for complete changes of place.

A few words are indispensable here, if we wish to establish the principal reasons for the changing of place of the whole hand. The experience of the masters proves to us that the periodical use of the nut thumb is not compatible with evenness of execution, in diatonic or chromatic series, on a single string, with a continuous movement in one direction. In other words, when there is no "break in the line" in the above mentioned series of notes, no momentary return to a point already passed in the musical scale, it is advantageous for the suppleness of the changes of place to abstain from the use of the nut thumb, (with the exception of using it for the first note of a rising scale). As already mentioned, the 4th finger, on account of its shortness,- not to mention its other disadvantages,- being utilized only exceptionally, it is the 1st, 2nd and third fingers whose use recurs most frequently; this will be noticed in the chapter on scales.[1]

Let us remember, for the moment, that, in complete changes of place, the thumb (always pressed down on two strings) should follow the movements of the hand, and that continuously at the distance of one whole note from the 1st finger

We know the reasons for the firm maintenance of the thumb on a given point of a string. It is only reasonable that we should also learn why the continuity of the above interval between the thumb and 1st finger is advisable.

In its changes of place the hand is apt to "slip" inadvertently, either through the effect of the weight of the arm or through some accidental awkwardness, against all of which, especially in rapid virtuoso passages, no amount of watchfulness, no matter how strict, can safeguard us.

These involuntary slips are not dangerous as far as intonation is concerned. We have, when we have acquired a perfect technique, a mass of reflex resources at our disposal to prevent these kind of accidents. But it can happen through one of the above-mentioned influences that the nut finger slips off from the string, rendering suddenly to the latter its full length, or again, suddenly diminishing the fullness of vibration of the string through insufficient pressure. This disaster can, to my mind, be averted, if, in this case, one considers the thumb as a guiding-finger, "skating" as it were on two strings at a time, and stabilizing, by pressing the latter continuously down to the level of the fingerboard. the balance of the fingers in play. The supple movement of the hand will in no way be hindered by this if one concentrates its weight on that part of the thumb that comes in contact with the lower of the two strings. An equal distribution of this weight between the two hardened parts of the thumb would bring about jerky movements.

In practice, the distance of a whole note, between the thumb and 1st finger, is wholly preventive. This precaution relates to the more or less accidental use of the nut thumb in the series of notes with alternate directions, (that is to say, composed of rising and falling series). The thumb should then be placed on one of the three chromatic intervals that constitute the maximum regular interval between it and the first finger, that is to say, the augmented second. The maintenance of the mean distance of a whole note constitutes therefore an economy of movement, (an extremely precious thing in technique), for it reduces to a single chromatic degree the distance that the thumb eventually has to travel to reach the hand.

All this having been well established, the player can profitably pass on to the study (with complete changes of place) of all the single-string fragments of the partial changes of place. It is essential that he should transpose; afterwards, onto several degrees above and below the central harmonic of each string, the exercises for the first

[1] *Of course, the nut thumb can be used to advantage in diatonic and chromatic series of notes requiring changes of string. This does not in any way destroy the above-mentioned principle, since, far from being used for a change of position, the thumb prolongs, on the contrary, in this case, the utilization of any given degree of the 4th disposition.*

de chaque corde, les exercices pour les 16 premiers groupements de doigts de la 4e tenue.

Etant donné que sa parfaite connaissance des intervalles réalisables sur un degré du manche, se reportera d'elle-même sur la partie inférieure de l'instrument, je n'aurai pas d'exercices spéciaux à lui recommander dans ce but. Au cas où ses aptitudes personnelles ne lui permettraient pas, dans les premiers temps, de „clicher" mentalement les „lieux communs" de l'art du doigté, au démanché, la fusion des différentes particularités mentionnées dans le présent ouvrage, y suppléeront à la longue, je l'espère. Au risque de passer pour un rabâcheur, je dois à la préparation rationnelle aux exercices qui vont suivre, de prévenir à nouveau le débutant, qu'aussitôt la première note d'un degré exécutée (après déplacement) par un doigt quelconque, les autres doigts devront figurer, par leur disposition, l'éloignement respectif des différents points de corde sur lesquels ils auront à se fixer à leur tour. Cette contraction immédiate des doigts, conférera une attribution supplémentaire à certains des exercices ci-après: celle d'études préliminaires aux doubles notes du démanché, telles que sixtes, octaves, tierces, dixièmes etc.

16 groupings of the fingers, of the 4th disposition.

As his complete knowledge of the intervals that can be played on a given degree at the neck will be automatically transferred onto a lower part of the instrument, I have no special exercises to recommend for this purpose.

In case his personal aptitude will not permit, at first, of his grasping mentally the elements of the art of fingering in the thumb-position, I hope that a fusion of the peculiarities mentioned in the present work will help him out.

At the risk of being accused of endless repetition I must for the sake of the rational preparation for the following exercises, remind the beginner that as soon as (after change of place) the first note of a degree has been played by any finger, the other fingers must by their disposition take up their places above the different points of the string that they in turn are about to attack. This immediate contraction of the fingers will confer a supplementary use to certain of the following exercises: that of preliminary studies for the double notes of the thumb position, such as sixths, octaves, thirds, tenths, etc.

Exercices pour les Déplacements complets.*)

Exercises for complete changes of place.*)

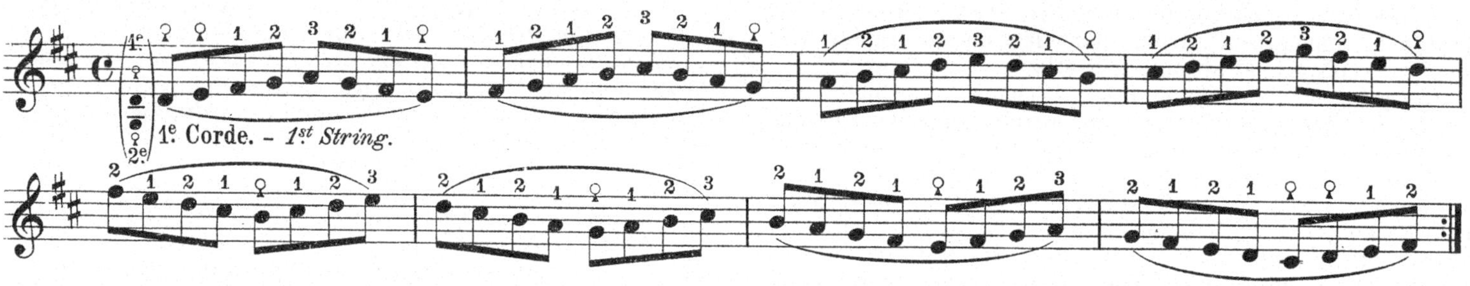

Le même exercice sur deux cordes. | *The same exercise on two strings.*

Le même exercice sur deux cordes. | *The same exercise on two strings.*

*) L'indication entre parenthèses se rapporte aux places d'appui du pouce, au début de chaque exercice. Ces mêmes places d'appui resserviront toutes les fois qu'un nouvel exercice ne sera pas précédé d'une indication spéciale, se rapportant à cette question.

*) *The notes in parenthesis refer to the points of pressure of the thumb, at the beginning of each exercise. These same points of pressure are to be used for each new exercise that is not preceded by a special indication concerning this question.*

Dans l'exercice suivant, il faut conserver, proportionnellement à chaque degré, la même disposition de doigts.

In the following exercise the same disposition of the fingers should be maintained for each degree.

1) Certaines successions d'intervalles de même famille comportent un doigté uniforme. Dans ce cas, et lorsqu'il sera possible de conserver la pression permanente des deux mêmes doigts qui, (sur deux cordes différentes,) déterminent lesdits intervalles, on devra, selon le mode majeur ou mineur de chacun de ces derniers, régler, dès l'arrivée sur un nouveau degré, l'écartement des doigts en question. Le déplacement de ceux-ci doit se faire simultanément comme pour des doubles notes.

1) *Certain successions of intervals of the same family call for a uniform fingering. In this case, and when it will be possible to maintain the permanent pressure of the two same fingers that, (on two different strings,) determine these intervals, one must regulate, according to the major or minor mode, the separation between the fingers, as soon as they come onto a new degree. Their change of place must be made simultaneously, the same as for double notes.*

Pression continue des doigts 2 et ♀. — *Continuous pressure of the 2nd finger and thumb.*

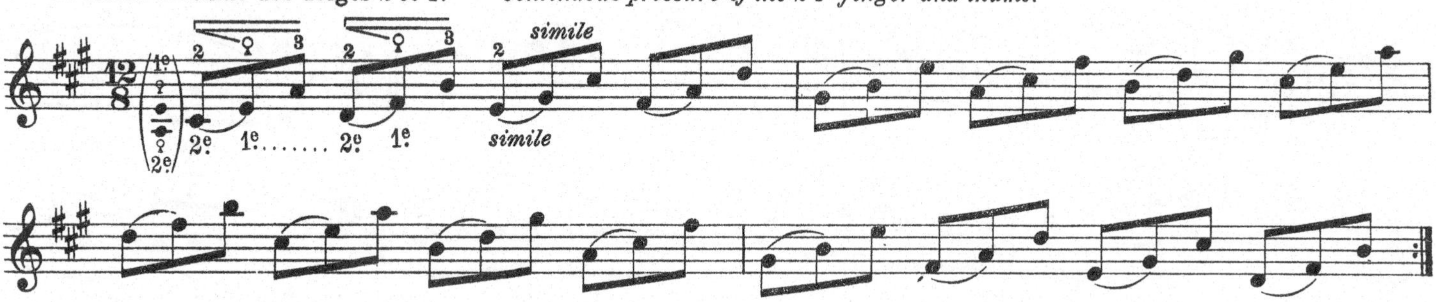

Pression continue des doigts ♀ et 3. — *Continuous pressure of the thumb and 3rd finger.*

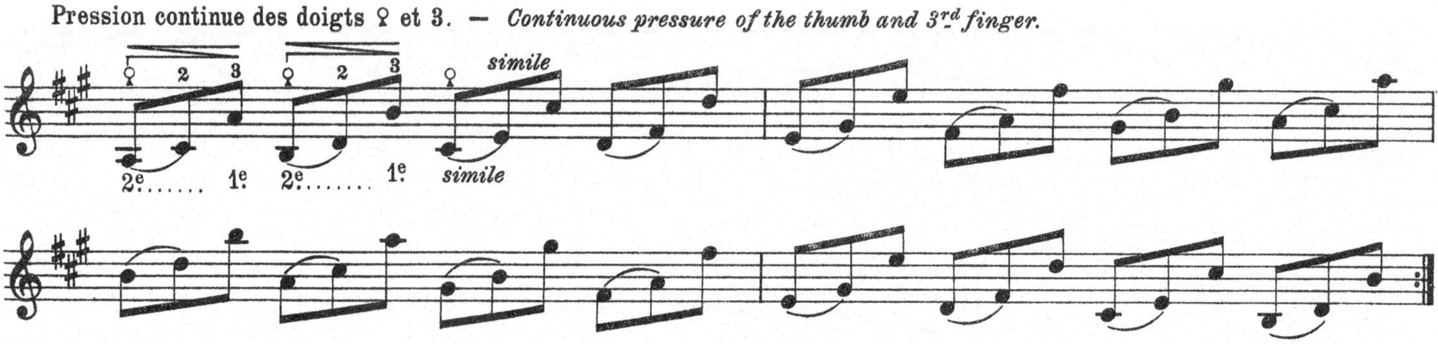

Pression continue des doigts ♀ et 1. — *Continuous pressure of the thumb and 1st finger.*

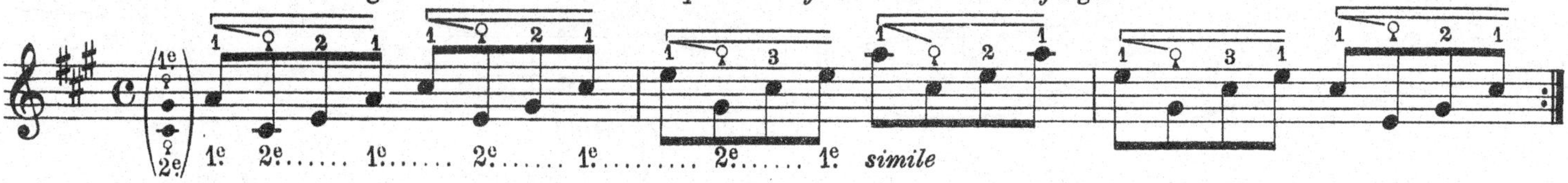

Pression continue du pouce, avec adjonction du 2e doigt pendant les déplacements.

Continuous pressure of the thumb, with the adjunction of the 2nd finger during the changes of place.

Étendons ce même principe:
Pression continue (sur 3 cordes différentes) des doigts ♀, 1 et 3.

We will extend this same principle:
Continuous pressure (on three different strings) of the thumb, the 1st and 3rd fingers.

Pression continue des doigts 4, 2 et ♀. — *Continuous pressure of the 4th and 2nd fingers and the thumb.*

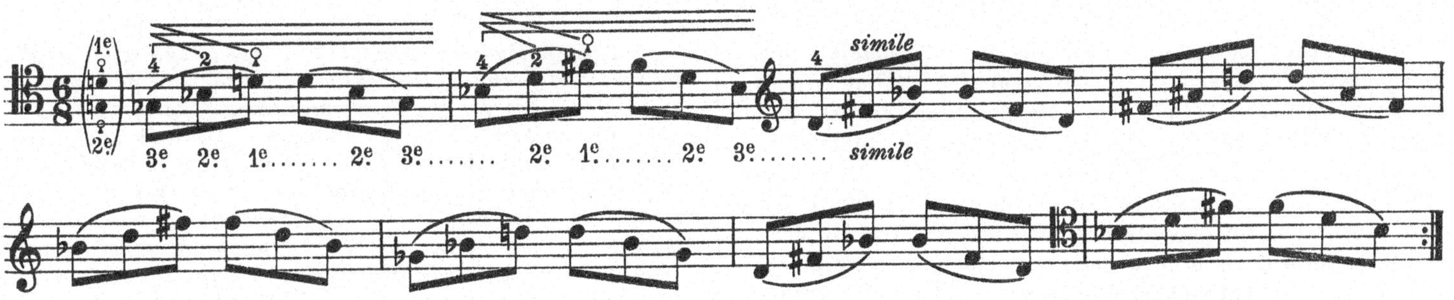

Pression continue du pouce, et du 2e doigt, avec l'adjonction du 4e pendant les déplacements.

Continuous pressure of the thumb and the 2nd finger, with the adjunction of the 4th during the changes of place.

Pression continue du pouce-guide, et des doigts 1, 2 et 3.

Continuous pressure of the guiding-thumb, and of the 1st, 2nd and 3rd fingers.

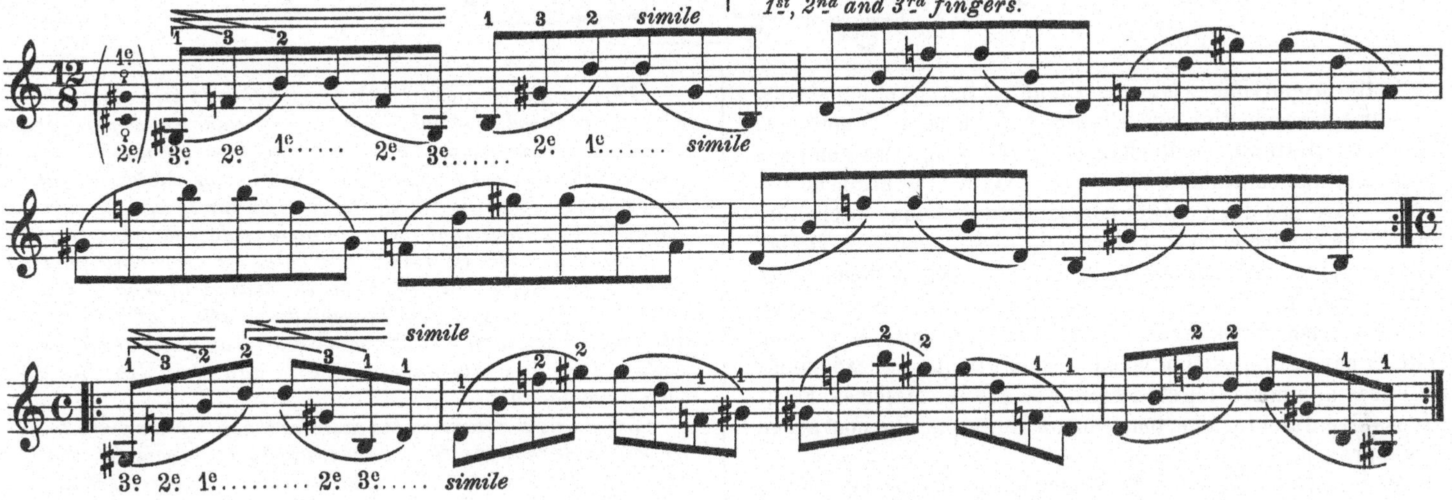

Déplacements verticaux et transversaux du pouce, comportant la pression continue de ce doigt.

Vertical and transversal changes of place of the thumb, calling for continual pressure of the thumb.

Déplacements mixtes – (complets et partiels). – *Mixed changes of place – (complete and partial).*

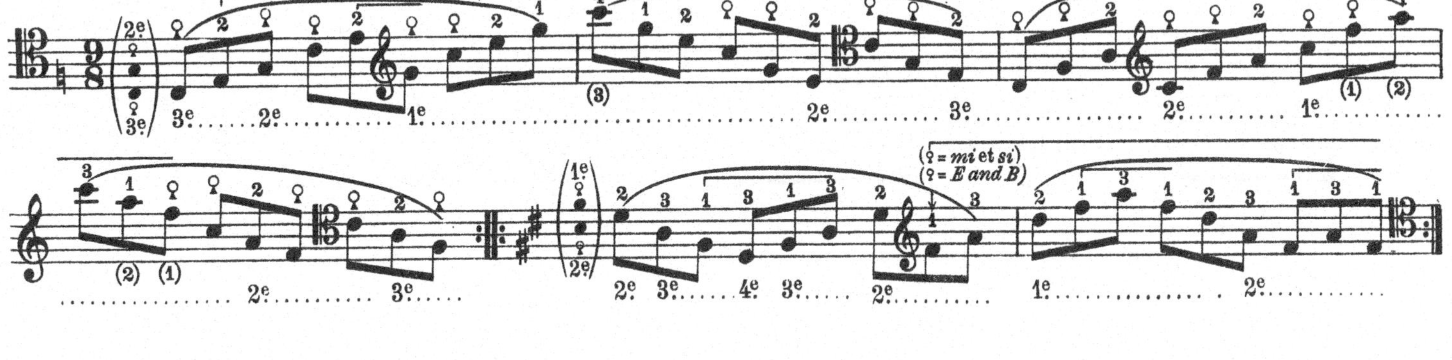

Dans l'exercice suivant, les déplacements complets qui marquent le début des deuxième troisième et quatrième mesures, devront être, pour les doigts ♀ et 3, proportionnels à l'unité ou à la dualité modale des intervalles de dixièmes qu'il s'agira d'y enchaîner. Je dois attirer l'attention de l'exécutant sur ce fait, que même en cas d'unité modale, (enchaînement de deux dixièmes majeures, ou de deux dixièmes mineures), le mouvement effectué par le doigt qui déterminera la partie supérieure, sera, (en raison de la grande différence de longueur des portions vibrantes des cordes), sensiblement moins accusé que le déplacement du pouce. Voici approximativement le rapport: le déplacement des deux doigts est à peu près d'égale importance, et leur éloignement respectif demeure apparemment le même, lorsque l'on quitte une dixième mineure pour une dixième majeure relativement plus aiguë, ou inversement, le mouvement étant alors d'un ton pour le pouce, et d'un ton et demi pour le 3e (ou le 4e) doigt.

In the following exercise, the complete changes of place that will be found at the beginning of the 2nd, 3rd and 4th measures, must, for the thumb and third finger, be proportionate to the unity or duality of mode of the intervals of the tenth that are to be linked up. I must call the attention of the player to the fact that even in the case of unity of mode, (the succession of two major tenths, or of two minor tenths), the movement of the finger that determines the upper note will, (on account of the great difference of length in the vibrating portions of the strings), be considerably less than that of the thumb. Here is approximately the relation of one to the other: the movement of the thumb and the finger are about of equal importance, and their distance apart remains apparently the same, when one leaves a minor tenth for a relatively higher major tenth, or the inverse, the movement then being one whole tone for the thumb, and a tone and a half for the 3rd, (or the 4th) finger.

Exemple de déplacements symétriques:
Example of symmetrical changes of place:

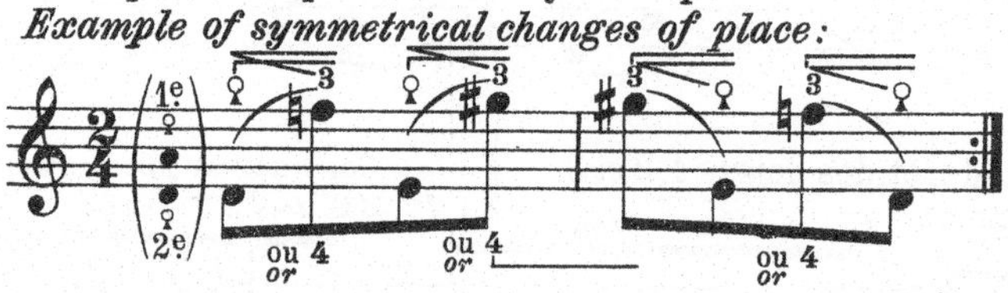

Cette proportion existe aussi dans les tierces et les sixtes, mais en telle réduction que l'instinct seul peut l'apprécier. Les séries diatoniques de chacune de ces catégories comportent aussi une continuelle et très importante variation de distance entre les deux doigts constitutifs de chaque intervalle. On a pu se rendre compte, par ce qui précède, que ces variations proviennent, non pas de la différence des sectionnements correspondants, sur des portions vibrantes d'inégales longueurs, mais seulement du changement de mode. Par contre, les octaves sont, de par la disposition même des doigts qui les exécutent, soumises à la même loi d'asymétrie que les dixièmes. Est-il nécessaire d'ajouter que, tout comme l'unisson, elles n'ont aucun mode propre.

Revenons, à présent, à l'exercice qui nous occupe. Nous savons que la première période de celui-ci comporte trois déplacements complets. Les deux dernières mesures ne contiennent que des déplacements partiels. Dès le début de chacune d'elles, le pouce rétablit, par „reptation," l'intervalle de dixième mineure, par rapport au 3e doigt, intervalle d'un usage immédiat, dans ce cas.

On emploiera, pour commencer, le coup d'archet conforme à la liaison intérieure.

This proportion exists also in the thirds and sixths, but so greatly reduced that only instinct will make them perceptible. The diatonic successions of each of these categories also call for a continual and very important variation of distance between the fingers executing each interval. By the foregoing one has been able to gather that these variations do not come from the difference of corresponding intervals, on vibrating portions of unequal length, but only from the change of mode. On the other hand, octaves are, by the very disposition of the fingers playing them, subject to the same law of asymmetry as the tenths. It is no doubt unnecessary to add that, like unisons, they have no mode.

Let us now return to the exercise that demands our attention. We will note that the first part calls for three complete changes of place. The last two measures require only partial changes of place. At the beginning of each of them the thumb reestablishes, by "creeping," the interval of the minor tenth, in its relation to the 3rd finger, an interval that, in this case, is immediately required.

One will use, at first, the bowing marked next the notes.

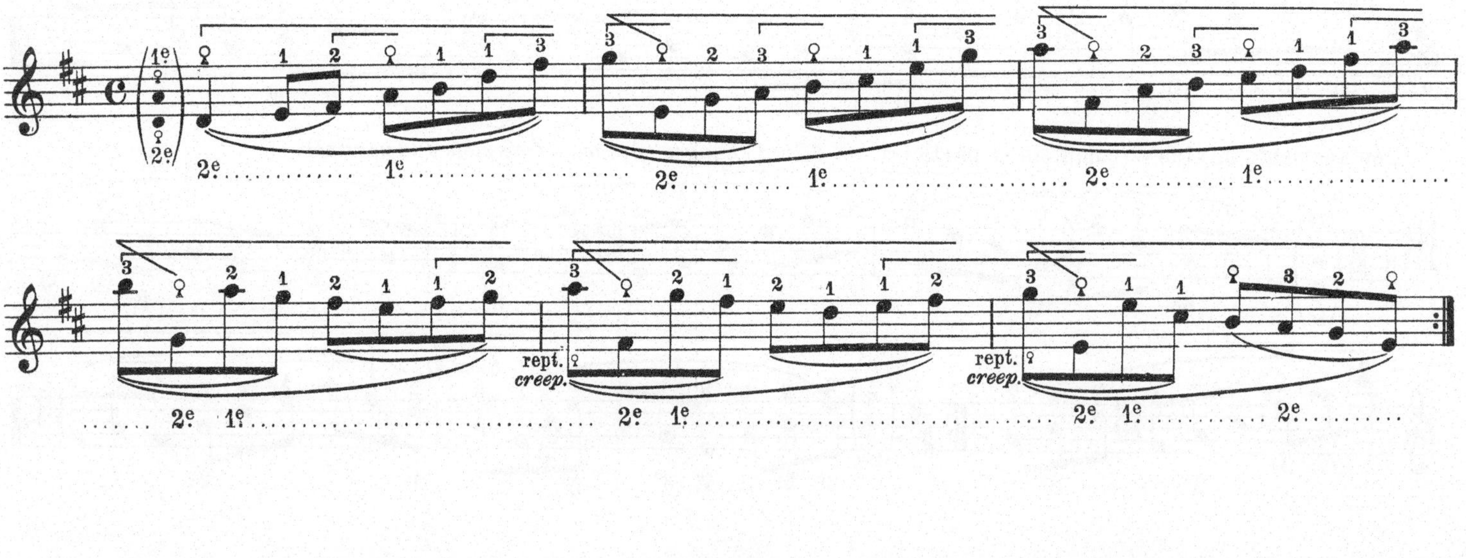

Lorsque le déplacement ascendant (partiel ou complet) coïncide avec un changement de corde, la note d'aboutissement du dit déplacement, s'exécutant sur une corde voisine, plus aiguë que celle où se joue la note du départ, le „port de voix" s'effectue, ici comme au „manche" sur la corde et par le doigt du départ, et se complète par la percussion frappée du doigt de l'arrivée.

When the rising change of place (partial or complete) coincides with a change of string, and the first note played after the change of place is on a string that is higher than the one on which was situated the note of departure, the portamento is executed, as at the "neck" on the string and with the finger used before the change of place, and finishes up with the stroke of the other finger on the other string.

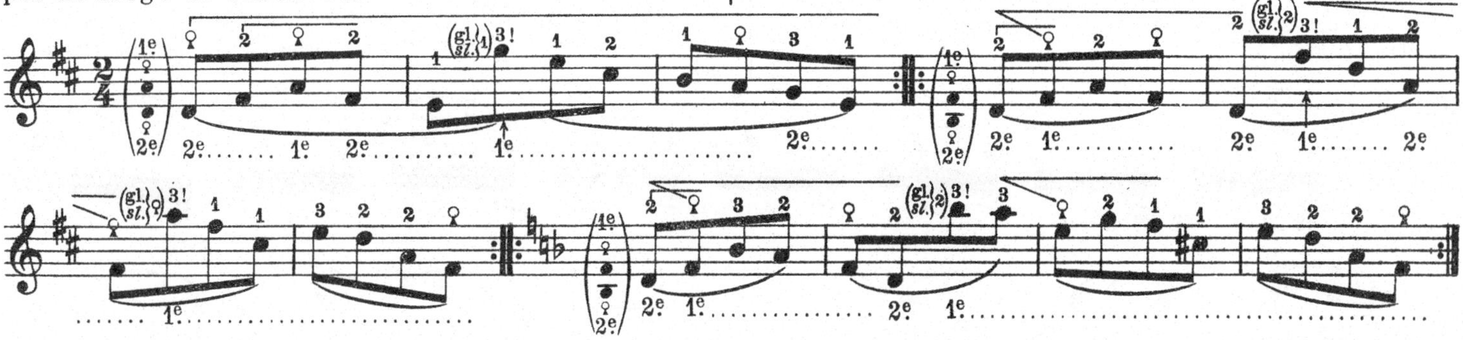

La substitution d'un doigt à un autre, sur une même note se fait par refoulement. Indépendemment de cela, il est bon de savoir que les doigts dont le mouvement est dépendant de celui du doigt-sillet à venir, doivent suivre, au dessus des cordes, son rapprochement vers le doigt-sillet du moment.

The substitution of one finger for another is executed by the shoving away of one by the other. Independently from this, it is well to know that the fingers, of which the movement is dependent upon that of the nut finger to come, should follow above the strings, its approach to the actual nut finger.

On applique sur la chanterelle, la partie indurée du pouce, la plus rapprochée de l'ongle, toutes les fois que l'on joue en 4e tenue sur cette corde, et que l'on désire faire résonner, par intermittences, le „*Ré* à vide."

One should apply the hardened part of the thumb nearest the nail to the A string every time that one plays with the 4th disposition on this string, and one wishes at the same time to play intermittently the D on the open string.

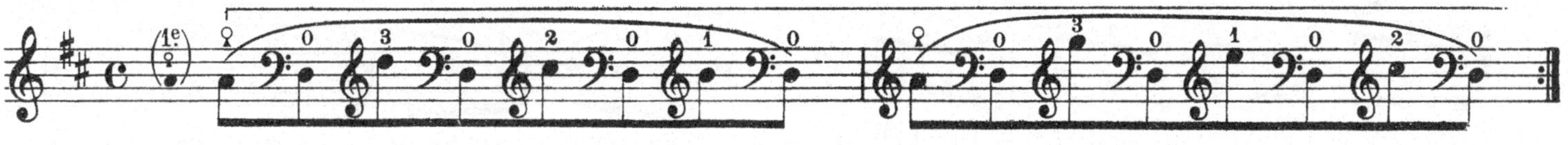

Les quelques citations qui vont suivre, sont extraites de la littérature courante du violoncelle, et devront servir d'exercices mixtes pour la plupart des connaissances déjà acquises, en 4e tenue. L'on y trouvera, en effet, pêle-mêle, l'application du maintien groupé des doigts sur un même degré, de même que celle de leurs déplacements partiels et complets. Ces citations ont, également, pour but, de fixer l'exécutant sur l'utilité des différents procédés enseignés précédemment.

The quotations that follow are drawn from the current literature of the violoncello, and are intended to serve as mixed exercises for the application of the knowledge acquired up to now about the 4th disposition. For, here will be found, pellmell, the maintenance of a group of fingers on a single degree, as well as their partial or complete change of part. These quotations are also intended to prove to the player the utility of the different processes taught in this work.

Concerto en si♭ majeur. — *Concerto in B♭ Major.* L. Boccherini.

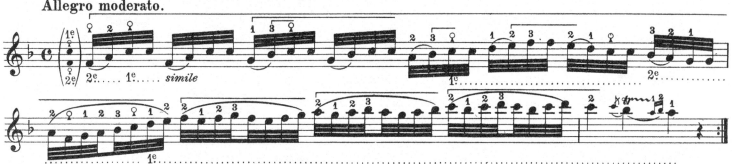

Allegro moderato.

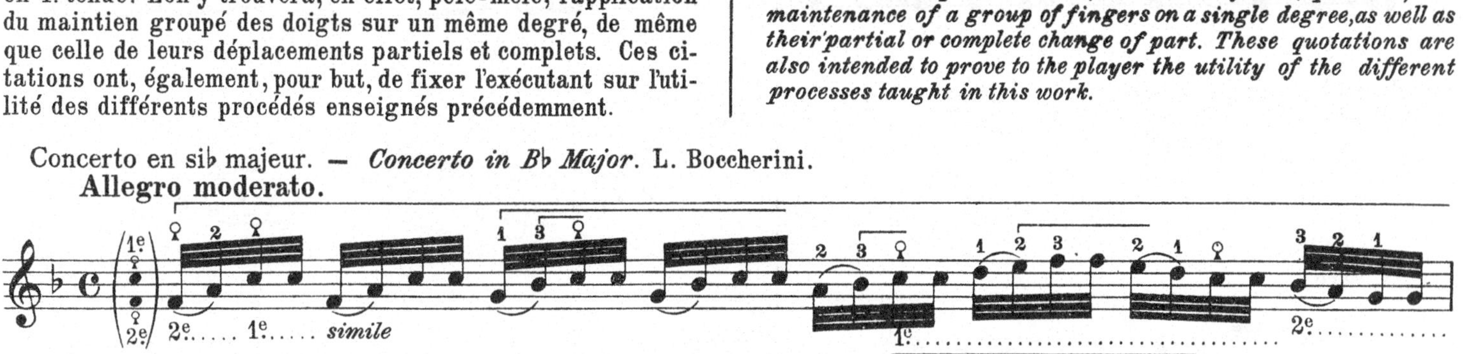

Il faudra, pendant la pause, s'assurer, par un léger pizzicato d'un des doigts libres de la main gauche, de la justesse du *fa* (♀, 2e corde) première note de la reprise indéfinie de cet exercice.

During the rest one should assure one's self, by a pizzicato of one of the unoccupied fingers of the left hand, that the F, (♀, 2nd string), the first note of the repetition of this exercise, is in tune.

Dans l'exercice suivant, le pouce-guide s'appliquera sur la plus grave des deux cordes, et cela aussi bien pour ne pas entraver la souplesse des déplacements, que pour permettre à la corde à vide „*La*“ de vibrer à l'aise. On compensera la réduction du volume de son des cordes doigtées, par rapport à la corde à vide, en a f f i r m a n t chaque arrivée de l'archet sur la 3e corde, par u n e „c h u t e“ u n p e u b r u s q u e d u p o i g n e t d r o i t. La pression du pouce-guide, et des doigts 1 et 2 devra être constante.

In the following exercise the guiding-thumb should be applied to the lower of the two strings, and this as much in order not to hinder the suppleness of the changes of place as to allow the unhindered vibration of the open string A. One should compensate for the reduction of the volume of sound of the two fingered notes as compared with the open string by a c c e n t u a t i n g each arrival of the bow on the 3rd string by a r a t h e r b r u s q u e "d r o p" o f t h e r i g h t w r i s t. The pressure of the guiding-thumb as well as of the 1st and 2nd fingers should be constant.

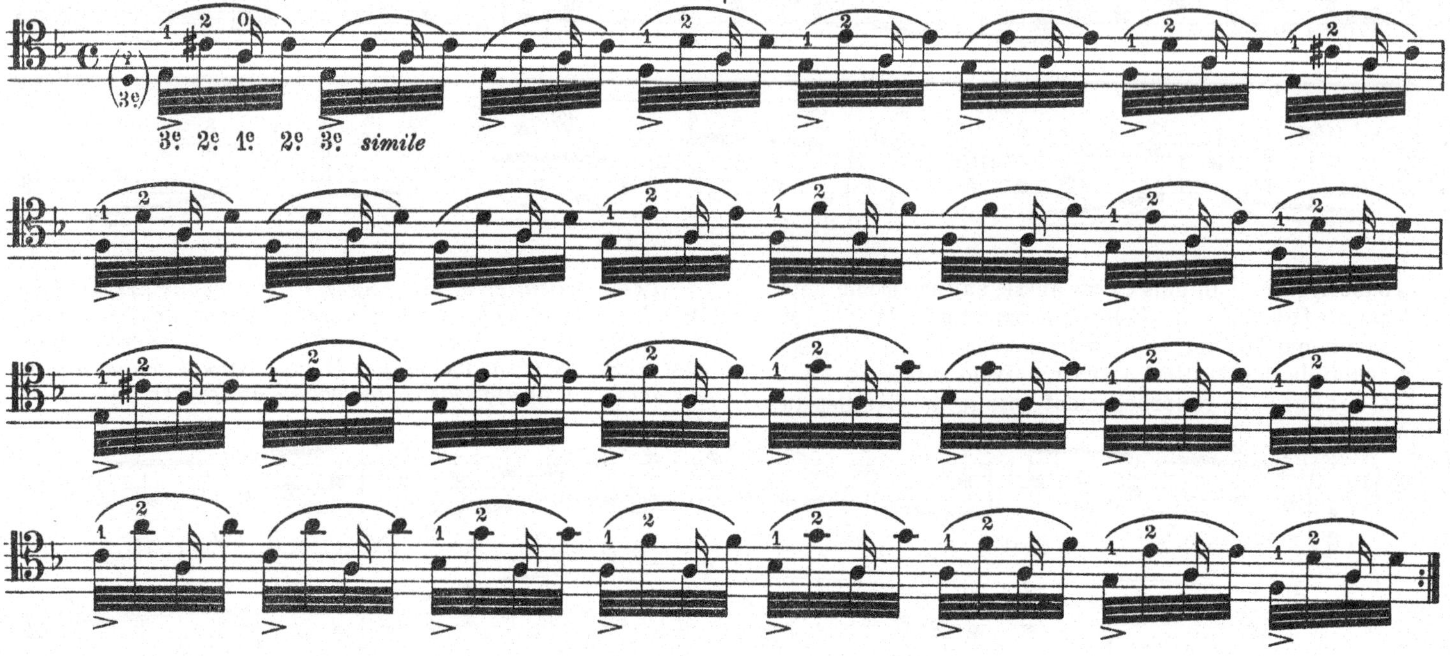

Rondo (Allegro).

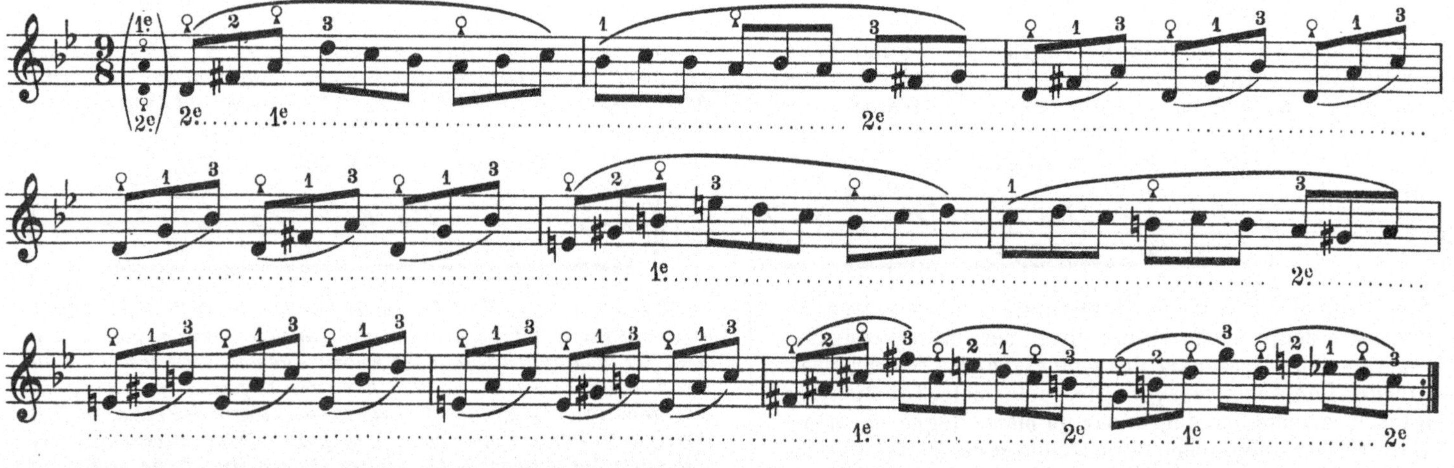

Sonate en la majeur. – *Sonata in A Major.* L. Boccherini.

Concerto en ré majeur. — *Concerto in D Major.* J. Haydn.

Allegro moderato.

Concerto en La mineur. — *Concerto in A minor.* R. Schumann.

Allegro non troppo.

* Quinte par le même doigt. Rapprocher la corde *Sol* par une légère traction du premier doigt.

* *Fifth by the same finger. Draw the G string nearer by a slight pull of the 1st finger.*

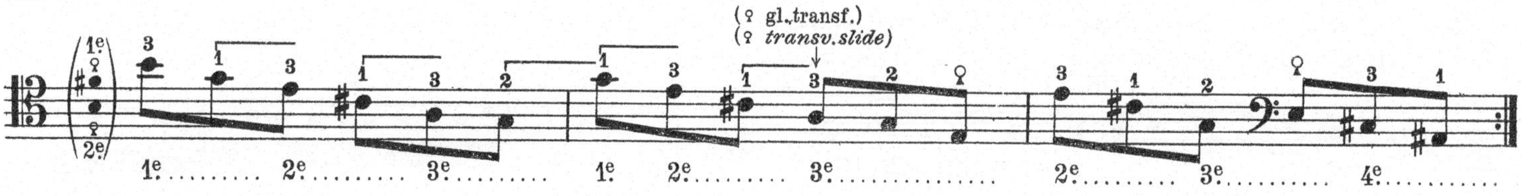

Concerto en La mineur. — *Concerto in A minor.* C. Saint-Saëns.

Concerto en si mineur. — *Concerto in B minor.* A. Dvořak.

Pression continue des doigts ♀, 2 et 3. Dépl. simultanés de ces 3 doigts, et dépl. partiels (♀ et 2) avec maintien du 3e doigt sur un même point.

Continuous pressure of the thumb, 2nd and 3rd fingers. Simultaneous changes of place of these 3 fingers, and partial changes of place (♀ and 2) with maintenance of the 3rd finger on one and the same point.

Exceptionnellement, pendant la mesure suivante, c'est le pouce seul qui maintient sa pression continue sur les cordes.

Exceptionally, during the following measure, it is the thumb only that maintains constant pressure on the strings.

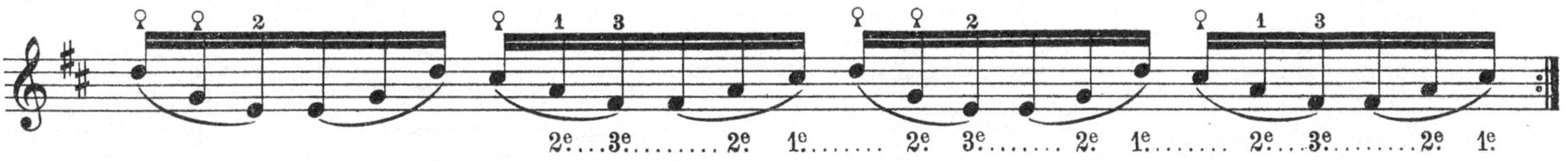

Concerto en ut majeur. — *Concerto in C Major.* E. d'Albert.

(♀ reb et lab)
(♀ D♭ and A♭)
Pendant le déplacement du pouce maintenir le 3e doigt en regard de son point d'action.
During the change of place of the thumb keep the 3rd finger over its point of play.
+ (éloigner ♀)
(remove ♀)
De même.
The same.
(♀ = mib et sib)
(♀ = E♭ and B♭)
+ (rappr. ♀ à 1/2 ton du 1er doigt)
(bring up ♀ to within 1/2 tone of 1st finger)

Dans ce premier exemple, le pouce et le 1er doigt maintiennent leur pression à 1/2 ton d'intervalle, et opèrent simultanément leurs déplacements.

In this first example, the thumb and the 1st finger maintain their pressure at a 1/2 a tone interval from each other, and change places simultaneously.

Concerto en ut dièze mineur. — *Concerto in C♯ minor.* E Moór.

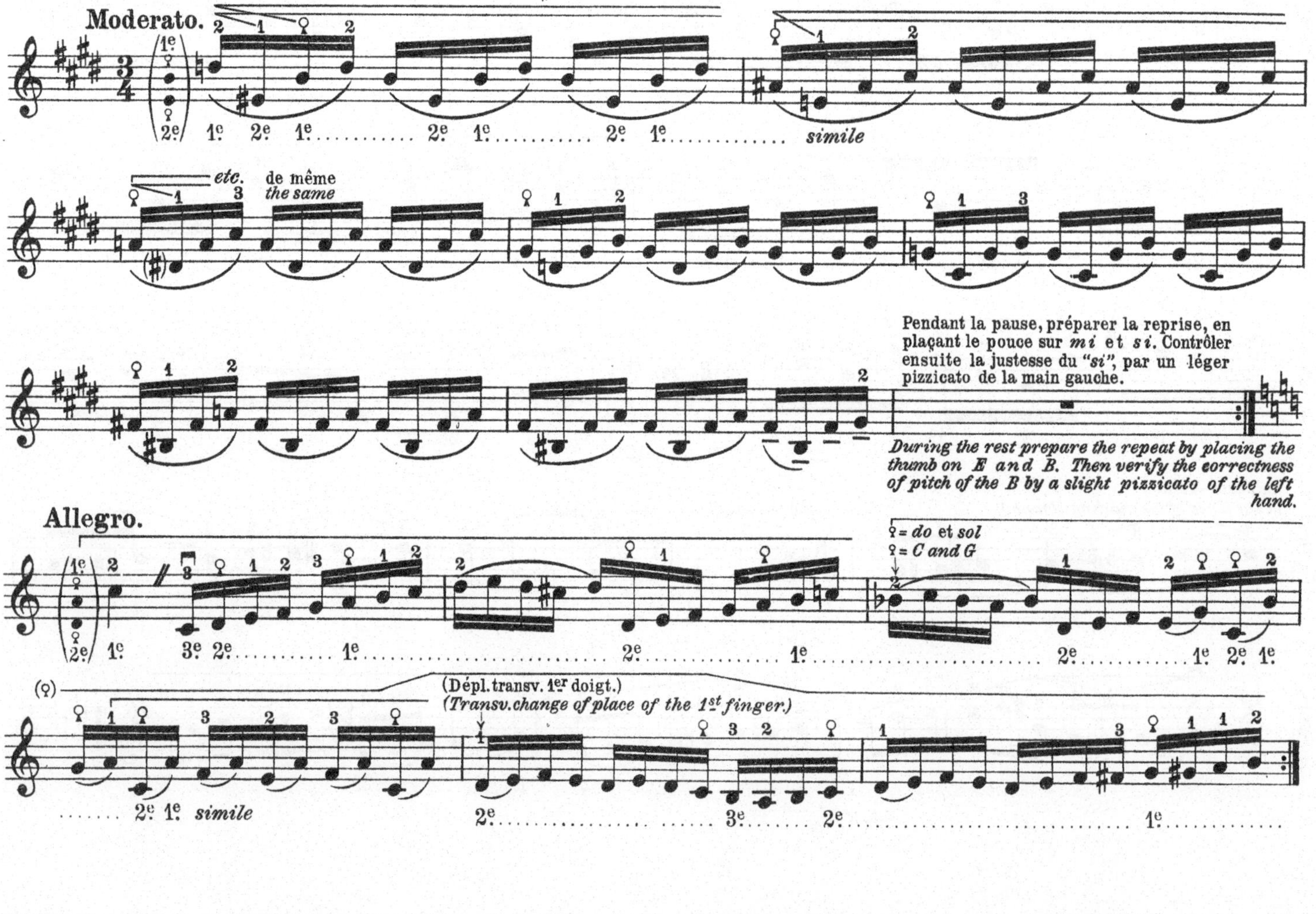
Moderato.
simile
etc.
de même
the same
Pendant la pause, préparer la reprise, en plaçant le pouce sur mi et si. Contrôler ensuite la justesse du "si", par un léger pizzicato de la main gauche.
During the rest prepare the repeat by placing the thumb on E and B. Then verify the correctness of pitch of the B by a slight pizzicato of the left hand.
Allegro.
♀ = do et sol
♀ = C and G
simile
(Dépl. transv. 1er doigt.)
(Transv. change of place of the 1st finger.)

Emploi mixte des 4 tenues.

Je doute fort que l'exécutant ait eu la patience d'attendre aussi longtemps, avant de s'essayer à relier entre elles, les possibilités du „manche" et celles du „démanché". La littérature la plus tentante du violoncelle contient presque toujours des nécessités de cet ordre, et d'ailleurs, loin de jeter la pierre à ceux qui font précéder la science théorique, par la curiosité pratique, j'exploite, ici, leur initiative.

On a du remarquer, en effet, que plusieurs chapitres du présent ouvrage arrivent, non pas à point nommé, mais un peu en retard sur le moment où le besoin de la branche traitée par chacun d'eux commence à se faire sentir. Mon point de vue est le suivant: toute nouvelle question présente à l'inexpérience une foule de procédés plus ou moins logiques. Le débutant, s'évertuant à en démêler l'enchevêtrement, s'instruit mieux que par un autre moyen, des dangers qu'offre telle ou telle „mauvaise manière", et les définitions abstraites, arrivant après coup, trouvent en lui un terrain propice à leur efficacité mentale et physique.

A ceux qui me feraient l'objection impersonnelle „qu'un mauvais pli est vite pris", je tiens à faire valoir que rien n'efface des „plis" récents aussi facilement et définitivement qu'un travail raisonné, adopté simultanément par un esprit consciencieux et un organisme encore souple.

C'est la substitution de doigts qui constitue le „pont" entre les connaissances que nous possédons déjà, et celle que nous voulons affermir ici même.

Lorsque le pouce-sillet, entamant une période à exécuter en 4e tenue, doit succéder à un doigt quelconque, soit pour répéter la note que détermine ce doigt,

Mixed use of the four dispositions.

I doubt very much whether the player has had the patience to wait until now before trying to combine the possibilities of the "neck" with those of the "thumb-position". The most tempting portions of the litterature of the violoncello contain almost always necessities of this kind; moreover, far from throwing a stone at those who put their practical curiosity before theoretical science, I would make use of their initiative.

It may have been noticed that several chapters of the present work are apparently not placed where they ought to be, but arrive a little after the moment when the need has been felt of the branch that they treat of. My point of view is as follows: Every new question presents to a novice a mass of more or less logical processes. The beginner, trying to straighten out this tangle, learns better than by any other means, the dangers that are presented by such and such a "bad style", and the abstract definitions coming after this, find in him a favorable soil for their mental and physical influence. To those that might claim that a bad habit is easily contracted I would reply that nothing eliminates a recent "habit" more quickly and more definitely than rational study, assimilated simultaneously by a conscientious mind and a still supple organism.

It is the "substitution of fingers" that forms the "bridge" between what has already been learnt and that which we wish to impress on the player here.

When the nut thumb, attacking a phrase that is to be played with the 4th disposition, has to follow any given finger, either to play the note occupied by this finger,

soit pour se fixer sur un point de corde, relativement plus rapproché du chevalet,

or in order to take up a position on the string relatively nearer the bridge,

il faut que, dès la note qui précède son emploi, (cette note se trouve, dans les présents exemples, agrémentée d'une astérisque), le pouce opère, instantanément, la translation combinée que voici: aussitôt le dos du manche quitté, il aura à surplomber les cordes, en même temps qu'il se rapprochera au possible du doigt à remplacer.

Pour le reste, on s'y prend comme dans les substitutions travaillées précédemment.

Les renversements de ces cas, comportent le retour immédiat du pouce, derrière le manche, à l'instant même où s'exécute le déplacement de la main.

it should exute instantaneously the following combined transfer, on the note that precedes it (marked with an asterisk in the preceding examples): as soon as it has left the back of the neck it should be brought into place above the strings at the same time that it is brought as near as possible to the string that it has to replace. One then proceeds as for the substitutions already studied.

The inversions of these cases require the immediate return of the thumb to the back of the neck, at the same instant that the change of place of the hand is made.

En résumé, le pouce doit toujours effectuer sa translation avec la plus grande célérité. Cette habitude étant indispensable en cas de virtuosité rapide, et ne nuisant en aucune façon, le reste du temps, il est bon de la généraliser.

En dehors de ces mouvements, il est une particularité qu'il faut connaître: c'est que le port de voix s'exécute toujours par le pouce, dans les déplacements conduisant du „manche" au „démanché" (ou inversement), au cours desquels ce doigt sert, en qualité de sillet, soit à la note du départ, soit à celle de l'aboutissement.

To sum up, the thumb should always execute its transfer with the greatest speed. This habit being indispensible for rapid virtuosity, and at other times doing no harm, it is as well to generalize it.

Besides these movements there is a particular one that it is important to know, and that is that the portamento is always executed by the thumb, in the changes of place from the neck to the thumb position (or the inverse), when it serves as a nut, either at the beginning or end of a series of notes.

Nouveaux signes techniques pour les exemples qui vont suivre: — *New technical signs for the examples that are to follow:*

(♀) = Mettez le pouce sur les cordes. — (♀) = *Place the thumb on the strings.*

(♀̸) = Replacez le pouce derrière la manche. — (♀̸) = *Replace the thumb back of the neck.*

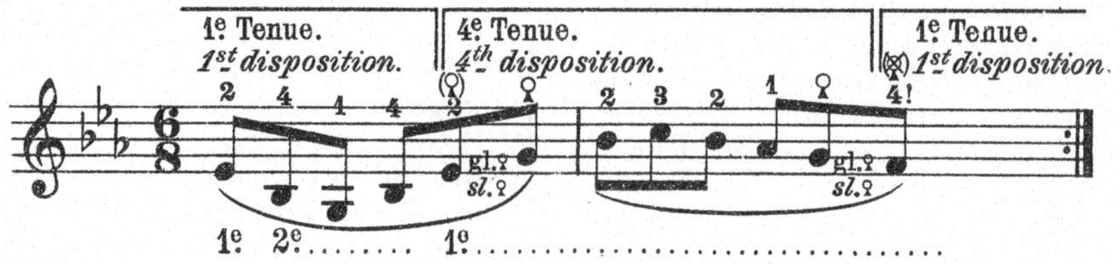

Exceptions: Lorsque, dans un déplacement, la note de départ, déterminée par le pouce, se trouve être une harmonique centrale, ou bien lorsque le transport de la main aboutit à une harmonique centrale, (cette dernière étant précédée par son octave inférieure, la corde à vide), le passage du „manche" au „démanché" doit s'exécuter par la main libre, et sans aucun port de voix.

Exceptions: When, in a change of place, the note from which one starts (being determined by the thumb) is a central harmonic, or else when the transfer of the hand ends on a central harmonic, (the latter being preceded by its inferior octave, the open string), the passage from the neck to the thumb position should be executed with a free hand, and without any portamento.

Tous les autres déplacements sont soumis aux lois que nous connaissons déjà.

Avant de passer à une autre question, je dois encore mentionner le cas, où l'intervention de la 4e tenue prolonge le maintien d'un degré, ou, tout au moins, évite à l'exécutant, une extension incommode.

Lorsqu'aucun rapprochement préparatoire, vers le doigt qui précède le pouce-sillet n'est exigible de celui-ci, sa translation peut se faire au moment même de son emploi.

All the other changes of position are subject to the rules that we already know.

Before passing on to another subject I must mention the case where the intervention of the 4th disposition prolongs the maintenance of a degree, or at any rate relieves the player of a difficult extension.

When the nut thumb does not have to be brought up to the finger that precedes the note it is about to play, its transfer can take place at the moment it comes into action.

Lorsqu'enfin on fait abstraction du pouce-sillet, c'est du doigté de la période à exécuter, que dépend le moment où le pouce-guide se place sur les cordes. L'on choisit, en général, à cet effet, l'instant où le 1er doigt s'apprête à se fixer sur un point de corde, qu'il lui serait malaisé, (sinon impossible), d'atteindre en 3me tenue.

Finally, when the nut thumb is removed, the moment when the guiding-thumb is to be placed on the string depends on the fingering of the passage to be played. The moment generally chosen for this is when the 1st finger is preparing to move to a place on the string that it would be uncomfortable (if not impossible) to reach with the 3rd disposition.

Aussitôt que l'on rentre dans le domaine des deux premières tenues, (ou de leurs altérations), le pouce-guide n'ayant plus aucune raison de rester sur les cordes, doit réintégrer sa place derrière le manche.

As soon as one reenters the region of the first two dispositions (or their modifications), the guiding-thumb being no longer needed on the strings, it should return to its position back of the neck.

Les quelques exercices suivants sont destinés à faire prendre à l'exécutant l'habitude réflexe des procédés expliqués dans ce chapitre.

The following exercises are intended to make the player acquire the habit of unconsciously using the methods explained in this chapter.

Exercices. — Exercises.

Concerto. — *Concerto.* E. d'Albert.

Andante con moto.

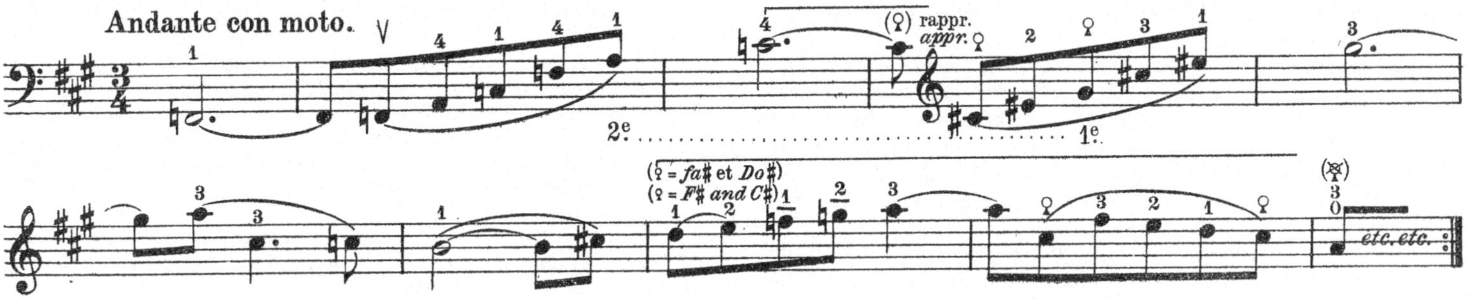

Concerto. — *Concerto.* Boccherini.

Allegro moderato.

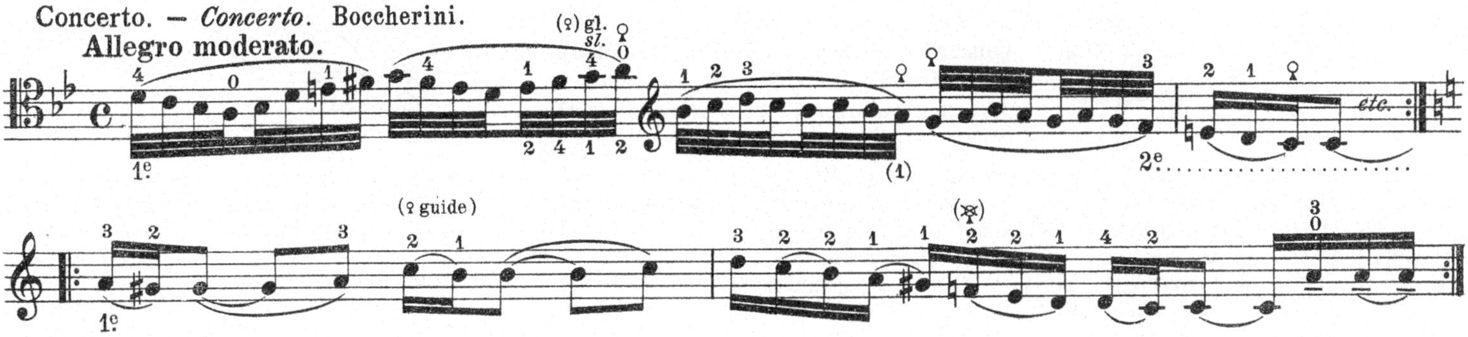

Sonate. — *Sonata.* Locatelli.

Adagio.

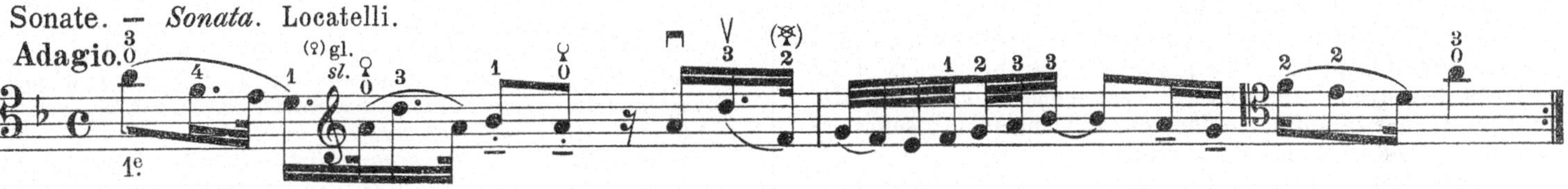

Concerto. — *Concerto.* Haydn.

Allegro moderato.

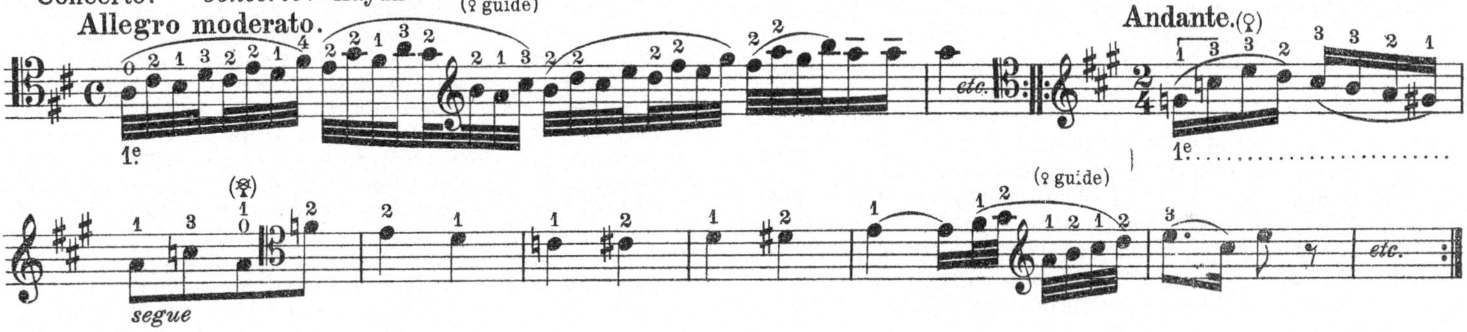

Sonate en La majeur. — *A Major Sonata.* Beethoven.

Allegro non tanto.

Suite en ut majeur. — *C Major Suite.* J. S. Bach.

Moderato.

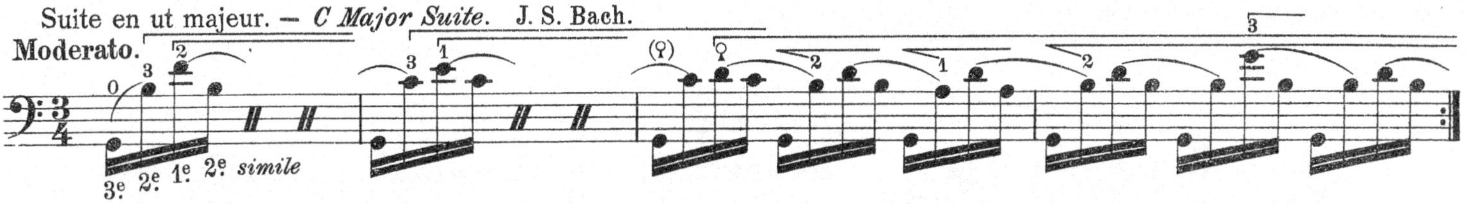

Concerto. — *Concerto.* Schumann.

Allegro non troppo.

Ce petit nombre d'exercices, tirés au hasard d'une inépuisable série de cas similaires, me semble suffisant. L'exécutant pourra parfaire ultérieurement, par l'étude des gammes et des arpèges, sa connaissance du fusionnement des 4 tenues.

This small number of exercises, drawn from an inexhaustible series of similar examples, appears to me to be sufficient. The player can, later on, perfect his knowledge of the fusion of the four dispositions by the study of scales and arpeggios.

Extensions irrégulières.

Nous engloberons, dans cette catégorie, tous les doigtés n o n basés sur les rapports chromatiques ou diatoniques entre doigts voisins.

Reportons-nous, momentanément, à la „préparation à l'emploi du pouce-sillet". Voici ce que nous y trouvons en substance:

„Le nombre des combinaisons possibles en 4e tenue est variable. Il s'enrichit d'autant plus que la main se rapproche du chevalet. La raison de cette particularité réside dans l'assujettissement de l'écart des doigts à la dimension de la corde, (ou plutôt de sa portion vibrante)".

Déduction logique: tel écart, par lequel s'obtient, dans une région donnée, la tierce majeure, par exemple, peut, dans une autre région, servir à exécuter l'octave.

Irregular extensions.

We will embrace in this category all the fingerings that are not based on the diatonic or chromatic relations of adjoining fingers.

Let us refer for a moment to the "preparation for the use of the nut thumb". Here is substantially what we find: "The number of possible combinations of the 4th disposition is variable; the nearer the hand gets to the bridge, the more numerous do they become. The reason for this is to be found in the subjection of the stretch between the fingers to the length of the string (or rather to its vibrating part)".

The logical deduction is that a stretch by which in one part of the string one obtains a third will, for instance, serve in another part to produce an octave.

Conserver cet écart. et le reporter aux alentours de l'extrémité inférieure de la touche.

Maintain the stretch and transfer it to the lower end of the fingerboard.

On se rend compte, que le terme „extension", qualifiant certaines dispositions de doigts, employées dans un régistre élevé, ne concerne pas toujours une anomalie dans l'éloignement respectif de ces doigts, mais sous-entend la plupart du temps, le seul rapport acoustique des degrés qu'ils doivent déterminer.

Pourtant, étant donné l'habitude que l'on acquiert de disposer instinctivement ses doigts, pour l'utilisation diatonique de leurs différents champs d'action, il devient indispensable, si l'on veut s'aguerrir contre une foule de préjugés instrumentaux, de travailler dès à présent les cas principaux d'une infinité de moyens „irréguliers", (parce que moins usités,) afin de pouvoir, par la suite, „puiser dans l'inépuisable", selon ses besoins et ses aptitudes personnells.

Commençons par la tierce mineure entre deux doigts consécutifs dans l'ordre numérique. C'est là le point d'attache du présent chapitre, avec celui où il est traité des écarts réguliers.

Je me dois, avant tout, d'attirer l'attention sur la grande force „naturelle" (développée encore par le travail,) des deux premiers doigts.

L'articulation de l'un d'eux, – si peu accentuée soit-elle, – entraîne, lorsque celui-ci frappe la corde, même par chute inerte, un sectionnement généralement plus parfait, que celui qu'un des doigts 3 ou 4 réaliserait, moyennant l'effort équivalent. Cette localisation de la force naturelle explique, en partie, le rôle prépondérant des doigts 1 et 2 dans l'exécution des gammes „monocordes". Elle légitime également, dans les mêmes conditions, le doigté ci-après pour l'arpège de 7me diminuée.

Depuis la région centrale, et jusqu'à l'extrème aigu d'une corde, les successions de secondes augmentées et de tierces mineures (intervalles synonymes), ayant une direction constante, peuvent s'exécuter par le doigté uniforme: 1, 2. – Ce doigté, nouveau pour nous, n'est, en somme, que l'application continue de l'intervalle régulier maximum.

L'intervention accidentelle du 3e doigt, sur la note la plus haute, ne sert, ici, qu'à faire l'„économie" d'un déplacement évitable.

One will note that the term "extension", describing certain dispositions of the fingers, employed in an upper register, does not always apply to an anomaly in the respective distances between these fingers, but most of the time implies merely the acoustic relations of the notes that they are to determine.

However, owing to the habit that one acquires of unconsciously arranging ones fingers for the diatonic utilization of their different spheres of action, it becomes necessary, if one wishes to arm one's self against a mass of instrumental prejudices, to practice at once the principal examples of an infinite number of "irregular" means, (because they are less used than others), in order, eventually, to be able to draw upon the inexhaustible, according to one's needs and one's personal aptitude.

We will begin with the minor third between two fingers following each other in numerical order. This is the connecting link between this chapter and the one that treats of regular stretches.

I must, first of all, call attention to the great natural strength (developed later by work) of the first two fingers. The movement of one of them, be it ever so light, brings about a much more perfect division of the string when it strikes it, even if it falls of its own weight, than would the third or fourth finger with an equivalent effort. This localisation of natural strength explains in part the preponderant role of the 1st and 2nd fingers in the execution of single-string scales. It legitimizes also, under the same conditions, the fingering given below, for the arpeggio of the diminished 7th.

From the middle region to the extreme upper limit of a string, the succession of augmented seconds and minor thirds, (synonymous intervals), moving in the same direction, can be executed with the uniform fingering: 1, 2.– This fingering, that is new to us, is after all only the continuous application of the maximum regular interval.

The exceptional use of the 3rd finger, on the highest note, serves here merely to avoid an unnecessary change of place.

Exercice:
Exercise:

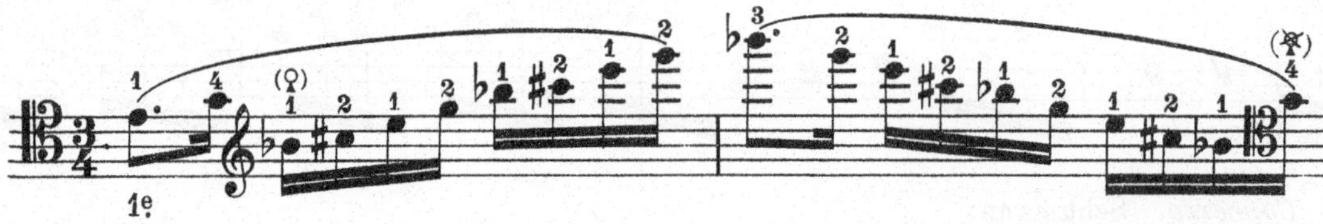

Sur la quatrième corde seulement, cet exercice est quasi-impraticable. On devra donc l'exécuter à tour de rôle, sur la chanterelle, ainsi qu'il est écrit, puis sur les points correspondants des cordes *„Ré"* et *„Sol"*.

On devra le travailler aussi sous les deux formes suivantes:

It is on the 4th string only that this exercise is practically impossible of execution. It should therefore be practiced in turn on the A string, (as above) and then on the corresponding parts of the D and G strings.

One should practice it also under the two following forms:

Ce même doigté peut encore servir quelquefois, malgré la brisure de ligne de la direction mélodique d'un arpège. Dans ce cas il faut que le retour momentané vers un point déjà franchi de l'échelle musicale, ne donne lieu à aucun déplacement particulier.

This same fingering can serve sometimes, although the line of the melodic direction of an arpeggio be broken. In this case, the momentary return to a degree of the musical scale, already passed, should not be the cause of any particular change of place.

Exemple:
Example:

De même sur d'autres cordes, et dans d'autres tons.

Avant de poursuivre l'étude présente, je dois signaler ici, l'application, fréquente au „démanché", de l'extension provisoire. On n'a pas oublié, qu'en 3e tenue, cette extension comprend l'intervalle de quarte juste entre les doigts 1 et 3.

En 4e tenue, l'on peut, s'il en est besoin, pousser cet écart jusqu'à chaque intervalle permis par la conformation de la main. Voici un cas, où l'extension provisoire est exigible, tantôt pour la quarte juste, tantôt pour la quarte augmentée:

The same on other strings and in other keys.

Before going further, I must call attention here to the frequent application of the temporary extension in the thumb-position. It will be remembered that in the 3rd disposition this extension comprises the interval of a perfect fourth between the 1st and 3rd fingers. In the 4th disposition one can, if necessary, extend this stretch to the biggest interval the hand will allow. Here is a case where the temporary extension is required, sometimes for the perfect fourth, and sometimes for the augmented fourth.

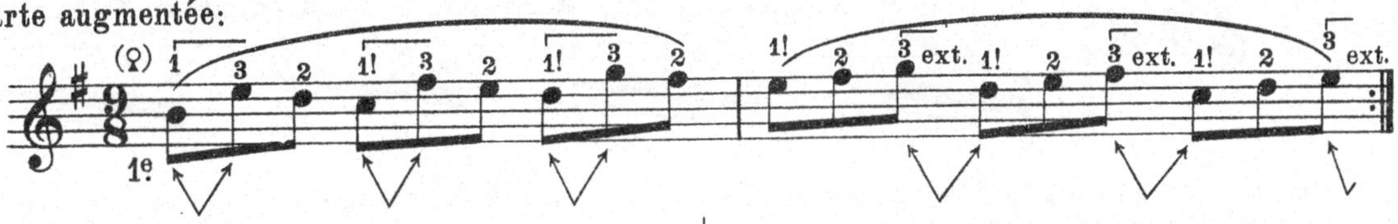

Souvent l'extension provisoire sert d'artifice, pour éviter l'emploi du 4e doigt. Quoique pas officiel, le doigté de l'exemple ci-dessous ne doit pas être considéré comme un cas d'exception. Personnellement, je le crois même indispensable (dans les phrases chantantes), à la cohésion du „vibrato."

Often the temporary extension serves as an artifice to avoid the use of the 4th finger. Although not "official", the fingering of the following example should not be considered exceptional. Personally I think it even indispensable (in singing phrases) for the non-interruption of the vibrato.

Exemple très important:
Very important example:

Revenons maintenant aux écarts étudiés plus haut. Voici quelques affectations du doigté uniforme, à des lignes brisées dans leur direction mélodique.

Les groupements 1, 2, 3, ou ♀, 1, 2, 3 ne peuvent pas servir en cas d'arpège de 7me diminuée à direction constante. L'écart de tierce mineure entre chaque doigt et son voisin, pouvant, vu la rareté de son application continue, compter parmi les moins réguliers, on est astreint à d'assez grandes précautions, quant à la justesse, toutes les fois que, dans cette disposition, il survient une modification subite et simultanée dans le rapport apparent des doigts. Il est donc avantageux, de n'employer les doigtés „riches" que lorsqu'il est possible de réduire, par ce moyen, l'importance individuelle des déplacements.

Let us now return to the stretches we were studying. Here are a few applications of uniform fingering to lines that are broken in their melodic direction. The groups 1, 2, 3, or ♀, 1, 2, 3, cannot be used for an arpeggio of the diminished 7th in a continuous direction. The stretch of a minor third between each finger and its neighbor being classible, on account of the rarity of its continuous application, among the exceptions, one should take great precautions as to correctness of pitch, every time that, in this disposition, there appears a sudden and simultaneous modification of the apparent relations between the fingers. It is therefore advantageous to employ "rich" fingering only when it is possible by this means to reduce the individual importance of changes of position.

Exemples: – *Examples:*

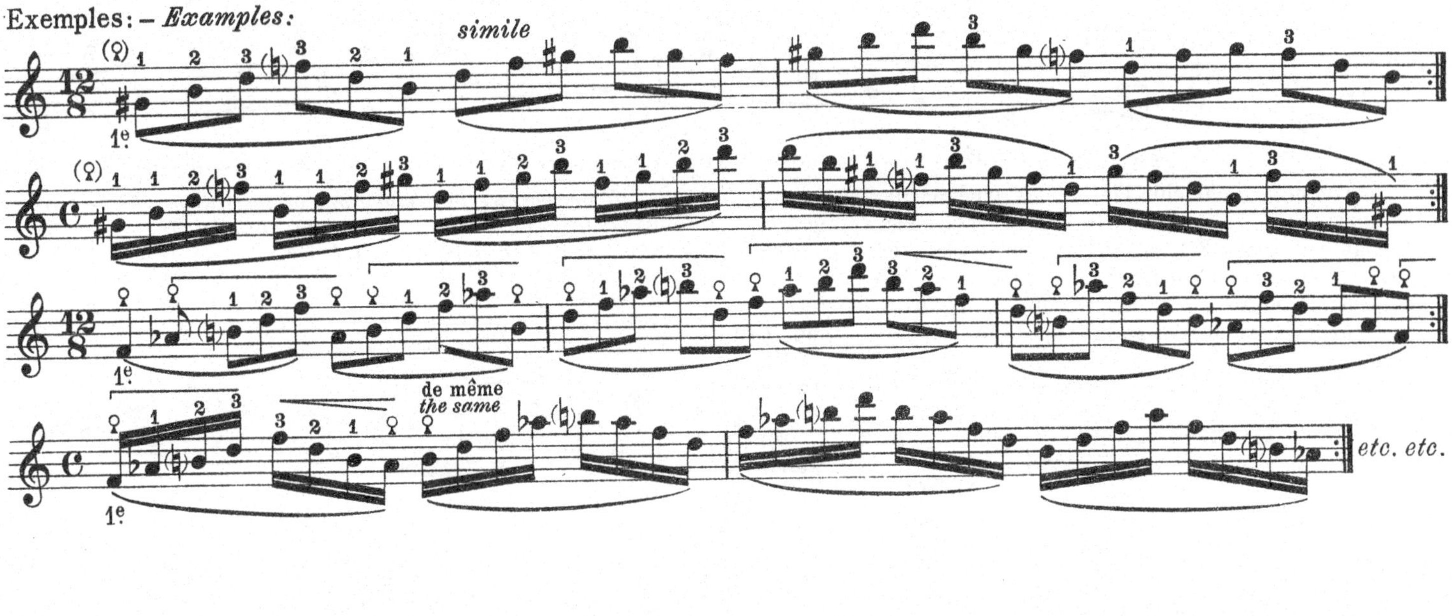

Le 4e doigt sert, dans les groupements comportant des écarts irréguliers, toutes les fois que, déterminant le point culminant d'une période à direction constante, (Exemple A) ou celui d'un fragment de période, dans une ligne mélodique à direction brisée, (Exemple B,) ce doigt peut diminuer, par son adjonction, le nombre des déplacements partiels ou complets. Il faut aussi, pour légitimer l'emploi du 4e doigt, que les périodes en question revêtent un caractère de virtuosité. L'extension du 4e doigt, par rapport au 3e, pourra, selon les besoins, être indifféremment d'une tierce (majeure ou mineure,) ou même d'une quarte dans la région centrale de l'instrument. On n'a pas oublié, qu'en cas d'emploi du 4e doigt, au „démanché", le seul doigt-sillet qui le précède doit, (en dehors du pouce,) maintenir sa pression sur la corde.

The 4th finger may be used, in passages comprising irregular stretches, every time that, determining the culminating point of a period proceeding in a given direction (Example A) or determining the culminating point of a fragment of a period of which the direction of the musical line is broken (Example B), it can by its adjunction diminish the number of partial or complete changes of place. In order to permit the use of the 4th finger these periods should be of a virtuoso character. The extension of the 4th finger, in its relation to the 3rd finger, may, according to necessity, indifferently consist of a third (major or minor), or even of a fourth in the central region of the instrument. One should not forget that in case the 4th finger is used in the thumb position, the finger that precedes it only should, apart from the thumb, maintain its pressure on the string.

Exemple A.
Example A.

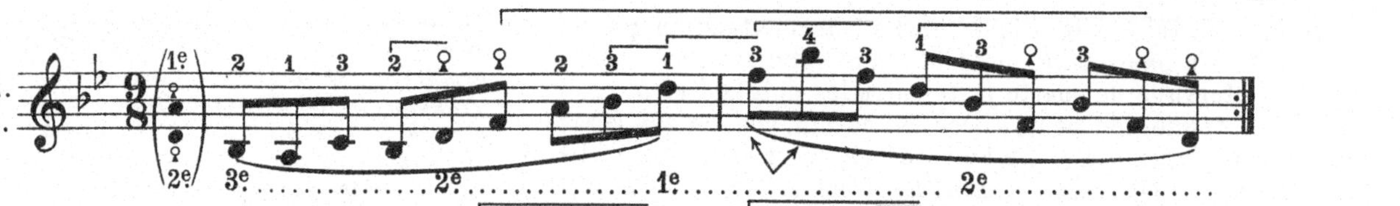

Exemple B.
Example B.

L'importance musicale des écarts peut être augmentée proportionnellement au rapprochement de la main vers le chevalet.

The musical importance of the stretches can be increased proportionally to the approach of the hand to the bridge.

Exemple:
Example:

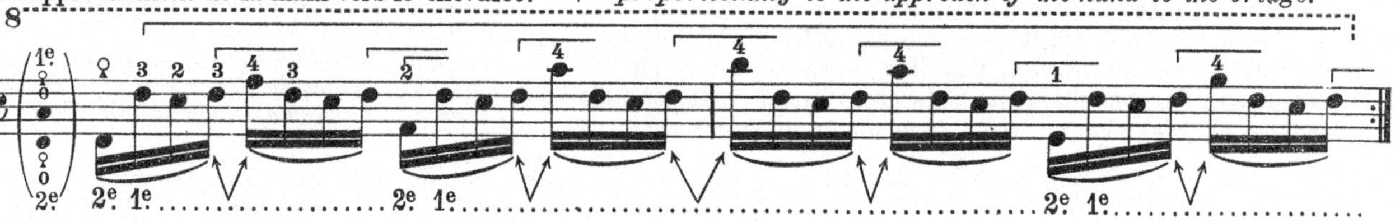

Doigté d'arpèges (majeurs ou mineurs,) comprenant dans leurs parties aiguës des extensions irrégulières. Ce doigté a l'avantage très appréciable, de pouvoir s'adapter à tous les arpèges ayant, pour tonique initiale n'importe quel degré chromatique de la 1ère octave grave du violoncelle.

Fingering for arpeggios (major or minor) that comprise irregular extensions in their upper region. This fingering has the very appreciable advantage of being applicable to all arpeggios that start from any note of the chromatic scale of the lowest octave of the violoncello.

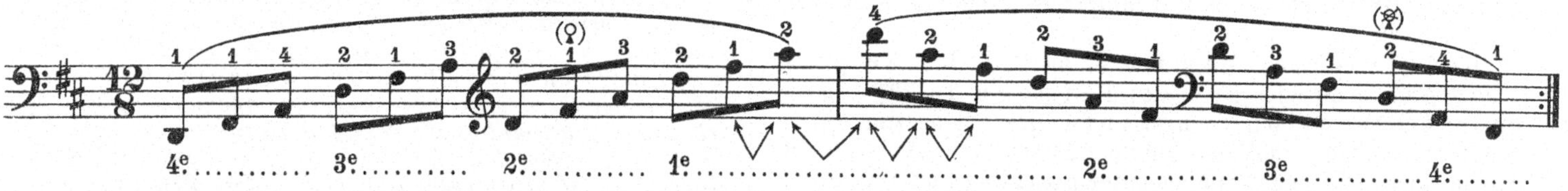

On devra travailler cette catégorie d'arpèges dans plusieurs tons majeurs et mineurs. Dans le doigté d'arpèges ci-dessous, c'est du 2me au 3me doigt que se fait l'extension irrégulière d'une quarte. L'éloignement du 1er doigt par rapport au pouce, (pendant la période du „démanché",) rend très oblique la position des doigts suivants, et l'exiguïté du 4e en bannit, dans ce cas, l'emploi.

One should practice this category of arpeggios in several major and minor keys. In the fingering of arpeggios given underneath, it is from the 2nd to the 3rd finger that the irregular extension of a fourth is made. The distance at which the 1st finger finds its self from the thumb, (during the period of the thumb position,) places the other fingers in a very oblique position, and the slenderness of the 4th finger precludes in this case its utilization.

Si l'on désire enrichir l'un de ces arpèges, de 3 sons supplémentaires dans l'aigu, le doigté de la dernière octave aiguë sera invariablement: 1, 2, 3, 4. – Le 1er doigt se substitue, ici, au pouce, pour l'avant-dernière tonique. Le pouce-sillet doit être, autant que possible, évité, sur la chanterelle, au delà du 3e quart de cette corde, c'est-à-dire au-dessus de la double-octave du „*La*" à vide.

If one wishes to prolong one of these arpeggios by three supplementary notes at the top of the run, the fingering of the top octave should invariably be: 1, 2, 3, 4. The 1st finger should here take the place of the thumb for the penultimate tonic note. The use of the "nut-thumb" should be avoided as much as possible beyond the third quarter of the A string, that is to say beyond the double octave of the open-string A.

Pour la catégorie ci-dessous, le même doigté peut s'appliquer à toutes les tonalités, **pendant la période du „démanché" seulement.**

In the following category the same fingering can be applied to all the keys, during the thumb-position period only.

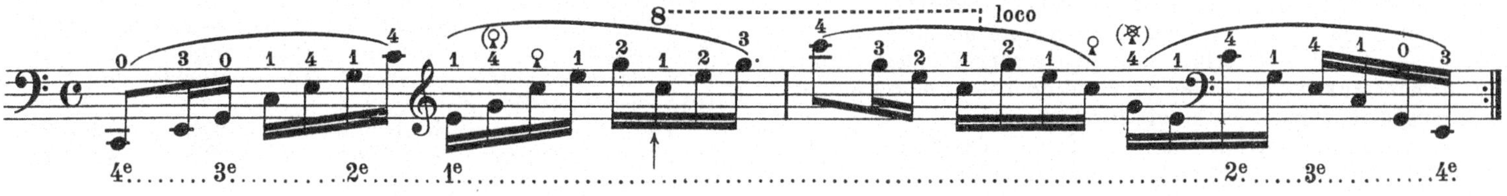

Qu'on ne se méprenne pas sur mes intentions. Je n'ai pas voulu indiquer ici **tous les doigtés d'arpèges**, mais ceux des principaux auxquels nous devons l'admission courante de certaines extensions irrégulières. D'autres doigtés favorisent, ainsi que nous le verrons au prochain chapitre, l'émission de nombreux sons harmoniques. D'ailleurs, je dois dire qu'il en est des arpèges comme des gammes, et que l'on ne peut leur affecter une exécution fixe, que tant qu'ils partent d'une tonique pour aboutir à une autre. Or, dans la pratique, ce cas est relativement moins fréquent, que celui où partant sur une note quelconque d'un accord, on est forcé d'utiliser, pour cette première note, le doigt et la corde qu'imposent à cet effet, les nécessités de la période précédente. Il faut, alors, chercher un doigté de fortune. Ce serait une folie que de tenter le classement de ces hasards innombrables.

Malgré cela, je préconise l'étude, dans plusieurs tons, des arpèges qui comprennent toute l'étendue de l'instrument. Cette étude sert autant à fortifier l'assurance parfaite du violoncelliste, en ce qui concerne les écarts irréguliers, qu'à rendre aisé et souple, son passage du pouce.

Avant de passer aux „harmoniques du démanché", je dois indiquer deux **exercices d'adresse**. L'exécutant devra y repérer, **par les yeux**, les différentes places à atteindre par la main libre. (Abréviation: m.l.)

La justesse de chacune des notes qu'il s'agit d'exécuter ainsi, devra être contrôlée au moyen d'un **sectionnement percuté**, précédant immédiatement l'attaque de la corde par l'archet. Les résultats des premiers efforts pourront sembler décourageants. C'est pour cela que je recommande instamment la persévérance la plus obstinée sur ce point, estimant que les exercices de cette espèce sont les seuls, grâce auxquels on puisse, par le travail, incorporer dans la série des difficultés vaincues par des procédés quasi-certains, un assez grand nombre de **casse-cou**, inévitables dans la technique de la main gauche.

Ces exercices fragmentairement indiqués devront être prolongés sur plusieurs degrés consécutifs de l'échelle musicale, ascendants d'abord, puis descendants.

In order that my intentions should not be misunderstood. I wish to state here that I do not wish to give all the fingerings of arpeggios, but merely the ones to which we principally owe the current use of certain irregular extensions. Other fingerings, as we shall see in the following chapter, favor the execution of numerous harmonic sounds. Any way, arpeggios resemble scales in this, that one can apply a fixed manner of execution to them only when they start from a tonic to finish on another one. But, in practice this case is less frequent than the one where, starting from any given note of a chord, one has to use for this first note the finger and the string that are imposed by the necessities of the preceding period. One must then hunt for a fortuitous fingering. It would be foolish to try to classify these innumerable chance cases. Notwithstanding this I would advise the study, in several keys, of arpeggios that require the full compass of the instrument. This study will serve not only to strengthen the assurance of the violoncellist, as far as the irregular stretches are concerned, as to render the passage of the thumb easy and supple.

Before passing on to the harmonics of the thumb-position, I wish to call attention to two exercises of skill. In these the player must, with his eyes, find the places his fingers must fall on to produce certain given notes, and this with a free hand. (Abbreviation: F. H.) The correctness of pitch of each of the notes to be thus obtained should be verified by a stroke of the finger, immediately before the attack of the bow. The results of the first attempts may seem discouraging. It is on account of this that I earnestly recommend the most stubborn perseverance in this case, as I believe that it is only by exercises of this kind that one will be able to incorporate in the list of difficulties overcome by practically sure methods a great number of break-neck examples that are inevitable in the technique of the left hand.

The following exercises, given in a fragmentary manner, should be extended through several degrees of the musical scale, first rising and then falling.

1.

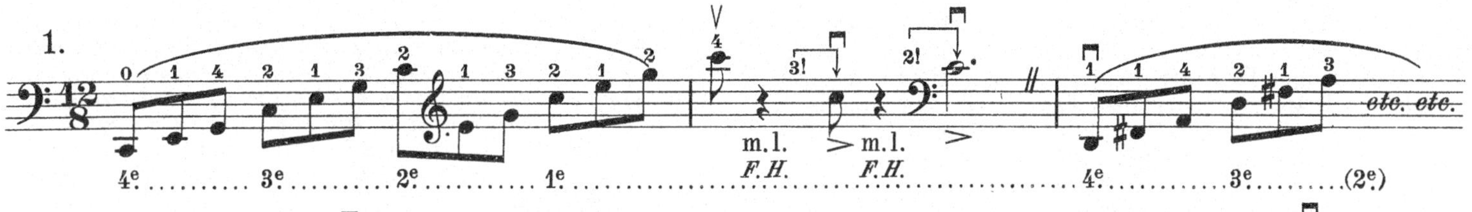

2.

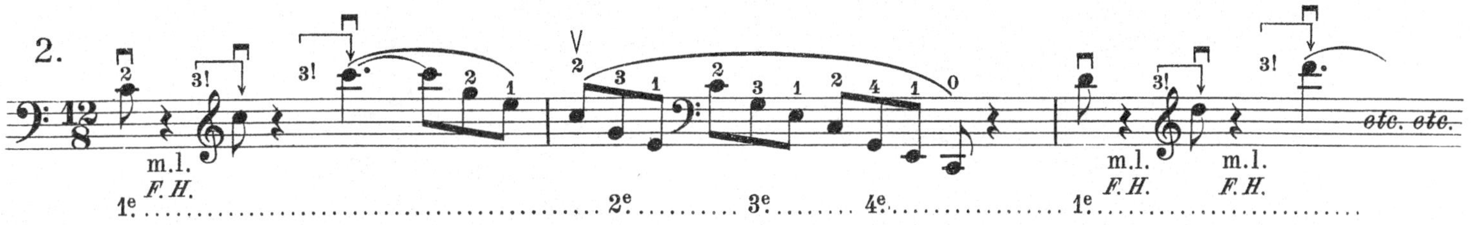

Il est bon d'ajouter que le vrai but de ce chapitre ne sera atteint, que le jour où, ayant approfondi suffisamment chaque cas isolé, l'on saura en tirer des déductions générales.

It may be added that the real goal of this chapter will not have been attained till the player, having thoroughly assimilated each separate case, will be in a position to draw general deductions therefrom.

Les harmoniques du „démanché“.

Je suis obligé, pour la forme, de topographier ici les différents points des harmoniques naturelles, sur la moitié supérieure (musicalement parlant,) de la „Chanterelle“. L'on remarquera que, sauf sur deux de ces points, qui sont le „*Do*♯“ (3/5) et le „*La*“ (5/8) les effets acoustiques correspondent invariablement aux notes réelles qui résulteraient de la conversion des doigts effleurants en sillets fermes.

Le graphique suivant s'en tient à la tessiture où le timbre des sons harmoniques se différencie encore notablement de celui des sons „appuyés“.

Il est un point de corde, vers le chevalet, à partir duquel les notes réelles doivent, elles aussi, s'exécuter par quasi-effleurement. Toutes les notes pouvant, à l'extrême aigu, s'accommoder d'un sectionnement imparfait de la corde, je ne vois aucun intérêt à pousser la division ci-après, au-delà du son *mi* (11/12)

The harmonics of the "thumb-position".

I am obliged, for a matter of form, to give a topographical chart of the different points of the natural harmonics on the upper half (musically speaking) of the A string. It should be noted that, with the exception of two of these points, that are the C♯ (3/5) and the A (5/8), the acoustic effects correspond invariably to the real notes that would result from the conversion of the light touch into firm pressure.

The following chart keeps to the tessitura in which the quality of tone of the harmonics is noticeably different from that of the "firm-pressure" notes.

There is a point on the string, towards the bridge, beyond which the "real" notes also are to be played with a semi-light touch. As all the notes in the extreme high region of a string will allow of an imperfect division of the latter, I do not see any interest in extending the division given below beyond the note E (11/12)

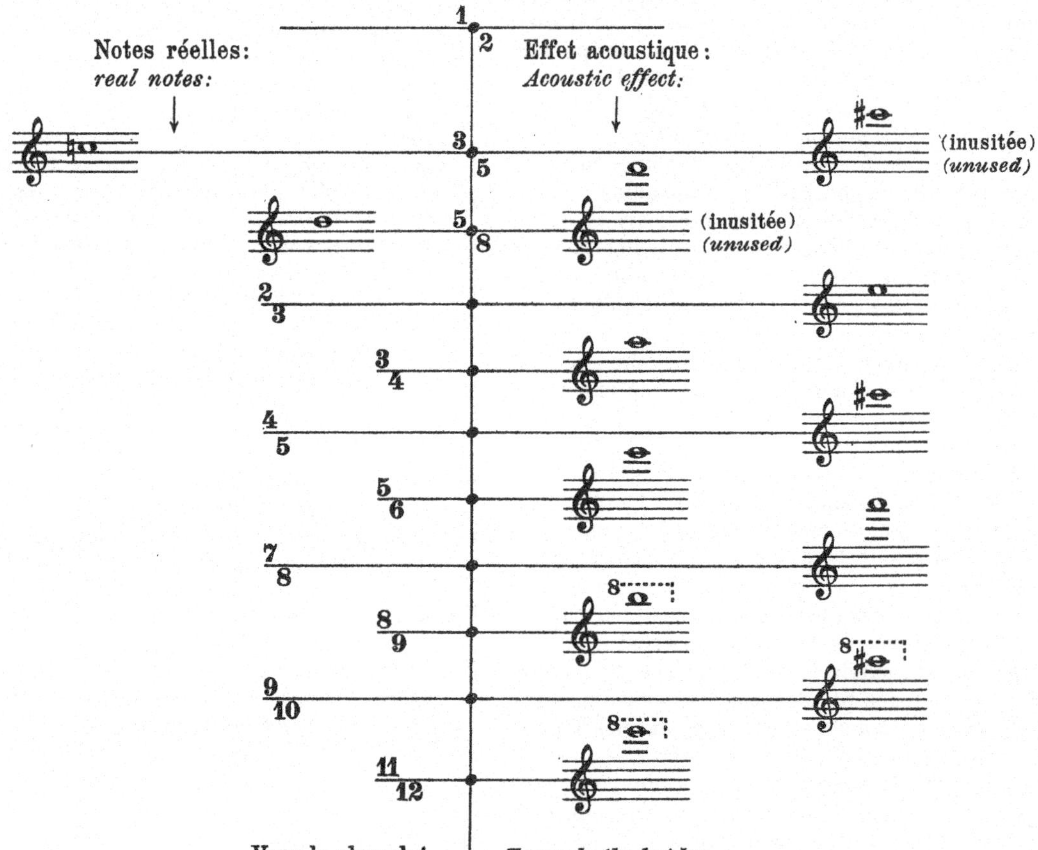

C'est l'affaire de peu de jours, que de reporter sur cette moitié des cordes, les connaissances acquises sur l'autre moitié. Le fait même que l'écriture correspond, ici, à l'effet acoustique, simplifiera le travail mnémonique dans de fortes proportions. Il sera ensuite utile, ne fut-ce que pour habituer les doigts aux intervalles irréguliers nécessités par certains traits, arpèges etc. ... de s'entraîner à l'exécution rapide de groupements dans le genre des suivants:

It is a matter of a few days only to transfer to this half of the strings the knowledge that has been acquired on the other half. The very fact that the writing, here, corresponds to the acoustic effect, simplifies the work of memorizing to a great degree. Afterwards, it will be useful, if it be only to accustom the fingers to the irregular intervals required by certain passages, arpeggios, etc.... to train one's self into the rapid execution of passages like the following:

Exemple A – *Example* A.

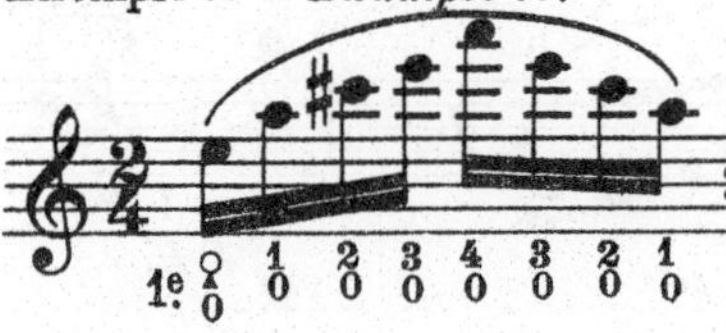

Exemple B – *Example* B.

De même sur les 3 autres cordes. Puis, selon le même principe, l'on travaillera des groupements dérivés des deux mesures ci-dessus. Les intervalles des doigts resteront, ici, les mêmes. Seuls les intervalles musicaux seront transformés par les différents changements de cordes.

The same for the three other strings. Then, following the same principle, one should practice groups derived from the above two measures. The intervals between the fingers remain the same. The musical intervals only will be different owing to the different changes of string.

Dérivés de la mesure A: – Derivatives of measure A:

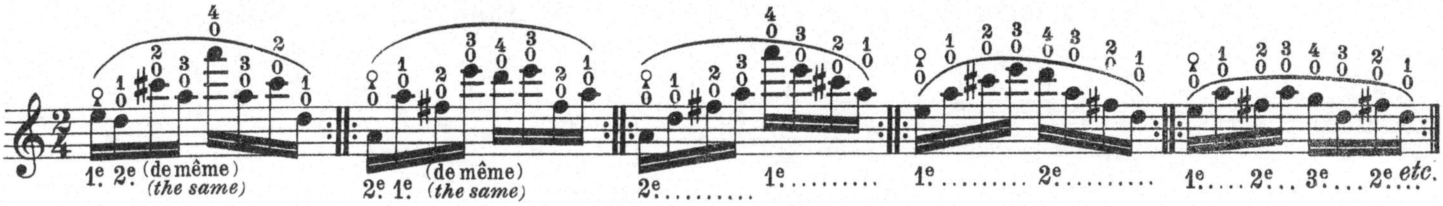

Dérivés de la mesure B: – Derivatives of measure B:

Peu de ces exercices offrent mélodiquement de l'intérêt, ou même simplement de la cohésion musicale. On doit, néanmoins les travailler jusqu'à ce que l'exécution en devienne immanquablement parfaite.

Cette étude formera, par contre-coup, l'habileté de la main et du bras droits, – habileté faite, ici, de légèreté, et aussi de prudence dans les mouvements de l'archet. En effet, il est fréquent que l'émission d'une note harmonique aiguë soit empêchée (on s'en est déjà rendu compte au chapitre des harmoniques du manche,) par le frottement des crins sur l'un des points de sectionnement de la corde, alors que ce point devrait rester libre. Cette difficulté s'accentue par le fait des nombreux changements de cordes ci-dessus imposés.

Je pense que l'on voit, maintenant, l'utilité de ces groupements de sons, pour faire acquérir aux deux mains, ce soin constant de précision et de tact, plus indispensable que jamais dans cette branche de nos connaissances.

A présent s'impose une étude assurément moins ardue que la précédente, mais en tous points digne d'une insistance équivalente.

Les précédents exercices nous ont accoutumés au maintien des doigts au-dessus des points de sectionnement d'une ou de plusieurs cordes, et cela dans des groupements irréguliers. Nous allons, maintenant, nous occuper des arpèges en sons harmoniques, (moins une note réelle: la première au-dessus de l'harmonique centrale;) arpèges contenant différents groupements irréguliers, groupements qu'il s'agira de schematiser instantanément à l'issue de chaque déplacement, c'est-à-dire à la note initiale même de chaque nouveau degré de corde occupé par la main gauche.

Few of these exercises offer any melodic interest, or even musical cohesion. They should nevertheless be practiced until their execution becomes irreproachably perfect.

This study will develop the dexterity of the right hand and arm, dexterity made up, here, of lightness, and also of prudence in the movements of the bow. For it frequently happens that the sounding of a high note is prevented, (this has already been noticed in the chapter on harmonics of the neck,) by the hairs of the bow coming in contact with one of the dividing points of the string, whereas this point ought to remain untouched. This difficulty is accentuated by the numerous changes of string that are imposed in the above examples. The usefulness of these groupings of notes for training the hands into the constant care of precision and delicacy is, I think, recognizable by now, all the more that it is indispensable in this branch of violoncello technique.

There now follows a study, that, although not so arduous as what has just preceded it, is nevertheless in every way as worthy of assiduous work.

The preceding exercises have accustomed us to the maintenance of the fingers above the points of division of one or more strings, and this in irregular groups of notes. We will now attack the study of arpeggios in harmonics, (less one real note: the first above the central harmonic;) arpeggios that contain various irregular groups, which latter will have to be schematized immediately after each change of place, that is to say on the initial note of each new string-position occupied by the left hand.

Exemple: – *Example:*

Schema: Doigts disposés en accords au-dessus de la corde.
Schema: ***Fingers arranged in chords above the strings.***

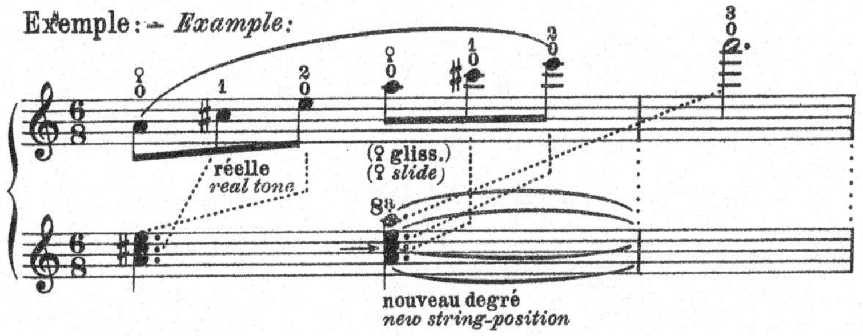

Il est bien entendu que, désormais, le lien entre le „manche" et le „démanché" ne fera plus l'objet dune mention particulière. Les lois instrumentales des „ports de voix" resteront les mêmes.

Je crois pourtant prudent de rappeler ici une règle énoncée au chapitre des „harmoniques du manche": „Lorsqu'un déplacement ascendant (ce mot étant pris dans son sens musical,) conduit à une note harmonique, le „port de voix" doit s'exécuter, de préférence par le doigt auquel est dévolue ladite note harmonique". On se rend compte que, parfois, le caractère mélodique du passage à exécuter, peut inciter un virtuose à démentir momentanément cette assertion, sans prouver rien d'autre, en ce faisant, que l'existence, ici comme ailleurs, de certains cas d'exception. Il n'entre pas dans les attributions que j'ai assumées dans le présent ouvrage, de m'immiscer dans le domaine du goût individuel.

From now on no special mention will be made of the linking of the "neck" to the "thumb" position. The instrumental laws of the "portamento" will also remain the same as heretofore.

I think it prudent, however, to repeat here a rule given in the chapter on "Harmonics of the Neck": "When a rising change of place, (this word to be understood in its musical sense,) leads to a harmonic note, the portamento should be executed, by preference, by the finger that is to play the said harmonic". It may happen occasionally that the melodic character of a passage will lead a virtuoso to refute this assertion, this however without proving anything further than that here, as elsewhere, "there is an exception to every rule". It does not enter into the scope of this work to discuss the personal taste of this or that player.

Exercices monocordes. | Single-string exercises.

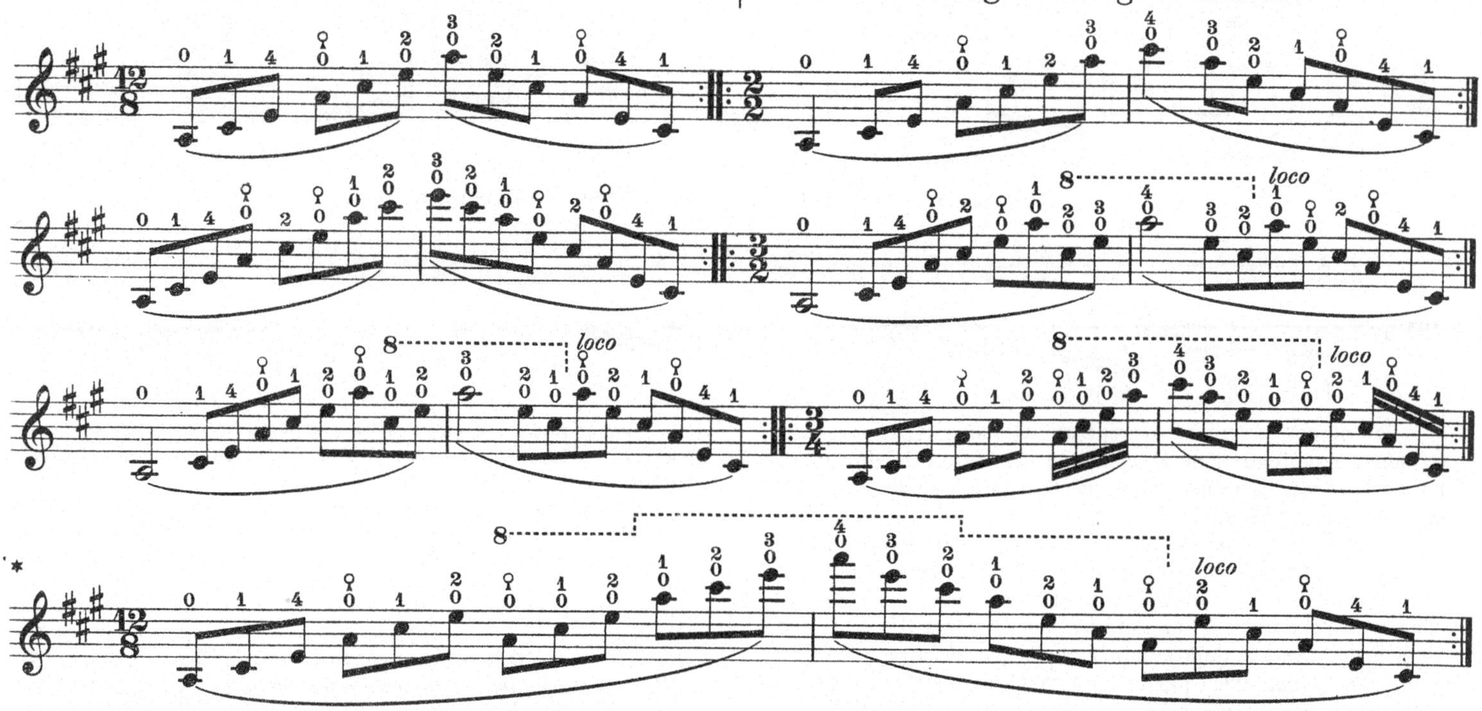

* De tous ces exercices, seul le **dernier** n'est pas destiné à être transposé sur les trois autres cordes.

Voici maintenant quelques exemples de l'utilisation tantôt „mixte“ (adjonction de notes „réelles“) tantôt „simple“ des harmoniques naturelles du „démanché,“ faite par des auteurs non violoncellistes.[1]

Dans ces exemples, toutes les notes dont le doigté ne surmonte pas un zéro, doivent être fermement appuyées.

** Of all these exercises, only the last one is not intended to be transposed onto the three other strings.*

Here are now a few examples of the utilization of the natural harmonics of the thumb position, sometimes "mixed" (with the adjunction of "real" notes), sometimes "simple," as written by composers that are not violoncellists.[1]

In these examples, all the notes of which the fingering does not surmount a nought call for a firm pressure of the finger.

Extrait du Concerto en *Ré* majeur de Haydn (Gevaert).
Extract from the D Major Concerto by Haydn (Gevaert).

Extrait du Concerto, op. 129, de Schumann (Dernières mesures).
Extract from the Concerto, Op. 129, by Schumann (Last measures).

Extrait de la Sonate en *Ré* majeur de P. Locatelli (Final). – *Extract from the D Major Sonata by P. Locatelli (Finale).*

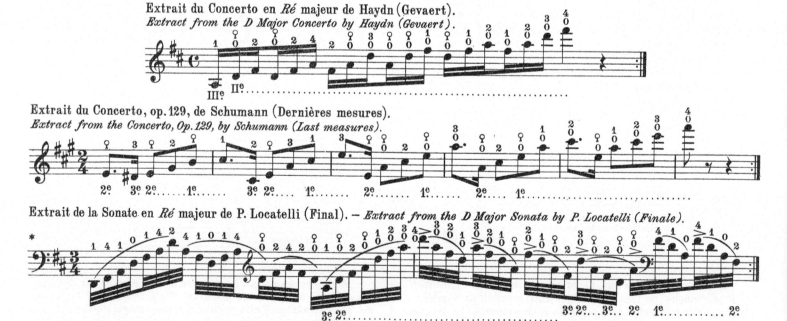

* Dans la seconde mesure de cet exemple, l'effleurement ne peut être que relatif. A cette allure rapide, il serait presque impossible de différencier sensiblement les deux modes de sectionnement des cordes, théoriquement exigibles dans ce passage.

** In the second measure of this example the "light touch" can only be relative. At this rapid pace it would be almost impossible to differentiate to any extent between the two methods of pressure, that are theoretically requirable in this passage.*

[1] Nous remarquerons, à ce propos, le choix si fréquent, dans la littérature –surtout ancienne– de notre instrument, des tonalités „*La*,“ „*Ré*,“ „*Sol*“ etc. permettant l'emploi presque constant de sons „à vide“ ou d'harmoniques naturelles. Ce double avantage est beaucoup moins recherché de nos jours, où la technique s'est fort heureusement affranchie de la servitude du „convenu“.

Autrefois, un préjugé presque universel, cantonnait l'inspiration des auteurs dans telles tonalités déterminées, dont on pouvait dire qu'elles se trouvaient „dans les cordes“ du violon ou du violoncelle.

[1] *In this connection we note the frequent choice in the literature of our instrument, especially in the ancient music, of the keys of A, D, G, etc..., that allow of the almost constant use of open strings or of natural harmonics. This double advantage is much less sought after in our day, when technique has luckily freed us from the shackles of conventionality.*

Formerly, an almost universal prejudice "planted" the inspirations of composers in such and such keys, of which it could be said that they were "in the strings" of the violin or violoncello.

Extrait du 2e Concerto, op.119 de Saint-Saëns (Premier morceau).– *Extract from the 2nd Concerto, Op. 119 by Saint-Saëns (First movement)*

Sur le *La* – *On the A* Sur le *Ré* – *On the D* Sur le *Sol* – *On the G*

Dans la deuxième mesure de ce dernier exemple, il est indispensable que chaque doigt effleurant pince légèrement le „*Ré* à vide“ en se retirant, afin de rendre à celui-ci sa longueur totale avec la rapidité voulue. Nous savons déjà que la subdivision d'une corde sur laquelle on a joué un ou plusieurs sons harmoniques, se continue au delà de l'exécution desdits sons.

Je crois pouvoir terminer ici la série de mes citations, bien que la littérature du violoncelle ne manque pas d'autres cas intéressants, de cette même catégorie.

Harmoniques artificielles du „démanché.“

Les harmoniques artificielles du démanché comprennent six espèces principales. Première espèce: (¼)[1] effleurement de la quarte juste au-dessus du sillet. Effet acoustique: double octave du sillet.

Exemple:

Exécution  Effet acoustique 

Le doigté ci-dessus est celui que l'on emploie le plus souvent, toutes les fois que l'harmonique de première espèce ne se trouve ni précédée ni suivie d'autres espèces d'harmoniques. Pourtant il se peut que l'on adopte le doigté „$1+\frac{4}{0}$“ exceptionnellement; les exemples, que l'on en trouvera plus loin, en indiqueront les raisons. L'on se sert aussi, dans certains cas, du doigté: „♀+$\frac{2}{0}$.“

Deuxième espèce (rarement employée).

C'est l'harmonique ⅕ qui s'obtient par l'effleurement de la quarte diminuée au-dessus du sillet. Elle se doigte généralement par „♀+$\frac{2}{0}$.“ Effet acoustique: tierce majeure à la double octave du sillet.

Exemple:

Exécution  Effet acoustique 

Troisième espèce (actuellement inusitée).

C'est l'harmonique ⅙ qui s'obtient par l'effleurement de la seconde augmentée au-dessus du sillet. Elle peut se doigter, selon sa destination, par „♀+$\frac{1}{0}$“ ou par „♀+$\frac{2}{0}$.“ L'effet acoustique est la quinte à la deuxième octave du sillet.

Exemple:

Exécution  Effet acoustique 

Quatrième espèce (actuellement inusitée).

C'est l'harmonique ⅛ qui s'obtient par le double effleurement (¼+⅛) de la seconde majeure et de la quarte juste au-dessus du sillet. Effet acoustique: triple octave du sillet. Doigté: „♀+$\frac{1}{0}$+$\frac{3}{0}$.“ Autre doigté, difficile mais possible: „$1+\frac{2}{0}+\frac{4}{0}$.“

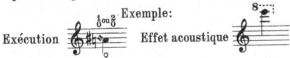

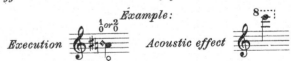

Exemple:

Exécution 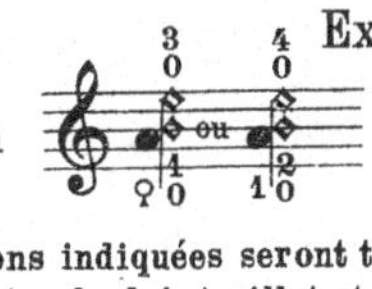 Effet acoustique 

1) Les fractions indiquées seront toujours proportionnelles à la partie de corde comprise entre le doigt-sillet et le chevalet.

In the second measure of this last example, it is indispensable that each finger should, after the light touch, give a slight "pluck" to the string on leaving it, in order to insure its regaining its full length with sufficient rapidity. We already know that the subdivision of a string, on which one has played one or more harmonics, continues beyond their execution.

I think I can close here the series of quotations, although the literature of the violoncello does not lack other examples of the same kind.

Artificial harmonics of the thumb position.

The artificial harmonics of the thumb position comprise six principal species. First species (¼)[1] Light touch on the perfect fourth above the nut. Acoustic effect: Two otaves above de nut.

Example:

Execution  *Acoustic effect* 

The above fingering is the one that is used oftenest, every time that a harmonic of the first species is not preceded or followed by other species of harmonics. However it is possible that the fingering "$1+\frac{4}{0}$" may be exceptionally adopted, the reasons for this will be given with the examples given further on, to which this fingering applies. In certain cases the fingering "♀+$\frac{2}{0}$" is also used.

Second species (rarely employed).

It is the harmonic ⅕, that is obtained by a light touch on the diminished fourth above the nut. It is usually fingered: "♀+$\frac{2}{0}$." Acoustic effect: Two octaves and a major third above the nut.

Example:

Execution 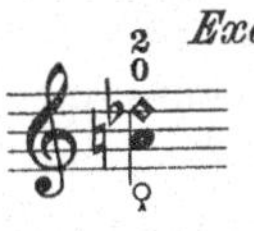 *Acoustic effect* 

Third species (no longer employed).

It is the harmonic ⅙, that is obtained by a light touch on the augmented second above the nut. It may be fingered, according to what follows it, by "♀+$\frac{1}{0}$" or by "♀+$\frac{2}{0}$." The acoustic effect is: Two octaves and a fifth above the nut.

Example:

Execution  *Acoustic effect* 

Fourth species (no longer employed).

It is the harmonic ⅛ that is obtained by the light touch of two fingers (¼+⅛) on the major second and the perfect fourth above the nut. Acoustic effect: Three octaves above the nut. Fingering: "♀+$\frac{1}{0}$+$\frac{3}{0}$." Another fingering, difficult but possible: "$1+\frac{2}{0}+\frac{1}{0}$."

Example:

Execution 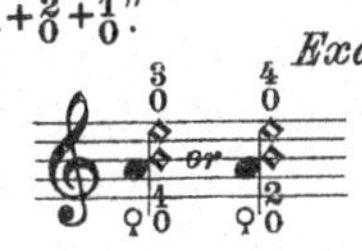 *Acoustic effect* 

1) *The fractions given are always proportional to the part of the string comprised between the nut finger and the bridge.*

Cinquième espèce.

C'est l'harmonique ⅓ qui s'obtient par l'effleurement de la quinte juste au-dessus du sillet. Effet acoustique: quinte à l'octave du sillet. Doigté, selon les cas: „♀ + $\frac{3}{0}$“ ou „♀ + $\frac{1}{0}$“

Exemple:

Exécution  Effet acoustique 

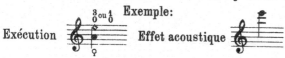

Sixième espèce.

C'est l'harmonique ½ qui s'obtient par l'effleurement de l'octave au-dessus du sillet. Effet acoustique: l'octave au-dessus du sillet. Doigté: „♀ + $\frac{3}{0}$“

Exemple:

Exécution  Effet acoustique 

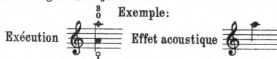

Les quelques autres possibilités se cantonnent dans un régistre trop élevé, pour être cataloguées comme espèces régulières. Aussi arrêterai-je ici cette nomenclature, pour lui substituer l'étude analytique de son contenu.

Étude de la première espèce.

Certaines recommandations ne sauraient être faites trop souvent. C'est à ce titre que prennent place dans ce chapitre certains des paragraphes qui vont suivre.

Pour arriver à trouver du premier coup l'intervalle de quarte juste entre le pouce-sillet et le 3e doigt effleurant (en un mot: pour être à l'aise dans l'exécution des sons harmoniques artificiels,) il faut en considérer l'étude comme un prodrome à celle des doubles-notes, spécialement à celle des octaves, et pour cela, observer minutieusement dans son travail le rapprochement des doigts plus haut nommés, au fur et à mesure du raccourcissement de la corde, et leur éloignement gradué, selon l'importance du phénomène inverse.

Si le violoncelliste veut bien s'astreindre à reprendre avec le doigté-type „♀ + $\frac{3}{0}$“ tous les exercices qui se trouvent au chapitre des harmoniques artificielles du manche, s'il veut bien suivre aussi mon conseil pressant, de reporter ensuite ce même travail à l'octave supérieure, il retirera, plus que probablement de cet effort, un très remarquable assouplissement de sa main gauche, au genre spécial de difficultés qu'offrent les octaves. Il faut, en effet, constater que les rapports d'intervalles sont identiques dans les deux cas; pour peu que l'instrumentiste ait l'oreille sensible à l'intonation, ce système lui épargnera en partie, dans cette branche de sa technique à venir, la redoutable épreuve des doubles-notes fausses, inévitables dans les débuts. Avec les harmoniques il aura au moins l'avantage de n'entendre qu'une sorte de „sifflement“ à la place d'un son caractérisé toutes les fois que la quarte qui doit être comprise entre les deux doigts, pouce et 3, ne sera pas absolument juste. (Revoir, aux „harmoniques du manche“ le passage relatif aux sectionnements défectueux.)

De toutes les espèces, la première est la plus usitée. Qui dit: „jouer en harmoniques artificielles“ sous-entend, le plus habituellement, l'emploi de la quarte effleurée. Nous verrons plus loin comment elle se combine avec d'autres espèces, pour l'exécution brisée ou simultanée de certaines doubles-notes.

Les exercices que l'on trouvera à la suite de ces lignes, supposent une habitude déjà complète du doigté simple „♀ + $\frac{3}{0}$.“ Il s'agira, ici, de combiner ce dernier avec l'autre doigté: „1 + $\frac{4}{0}$“ pour exécuter des sons formant soit l'intervalle de sixte (majeure ou mineure), soit celui de quarte augmentée, se résolvant sur la 6te mineure.

Fifth species.

It is the harmonic ⅓, that is obtained by a light touch on the perfect fifth above the nut. Acoustic effect: An octave and a fifth above the nut. Fingering, according to circumstances: "♀ + $\frac{3}{0}$" *or* "♀ + $\frac{1}{0}$".

Example:

Execution 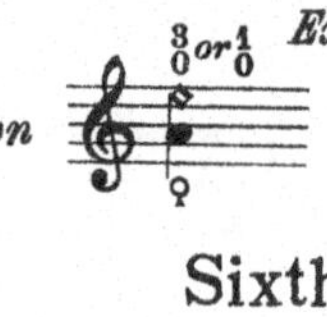 *Acoustic effect* 

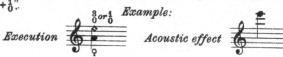

Sixth species.

It is the harmonic ½, that is obtained by a light touch on the octave above the nut. Acoustic effect: the octave above the nut. Fingering: "♀ + $\frac{3}{0}$".

Example:

Execution  *Acoustic effect* 

The few other possibilities are situated in too high a register to be classed as regular species. I will therefore close this list here, and replace anything further by the analytical study of its contents.

Study of the first species.

Certain recommendations cannot be repeated too often. It is to this end that certain paragraphs to follow will be found in this chapter.

In order to at once find the interval of the fourth between the "nut-thumb" and the 3rd "light-touch" finger, (in other words: in order to be at one's ease in the execution of artificial harmonics) one must consider its study as the forerunner of that of double-stopping, especially of that of octaves, and for this reason to pay the most particular attention to the drawing together of the fingers above-mentioned in proportion to the shortening of the string, and to their gradual drawing apart in proportion to the lengthening of the same.

If the violoncellist will take the trouble to go over, with the fingering "♀ + $\frac{3}{0}$", *all the exercises to be found in the chapter on the artificial harmonics of the neck, and if he will follow my earnest advice to then transfer the same exercises to the octave above, he will, it is more than likely, obtain through this effort a very remarkable breaking-in of his left hand to the special kind of difficulties that are offered by octaves. It will be found that the relations of the intervals are identical in both cases; if the player has an ear at all sensitive to intonation, this system will spare him to a certain extent, in this branch of the technique to come, the terrible trial of false double notes, inevitable in the beginning. With the harmonics he will at least have the advantage of hearing only a kind of "whistling" in the place of a real sound, each time that the fourth that should be comprised between the thumb and the 3rd finger is not absolutely correct. (See in the "harmonics of the neck," the passage relating to faulty divisions of the strings.)*

Of all the species, the first is the most used. When anyone says: "playing in artificial harmonics," it is generally understood that the use of the lightly-touched fourth is meant. We will learn further on how it can be combined with other species, for the broken or simultaneous execution of certain duoble-notes.

The exercises that follow these remarks presuppose the complete aquisition of the habit of the single fingering "♀ + $\frac{3}{0}$". *It is here a matter of combining the latter with the other fingering:* "1 + $\frac{4}{0}$", *in order to execute the sounds that constitute either the interval of a sixth (major or minor) or that of an augmented fourth, with the resolution on the minor sixth.*

Les abréviations ci-dessous: é. (écart) r. (rapprochement) concernent les distances de 1 ton ou ½ ton, entre les pouce et premier doigt d'une part, et les 3e et 4e doigts d'autre part.

The following abbreviations: é. *(spread)*, r. *(narrow) apply to the spaces of 1 tone or ½ a tone, between the thumb and first finger on the one hand, and the 3rd and 4th fingers on the other.*

A

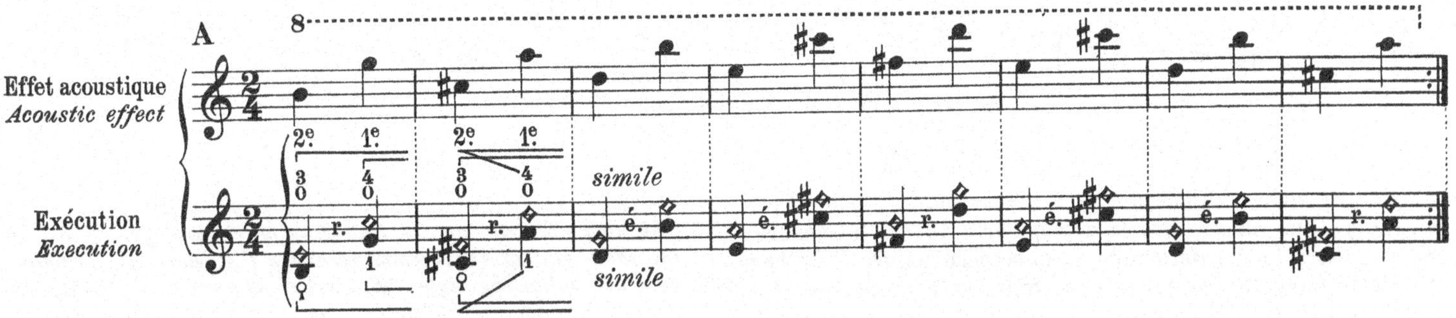

B

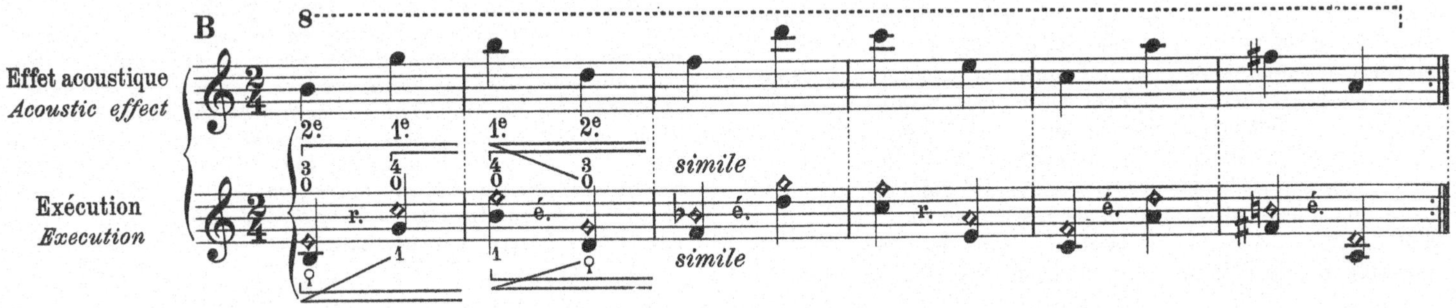

C

L'emploi mixte des harmoniques de première espèce et des notes réelles peut être d'un très heureux effet. Cette combinaison a fréquemment servi dans la littérature du violoncelle.

The mixed use of harmonics of the first species and of real notes can produce a very happy effect. This combination is frequently used in the literature of the violoncello.

D

L'on peut aussi composer des séries mixtes, par la combinaison d'harmoniques artificielles de 1e espèce, avec des harmoniques naturelles du manche.

One can also create mixed series, by the combination of artificial harmonics of the first species with natural harmonics of the neck.

E

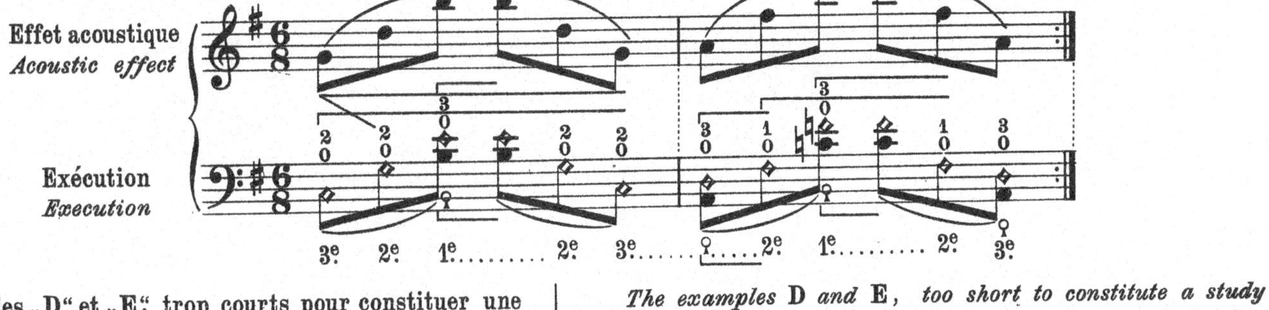

Les exemples „D" et „E", trop courts pour constituer une étude approfondie, sont principalement destinés à éveiller l'initative et l'esprit de recherche du violoncelliste, en lui ouvrant des horizons dignes d'être explorés.

Avant de passer à l'espèce suivante, je tiens à signaler des exemples pris dans les deux concerti de Saint-Saëns, et se rapportant au travail que nous venons de faire.

The examples D *and* E, *too short to constitute a study of any depth, are mainly destined to awaken the initiative and the spirit of research of the violoncellist, by opening up regions worthy of exploration.*

Before passing on to the next species I wish to call attention to examples taken from the two Concertos by Saint-Saëns, illustrative of what we have been studying.

Extrait du 1er Concerto (Final). – *Extract from the 1st Concerto (Finale).*

Cet exemple contient une particularité qui ne nous est pas étrangère. On remarquera la double barre (barre de césure) placée entre la dernière note de la seconde mesure, („*La*“ harmonique naturelle,) et la note suivante („*si♭*“ harmonique artificielle); cette barre de césure indique, non point comme d'habitude, une interruption du son, mais bien au contraire, le soulèvement de la main gauche, en vue de son grand déplacement, pendant que l'archet continue, avec une pression modérée, sa translation sur la corde. Nous n'avons pas oublié (et il en sera fait encore mention un peu plus loin, aux „Anomalies“) que la subdivision d'une corde sur laquelle on joue un ou plusieurs sons harmoniques, persiste au delà de sa durée théorique, c'est-à-dire au-delà de l'effleurement, à la condition que l'action des crins se continue dans les conditions de légèreté requises pour la réalisation du phénomène désiré.

This example contains a peculiarity that is not new to us. One will note the double line (line of cæsura) placed between the last note of the second measure ("A," natural harmonic) and the following note ("B♭," artificial harmonic); this line of cæsura does not indicate, as it does usually, an interruption of sound, but, on the contrary, the lifting of the left hand, with a view to its important change of place, while the bow continues, with a moderate pressure, its stroke on the string. We have not forgotten (and further mention will be made of it further on, in the "Anomalies") that the subdivision of a string on which one plays one or more harmonics continues beyond its theoretical duration, that is to say, after the removal of the "light-touch" finger, on condition that the action of the hairs of the bow be maintained lightly enough to produce the required phenomenon.

Extrait du Concerto op. 119 de C. Saint-Saëns (Andante: Dernières mesures).

Extract from the Concerto Op. 119 by C. Saint-Saëns (Andante: last measures).

2me Espèce.

D'une émission difficile (ce en quoi elles se rapproche des espèces 3 et 4), la deuxième espèce est la meilleure de nos ressources, pour l'exécution de tierces mineures en harmoniques artificielles. Dans ce but, on la combine avec la première espèce, et cela de la façon suivante: 1e corde: 1e espèce; 2e corde: 2e espèce.

Second Species.

Of difficult production (in which it resembles the third and fourth species) the second species is the best means at our disposal for the execution of minor thirds in artificial harmonics. To this end, one combines it with the first species, and in the following manner: 1st string: 1st species; 2nd string: 2nd species.

Exemple: – *Example:*

Execution.
Execution.

Effet acoustique.
Acoustic effect.

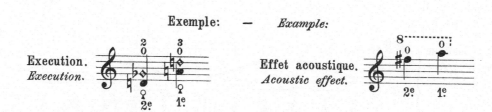

L'emploi de la seconde espèce exige une grande délicatesse d'archet, un surcroît de précautions tendant à empêcher le frottement des crins sur l'un des points de sectionnement de la corde. (Pour les espèces 2, 3 et 4, l'archet moins appuyé que pour les sons réels, et plus rapproché du chevalet qu'il ne devrait l'être pour ces derniers, a seul des chances d'aider à la formation pure du timbre).

The use of the second species calls for great delicacy of touch in the bow, and additional precautions to prevent the stroke of the hairs on a point of division of the string. (For the 2nd, 3rd and 4th species, the pressure of the bow should be less than for the "real" sounds, and should be brought nearer to the bridge than for the latter; this is essential for the production of a pure quality of sound).

Before studying broken minor thirds it will be well to

Avant de travailler les tierces mineures brisées, nous ferons bien de „rompre la glace" en nous essayant à l'exécution des 2 séries qui vont suivre. Bien qu'ici, l'intervalle idéal soit (entre le doigt-sillet et le doigt-effleurant) la quarte diminuée, j'emploierai, afin d'en faciliter la lecture, l'orthographe de la tierce majeure. Eu égard à cela, l'exécutant devra réduire un tout petit peu l'espace compris entre le pouce et le second doigt.

Avec l'orthographe de tierce majeure, l'effet acoustique des harmoniques de seconde espèce correspond à la double octave de l'effleurement.

"break the ice" by trying to play the following two series of thirds. Although here the real interval (between the nutfinger and the "light-touch" finger) is a diminished fourth. I have written the examples in major thirds, in order to make them easier to read. On account of this, the player should reduce a very little the space between the thumb and the 2nd finger. With the orthography of a major third the acoustic effect of harmonics of the second species is the second octave above the "light-touch" note.

D'abord sur la 1e corde, puis, une quinte plus bas, sur la corde *Ré*.

First on the 1st string, and then a fifth lower, on the D string.

Exercices pour l'emploi alterné des première et deuxième espèces.

Exercises for the alternate use of the first and second species.

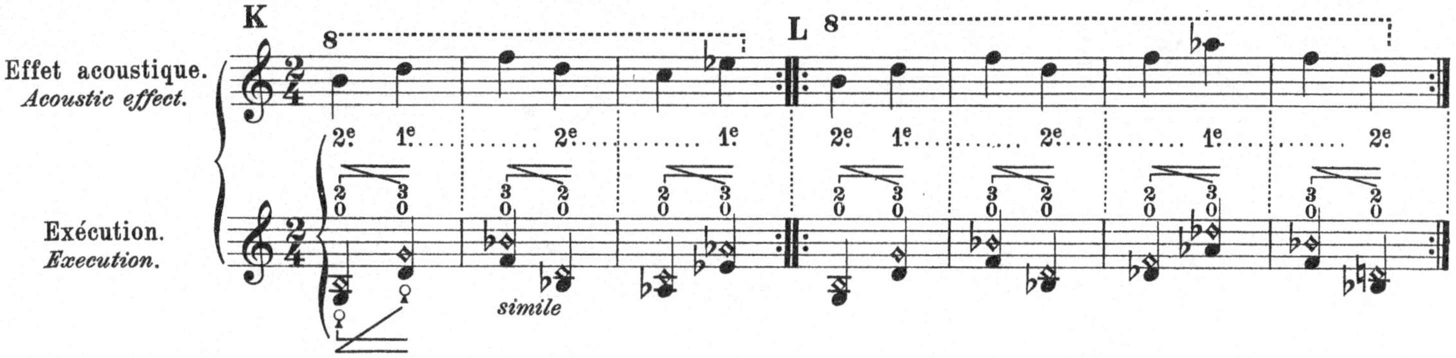

3e et 4e espèces.

Ces deux espèces n'offrent qu'un intérêt documentaire. Elles sont, en effet, d'une émission trop peu constante, et trop faible au point de vue sonore, pour qu'en l'état actuel de notre technique, nous puissions en attendre des services signalés. Il me faut pourtant en faire passagèrement cas, afin qu'aucune possibilité ne soit négligée, d'étendre, par la suite, nos moyens instrumentaux. Les virtuoses futurs pourront peut-être adapter à la technique courante de leur époque quelques-uns de ces principes naturels que nos moyens n'ont pas encore su s'approprier.

L'emploi alterné des harmoniques de 2e et 3e espèces, peut donner des tierces majeures. Un seul exercice me paraît, ici, amplement suffisant.

Third and Fourth Species.

These two species are of documentary interest only. The constancy of their emission is so unstable, and their sonority is so feeble, that in the actual state of our technique we cannot expect much from their use. I must however make passing mention of them, so that no possibility should be neglected of eventually adding to our instrumental resources. Future virtuosos may perhaps be able to adapt to the current technique of their times some of the natural principals that we have been unable to utilize.

The alternate use of harmonics of the 2nd and 3rd species can produce major thirds. A single exercise appears to me to be amply sufficient.

Pour la 4e espèce dont j'ai indiqué plus haut le doigté, (principalement: „♀ + $\overset{1}{0}$ + $\overset{3}{0}$") le violoncelliste devra reporter ici les exercices indiqués pour un usage équivalent au chapitre des „harmoniques du manche." Après les avoir travaillés à l'octave écrite, il devra les transposer à l'octave supérieure.

Il suffira que ce travail soit fait sur la corde „*La*." Encore une fois, les espèces 2, 3 et 4 sont assez rebelles, et engendrent facilement le découragement de ceux qui sont assez téméraires pour s'attaquer à elles. Une grande persévérance peut, seule, les asservir à quelques rares usages.

For the fourth species, of which I have already given the fingering, (principally: "♀ + $\overset{1}{0}$ + $\overset{3}{0}$"), the violoncellist should transfer here the exercises indicated for a corresponding use in the chapter on "harmonics of the neck." After having practiced them as they are written he should transpose them to an octave above. It will be sufficient if this work is done on the A string. Once again I repeat that the 2nd, 3rd and 4th species are difficult to conquer, and may easily discourage those who are venturesome enough to tackle them. Great perseverance only will succeed in making them serve on certain rare occasions.

5e espèce.

Celle-ci, d'un emploi aisé, offre une heureuse combinaison avec la première espèce, pour l'intervalle de s e c o n d e m a j e u r e (2e corde: première espèce; 1e corde: 5e espèce); ou d'o c t a v e (2e corde: 5e espèce; 1e corde première espèce). Doigté de la première espèce, dans ces 2 cas: „♀ + $\overset{2}{0}$."

Fifth Species.

This species, of easy execution, offers a happy combination with the first species, for the interval of the m a j o r s e c o n d, (2nd string: 1st species; 1st string: 5th species); or of the o c t a v e, (2nd string: 5th species; 1st string: 1st species). Fingering of the first species, in both of these cases: "♀ + $\overset{2}{0}$."

Seconde majeure: – *Major second.*

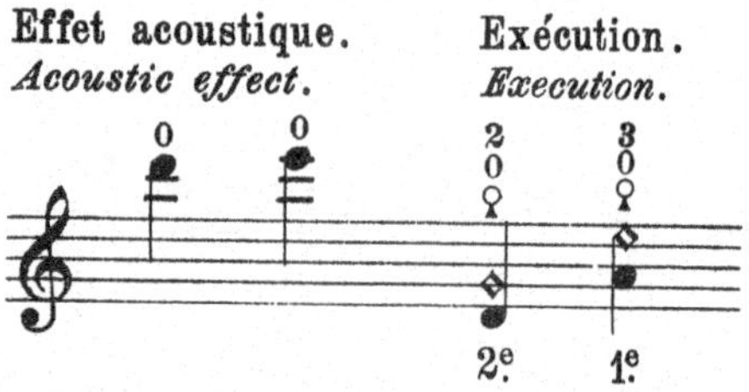

Octave: – *Octave:*

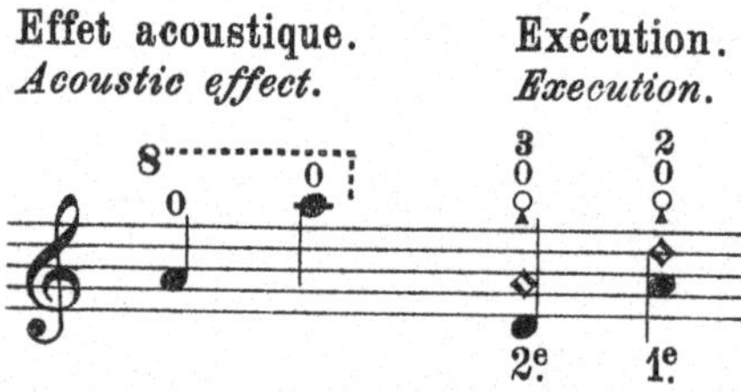

De l'exercice „O" surtout l'on peut tirer des quantités de variantes. J'abandonne ce soin à l'invention personnelle de chaque violoncelliste.

A quantity of variants can be drawn from the exercise "O". I leave this to the personal inventiveness of each violoncellist.

6e espèce.

Cette dernière espèce est d'une émission beaucoup plus facile que n'importe laquelle des autres. Néanmoins, pour l'utiliser sur des degrés antérieurs à l'harmonique centrale (c'est-à-dire au-dessous de cette dernière), il faut avoir la main gauche apte aux grandes extensions. L'harmonique peut parfois, sous la forme en question, terminer une série de notes „réelles." Dans ce cas-là, c'est pour être sûr de la justesse de l'intonation, que l'on met à profit, en qualité de sillet pour la note finale aiguë, l'octave inférieure de celle-ci, comprise dans les quelques sons précédents.

Sixth Species.

This last species is of much easier production than any one of the others. Nevertheless, in order to make use of it on degrees before the central harmonic (that is to say beneath *the latter), one must have a left hand that is capable of large extensions. The harmonic, in the form under discussion, can sometimes be used to finish a series of "real" notes. In that case, it is in order to be sure of the correctness of pitch that one utilizes as a nut the lower octave of this note, already to be found amongst the preceding notes.*

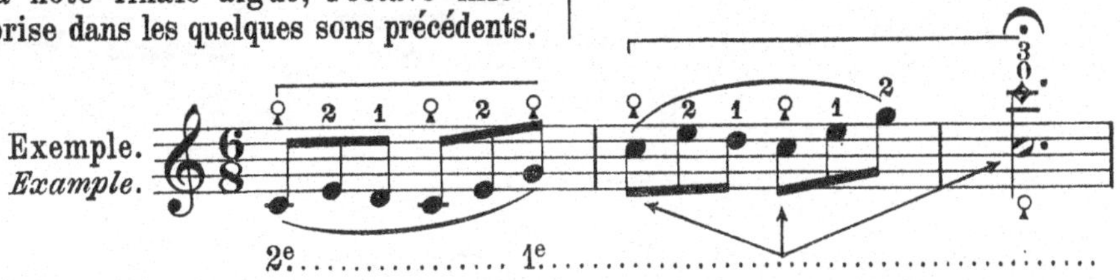

Personnellement j'éviterais l'abus de ce procédé, à cause de la cessation brusque du vibrato, engendrée par ce son flûté isolé.

Combinée avec la 5ème espèce (dont, alors, le doigté devient: „♀ + ¹₀") la 6e espèce permet de réaliser aussi des unissons. Quoique pas encore consacré par la routine, l'usage de cet effet riche en sonorité est appelé à se répandre. L'effet acoustique de l'exercice „P" est l'unisson des 2e et 4e temps de chaque mesure.

Personally I would avoid the too frequent use of this method, on account of the sudden cessation of the vibrato, brought about by this isolated flutelike tone.

Combined with the fifth species (of which the fingering then becomes: "♀ + ¹₀") the sixth species permits of the production of unisons. *Although not yet consecrated by routine, the use of this richly sonorous effect is likely to spread. The acoustic effect of the exercise „P" is the unison on the 2nd and 4th beats of each measure.*

On reprendra plus tard, (après l'étude des „doubles-notes transcendantes,") les exercices A, B, C, J, K, L, M, O et P, pour les travailler, cette fois, en doubles-notes simultanées.

One will, (after the study of the "transcendental double-notes") again take up the exercises A, B, C, J, K, L, M, O *and* P, *in order then to practice them in simultaneous double-notes.*

Anomalies.

Il est possible d'exécuter en sons harmoniques artificiels, des traits de virtuosité (gammes ou figures mélodiques rapides, trilles, etc....) sans avoir à respecter individuellement pour chaque son, la distance logiquement requise entre le sillet et le doigt effleurant; précaution pourtant indispensable à toute harmonique artificielle normale. Suivant le même principe que pour le mécanisme en sons „réels," les doigts 1, 2 et 3 (effleurants au lieu d'être appuyés) se meuvent ici sur les cordes (principalement sur la Chanterelle, sans aucune mobilité du sillet artificiel, sauf à chaque déplacement de la main entière. A quoi tient ce phénomène? Sans doute au fait que la subdivision de la corde, obtenue par la 1e harmonique artificielle régulière, peut persister au delà de sa durée théorique et qu'alors les doigts effleurants, agissant sur une corde, en réalité quatre fois plus courte qu'elle ne le paraît, déterminent par leur minime attouchement, des sons pour ainsi dire „réels." Il suffirait pourtant d'une petite maladresse, telle que l'appui léger d'un doigt, par exemple, au lieu de son

Anomalies.

It is possible to execute virtuoso passages (scales or rapid melodic series of notes, trills, etc....) in artificial harmonics, without having to maintain for each individual note the distance logically required between the nut and the light-touch finger, a precaution that is however indispensable for every normal artificial harmonic. Following the same principle as for the technique of "real" sounds, the 1st, 2nd and 3rd fingers move about here on the strings (principally on the A string) whithout any application of the artificial nut, except when there is a complete change of position of the hand. What is the reason of this phenomenon? It is no doubt because the subdivision of the string obtained by the 1st regular artificial harmonic continues beyond its theoretical duration, and that then the "light-touch" fingers, acting on a string that is in reality four times shorter than it appears, produce sounds by their slight contact with it, that are so to speak "real." The least awkwardness, as for instance a slight pressure of the finger instead of its practically ethereal contact, would however suffice to destroy this phenomenon, and would render actually to the string its real length. As in the corresponding manifestation, mentioned in the "Anomalies of the harmonics of the neck,"

contact quasi-aérien, pour détruire le phénomène en question, et rendre effectivement à la corde sa longueur apparente. Comme pour la manifestation correspondante, signalée aux Anomalies des harmoniques du manche, il faut ici, maintenir sur leurs points d'action, et cela pour chaque nouveau son de la série, les doigts-effleurants, portant un chiffre inférieur à celui que l'on se propose d'employer.

Pour simplifier l'écriture, je me contenterai, pour les exercices qui vont suivre, de la ligne d'exécution. L'effet acoustique équivaut ici à une transposition des plus facile, ayant pour point de départ la double-octave de chaque doigt-sillet initial (le premier de chaque exercice).

the "light-touch" fingers that bear a number that is inferior to the finger about to be used should be maintained above their points of action, and that for every new note of the series.

For the sake of simplicity, in the exercises that follow I have given the line of execution only. The acoustic effect is equivalent to a transposition of the easiest kind, that takes as a point of departure the double octave of each initial nut-finger (the first of each exercise).

Voilà, je crois, tout ce qu'il y avait d'important à dire sur les harmoniques du démanché.

That is, I think, all that there is of any importance to be said about harmonics of the thumb-position.

Gammes et Doubles-notes du „démanché."

Quel rapport, se dira-t-on, peut-il exister entre des gammes et des doubles-notes; et pourquoi réunir „sous le même toit," dans une ouvrage qui prétend tout analyser, deux branches de technique, aussi disparates? Ma réponse paraît complexe, mais il faut que je m'en acquitte, avant d'entamer l'étude, à mon sens si intimement liée, des éléments constitutifs du présent chapitre. Pour bien suivre mon raisonnement, il faut se baser sur la grande variété des doigtés de gammes, lesquels sont dus, tantôt aux différentes dimensions des séries diatoniques ou chromatiques; tantôt au degré occupé sur l'échelle musicale par le son initial ou terminal desdites séries; souvent à leurs rythmes divers; ou bien encore à tous les changements de cordes qu'elles entraînent. Jusqu'à nos jours, l'étude des gammes proprement dites, fut considérée, le plus fréquemment, sous son aspect „monocorde." Le principe monocorde, d'ailleurs très utile, et que je recommande instamment, se compose des quelques formules ci-dessous:

Scales and double-notes of the "thumb position."

What connection, one may ask, can there be between scales and double-notes, and why bring together "under the same roof," in a work that pretends to analyse everything, two such incongruous branches of technique? My answer may appear complex, but I must give it before passing on to the study of the elements, to me so closely related, that go to the making up of this chapter. In order to follow my reasoning one must take as a basis the great variety of scale-fingerings, that have their origin sometimes in the different lengths of the diatonic or chromatic scales, sometimes in the degree of the musical scale occupied by the initial or terminal note of these scales, often in their divers rhythms, or again in the changes of strings that they involve. Up to the present day the study of scales as such has been considered principally from the "single-string" point of view. The single-string principle, which is very useful, and which I earnestly recommend, comprises the following formulas:

Doigté pour la gamme majeure d'une octave:
Fingering for the major scale of one octave:

1.

⌖ L'on peut utiliser ce même doigté pour toutes les tonalités. Il suffit pour cela de toujours placer le 1er doigt sur la première sustonique de la tonalité imposée, 1e sustonique rencontrée au cours du raccourcissement progressif de la corde.– Ce même doigté peut servir à des gammes plus étendues. Chaque nouvelle octave se doigtera alors par „1, 2, 1, 2, 1, 2, 3," en partant de la sustonique bien entendu.

⌖ *This fingering can be used for all the different keys. For this, it suffices to place the 1st finger always on the supertonic of the given key, the 1st supertonic encountered in the progressive shortening of the string in play. This same fingering can be used for more extended scales. Each new octave will then be fingered "1, 2, 1, 2, 1, 2, 3," starting of course from the supertonic.*

1bis Exemple: – *Example:*

Eu égard à son élasticité pour le prolongement des gammes j'ai, personnellement, un faible pour ce doigté, toutes les fois que l'excès de la vitesse à obtenir, ne m'en impose pas un autre.–Il en est un qui réunit quelques suffrages. C'est un doigté qui, sur son étendue de 2 octaves, fait abstraction du 3e doigt, partout ailleurs que sur la tonique la plus aiguë. Le 1er doigt se pose, ici, sur la première médiante (ou tierce) rencontrée (du grave à l'aigu) sur la corde employée.

On account of its elasticity for the lengthening of scales, I have a weakness for this fingering, every time that the speed to be obtained does not force me to use another one. There is one that finds some favor. It is a fingering that, over its length of two octaves, avoids the use of the 3rd finger everywhere except on the highest tonic. The 1st finger is here placed on the first mediant (or third) met (when proceeding from the low to the high register) on the string in use.

2. Exemple: – *Example:*

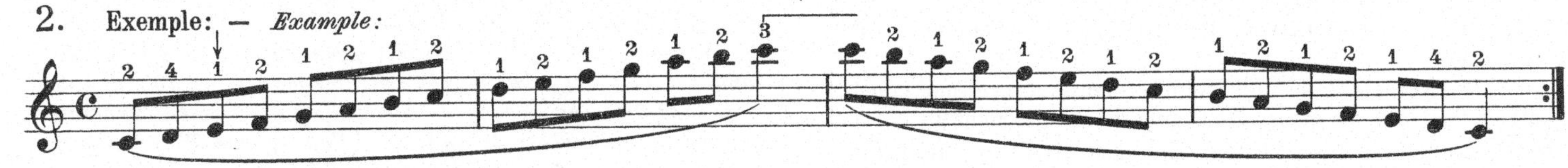

Enfin, nous avons encore, parmi les clichés couramment admis, un doigté préférable aux autres, pour toutes gammes rapides, d'une étendue de 2 octaves. Le déplacement de la main se fait, ici, à chaque 3 notes seulement, le 1er doigt occupant, au départ, la 1ère tonique placée sur la corde que la gamme intéresse.

Finally, we have, among the stereotyped forms in current use, a fingering that is preferable to the other ones for all rapid scales of two octaves. The change of place of the hand here takes place after every three notes only, the 1st finger being placed at the start on the 1st tonic found on the string on which the scale is to be played.

3. Exemple: – *Example:*

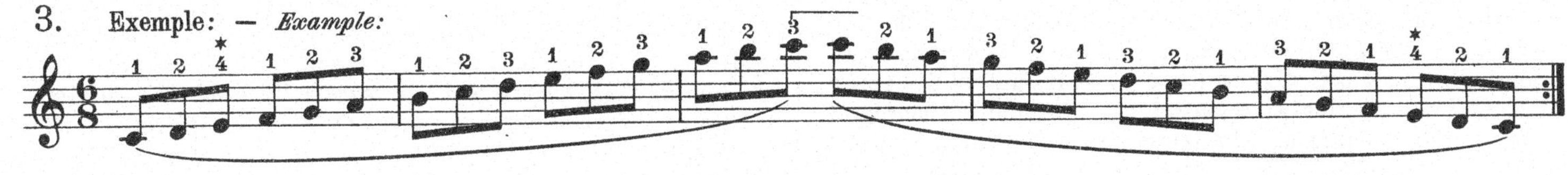

∗ Naturellement le 4e doigt sera remplacé par le 3e dans les tonalités de *fa*,– et au-dessus,– dont la 1ère tonique sur la corde choisie, sort des limites de la 1e ou de la 2e tenue.

Toutes les gammes majeures du „manche" devront être reprises ici, et prolongées de deux ou trois octaves, selon les modèles 1 à 3.

Il sera également utile de travailler des gammes majeures et mineures de 2 ou 3 octaves sur les 3 premières cordes, et cela notamment, en utilisant comme point de départ, successivement chacun des demi-tons compris dans la moitié supérieure de ces trois cordes.

∗ *Naturally the 4th finger will be replaced by the 3rd in the keys of F– and upwards– of which the 1st tonic on the chosen string is beyond the limit of the 1st or 2nd disposition.*

All the scales of the "neck" should be taken up again here, and lengthened by two or three octaves, according to the models 1 to 3.

It will also be found useful to practice major and minor scales of two or three octaves on the first three strings, taking especially as a starting point each semi-tone in turn, on the upper half of these three strings.

Pour les gammes mineures mélodiques (une mention spéciale sera faite plus loin, des gammes mineures harmoniques, ainsi que de la gamme chromatique) c'est le doigté 1bis qui prévaut, quoiqu'en principe les 2 autres y trouvent aussi leur application. Les gammes mineures du „manche" devront donc être prolongées selon les 3 types principaux. Même recommandation que plus haut, quant à la transposition sur plusieurs cordes. Mais quoiqu'il en soit, et ceci est d'une très grande importance, (pour tous les doigtés), il faut qu'au moment précis où le 3e doigt occupe, par percussion frappée, la tonique la plus aigüe, – soit: le point culminant de la gamme, – les doigts 1 et 2, automatiquement chassés par lui, aillent se fixer, par un glissement instantané, et sans quitter la corde, sur les degrés – ½ ton plus bas – qu'ils devront déterminer pendant leur parcours inverse. Un léger roulement de la main gauche dans le sens de la chute du 3e doigt, peut favoriser ce mouvement combiné.

For the melodic minor scales (the harmonic minor scales as well as the chromatic scale will receive mention further on) it is the fingering No. 1bis that prevails, although the other two also find their application. The minor scales of the "neck" should therefore be lengthened according to the three principal models. The same advice as above, relating to the transposition onto several other strings. But, in all events, and this is of the greatest importance, (in all the fingerings), at the exact moment that the 3rd finger occupies, by percussion, the highest tonic, – in other words, the culminating point of the scale, – the 1st and 2nd fingers, which it has automatically crowded out, should, by an instantaneous slide, without leaving the string, take up a position on the degrees of the scale – ½ a tone lower – that they are to occupy in the downward scale. A slight roll of the left hand in the direction of the fall of the 3rd finger will be of help to the combined movement.

Exemple: — *Example:*

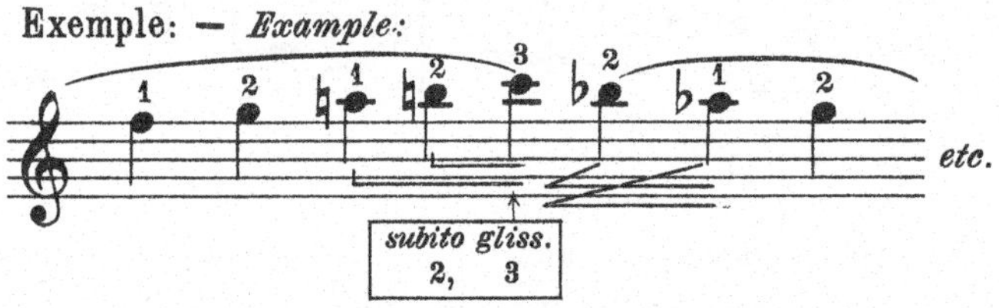

J'insiste pour que la règle ci-dessus soit prise dans son sens le plus strict, et ne soit surtout pas considérée comme quantité sinon négligeable, du moins facultative. Le mouvement automatique à acquérir nécessitera, cela s'entend, une surveillance d'une durée variable selon les différentes aptitudes.

Nous voici maintenant rendus au point où mon explication sur le but mixte du présent chapitre, peut être bien comprise.

Mes exercices sur les doubles-notes sont formés comme suit: 1º une préparation, 2º l'exercice proprement dit, 3º un certain nombre de variantes. La première division, („préparation"), se compose d'intervalles diatoniques séparant les points extrêmes de la double-note à „préparer", ou comblant l'espace d'étendue compris entre une double-note et la suivante. Ces exercices préparatoires forment une telle quantité de „recettes" différentes, les points de départ et d'aboutissement en sont si variés, que je ne saurais concevoir un système plus efficace pour faire connaître au violoncelliste le „dédale logarithmique" que représente l'étude moderne des gammes entières ou fragmentées.

Jusqu'ici je m'étais abstenu de citer les maîtres du violoncelle, redoutant l'incommensurable quantité d'exemples de même plan, et aussi dignes, les uns que les autres, de figurer à l'appui des „règles grammaticales" – (le mot est impropre, mais je n'en connais pas d'autre qui rende mieux ma pensée), – de notre instrument. Comment taire, pourtant, lorsqu'il est question des doubles-notes du „démanché", l'admirable recueil d'exercices journaliers, de mon maître Frédéric Grützmacher, où sont si intelligemment coordonnées, sur ce point comme sur tant d'autres, les difficultés premières du violoncelle. Je rends ici un hommage tardif au grand savoir de ce merveilleux pédagogue, et je dois reconnaître qu'il excellait à communiquer une partie de sa belle logique et de ses dons de recherche, à tous ceux qui avaient la chance de suivre quelque temps son enseignement. Si l'on reconnait parfois dans les exercices qui vont suivre, la tournure mélodique, et la tendance progressive du recueil plus haut cité, l'on pourra en déduire que je n'ai rien trouvé de mieux, ni de plus moderne, pour y suppléer. Les exercices indiqués seulement, seront complétés par le violoncelliste lui-même. Chaque exercice comportera à son tour 7 variantes correspondant à celles (a, b, c, d, e, f, g,) du Nº 1bis.

The above rule should be strictly adhered to, and should not be considered optional, if not a negligeable quantity. The automatic movement that has to be acquired will require a surveillance in proportion to the aptitude of the player.

We have now reached the point where my explanation of the mixed aim of this chapter can be understood.

My exercises for double-notes are made up as follows: 1º, a preparation, 2º, the exercise itself, 3º, a certain number of variants. The first division, ("preparation"), consists of diatonic intervals separating the extreme points of the double-note that is being prepared, or covering the space intervening between one double-note and the following one. These preparatory exercises offer such a quantity of different "recipes", the points of departure and arrival are so varied, that I cannot conceive of a more efficacious system for the violoncellist to become acquainted with the "logarithmic maze" that is presented by the modern study of complete or fragmentary scales.

Up to now I have refrained from quoting from the masters of the violoncello, dreading the incommensurable quantity of examples of equal value, as worthy the one as the other to support the "grammatical rules" – (the term is not apt, but I know no other that so well expresses my meaning), – of our instrument. When however we get to the double-notes of the "thumb-position", I cannot pass without a mention the admirable collection of daily exercises of my teacher, Frederick Grützmacher, in which, on this point as on other, the first difficulties of the violoncello are so intelligently coordinated. I pay tardy homage here to the great knowledge of this marvelous pedagogue, and I must acknowledge that he excelled in communicating a part of his fine logic and of his gift of research to all those that were lucky enough to follow for any length of time his instruction. If in the exercises that follow one recognizes from time to time the melodic turn and the progressive tendency of the above-mentioned work, one may conclude from it that I have found nothing better nor more modern to take its place. The exercises, that are indicated only, should be completed by the violoncellist himself. Each exercise in turn will comprise seven variants corresponding to those (a, b, c, d, e, f, g,) of No. 1bis.

Octaves.

Les octaves comportent plusieurs doigtés. Nous ne les détaillerons que plus loin. Pour l'instant, le cliché uniforme en sera: „♀ + 3".

Octaves.

Octaves allow of several different fingerings. They will be given in detail only further on. For the time-being the uniform model will be: "♀ + 3".

* Le déplacement du pouce (½ ton) doit se faire instantanément au changement de corde.

** The change of place of the thumb (half a tone) should be made instantaneously on the change of string.*

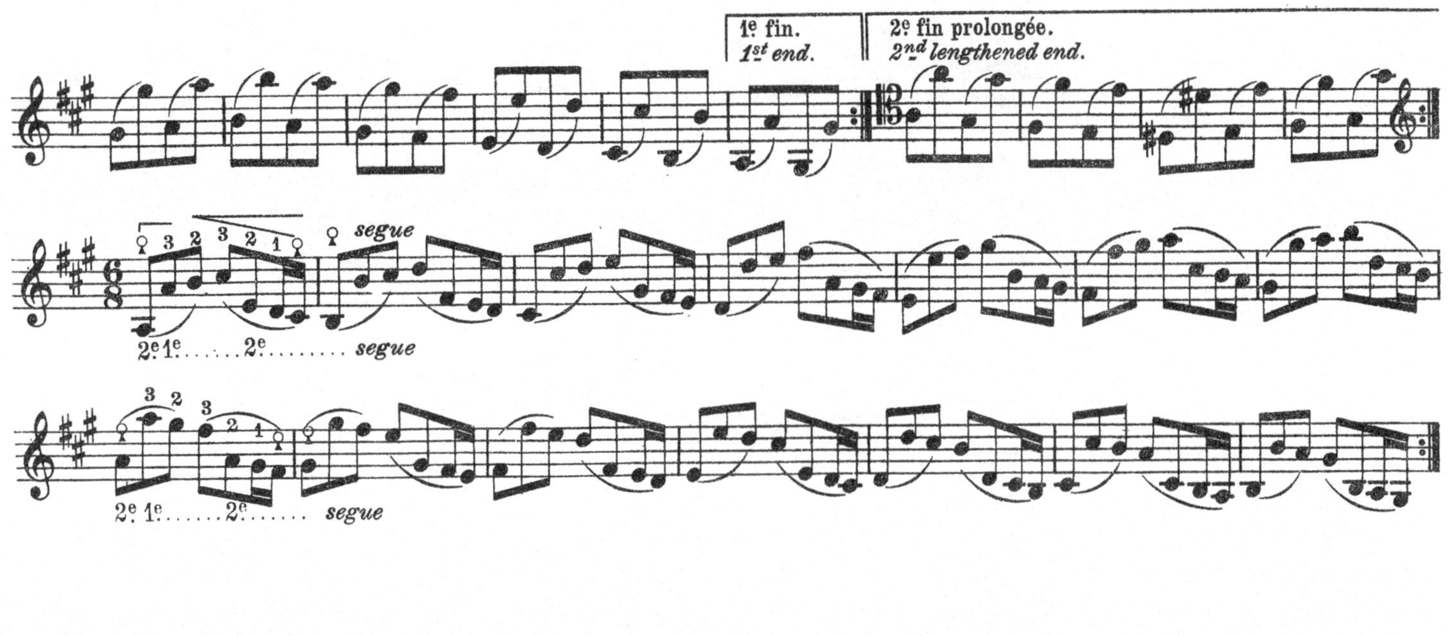

3bis
segue
1e fin.
1st end.
2e fin prolongée.
2nd lengthened end.
4.
2e 1e 2e segue
4bis
5.
2e 1e 2e segue
5bis
6.
2e 1e 2e segue
6bis
7.
1e 2e 1e segue
7bis
8.
2e 1e 2e 1e 2e
8bis
9.
1e 2e 1e 2e 1e
9bis
10.
2e 1e 2e
10bis

Les 17 exercices précédents gagneront à ne pas être toujours travaillés dans la tonalité écrite. En en transposant quelques-uns vers les degrés plus graves des cordes prescrites, et en reportant une partie des autres à la quinte inférieure, soit sur les 2e et 3e cordes, l'on fera œuvre technique utile, en ce sens qu'il est bon de „patiner" toutes les cordes sur toute leur longueur; cela sert à nous accoutumer également (on l'a vu dans les débuts du présent ouvrage), aux différences de dimension des intervalles, et aux changements d'épaisseur et de résistance dus à la différente „constitution" de chaque corde. L'artiste consciencieux fera son profit de cette recommandation. Tant pis pour les négligents.

Les quelques exercices suivants, sont destinés à „mettre en train" l'étude des octaves avec changements de cordes.

The 17 preceding exercises would gain by not being always practiced in the key in which they are written. By transposing some of them onto lower degrees of the same string, and by playing part of the others a fifth lower, that is to say on the 2nd and 3rd strings, one will be doing useful technical work, in that it is well to press down all the strings on their whole length; it serves also to accustom us (as has been seen in the beginning of this work) to the difference in stretches of the intervals, and to the changes of size and resistance due to the different "constitution" of each string. The conscientious artist will profit by this advice. So much the worse for those that neglect it.

The following exercises are intended as a "training" in for the study of octaves with changes of strings.

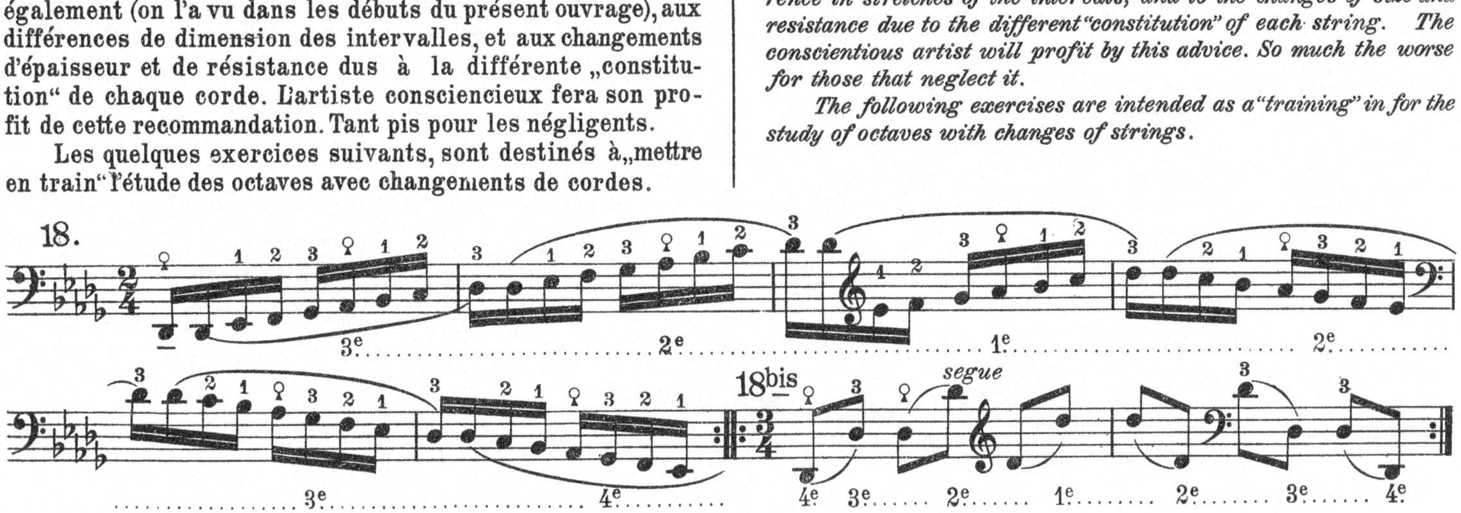

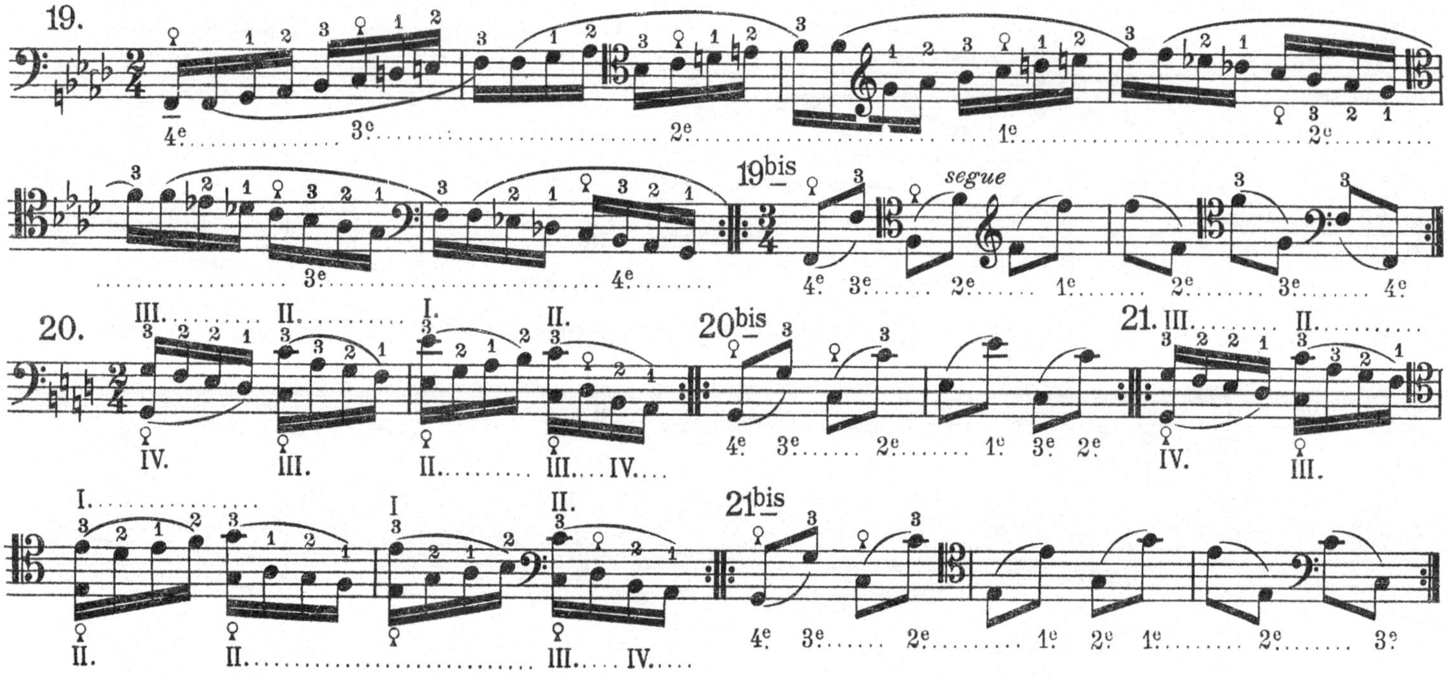

Je signale à l'attention toute spéciale du violoncelliste, le doigté de la gamme dans l'exercice 22. L'emploi répété du 1er doigt sur deux notes voisines, (voir les flèches ∨) a, dans le cas présent la destination suivante: maintenir entre les doigts 1 et 2, la distance constante d'un ton. Ce détail a sa valeur pour certains traits rapides. Nous savons depuis longtemps, combien l'usage prolongé d'une même configuration de doigts peut être précieux.

I draw the special attention of the violoncellist to the fingering of the scale in exercise 22. The repeated use of the 1st finger on two adjoining notes (see the arrows ∨) is for the following object: the constant maintenance of the interval of a whole tone between the 1st and 2nd fingers. This detail has its value for certain rapid passages. We have known for a long time how useful the prolonged use of one and the same arrangement of the fingers can be.

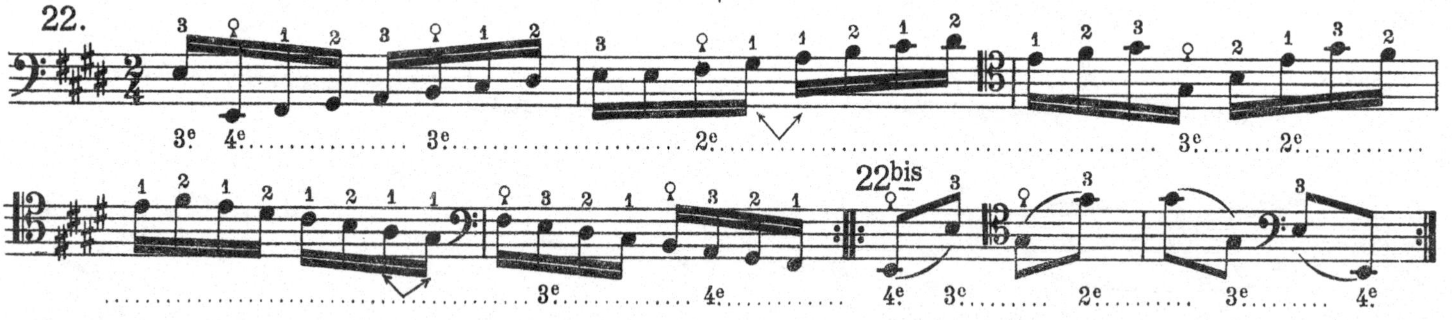

Ces exercices devront être joués sans variantes, mais souvent. Sachant néanmoins combien rarement l'instrumentiste en formation consent à fixer son attention sur cette nouvelle difficulté dont il ne saisit pas, au premier abord, l'absolue nécessité, j'ai tenu à faire suivre ce petit essai de deux citations d'œuvres importantes. A ce sujet, je tiens à faire remarquer qui si, dans le présent chapitre, je déroge plus souvent qu'ailleurs à ma coutume de légitimer chacune des règles par les exigences d'un auteur marquant, c'est que le nombre des exemples y serait trop grand. Il n'y a, pour ainsi dire, pas un concerto connu sans octaves, et bien peu sans tierces.

These exercises should be played without variants, but often. Knowing however how rarely the budding instrumentalist consents to fix his attention on this new difficulty, of which he does not at first sight grasp the absolute necessity, I have thought best to follow up the above with two quotations from important works. If in the present chapter more than elsewhere I do not cling to the practice of backing up each rule by the demands of some noted composer, it is because the examples would be too numerous. There is practically no known Concerto without octaves, and very few without thirds.

Extrait du Concerto en *ut*♯ mineur d'Emanuel Móor.

Extract from the C♯ minor Concerto by Emanuel Moor.

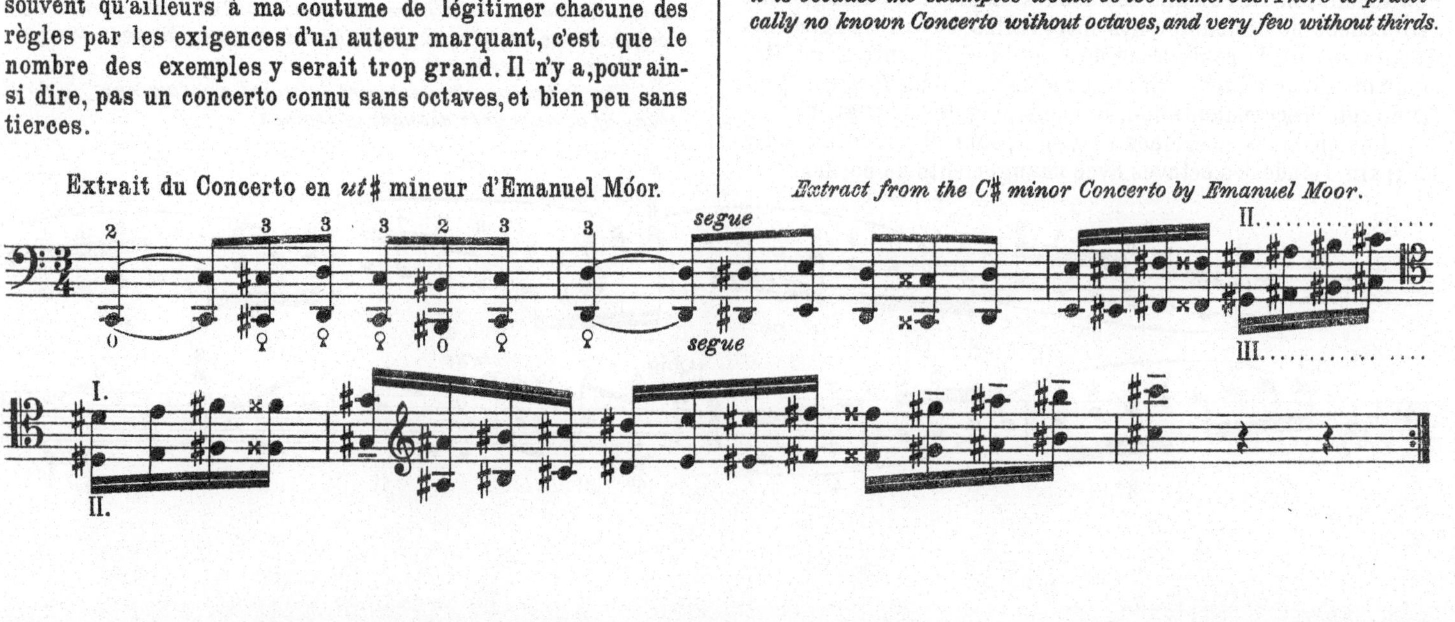

L'exécution rationnelle de ce fragment demande une explication. Si l'on voulait se donner la peine de contrôler chaque octave, non pas en tant que justesse propre, mais en ce qui concerne ses rapports de distance (ton ou ½) avec celles qui l'environnent, il serait presque impossible de faire coïncider, dans le mouvement relativement rapide de ce passage, les s a c c a d e s i n é g a l e s de la main gauche avec les r e p r i s e s é g a l e s de l'archet. Il faut, par conséquent „truquer." En l'espèce il s'agira de soigner les changements de corde et la justesse des octaves. Pour ce qui est du déroulement de la gamme, il faudra glisser uniformement la main gauche, en veillant à ce que les doigts 2 et 3 prennent appui de justesse sur la première double-croche de chaque temps. Autrement dit: il y aura, à partir des doubles - croches, autant de séries glissées que de „temps." A chaque nouveau départ, l'on calculera la rapidité de chute de sa main gauche, d'après l'importance du chemin à parcourir, – soit le nombre de tons, ou ½ tons compris entre deux points d'appui. – (Ces points d'appui n'auront aucun rapport avec l'accentuation). Il s'agit de créer l'illusion de la précision.[1] L'entraînement nous permet d'ailleurs par la suite, de nous rapprocher le plus possible de la version réelle.

L'exemple suivant, extrait de la Symphonie Concertante de Georges Enesco (op. 8) pour Violoncelle est orchestre, devra, lui, se jouer avec une scrupuleuse honnêteté de tous les mouvements. Il est fort difficile de l'exécuter avec la grande sonorité requise, sans faire entendre les „heurts" amis des changements de cordes défectueux.

The rational execution of this requires explanation. If one wanted to regulate the accuracy of each octave, not as regards it's self, but in relation to the distances (tone or ½ tone) that separate it from each of the adjoining ones, it would be almost impossible, in the relatively rapid movement of this passage, to make the u n e q u a l j e r k y m o v e m e n t s of the left hand coincide with the r e g u l a r m o v e m e n t s of the bow. This passage must therefore be "juggled". In reality the thing to do is to look after the changes of string and the accuracy of the octaves. As for the flow of the scale, the left hand should slide with a uniform movement, care being taken that the thumb and 3rd finger choose as bearing points (for accuracy of pitch) the first semiquaver of each beat. In other words, from the beginning of the semiquavers there should be as many grouped slides as there are beats. At each new start one should calculate the rapidity of the fall of the left hand, according to the distance that has to be covered, – that is to say, the number of whole tones or semitones between two bearing points. (These bearing points have no relation to the accents.) It is a matter of giving the impression of accuracy. 1) Routine will, anyway, eventually permit of our getting as near as possible to the actual reading.

The following example, drawn from the Symphonie Concertante by Georges Enesco (Op. 8.) for Violoncello and Orchestra, has to be played with the most scrupulous accuracy of all the movements. It is very difficult to execute it with the required sonority, without hearing the "shocks" produced by badly executed changes of string.

1) Nous trouverons des applications de ce même principe aux chapitres du „staccato" et du „spiccato".

1) *We will find the applications of this same principle in the chapters on the "Staccato" and the "Spiccato".*

Tierces.

La difficulté plus grande des tierces, par rapport à celle des octaves, réside dans les successions mélangées, d'intervalles tantôt majeurs et tantôt mineurs; difficulté combinée avec celle de l'agrandissement ou du rapetissement des tierces, proportionnellement à leur tessiture. Nous avons, heureusement, pour nous retrouver d'instinct dans ce chaos d'inégalités, certains points de repère. Mais il faut les étudier avec persévérance, si nous voulons arriver à leur assigner quelques-uns de nos mouvements réflèxes. Ainsi nous pourrons observer que la gamme majeure ascendante contient: une petite, 2 grandes, 2 petites et 2 grandes tierces. (Les „grandes" tierces sont les mineures, l'intervalle de tierce majeure nécessitant, au contraire, un certain rapprochement de ses 2 doigts constitutifs). Ce cliché servira de modèle à ceux que l'on devra établir soi-même pour les différents exercices suivants. Pour faciliter l'entrée en matière nous commencerons par la gamme chromatique en tierces, d'abord mineures, puis majeures. Ces deux gammes nous initieront au principe qui nous occupe, sans que nous ayons à nous tourmenter dès le début, des transformations modales de nos doubles-notes. Sept variantes correspondant à celles des octaves, devront également suivre, ici, chaque exercice. Doigté uniforme provisoire: „2 + ♀"

Thirds.

The greater difficulty of thirds, as compared with that of octaves, is due to the mixed series of major and minor intervals; a difficulty combined with that of the widening or narrowing of the stretch of the thirds, according to their tessitura. We have, luckily, certain bearing points by which to find our way through this chaos of inequalities. But they must be studied with perseverance if we expect to assimilate to them some of our reflex movements. We will thus notice that the rising major scale contains: one small, 2 large, 2 small and 2 large thirds. (The "large" thirds are the minor ones, the interval of the major third requiring, on the contrary, a certain drawing together of the two fingers that execute it.) This model can be used for the establishing of those that will be required for the following exercises. To facilitate the entry into this subject we will begin by the chromatic scale in thirds, first major and then minor. These two scales will initiate us into the principle that occupies our attention, without our being bothered in the beginning with the modal transformations of the double-notes. Seven variants, corresponding to those of the octave exercises, should follow each exercise. Provisional uniform fingering: "2 + ♀".

1.

1bis

2.

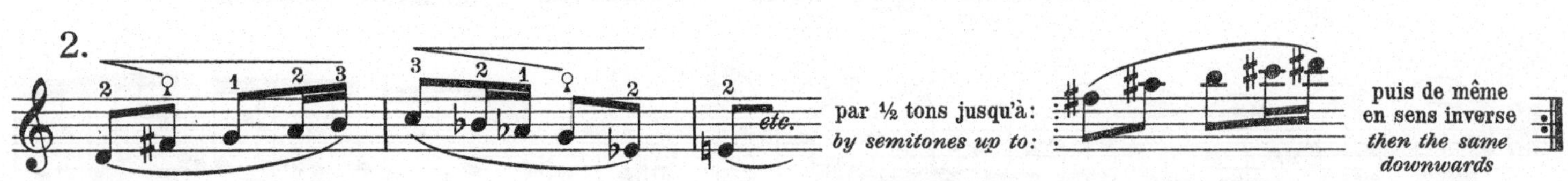

2bis

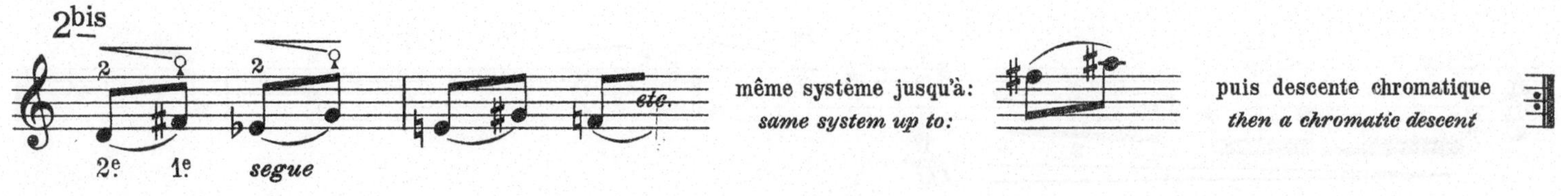

3.
simile
2e 1e 2e
simile
3bis
2e 1e simile
4.
simile
2e 1e 2e
simile

4bis
simile
2e 1e segue
1e fin.
1st end.
2e fin (prolongement du 4bis)
2nd end (lengthening of 4bis)
segue
5.
segue
2e 1e............... 2e
segue
5bis
segue
2e 1e segue
1e fin.
1st end.
2e fin (prolongement du 5bis)
2nd end (lengthening of 5bis)
segue
6.
segue
2e 1e........ 2e..... segue
segue
1e 2e........... 1e segue
segue
1e 2e 1e....... 2e..... segue

6bis
segue
7.
7bis
segue
8.
8bis
segue
9.
9bis
segue
10.
10bis
comme 9bis
like 9bis
11.
11bis
segue
12.
12bis
comme 11bis
like 11bis

Sixtes.

Les sixtes ne nécessiteront, ici, qu'une étude peu approfondie. Etant donné que nous avons eu dans toute létude du „démanché" (et notamment, en dernier lieu, dans les principaux des exercices de préparation d'octaves ou de tierces), une foule d'occasions propres au développement de nos connaissances sur ce point, je considère les exercices en sixtes plutôt comme une „récapitulation" que comme une entrée en matière. Pourtant, loin de les jouer avec nonchalance, l'on devra, tout au contraire, apporter une attention rigoureuse à l'alternance irrégulière des intervalles majeurs et mineurs. Pour établir des „clichés", l'on n'aura qu'à reproduire le travail de même espèce fait pour les tierces (puisque les sixtes n'en sont que le renversement). Les dimensions („petites" et „grandes") sont disposées, ici, dans le même ordre bien que le renversement d'une tierce majeure donne une sixte mineure. Si tout reste en l'état c'est que la tierce majeure et la sixte mineure sont toutes deux „petites" et vice-versa.

Les sixtes comportent plusieurs doigtés, suivant leur mode et leur tessiture. Ce sont: au „manche" 1+3, 1+2, 2+3, 3+4 et 2+4. Au „démanché" les mêmes plus: ♀+1, mais moins 1+3 et 2+4.

Dans les exercices ci-après, à jouer sans variantes, nous les emploierons au gré de leur opportunité, mais aussi un peu arbitrairement, pour obtenir une éducation parfaite de tous les doigts.

Les 3 premiers de ces exercices, qui ne portent aucune indication de doigté, seront tous joués uniformément, d'abord par „♀+1" puis „1+2" puis enfin par „2+3" (Timidement, j'ajoute: „3+4". Peu m'écouteront, sans doute, mais ma conscience sera en repos).

Sixths.

The sixths do not call, here, for any elaborate study. As we have had in all the study of the "thumb-position" (and notably towards the end, in the principal preparatory exercises for octaves and thirds,) a number of occasions to develop our knowledge in this matter, I look upon the exercises in sixths more as a "recapitulation" than as something new. However, far from playing them negligently one should, on the contrary, pay strict attention to the irregular alternation of major and minor intervals. In order to establish stereotyped examples it will only be necessary to reproduce the work of the same kind as for the thirds (since sixths are their inversion). The dimensions ("small" and "large") are arranged, here, in the same order, although the inversion of a major third gives a minor sixth. If nothing is changed it is because the major third and the minor sixth are both "small", and vice-versa.

Sixths require several different fingerings, according to their mode and their tessitura. They are: at the "neck" 1+3, 1+2, 2+3, 3+4 and 2+4. In the "thumb-position", the same plus: ♀+1, but minus 1+3 and 2+4.

In the following exercises, to be played without variants, they should be used as convenient, but sometimes arbitrarily, for the sake of the perfect training of all the fingers.

The first three of these exercises, that are not fingered, should be played uniformally, first with "♀+1", then "1+2" and finally with "2+3". (Timidly I add: "3+4". No doubt, few will listen to me, but at any rate my conscience will be clear.)

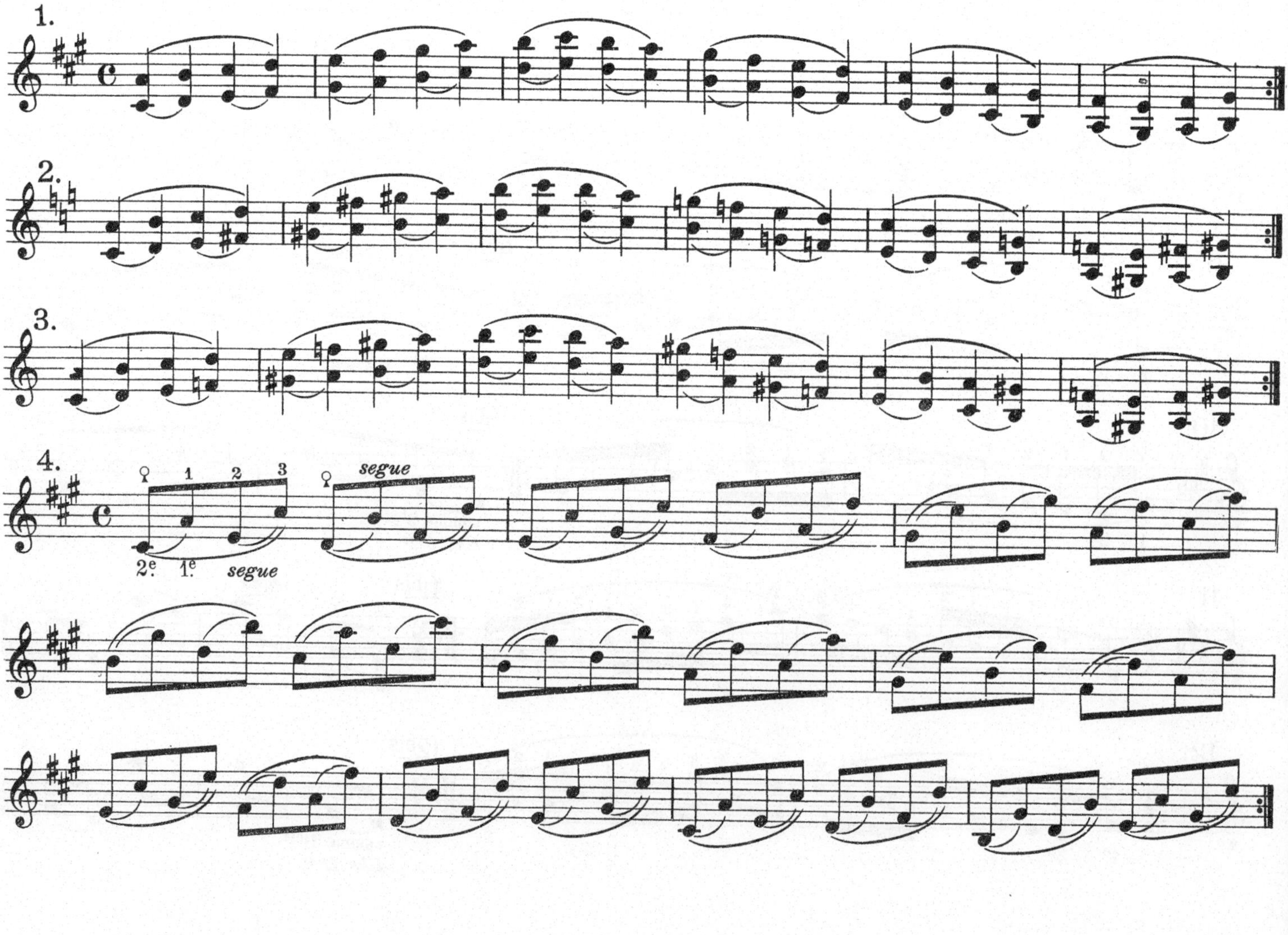

Avant de passer à l'étude des „Dixièmes" nous travaillerons un exemple de sixtes majeures et mineures, tiré des „Stücke im Volkston" de R. Schumann.

Before passing on to the study of "Tenths" we will practice an example of major and minor sixths, drawn from the "Stücke im Volkston" by R. Schumann.

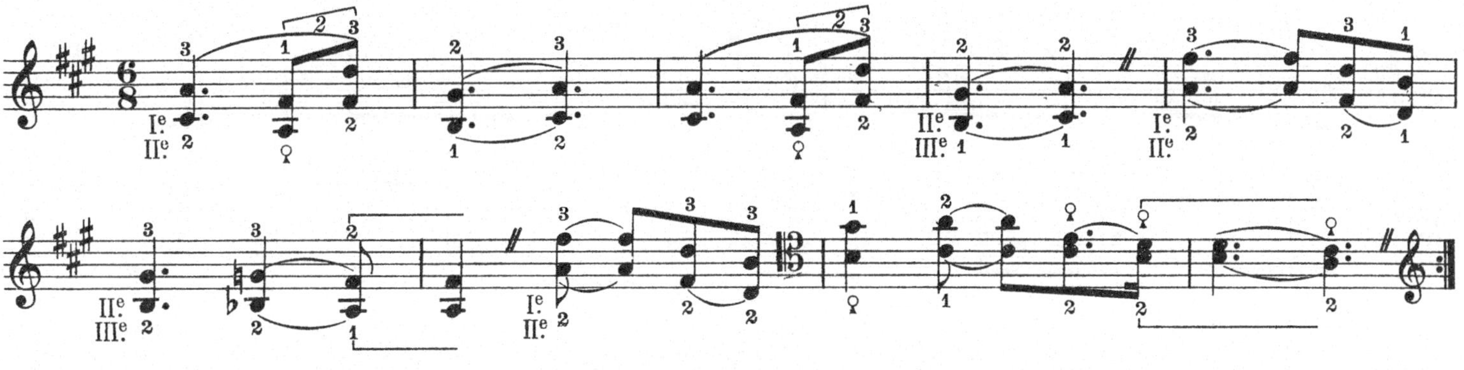

Enfin un passage extrait du Quintette pour Piano et Cordes de Jean Huré.

Finally a passage drawn from the Quintette by Jean Huré.

* Les exercices en „petit détaché" (Nos 8 et 9) serviront à préparer l'étude du „spiccato". L'on verra, plus loin, par quel mécanisme se produit cette association.

** The exercises in "petit détaché" (Nos 8 and 9) will serve as a preparation for the study of the "spiccato". One will see, later on, by what kind of technique one can produce this combination.*

Dixièmes.

Les „dixièmes" sont naturellement asservies aux mêmes règles d'éloignement ou de rapprochement relatif, selon leur mode ou leur tessiture. L'extension que nécessitent lesdits intervalles, les cantonne cependant d'habitude vers le registre élevé des cordes.

Les dixièmes comportent (sauf à de rares exceptions,) deux doigtés qui sont les suivants: „♀ + 4", „♀ + 3."

Personnellement, lorsque rien ne me contraint à adopter le premier de ces doigtés (le plus ancien des deux,) je préfère le second, et cela pour éviter, autant que possible, l'emploi du 4e doigt si inapte au „bel canto" et au „vibrato."

Mais le sentiment n'entre, ici, que secondairement en ligne de compte. Ne devons-nous pas, en effet, tendre à l'assouplissement égal de tous nos doigts, avant toute autre chose?

Les exercices qui vont suivre, sont faits pour **des mains moyennes très développées.** Libre aux grandes mains, d'en transposer quelques-uns, au gré de leurs capacités, 1 ou 2 tons plus bas.

Tenths.

"Tenths" are of course subject to the same rules relative to large or small stretches, according to their mode and their tessitura. The extension that they require places them generally in the upper register of the strings.

Tenths are fingered (except in some rare cases) as follows: "♀ + 4," "♀ + 3."

Personally, when nothing forces me to adopt the first of these fingerings (the older of the two), I prefer the second, and that in order to avoid, as much as possible, the use of the 4th finger, so fatal to the "bel canto" and to the "vibrato." But sentiment is, here, of only secondary importance. After all, is not the acquisition of equal suppleness in all our fingers the main thing to be taken into consideration?

*The exercises that follow are intended for **highly developed medium-sized hands.** For larger hands they may be transposed one or two tones down, according to capacity.*

* L'exercice 2 et ses variantes serviront aussi de préparation aux octaves à doigtés combinés.

* *Exercise 2 and its variants will also serve as a preparation for octaves with combined fingerings.*

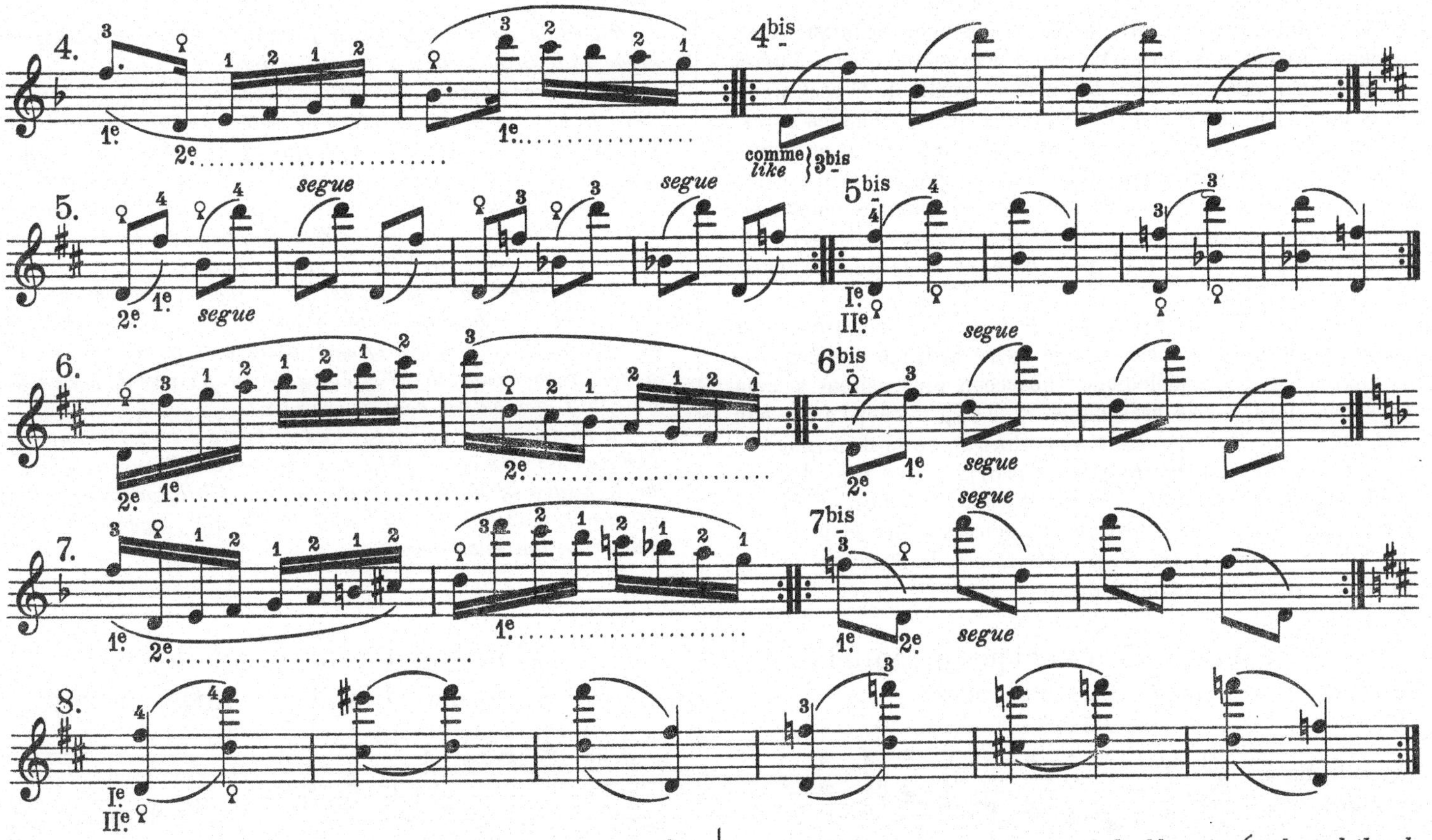

Avant de passer aux doubles-notes mixtes (manche et démanché) qui représentent la dernière combinaison se rattachant à ce chapitre-ci, nous entamerons la „muraille“ qui nous sépare de la technique à-venir, en y faisant une brèche sur un nouveau point. Il s'agit, notamment, de former des intervalles différents, et cela par le même écartement de doigts, reporté sur d'autres points des cordes. Bien que l'effet soit nouveau, sa difficulté n'a rien de suffisamment excessif pour rebuter les compositeurs, et je suis persuadé qu'il y a quelquechose à tirer de ce principe.

Before passing on to mixed double-notes (neck and thumb-position), that represent the last combination belonging to this chapter, we will attack the "wall" that separates us from the technique to come, by making a breach at a new point. This consists in producing different intervals, with the same stretch between the fingers transferred to other parts of the strings. Although the effect is new, the difficulty of its production is not too great to frighten composers, and I am convinced that there is something to be made out of this principle.

Dimension d'octave, conservée: — Stretch of the octave, maintained:

Dimension de sixte majeure, conservée: — Stretch of the major sixth, maintained:

Dimension de tierce majeure, conservée: — Stretch of the major third, maintained:

Dimensions de 10mes maj. et min., conservées: — Stretches of the major and minor tenths, maintained:

(Intervalles brisés seulement.) (Broken intervals only.)

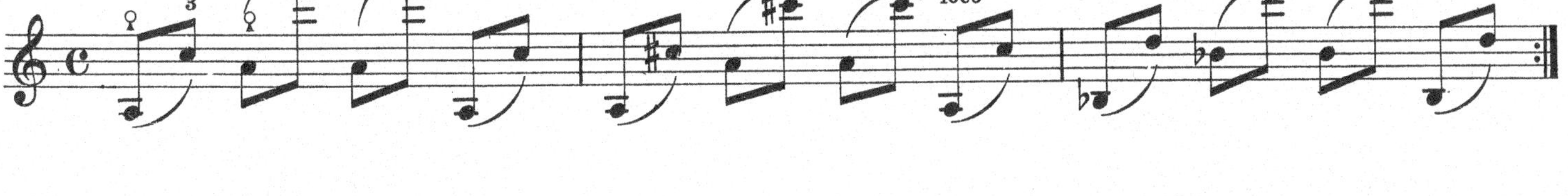

L'on voit qu'il y aurait là matière à une technique totalement inexplorée et, en partie, non dépourvue de quelque intérêt.

Nous n'avons plus, dans la dernière partie de la section qui nous occupe aucun mélange de gammes et de doubles notes. Le moment me paraît donc opportun, pour parfaire notre instruction théorique sur ce point, aussi est-ce que j'ouvre une parenthèse en faveur de deux catégories de gammes, omises volontairement au début du présent chapitre. Je veux parler de la gamme mineure harmonique et de la gamme chromatique.

Selon moi, le meilleur doigté de la gamme mineure harmonique (monocorde) se forme sur le même principe que celui de la gamme „mineure mélodique" (beaucoup plus usitée) à cela près que, dans le cas présent, le 3e doigt se place, non pas sur chaque tonique, mais sur chaque sous-dominante.

De la sorte, l'intervalle compris entre les doigts 1 et 2 reste invariablement d'un demi-ton. Bien entendu, tant que la tessiture de la gamme ressort de la „1e tenue" de la main gauche, c'est le 4e et non le 3e doigt qui se placera sur la sous-dominante.

It will be seen that this is a field of totally unexplored technique, that, in part, is not devoid of interest.

In the last part of the section that is occupying our attention there is no longer any mixture of scales and double-notes. The moment therefore appears opportune to complete our technical instruction on this point; it is therefore for this reason that I insert a parenthesis in favor of two categories of scales, purposely omitted at the beginning of this chapter, namely, the minor harmonic scale and the chromatic scale.

To my mind, the best fingering of the minor harmonic (single-string) scale is formed on the same principle as that of the "minor melodic" scale (much oftener used), with the exception that, in the present case, the 3rd finger is placed, not on each tonic, but on each subdominant.

In that way the interval between the 1st and 2nd fingers is invariably a semitone. Of course, as long as the tessitura of the scale calls for the 1st disposition" of the left hand, it will be the 4th and not the 3rd finger that will be placed on the subdominant.

Cliché de gamme harmonique à reproduire dans tous les tons:

Model of the harmonic scale to be reproduced in all the different keys:

Formule No. 4.
Formula No. 4.

L'on retravaillera ici toutes les gammes „mineures harmoniques" du „manche" en les prolongeant, selon le même principe, de deux octaves au-dessus de la première tonique de la corde La. Il suffira, pour „amorcer" le doigté ci-dessus, de placer le 1er doigt sur la première sustonique de la Chanterelle.

Comme le doigté No. 1bis, le No. 4 à l'avantage d'être „élastique," en ce sens qu'il peut aussi bien se diminuer que s'allonger d'une octave. Je conseille même le prolongement de 3 octaves pour les gammes de: „la" „si♭" et „si♮."

Here all the "minor harmonic" scales of the "neck" should be practiced again, lengthening them, on the same principle, two octaves above the first tonic of the A string. In order to prepare for the above fingering it will suffice to place the 1st finger on the first supertonic of the A string. Like the fingering No. 1bis, No. 4 has the advantage of being "elastic," in that it can be as easily shortened as lengthened by an octave. I would even recommend the lengthening by three octaves for the scales of A, B♭ and B♮.

Gamme chromatique.

La gamme chromatique se travaillera avec trois doigtés différents. I° en prolongeant le doigté-type du „manche," soit: 1, 2, 3–1, 2, 3 etc. II° et III° en adoptant, aussitôt que la gamme devient monocorde, l'un des deux autres agencements courants: „1, 2–1, 2" etc., ou „2, 3–2, 3" etc. (Voir les flèches de l'exemple.)

Chromatic scale.

The chromatic scale should be practiced with three different fingerings. I°, by prolonging the fingering-model of the "neck," that is to say: 1, 2, 3 – 1, 2, 3 etc., II° and III° by adopting, as soon as the scale becomes a "single-string" one, one of the two other current fingerings: 1, 2 – 1, 2 etc., or, 2, 3 – 2, 3 etc... (See the arrows of the example.)

Ces 3 doigtés, également bons, mais à destinations différentes, s'emploient en séries simples ou mixtes, selon que le rythme de la gamme est uniforme ou complexe; selon que l'effet de la période qui nécessite l'usage de l'un d'entre eux porte principalement sur la vitesse: (doigté „1, 2, 3,") ou demande de l'élégance et de la souplesse avant tout: (doigtés „1, 2," ou „2, 3,") enfin selon que la série chromatique doit aboutir à tel ou tel doigt déterminé: (doigté „mixte.") Pour le moment nous travaillerons ces gammes sur la même longueur que toutes les autres, et à tour de rôle, en legato avec chacun des 3 doigtés uniformes. Nous verrons au „Spiccato" et au „Staccato," les gammes chromatiques jouées par un seul doigt.

These three fingerings, equally good, but intended for different cases are used in simple or mixed series, according to whether the rhythm of the scale is uniform or complex, or according to whether the effect of the passage that requires the use of one of them is to be one of rapidity (fingering: 1, 2, 3) or calls above all for elegance and suppleness (fingering: 1, 2, or 2, 3,); finally according to whether the chromatic series of notes is to finish on such or such a note (mixed fingering). For the moment we will practice these scales over the same length as all the others, and, turn about, legato with each of the uniform fingerings. When we get to the "spiccato" and "staccato" we will see chromatic scales played with a single finger.

Doubles-notes mixtes („Manche“ et „Démanché“).

Le groupement d'exercices que j'intercale ici ne prétend à aucune „nomenclature des possibilités;“— comme c'est le cas, par exemple, pour les sons harmoniques.— Le but que je poursuis, n'en sera pas moins atteint, si l'on travaille lesdits exercices avec la conscience voulue. L'on sait déjà combien est difficile le passage s a n s h e u r t du „manche“ au „démanché“ —et inversement,— pour des notes simples. L'esprit le plus rudimentaire comprendra que cette difficulté s'accroît ici pour la raison que voici: la main gauche prenant deux points d'appui au lieu d'un, se trouve plus fermement „rivée“ à son centre d'action sur les cordes. Partant, les mouvements de translation de cette main sont plus brutalement imposés à l'oreille. C'est à é g a l i s e r la portée auditive de semblables déplacements que tend l'étude ci-après.

Chaque exercice, joué d'abord en doubles-notes b r i s é e s, devra être repris, ensuite, en doubles-notes simultanées.

Mixed double-notes ("Neck" and "Thumb-position").

The group of exercises that are inserted here have no pretensions of being a "classification of possibilities," as were those, for instance, of the harmonics. The aim that I am pursuing will be none the less attained if they are studied conscientiously. We know already how difficult it is to pass in single notes from the "neck" to the "thumb-position" w i t h o u t a b r e a k. One will not fail to realize that this difficulty here is increased, because the left hand, having two points of pressure instead of one, is much more firmly "riveted" to its centre of action on the string. Consequently the changing of place of this hand is more strongly forced upon the hearer's attention. The following exercises are intended to e v e n u p the acoustic effect of these changes of place.

Each exercise, after having been practiced in b r o k e n double-notes, should be played in simultaneous double notes.

Exemple. — Example.

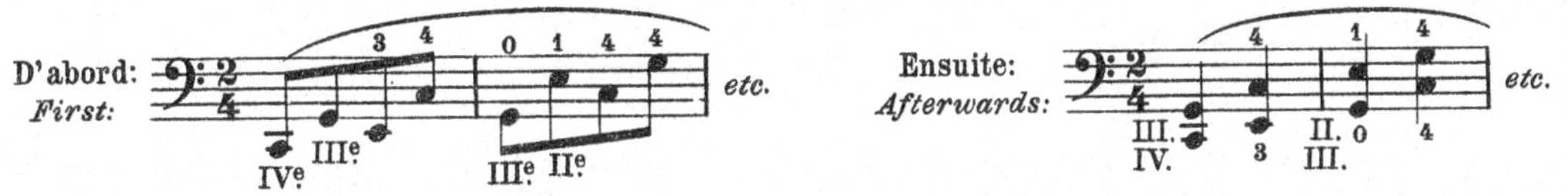

* Les doigtés 5 et 6 serviront à la transposition de ce même exercice dans plusieurs autres tonalités majeures et mineures.

Ci-après quelques formules analogues aux précédentes.

** The fingerings 5 and 6 will serve for the transposition of this same exercise into several other major and minor keys.*

Here follow several formulas that are analogous to the preceding ones.

Ces formules indiquées seulement, serviront de modèles à l'invention du violoncelliste. Au point où nous en sommes, celui-ci est certainement assez maître de son instrument, pour aller de l'avant sur un chemin ainsi tracé. Voici quelques autres principes qu'il n'aura, je présume, aucune peine à développer de la même façon.

These formulas that are indicated only, will serve as models for the inventiveness of the violoncellist. He has certainly now arrived at a point, where he is master enough of his instrument to launch out on a course that is thus revealed to him. Here are a few other principles that I presume he will have no difficulty in developing in the same manner.

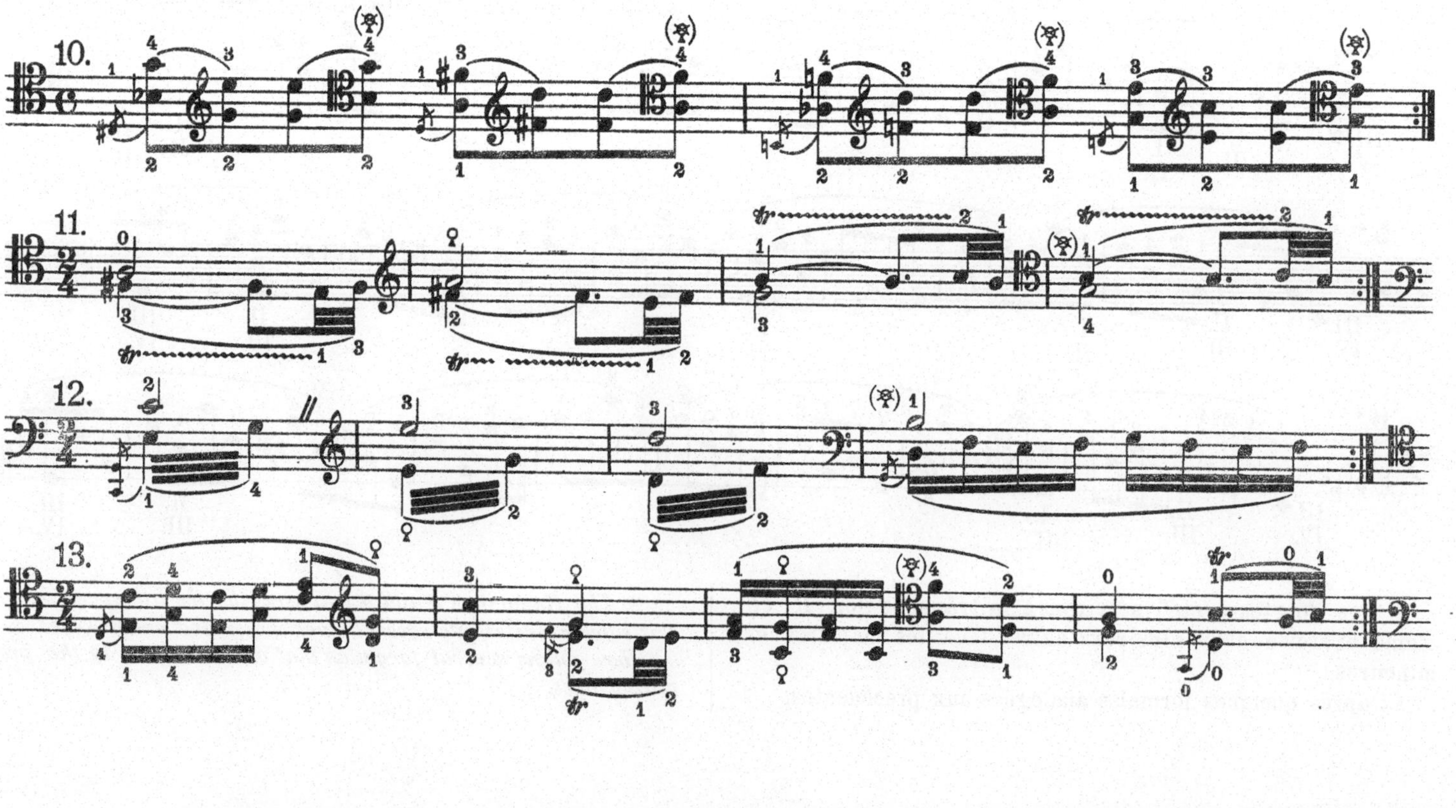

* Le numéro 14 servira de variante d'archet aux exercices 1 à 6.

Le numéro 15 servira de variante d'archet aux exercices 7 et 8. Plusieurs numéros empiètent légèrement sur le domaine des doubles notes à doigtés combinés. C'est à dessein que je fais „chevaucher" les difficultés sur deux chapitres, lorsque la chose est possible.

** Number 14 will serve as a bowing variant for exercises 1 to 6. Number 15 will serve as a bowing variant for exercises 7 to 8. Several of these numbers encroach slightly on the domain of double-notes with combined fingerings. It is intentionally that I place difficulties "astride" of two chapters, when it is possible.*

Doubles-notes de difficulté transcendante.

(Doigtés combinés.)

Nous commencerons ce chapitre, comme le précédent, par les octaves, et notamment, en combinant entre eux les doigtés que voici: „♀ + 3" avec „1 + 4"; „♀ + 2" avec „1 + 3"; „♀ + 1" avec „2 + 4", et enfin „♀ + 2" avec „1 + 3" et „2 + 4" (Ces deux dernières formules sont exceptionnelles, et je crois même ne pas me tromper en affirmant que l'avant-dernière fait ici ses débuts dans le classement théorique.

Les 4 séries d'octaves ci-après, non pourvues d'indications, ont pour objet d'être travaillées à tour de rôle, et tout au long, avec chacun des nouveaux doigtés, afin que l'on acquière l'habitude de ces configurations de doigts qualifiées d'„irrégulières", sans doute moins pour leur étrangeté, qu'à cause de leur rare application.

La seule recommandation que j'aie à faire ici, concerne les groupements „1 + 3" „1 + 4" et „2 + 4" Provisoirement chacune de ces trois formules se compliquera de l'appui ferme du pouce sur les 2 cordes jouées, et cela à distance permanente d'un ton du 1er doigt.

Double-notes of transcendental difficulty.

(Combined fingerings.)

We will begin this chapter, like the preceding one, with the octaves, and particularly, combining the following fingerings: "♀ + 3" with "1 + 4"; "♀ + 2" with "1 + 3"; "♀ + 1" with "2 + 4"; and finally "♀ + 2" with "1 + 3" and "2 + 4". (These last two formulas are exceptional, and I think I am not mistaken in stating that the one before the last makes its first appearance here in theoretical classification.)

The following four series of octaves, that are given without any indications, are intended to be practiced, turn about, and all the way through, with each of the new fingerings, so that one should get accustomed to these arrangements of the fingers, that are called "irregular," probably less because they are peculiar than that they are rarely used.

The only recommendation that I would make here concerns the groups "1 + 3," "1 + 4" and "2 + 4". For the time being each one of these formulas should be complicated by the firm pressure of the thumb on the two strings in play, at a continous distance of one a tone from the 1st finger.

Nous allons, à présent, faire bouger une voix sur deux pour terminer la préparation des octaves à doigtés combinés.

Dans les exercices qui vont suivre, les barres de césure (//) indiqueront la courte interruption obligatoire pour effectuer certains déplacements de la main entière. Le mouvement simultané des deux voix (et malgré la décomposition du travail, c'est bien là notre but) fait que le principe des „substitutions" n'est pas applicable ici, en cas d'intervalles conjoints formés par des doigts numériquement disjoints.

We will now practice moving one only of the two parts, to finish the preparation of octaves with combined fingerings.

In the exercises that follow, the lines of "cæsura" (//) indicate the slight obligatory interruption required for certain changes of place of the whole hand. The simultaneous movement of both parts (and notwithstanding the detailing of the work, that is our aim) makes the application of the principle of "substitutions" impossible in the case of conjoint intervals being played by disjunct fingers.

Maintenant, l'étude des „octaves doigtées“[1] nous paraîtra moins épineuse, étant donné le gros effort que, progressivement, nous sommes arrivés à fournir, dans cette première série d'exercices préparatoires.

Pourtant avant d'entrer plus avant dans le domaine des doigtés combinés, il nous faut ouvrir une importante parenthèse, en faveur de la longueur relative du séjour de chaque doigt sur son point d'action, et aussi de quelques ports de voix.

Considérations générales sur le maintien plus ou moins prolongé de chaque doigt.

„Ports de voix“.

Pour la clarté de ce qui va suivre, nous allons numéroter par 1, 2 et 3 les doigtés combinés. Ce chiffrage sera proportionnel à la hauteur relative des „échelons musicaux“ occupés, sur un même degré de tenue, par les dits doigtés. Ainsi, par exemple, voici un cas passible d'un numérotage ascendant et c o n j o i n t (N°s 1, 2, 3).

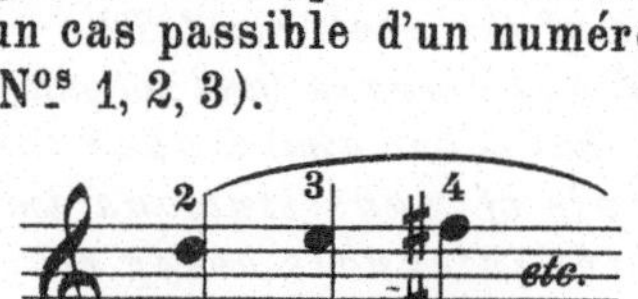

Alors qu'au contraire, le suivant serait d'ordre également ascendant, mais d i s j o i n t: (N°s 1, 3, 2).

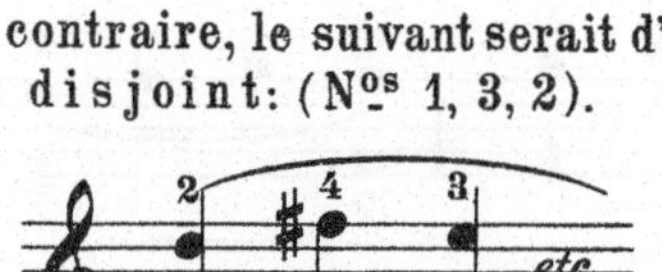

[1] C'est là l'appellation populaire des octaves à doigtés variés.

Now the study of "fingered octaves"[1] will appear less harassing, thanks to the big effort that we have progressively been able to make, in this first series of preparatory exercises.

However, before entering further into the domain of combined fingerings, we must make an important digression concerning the relative length of time each finger should dwell on its point of action, and also with regard to the "portamento".

General remarks on the more or less prolonged maintenance on a note of each finger.

"Portamentos".

For the sake of clearness we will number 1, 2 and 3 the combined fingerings that follow. This numbering will be proportionate to the relative height of the "musical step" occupied, on one and the same degree of disposition, by these fingerings. Thus, for instance, here is a case that would permit of an ascending and c o n j o i n t numbering (Nos. 1, 2, 3).

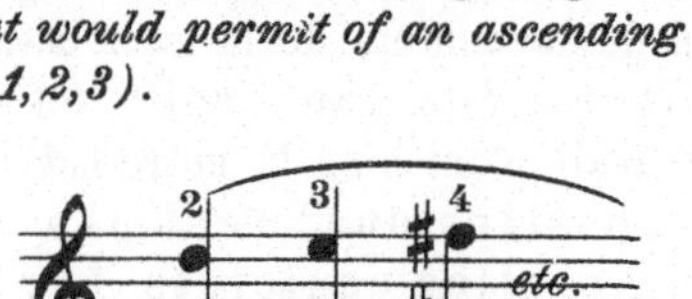

Whereas the following, on the contrary, would belong to the ascending but d i s j u n c t category (Nos. 1, 3, 2).

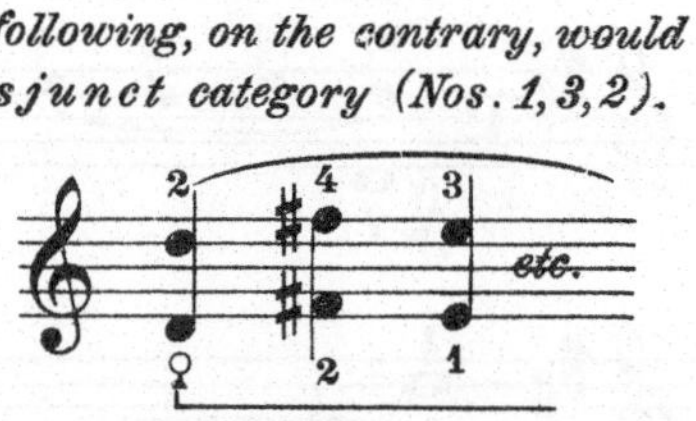

[1] *It is the popular name for octaves with varied fingerings.*

Entendons-nous bien: c'est toujours le doigté dont les chiffres additionnés donneront le nombre le plus faible, qui sera classé dans la catégorie N° 1, sa composition fût-elle „♀ + 2", „♀ + 3" ou „♀ + 1" indifféremment.

Ceci étant bien compris, nous passerons à l'énoncé de quelques règles assez strictes.

Lorsque, dans une série d'octaves ne comportant que 2 doigtés, les intervalles compris entre deux doubles-notes consécutives, seront chromatiques ou diatoniques, les deux doigts formant le doigté N° 1, devront rester fermement appuyés sur leurs points de corde respectifs, pendant la période d'action du doigté N° 2.

Exemple:

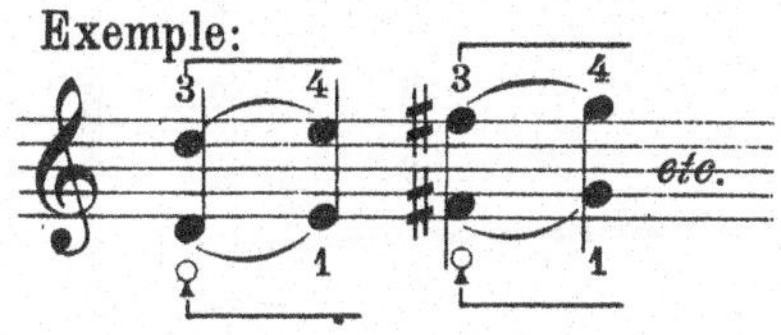

Note what follows: it is always the fingerings whose added figures produce the lowest total that will be classed in category No. 1, be they "♀ + 2," "♀ + 3," or "♀ + 1," indifferently.

This being well understood we will now proceed to the enunciation of a few fairly strict rules.

When, in a series of octaves that call for only two fingerings, the intervals between two consecutive double-notes are chromatic or diatonic, the two fingers forming fingering No. 1 should remain firmly pressed down on their respective notes, during the period of action of fingering No. 2.

Example:

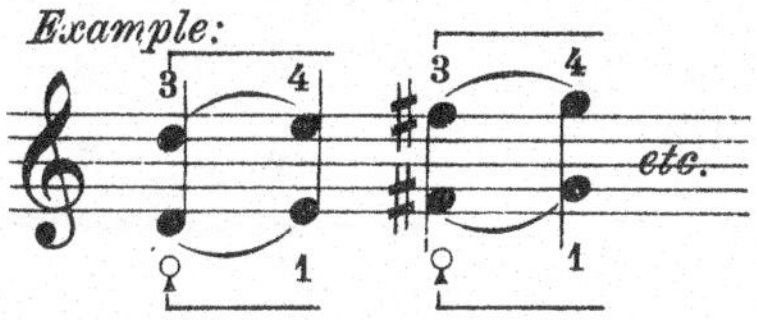

De même pour des intervalles plus grands, toutes les fois qu'il y aura répétition du doigté N° 1.

The same for larger intervals, every time that there is a repetition of fingering No. 1.

Exemple: — *Example:*

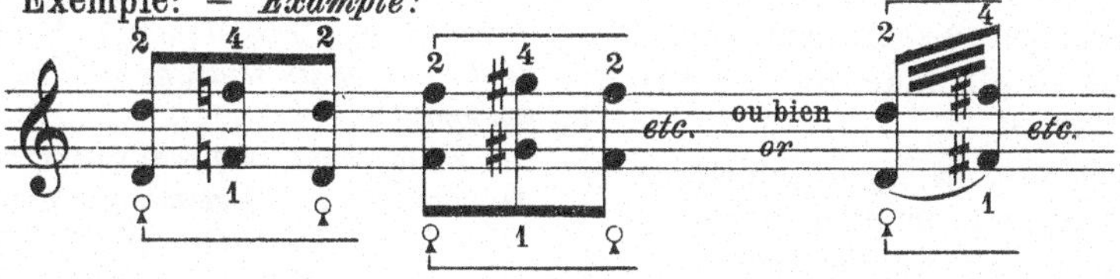

Jusqu'ici rien de nouveau. Mais voici où cela change. Lorsqu'une série d'octaves (à double doigté) aura une direction constante, (c'est-à-dire sans aucun retour vers un point déjà franchi de l'échelle musicale), ou bien en cas de combinaison pleine des doigtés 1, 2 et 3, le <u>pouce seul</u> conservera son appui sans interruption, chaque autre doigt quittant la corde, aussitôt son rôle effectif terminé. (Voir plus loin: „Règle des ports de voix").

Up to here there is nothing new. But here is a change. When a series of octaves (fingered by 1 and 2) has a constant direction, (that is to say without any return to a point of the musical scale all ready passed), or in case of a complete combination of the fingerings 1, 2 and 3, the <u>thumb</u> only will maintain its pressure without interruption, each other finger leaving the string as soon as its role is ended. (See further on: "The rule of the portamento").

Exemple: — *Example:*

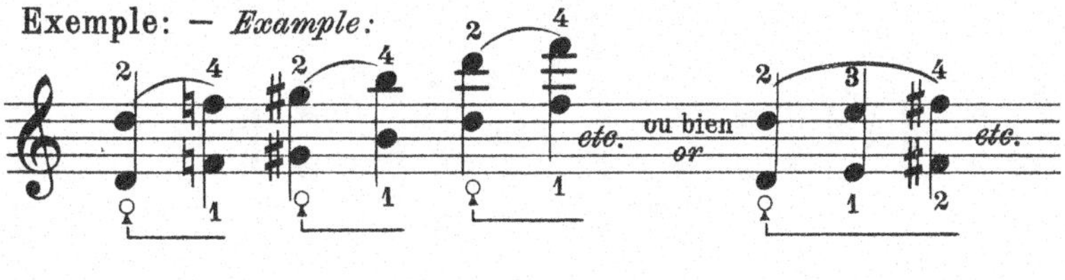

En cas d'emploi répété du doigté N° 2, avec retour au point de départ, le pouce restera appuyé sur le point de corde déjà sectionné par lui, et s'y maintiendra en vue d'un usage ultérieur.

In case of the repeated use of fingering No. 2, with a return to the starting point, the thumb should be kept pressed down on the point that it has occupied, with a view of its ulterior utilization.

Exemple: — *Example:*

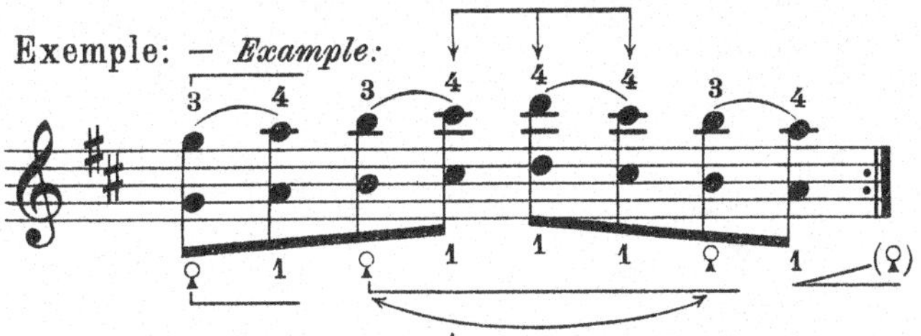

En résumé, l'on peut dire ceci: le pouce ne doit accompagner le corps de la main dans ses déplacements, que lorsque ce mouvement peut le rapprocher d'un nouveau point d'action.

All things considered, one can say: the thumb should follow the hand in its changes of place only when this movement can bring it nearer to a new point of action.

Règle des ports de voix.

Dans les déplacements de la main, au cours des octaves à doigtés combinés, le port de voix ascendant ou descendant devra toujours se faire par le doigté N° 1.

Rule of the portamento.

In the changes of place of the hand, during the execution of octaves with combined fingerings, the rising or falling portamento should always be made by fingering No. 1.

Notation analytique, très exagérée, des bons ports de voix.

A very exaggerated analytical notation of good portamentos.

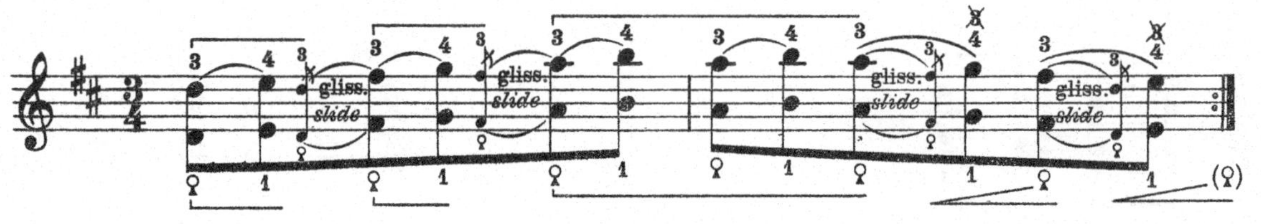

Dans les ports de voix descendants, et cela pour obvier à une gêne trop grande, et inutile, l'on ne conservera, immuablement, du doigté N° 1, que le pouce seulement, l'autre doigt quittant la corde à l'issue de sa glissade, ainsi qu'en témoigne la notation figurée, ci-dessus.[1]

Dans les exercices qui vont suivre, la ligne inférieure du doigté („♀, 1") étant inamovible, sera accouplée tantôt à l'une, tantôt à l'autre des 2 lignes supérieures („2, 3" ou „3, 4"). Les exercices 1 à 18 seront transposés aussi une quinte plus bas, sur les cordes „*Sol*" et „*Ré*".

In the falling portamentos, and this to obviate a too great and useless inconvenience, one will maintain invariably the thumb only (of fingering No. 1), the other finger leaving the string at the end of its slide, as will be seen by the fingering of the above example.[1]

In the exercises that are about to follow, as the lower line of fingering ("♀, 1") remains unchanged, it will be coupled now with one, now with the other of the two upper lines ("2, 3" or "3, 4"). The exercises 1 to 18 should be transposed also onto the G and D strings.

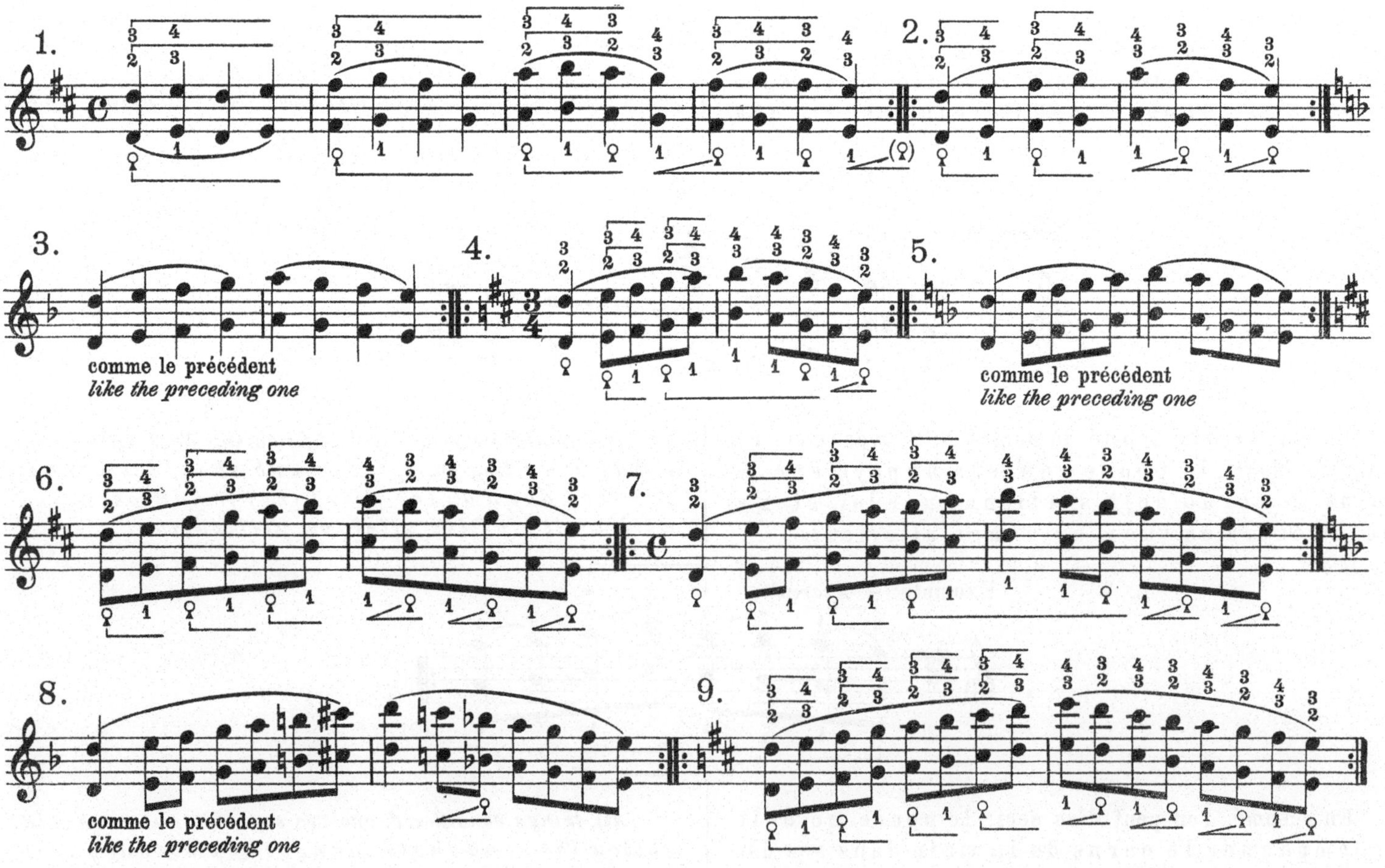

[1] Toutes les précédentes règles s'appliqueront également aux tierces et aux dixièmes; aussi n'en sera-t-il plus question. Ces cas n'étant pas nombreux, l'on aura tôt fait de les savoir par cœur.

[1] *All the preceding rules apply also to the thirds and tenths; no further mention will be made of them. As the cases are not numerous one will have soon learnt them all by heart.*

L'exécution des 4 numéros suivants, réclame une mention toute particulière. On remarquera, aux places désignées par des flèches, (↑↓) l'emploi consécutif du 2e doigt, sur les points correspondants (ou de même plan), de deux cordes voisines. Le doigt en question devra glisser transversalement, sur la touche, sans diminuer sa pression, et de façon que l'adhérence avec la corde „ré" se fasse, entre le côté de celle-ci (face à la chanterelle), et le dessus de l'ongle du 2e doigt. L'usage de l'„ongle-sillet" est exceptionnel, mais ne présente aucune difficulté, puisque dans le registre aigu des cordes, le sectionnement imparfait peut être toléré.

Le retour du 2e doigt à son point de départ, s'effectuera de même par la touche mais son contact avec la chanterelle se fera normalement par la partie charnue de son extrémité.

The execution of the following four numbers requires special mention. One will notice, at the points marked by arrows, (↑↓), the consecutive use of the 2nd finger on the corresponding points (or of the same level) of two adjacent strings. This finger should slide transversely on the fingerboard, without diminishing its pressure, and in such a way that the contact with the D string should take place between the side of the latter (the side next the A string) and the top of the nail of the 2nd finger. The use of the "nail-nut" is exceptional, but is not difficult, as in the upper register of the strings imperfect sectionizing can be tolerated. The return of the 2nd finger to its point of departure will also be made by way of the fingerboard, but its contact with the A string should be executed normally with the fleshy part of its extremity.

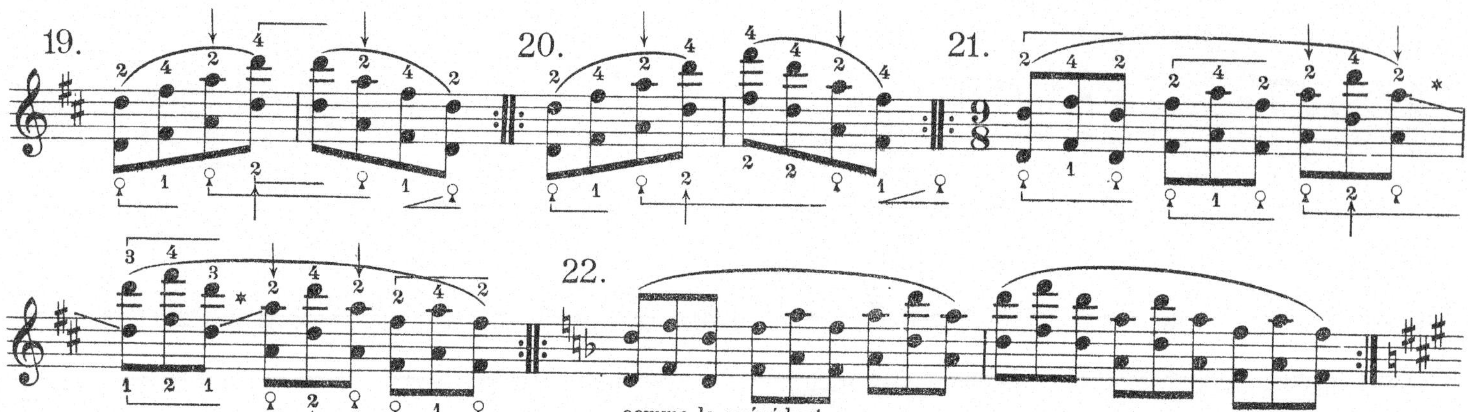

comme le précédent
like the preceding one

* Nivèlement momentané des 1er et 2e doigts.

* *Temporary lining up of the 1st and 2nd finger.*

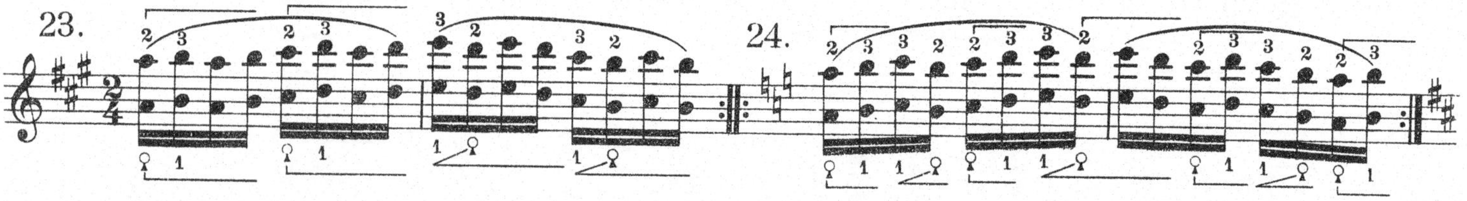

Un cas d'exception, où le port de voix descendant se fait par le doigté N° 2.

An exceptional case, where the falling portamento is executed by fingering No. 2.

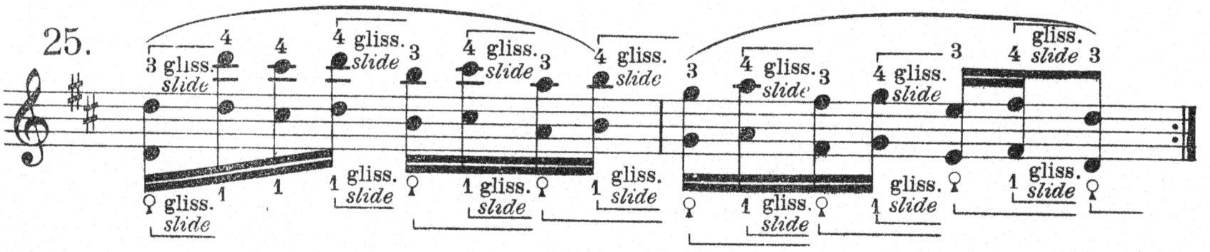

Tremolandi et trilles en octaves.

Je ne saurais trop attirer l'attention sur l'utilité qu'il y a, à bien différencier les trilles majeurs des trilles mineurs. Maints instrumentistes négligent déjà ce détail dans les notes simples, et ils ont grand tort. Mais dans les doubles notes, l'omission de ce soin devient une atrocité.

Tremolos and trills in octaves.

I cannot call the attention of the player too much to the utility of carefully differentiating between major and minor trills. Many instrumentalists very wrongfully neglect this detail even in single notes, in double-notes it becomes an atrocity.

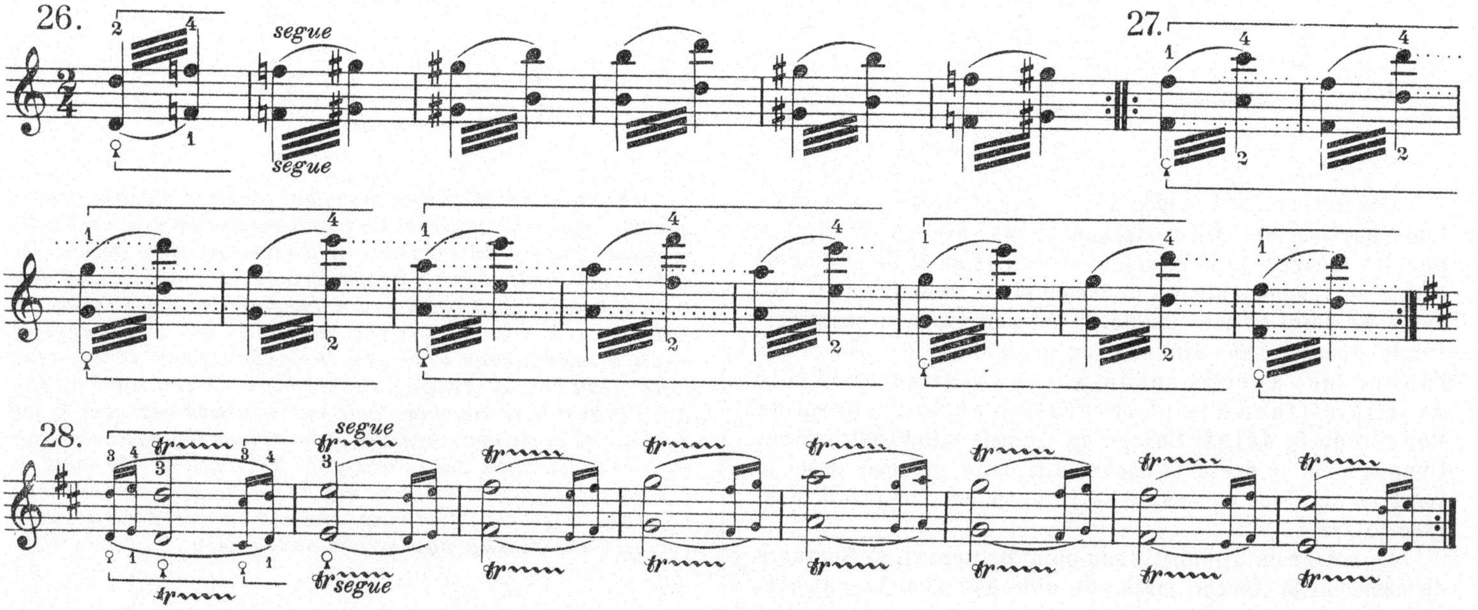

29.

La difficulté toute particulière de l'exercice 30, réside dans le déplacement oblique du 2e doigt. Ce dernier doit se placer, sur la corde „ré" un demi-ton plus bas que sur la chanterelle.

The particular difficulty of exercise 30 consists in the oblique change of place of the 2nd finger. The latter has to be placed, on the D string, a half a tone lower than on the A string.

30. 31. 32.

Tierces.

Les formules combinées seront: „2 + ♀" avec „3 + 1", „2 + ♀" avec „3 + 1" et „4 + 2", „1 + ♀" avec „3 + 2", enfin „2 + ♀" avec „4 + 3". Pour les tierces, nous débuterons carrément en guise de préparation par le mouvement d'une voix sur deux; cela pour découvrir les „sensibles" ou „sons attractifs d'autres sons", et nous méfier plus que jamais de la justesse tempérée. Nous avons déjà éprouvé la difficulté très grande que comportent les mélanges dissymétriques d'intervalles majeurs et mineurs, au chapitre précédent (tierces à doigté uniforme). Il n'y a pas besoin d'être grand clerc, pour comprendre à quel point l'application de formules peu courantes augmente cette difficulté. Aussi ne faudra-t-il jamais se contenter d'une apparence de succès, dans cette branche; ce n'est qu'avec un contrôle extrêmement sévère que l'on peut arriver à rendre „écoutables" les traits en tierces à doigtés combinés.

Les règles d'appui des doigts restant les mêmes je n'userai des indications de cette espèce, que dans les cas d'exception, s'il s'en trouve.

Thirds.

The combined formulas will be: "2 + ♀" with "3 + 1"; "2 + ♀" with "3 + 1" and "4 + 2"; "1 + ♀" with "3 + 2"; finally "2 + ♀" with "4 + 3". In the thirds we will start at once, as a preparation, with the movement of one part out of two; and that, in order to discover the "leading notes", or "sounds that are attracted by other sounds", and also in order more than ever to avoid "temperamental" pitch. We have already seen what difficulties were created by the unsymmetrical mixture of major and minor intervals, in the preceding chapter (thirds with a uniform fingering). One does not need to be a great scholar to grasp to what an extent this difficulty is increased by the application of little used formulas. One should therefore never be satisfied with an appearance of success, in this branch; it is only with the very greatest care that passages in thirds with combined fingerings can be made "possible" for the listener.

As the rules for the pressure of the fingers remain the same, I will not give any indications concerning them, unless exceptionally required.

Ces mêmes exercices préparatoires devront être joués une quinte plus bas, sur les cordes „ré" et „sol."

Je suis tenu, ici, de réclamer toute l'indulgence de mes confrères pour l'incohérence sonore de plusieurs exercices (aussi bien d'octaves que de tierces), qui se donnent, pour l'œil, un faux air de très mauvais contrepoint fleuri. Mon but n'est autre que de rendre la difficulté progressive. L'on voudra bien reconnaître avec moi, que la musique pure, ou même simplement l'écriture musicale correcte, ne peut pas toujours coïncider avec l'entrainement d'une main encore jeune dans son art. – Nous allons maintenant passer aux exercices de tierces proprement dites. J'espère y avoir indiqué les principales combinaisons intéressantes. S'il en existe d'autres, elles ne sont qu'exceptionnelles, et découlent du même principe. Je serais fort étonné d'apprendre par un violoncelliste qu'ayant parfaitement assimilé les quelques formules qui vont suivre, il se soit trouvé dans l'embarras, soit pour un doigté, soit pour une question de souplesse dans un cas dépendant du chapitre où nous sommes.

These same preparatory exercises should be played a fifth lower, on the D and G strings. I must here claim the indulgence of my brother teachers for the incoherence of sound of several exercises (as well of octaves as of thirds), that have, for the eye, a false appearance of very bad ornate counterpoint. My only object is to present the difficulties progressively. One will agree with me that simple music, or even simply correct musical writing, cannot always coincide with the requirements of a hand that is still young in its art. – We will now pass on to the actual study of thirds. I believe that I have given the principle combinations of interest. If there are others, they are exceptional, and are derived from the same principle. I should be surprised to learn from a violoncellist that, after assimilating the formulas that follow, he had been at a loss for a fingering or a question of suppleness, in any case relating to this chapter.

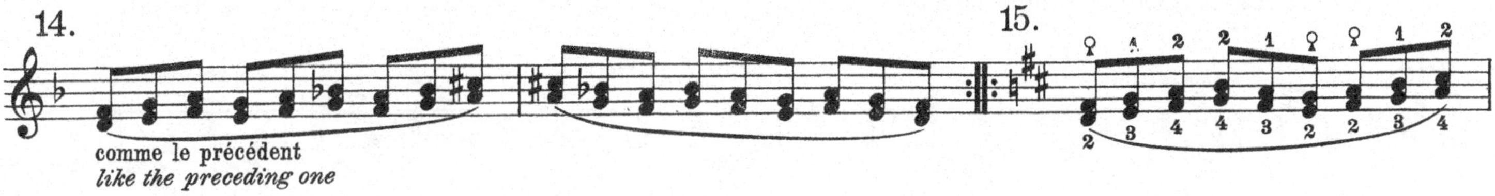

Dans l'exercice 18, les déplacements du doigté N°1 se feront pendant la 2e croche de chaque mesure (doigté N°2). Les doigts 1 et 2 devront être nivelés sur cette même croche.

In the exercise 18 the changes of place of fingering No.1 should be made on the 2nd quaver of each measure (fingering No.2). The 1st and 2nd fingers should be leveled up on this same quaver.

Dans la partie descendante, c'est sur la 1e croche que se feront les déplacements.

In the descent it is on the 1st quaver that the changes of place should be made.

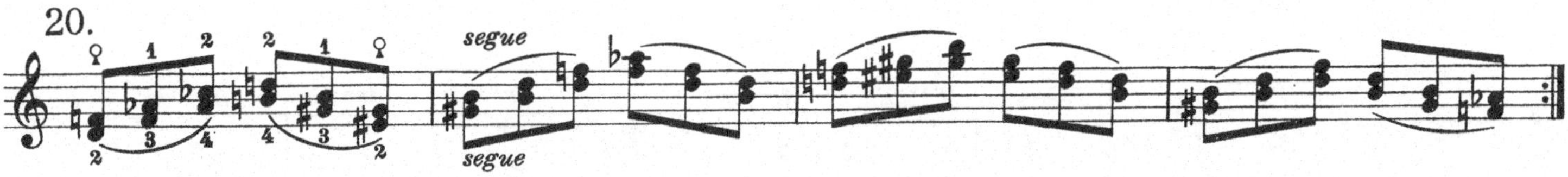

Le doigté le plus pratique, sur une grande longueur des cordes, est, je dois le reconnaître, la combinaison „2+♀" avec „3+1"; de même que dans le registre élevé c'est par deux doigts conjoints que les tierces se jouent le plus aisément. Pour une suite de tierces à l'extrême aigu, je préconiserais, si le mouvement ne s'y opposait pas, la combinaison „2+1" avec „3+2". Néanmoins ceci n'est qu'un „doigté de fortune", et l'on peut fort bien en tirer parti sans l'avoir longuement „buriné" comme c'est le cas pour toutes les autres formules.

Bien que les deux derniers doigtés qu'il nous reste à travailler puissent servir à plusieurs fins, je ne les utiliserai ici que pour quelques „tremolandi". Leur principal avantage consiste à rattacher, par une extension normale, deux tierces très disjointes.

I must acknowledge that the most practical fingering, on a long stretch of the strings, is the combination "2+♀" with "3+1"; as also that in the high register thirds are played most easily with conjunct fingers. For a series of thirds in an extremely high register I would recommend, if the movement was not against it, the combination "2+1" with "3+2". Nevertheless this is only a makeshift fingering, and one can easily make use of it without having had to grind away at it as one has to for all the other formulas.

Allthough the last two fingerings that we have to study can serve various purposes, I will apply them here only to a few tremolos. The principal advantage they offer is to unite two widely separated thirds by a normal extension.

Tremolandi et trilles en tierces. Tremolos and trills in thirds.

✱ **On rejouera ce même exercice, en simplifiant son doigté, par la suppression de „3 + 4".** — ***This exercise should be repeated with a simplified fingering, with "3 + 4" suppressed.***

28.

Avec des alternances de cordes, d'innombrables combinaisons se présentent. En voici 2 échantillons.

With alternating strings, innumerable combinations are possible. Here are two.

29.

L'équivalent en octaves. – *The equivalent in octaves.*

30.*)

31.

Dixièmes.

Il n'y a pas grand chose à tirer des dixièmes, en fait de doigtés combinés. La cause de l'indigence en question, est le cantonnement forcé d'un aussi grand intervalle, dans le registre aigu. Je ne connais même pas d'exemple de ce genre, mais, rien ne s'y opposant, je tiens à en indiquer les quelques possibilités. Je prie les violoncellistes de r e p r o d u i r e en o c t a v e s, l'e x e r c i c e No. 4 des dixièmes.

Tenths.

As far as combined fingerings are concerned there is not much to be got out of tenths. The cause of this poverty is the forced placing of such a wide interval in the high register. In fact I do not know of any example of this kind, nevertheless I wish to indicate its possibilities. I would ask violoncellists to r e p r o d u c e e x e r c i s e No. 4 of the tenths i n o c t a v e s.

1.

2.

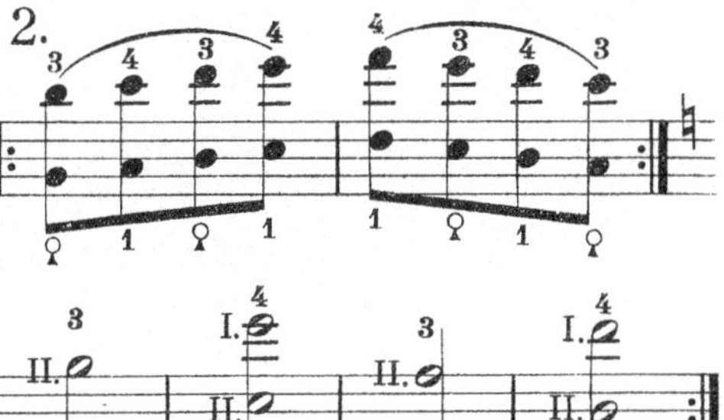

3.

4.

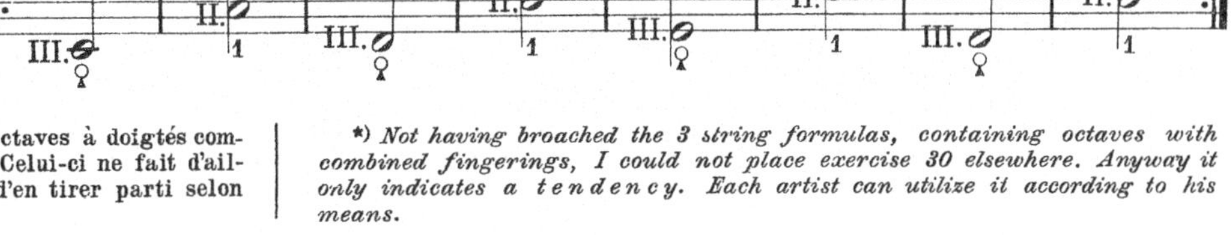

*) N'ayant pas abordé les formules à 3 cordes aux octaves à doigtés combinés, je ne pouvais mettre ailleurs qu'ici l'exercice 30. Celui-ci ne fait d'ailleurs qu'indiquer u n e t e n d a n c e. A chaque artiste d'en tirer parti selon ses moyens personnels.

**) Not having broached the 3 string formulas, containing octaves with combined fingerings, I could not place exercise 30 elsewhere. Anyway it only indicates a t e n d e n c y. Each artist can utilize it according to his means.*

Doubles-notes du manche alternant avec celles du démanché
(ces dernières en doigtés combinés).

Double-notes of the neck alternating with those of the thumb-position
(the latter with combined fingerings).

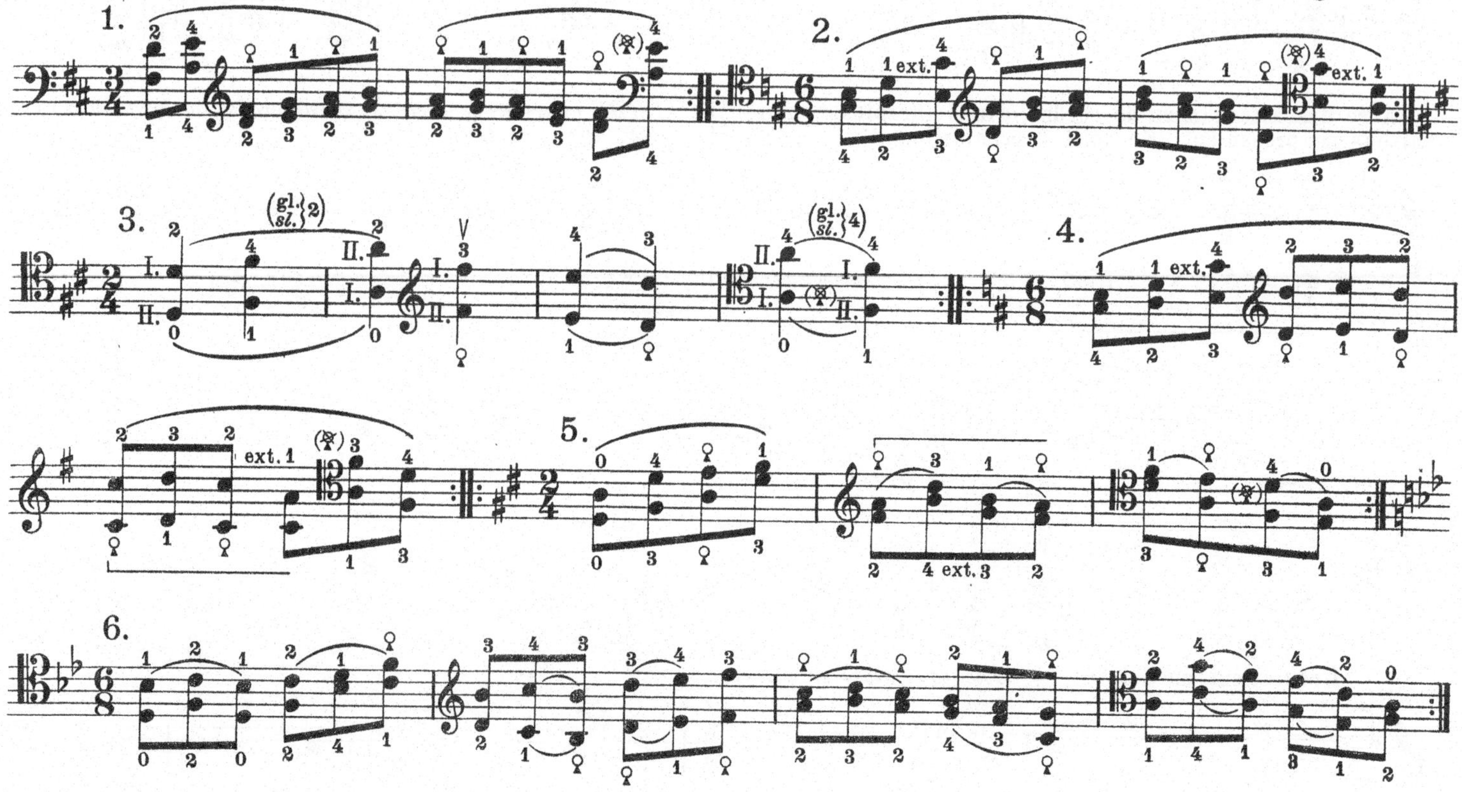

Nous allons encore appliquer ici, en le développant (techniquement parlant,) le principe, récemment assimilé, des **i n t e r v a l l e s d e d o i g t s i m m u a b l e s** déterminant, des intervalles musicaux variables, selon qu'on les emploie dans la région relativement grave ou aiguë des cordes. 1)

We will apply again here, developing it (technically speaking,) the principle with which we recently became acquainted of ***u n c h a n g i n g f i n g e r i n t e r v a l s*** *producing various musical intervals according to their use in the higher or lower regions of the strings.* 1)

Dimension d'octave conservée. – *Stretch of the octave maintained.*

Dimension de Sixte maj. conservée.
Stretch of the major sixth maintained.

Dimension de Tierce maj. conservée.
Stretch of the major third maintained.

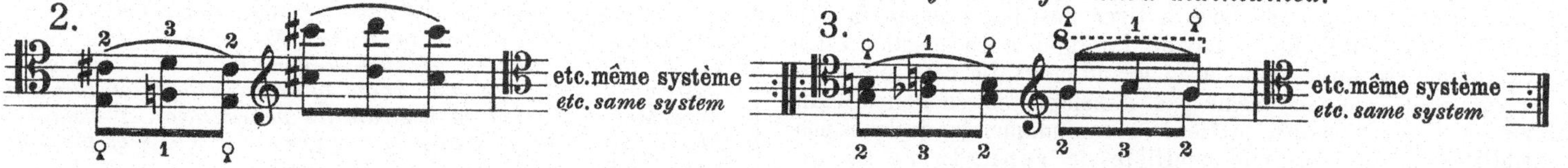

Enfin, pour cloturer, nous travaillerons un exercice pour les unissons. 2)

Finally we will practice an exercise for the unisons. 2)

1) Bien entendu, il y aura différence entre l'intervalle de demi-ton du grave, et celui de l'aigu. C'est les intervalles „verticaux" (octaves, sixtes et tierces) que l'on n'aura pas à modifier.

2) Cette étude réclamera une attention plus grande que celle des octaves, proportionnellement. Ces deux notes devant être pareilles, on ne sait pas, en cas fausse note, de quel doigt provient l'erreur, et l'on s'enferre souvent davantage, au lieu de corriger la faute.

1) *Of course, there will be a difference between the semitone of the lower and that of the upper register. It is only the "vertical" intervals (octaves, sixths and thirds) that will not require modification.*

2) *This study will call, proportionately, for more attention than that of the octaves. As the two notes must be alike, in the case of a false note one is at a loss to know which finger is producing it, and one often increases instead of diminishing the error.*

Le „spiccato" et le „saltellato" ou „sautillé."

Ne tombons pas dans l'erreur usuelle, par quoi l'on réunit sous le même nom, deux coups d'archet dont le seul principe commun est le rebondissement des crins. Le „spiccato" est un papillonnement de l'archet, léger, rapide et menu. Ses effets visuel et auditif sont également discrets. Au cours d'un bon „spiccato," l'oreille doit percevoir une sorte de très douce percussion, que la voix rappellerait assez fidèlement, par le débit serré d'une succession de „d."

Le „spiccato" ne peut être que consécutif à une mise en train, un lancement. Il relève pour ainsi dire, de la force centrifuge, et la vitesse acquise est pour beaucoup dans l'équilibre de sa régularité: ainsi, pour l'arrêter ou le rallentir accidentellement un effort spécial est indispensable. Cela est tellement vrai, que si dans un morceau de virtuosité ressortant de cette branche, la partie accompagnante subit une altération inattendue de son mouvement, notre archet en est littéralement „désarçonné," et nous n'arrivons à reprendre le courant du „spiccato," qu'après une période intermédiaire de „petit détaché frotté" ou de „saltellato." Ce dernier coup d'archet peut, tout au contraire, se régler à volonté. En fait, c'est un „spiccato" sans finesse, prenant son élan, selon son mouvement lent ou vif, (selon son rythme aussi,) toutes les deux 3, 4 ou 5 notes. (Ce maximum est rare.) L'élan du „saltellato" ne résulte pas, comme celui du „spiccato," d'une mise en train avec adhérence continue des crins à la corde, mais au contraire, d'une chute assez lourde de ces crins, aussitôt renvoyés à leur niveau primitif, au-dessus des cordes. Les mouvements de propulsion (tiré ou poussé) se combinent d'eux-mêmes avec celui de la chute, lequel n'est autre qu'un relâchement nerveux du poignet, entraînant l'inertie du poids de la main. Les rebondissements qui s'ensuivent sont bien plus nettement caractérisés que dans le „spiccato," et l'effet sonore en devient forcément moins délicat.

Le „saltellato" est un coup d'archet „de secours," au moyen duquel nous pouvons conserver le sens musical d'un passage en notes piquées, lorsqu'un important *crescendo* s'impose. Le „spiccato" ne s'accomode, en effet, que des intensités dynamiques relativement faibles; aussi, à moins d'une persistance continue, fort improbable de la nuance „*piano*" l'adjonction périodique du „sautillé" permet-elle seule le prolongement de l'illusion acoustique. Dans le „spiccato" le déplacement horizontal de l'archet, ne doit pas excéder un centimètre environ. Quant à son élévation intermittente au-dessus de ses points de contact avec les cordes, l'on ne peut l'évaluer qu'en millimètres seulement. Toute exagération des rebondissements, detruirait cette légèreté aérienne qui fait le charme du procédé en question. La difficulté de la mise en vibration des cordes, augmente en raison directe de leur allongement. Aussi vaut-il mieux s'efforcer dès l'abord, de vaincre le plus sérieux des „impedimenta." Nous nous en tiendrons à des tentatives répétées sur les cordes à vide seulement, jusqu'au jour où l'attaque de l'archet aura été définitivement libérée de son inconsistance „savonneuse" du début. Alors seulement, le temps sera venu d'étudier des exercices plus variés, et quelques exemples extraits d'œuvres des bons auteurs. La synthèse technique du „spiccato," réunit un groupe de qualités, que nous répartirons méticuleusement dans le travail que voici.

Le moindre détail, apparemment insignifiant, peut détenir le sort des coups d'archet qui font l'objet de ce chapitre. Aussi prierai-je les sceptiques de s'abstenir entièrement de mes conseils, plutôt que de se faire juges de l'opportunité relative de certains d'entre eux.

The "spiccato" and the "saltellato" or "sautillé."

Do not let us make the common mistake of uniting under the same name two different kinds of bowing, that have in common only the principle of the rebounding of the hairs from the string. The "Spiccato" is a fluttering of the bow, light, rapid and dainty. Its effect on the eye and the ear are equally delicate. In the course of a good "spiccato" the ear should receive the impression of a very gentle percussion, that the voice could reproduce pretty faithfully by the emission of a rapid succession of "d's."

The "spiccato" can be obtained only by means of a "putting in action," a "launching" of the bow. It proceeds really from centrifugal force, and the speed acquired has a great deal to do with the equilibrium of its regularity: thus, in order to stop it or to slow it down, a special and indispensable effort is required. This is so true that if, in the course of a virtuoso piece treating specially with this branch, the accompaniment sustains a sudden change of movement, our bow is literally "unhorsed," and we do not manage to regain our "spiccato" without passing through an intermediary period of rubbed "petit détaché" or "saltellato." This latter manner of bowing can however be regulated at will. In fact it is a "spiccato" without any "finesse," making a new start, according to its slow or fast movement, (according to its rhythm also,) every 3, 4 or 5 notes. (This maximum is rare.) The momentum of the "saltellato" is not, like the "spiccato," the result of a "launching" of the bow with a continuous adherence of the hairs to the string, but on the contrary, consists in a fairly heavy fall of these hairs, that are at once thrown back to their original position, above the strings. The movements of propulsion (up-bow or down-bow) are automatically combined with that of the "fall," which latter is only a nervous letting-go of the wrist that entails the inertia of the weight of the hand. The resulting rebounds are much more clearly defined than in the "spiccato," and the acoustic effect is therefore much coarser.

The "saltellato" is an emergency manner of bowing, by which we can preserve the musical sense of a passage in staccato notes, when an important crescendo is called for. The "spiccato" allows, in fact, of only relatively weak dynamic intensities, and unless there is a highly improbable continuance of the shade "piano," the periodical adjunction of the "sautillé" is the only means of prolonging the acoustic illusion. In the "spiccato" the horizontal movement of the bow should not exceed about half an inch. As for its intermittent elevation above its points of contact with the strings, it could only be given in eighths of an inch. Any exaggeration of the rebound would destroy that aërial lightness that gives the charm to this manner of bowing. The difficulty of putting the strings in vibration increases in direct proportion to their lengthening. It is therefore better to try from the very first to overcome the worst of the impediments. We will begin by repeated attempts on the open strings, until the attack of the bow on the strings has lost its "soapy" inconsistency of the beginning. Then only will the time have come to study more varied exercises, as well as some extracts from the works of good composers. The technical synthesis of the "spiccato" forms a group of qualities that we will analyse carefully in the work that follows.

The success of the stroke of the bow in question may depend on the smallest, apparently insignificant, detail. Also I would ask those that are sceptical to refrain entirely from following my advice, rather than that they should take upon themselves to judge of the relative opportuneness of certain observations.

De quoi nous occuperons-nous en premier lieu? Ce qu'il me semble le plus urgent d'établir, c'est la modification qu'il faut apporter dans la pression des doigts sur l'archet. Si nous conservions l'appui ferme de tous les doigts, aux places usuelles, comme pour les sons filés, par exemple, le rebondissement de l'archet, serait (selon les réflexes individuels,) tantôt complètement étouffé, par une adhérence obstinée des crins à la corde, tantôt grotesquement exagéré, par les tentatives énervées d'un poignet forcément raidi, incapable de régularité ou de pondération dans ses balancements.

La pression ferme sera dévolue, pour tous les coups d'archet de grande élasticité, au pouce et au premier doigt. Les doigts 2, 3 et 4 s'appliqueront sur la hausse, avec un allègement gradué en raison inverse de l'augmentation de leurs chiffres. Ainsi, le 4e doigt, par exemple, se bornera à l'effleurement.

Une précaution extrêmement importante accompagnera les mouvements, jusqu'au jour où l'habitude en sera prise. La voici: le relâchement donné à l'archet, (pour lui permettre de réagir souplement sous la poussée élastique de la corde) ne doit pas altérer visiblement les rapports d'angle de la main droite et de la baguette.

To what should we first direct our attention? What appears to me to be most urgent is the modification of the pressure of the fingers on the bow. If we maintained the firm pressure of all the fingers in their usual positions, as for instance for the long-drawn tones, the rebounding of the bow would be (according to individual reflex action) either completely paralyzed by the persistent adhesion of the hairs to the string, or would become grossly exaggerated by the nervous attempts of a naturally stiffened wrist, quite incapable of any regular or deliberate oscillations.

For highly elastic strokes of the bow the firm pressure should be carried out by the thumb and the first finger. The 2nd, 3rd and 4th fingers should be applied to the frog with a lighter pressure, graduated in inverse ratio to the increase of the finger-numbers. Thus the 4th finger should only just touch the frog.

An extremely important precaution should be taken with regard to the movements, until this habit has been acquired. It is as follows: the relaxing of the bow (to permit of its supple reaction under the elastic action of the string) should not visibly alter the relations of the right hand and the stick of the bow with regard to the angles

Graphique de la faute à éviter.

Plan of the fault to be avoided.

A A' = Inclinaison du plan de la main droite.

B B' = Rapports d'angle (baguette d'archet).

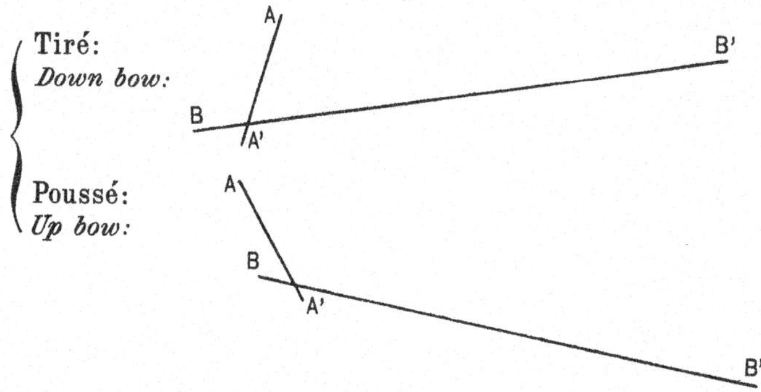

AA' = *Inclination of the plane of the right hand.*

BB' = *Relations of the angle (Stick of the bow).*

La perfection sur ce point, découle en droite ligne de l'allègement gradué, recommandé plus haut. En cas d'allègement brusque, abandonnant le poids entier de l'archet aux seuls pouce et 1er doigt — ce que font nombre de violoncellistes,— la danse de la baguette, dans la paume de la main serait inévitable.

Perfection in this will come from the above-mentioned graduated pressure. In case of a sudden relaxation, abandoning the whole weight of the bow to the thumb and first finger only — which is done by many violoncellists — the wobbling of the bow in the palm of the hand will be inevitable.

Graphique des rapports constants à observer.

Plan of the constant relations to be maintained.

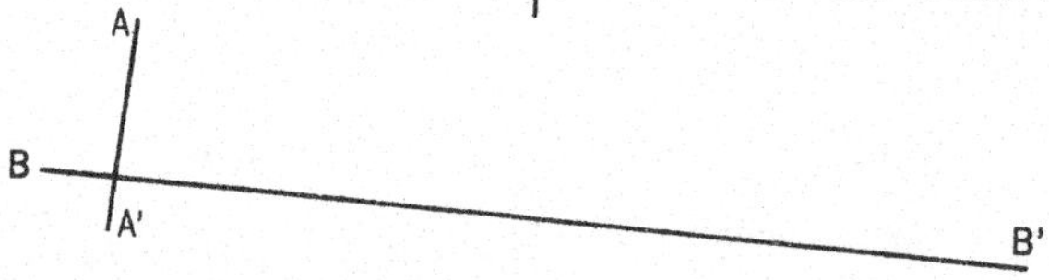

Rapports d'angle de la main et du bras droits.

Nous allons, maintenant, fixer le sens de l'oscillation du poignet. La „charnière" de ce dernier est complexe. Elle se prête aisément à plusieurs mouvements. Du choix d'une bonne direction pour les balancements de la main, peut dépendre, en partie, la réussite du „spiccato."

Le mouvement idéal est celui qui combine les déplacements horizontal et perpendiculaire, soit: de gauche à droite, et d'avant en arrière, (et vice-versa). Nous devons donc viser une oscillation oblique de la main, simultanément à droite et en arrière; le bras restera immobile, mais sans raideur. Naturellement, le mouvement opposé reportera la main à son point de départ.

Relations of the angle of the right hand and arm.

We will now establish the direction of the oscillation of the wrist. The "hinge" of the latter is complex. It lends it's self to several movements. The success of the "spiccato" depends to a certain extent on the choice of a good direction for the swing of the hand.

The ideal movement is the one that combines the horizontal and perpendicular action, that is to say, from left to right and from front to back, (and vice-versa). What we therefore have to aim at is an oblique oscillation of the hand executed simultaneously to the right and backwards; the arm should not move, but this without stiffness. Naturally the opposite movement will bring the hand back to its original position.

La figure ci-dessous fixe les points extrêmes du mouvement en question. Le parallélogramme 1 représente l'avant-bras; quant à la surface de la main, dans ses deux phases, elle se chiffre par 2 et 2'.

The following plan gives the extreme points of the movement in question. The parallelogram 1 represents the forearm; the surface of the hand in its two phases is represented by 2 and 2'.

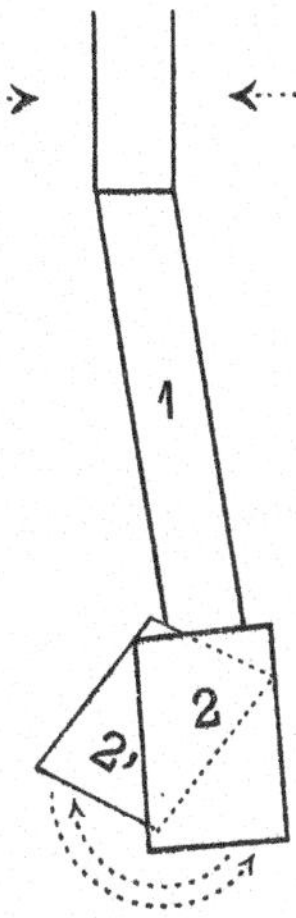

Les premiers exercices devront être joués en „détaché adhérent" sans interruption ni diminution sonore d'aucune sorte, et en utilisant le plus long parcours d'archet possible, (le bras restant immobile,) afin d'obtenir une presque-désarticulation du poignet. Ces exercices consisteront en une note à vide, sans cesse répétée; valeurs: noires = 50; nuance: *„piano e crescendo"*, chaque note se terminant sur une intensité plus pleine que celle de son début, s'enchaînant à la note suivante sans aucune brisure, ni aucune attaque de l'archet.

Ce procédé qui semble n'avoir aucun lien direct avec le „spiccato", nous aidera, pourtant, à acquérir cette consistance du son, si indispensable à tous les coups d'archet de cette espèce.

Dans quelle région de l'archet peut-on obtenir le „spiccato"? Ceci est une question pleine d'embuches; pour m'exprimer ensuite plus librement, je citerai d'abord deux exceptions notoires à la règle commune, qui a coutume de situer aux alentours du milieu de l'archet, le siège rationnel des rebondissements.

C'est un fait connu que le violoniste Fritz Kreisler, par exemple, exécute un prodigieux „saltellato" à la pointe, alors que le violoncelliste Joseph Salmon obtient, au talon, au moyen d'une sorte de „morsure d'archet" un „quasi-pizzicato" par les crins; et cela avec une netteté rapide, une volubilité légère qu'aucun „spiccato" réel ne dépasse.

Qu'est-ce que cela prouve? Devons-nous déduire de ces anomalies, que n'importe lequel d'entre nous saurait en faire autant que ces deux artistes, rien qu'en les imitant? Je pense tout au contraire, que la morale à en tirer doit s'établir sur le rôle écrasant que tient, dans la technique, la réaction individuelle de chaque organisme musculaire et nerveux. Si messieurs Salmon et Kreisler n'avaient pas, à la portée de leurs „subconscients", une impulsion physiologique favorisant ces „contrefaçons du spiccato" (plus musicales et séduisantes que l'original lui-même,) ils n'utiliseraient que les moyens réguliers, par quoi la plupart des instrumentistes se tirent d'affaire, en général. Ces moyens, nous allons les chercher.

D'abord ne manquons pas de considérer qu'il est des archets (même de facture célèbre) dont la résistance et le poids conviennent mal aux rebondissements. Un archet léger ne vaut rien pour les articulations légères.

Les crins doivent, eux aussi, remplir certaines conditions: Neufs, ils sont impropres au „démarrage"; vieux, ils perdent leurs aspérités rugueuses, et glissent sur la corde sans l'attaquer; d'où „savonnement". Partant donc du principe qu'aucun empêchement provenant de l'„outillage" ne nous met en état d'infériorité, nous allons déterminer la région de l'archet propice aux effets sonores que nous désirons produire.

The first exercises should be played with an adhering "détaché" without interruption or diminishing of the volume of sound, and giving the longest possible stroke of the bow, (the arm remaining immovable,) in order to obtain almost a dislocation of the wrist. These exercises will consist in an open note, repeated without cessation: metronome: ♩ = 50; shading: "piano e crescendo," each note finishing with a greater intensity of sound than at the beginning, passing on to the next note without a break, and without any attack by the bow.

This exercise that seems to have no relation to the "spiccato," will help us to acquire that consistency of sound that is so indispensable for this kind of stroke of the bow.

In which part of the bow can the "spiccato" be obtained? This is a question full of pitfalls; in order to be able to express myself more freely afterwards I will mention two wellknown exceptions to the general rule, that places the rational rebounding-point at about the middle of the bow.

It is a well-known fact that the violinist, Fritz Kreisler, executes a marvelous "saltellato" with the point of the bow, whereas the violoncellist, Joseph Salmon, obtains at the heel, by a kind of "bite" of the bow a "quasi-pizzicato" with the hairs; and that with a rapid clearness, a light volubility that is not surpassed by any real "spiccato."

What does this prove? Are we to deduce from these anomalies that any one of us could do the same as these artists by merely imitating them? I think on the contrary that the conclusion to be drawn is the tremendous role that the individual reaction of a muscular and nervous organism plays in technique. If Messrs. Salmon and Kreisler did not have at the disposal of their "subconsciousness" a physiological impulsion that favored these imitations of the "spiccato" (more musical and more seductive than the real thing,) they would only utilize the ordinary means, with which the majority of instrumentalists generally succeed in producing the desired effect. We will now study these means.

Firstly we must note that there are bows (even of a celebrated make) whose resistance and weight unfit them for the rebound. A light bow is useless for light movements.

The hairs also must fulfill certain conditions: If new, they "start" badly; if old, they lose their roughness, and slide over the string without "biting," with a resulting "soapiness." Starting therefore on the basis that nothing in our "tools" puts us in a state of inferiority we will now determine what is the best part of the bow to produce the effects that we wish to obtain.

Au talon, le poids à supporter serait trop lourd pour le petit nombre de doigts fermement appuyés sur la baguette. A la pointe, par contre, ce poids serait tout à fait insuffisant et les crins ne cesseraient d'adhérer à la corde. Etant donné la stabilité variable des différentes baguettes, nous fixerons a 10 ou 15 centimètres du centre de gravité, (du coté de la pointe), la place favorable à une élasticité de bon aloi. (Voici comment l'on découvre le centre de gravité: l'on tient un doigt perpendiculairement allongé en avant de soi; puis, posant la baguette horizontalement sur ce doigt, on la fait glisser dans le sens de sa longueur jusqu'à ce qu'elle puisse se tenir toute seule en équilibre, sur ce doigt, sans pencher d'aucun côté. Une fois le centre de gravité ainsi trouvé, il n'y a plus qu'à évaluer approximativement, par l'œil, la distance de 10 à 15 centimètres indiquée plus haut.) Prévenons une question probable. A quelle précision physique correspond cette distance, et pourquoi n'exécuterait-on pas le „spiccato“ au centre de gravité même?

Parce qu'à cette place la main droite se trouve trop près des cordes, et que son poids ajouté à celui de l'archet suffirait à annihiler le ressaut de ce dernier.

J'ai fixé l'éloignement requis à 10 ou 15 centimètres, parce que plus près de la pointe, l'on n'obtiendrait qu'un „spiccato“ falot, et, pour ainsi dire, sans timbre.

At the heel the weight to be supported would be too heavy for the small number of fingers pressing firmly on the stick of the bow. At the point, on the contrary, this weight would be totally insufficient and the hairs would not leave the string. On account of the varying stability of different sticks we will fix the point most favorable for a good elasticity at about four to six inches from the center of gravity, (toward the point of the bow). (The way to find the center of gravity is as follows: one should hold a finger straight out in front of one, then, placing the bow horizontally on this finger, one should slide it along until it balances without support. Once the center of gravity is found, it is only necessary to judge by the eye the length of four to six inches mentioned above.) The following question may be asked: To what physical suggestion does this distance correspond, and why should one not play the "spiccato" on the center of gravity itself?

Becauce at that point the hand would be too near the strings, and the weight of the hand being added to that of the bow would be sufficient to prevent the rebound of the latter.

I have placed the distance at four to six inches because one would obtain, nearer the point, only a weak "spiccato" without any tone color.

Points des cordes à mettre en contact avec les crins.

Comme pour toutes les articulations nécessitant un fréquent changement de direction, (voir „Intensités“) la place moyenne des cordes, à mettre en contact avec les crins, se trouve vers le milieu de leur longueur située entre le rebord inférieur de la „touche,“ et la chevalet.

Mais ici survient une complication. Etant donné que les rapports d'angle de la main et de l'archet doivent être constants, il faut, — la main oscillant légèrement, — que les crins se posent, au „tiré“ et au „poussé“ sur deux points différents. Ce déplacement de l'archet est minuscule, mais nettement perceptible. Je l'ai observé chez de grands virtuoses du violoncelle.

Points of the strings to be put in contact with the hairs of the bow.

As for all the movements requiring a frequent change of direction, (see "Intensities") the approximate point of the strings to be put in contact with the hairs of the bow is to be found halfway between the lower end of the fingerboard and the bridge.

But a complication now presents itself. As the angle formed by the hand and the bow must not be changed, the hand oscillating slightly, it will be found, on the strokes of the up-bow and down-bow, that the hairs of the bow come in contact with the string at two different points. This change of place of the bow is very slight, but quite perceptible. I have noticed it in the play of very great virtuosos of the violoncello.

Clef du graphique ci-dessous:

A = Archet tiré. A' = Archet poussé. B,B' = Points de contact pour les 2 directions. Le faisceau de droites, figure la portion des cordes comprise entre le chevalet et la „touche.“

Key to the following diagram.

A = *Down-bow.* A' = *Up-bow.* B,B' = *Points of contact for the two directions. The vertical lines represent that part of the strings situated between the bridge and the fingerboard.*

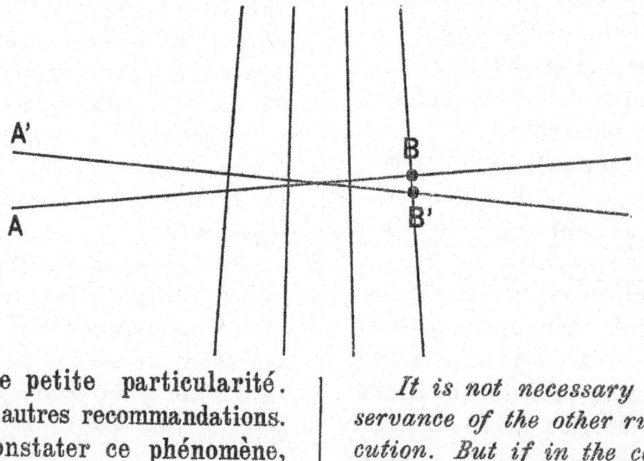

L'on n'aura pas à travailler cette petite particularité. Elle sera le produit de la somme des autres recommandations. Mais si, à la longue, l'on finit par constater ce phénomène, on pourra le considérer comme des plus normaux.

It is not necessary to study the above peculiarity. The observance of the other rules will bring about its correct execution. But if in the course of play one notices it, one may consider it as quite normal.

Le travail à venir se fera en petit détaché adhérent. La moindre tentative pour faire artificiellement sauter l'archet, arrêterait le progrès. Il faut même veiller à ce que le son soit continu, et donne presque l'impression d'un archet sans fin. Ce n'est qu'au bout de longues semaines, que, diminuant un peu la pression du pouce et du 1er doigt, l'on pourra, par une accélération progressive des articulations, chercher le degré de vitesse où le rebondissement léger commence à se produire. Néanmoins le spiccato est une „spécialité" qui gagne à être traitée avec lenteur et prudence.

The work that follows should be executed with a small adhering "détaché." The slightest attempt to make the bow rebound artificially would hinder any progress. One should even see to it that the sound is continuous, and the impression to be given is almost that of a continuous stroke of the bow. It will be only after long weeks of study that, slightly diminishing the pressure of the thumb and the first finger, one will be able by a progressive acceleration of the movements to find the degree of speed at which the rebounding will begin to manifest itself. Nevertheless, the "spiccato" is a "speciality" that gains by being studied slowly and with prudence.

Recommandations pour les exercices qui vont suivre:

Quel que soit le changement de corde à réaliser, l'on devra, sauf en cas d'alternances entre 2 cordes voisines, se méfier de la seule souplesse de son poignet droit, et, sans abolir celle-ci, lui adjoindre un mouvement du bras entier, proportionné au rayon déplacé par la main. J'ai parfois observé, chez des élèves, une certaine aisance pour le „spiccato" sur l'une des cordes seulement, alors que, malgré leurs efforts, ils n'obtenaient, sur les trois autres, que des résultats négatifs.

Voici les constatations à la suite desquelles j'obtins quelques améliorations. Pour la réussite continue du spiccato il faut une tenue-type du bras droit, c'est-à-dire un cliché de ses rapports d'angles, depuis-et y compris- l'épaule, jusqu'à la main. Ce cliché est personnel à chaque physiologie, et subordonné aussi aux conditions d'équilibre de l'archet employé. L'origine d'émission de la force ne doit jamais varier. Un léger déplacement approprié de l'épaule droite permet, sur tous les points de l'arc de cercle du chevalet l'indispensable unité de la tension musculaire,[1] alors que l'oubli de cette précaution détruit l'équilibre des rebondissements.

En cas de passage à une corde éloignée, séparée de celle du départ, par une ou deux cordes intermédiaires, le „spiccato" devra être suppléé accidentellement par le „saltellato." Seul, en effet, un rebondissement quelque peu outrancier, peut s'accommoder –cela est, en pareil cas, inévitable,– d'une suspension prolongée de l'archet au-dessus de cordes.

Au cours de l'étude des exemples suivants, le violoncelliste muni de ces quelques principes, sera juge de leur opportunité alternée.

Indications for the exercises that follow:

No matter what change of string has to be made, one should, except in the case of alternations between two adjacent strings, be wary of the suppleness of the right wrist only, and, without abolishing it, add a movement of the whole arm, proportioned to the displacement of the hand. I have often noticed, in my pupils, a certain ease for the production of the "spiccato" on one of the strings only, whereas, notwithstanding their efforts, they obtained no results on the other three.

Here are certain facts that I noted and by which I was able to obtain some improvement. For the continuous success of the "spiccato" there must be a stereotyped manner of holding the arm, that is to say, a set plan of the angles, from –and including– the shoulder to the hand. This is personal in each physique, and subordinate also to the conditions of equilibrium of the bow employed. The source of emission of strength should never vary. A slight and suitable change of position of the right shoulder allows, at all the points of the arc of the circle of the bridge, of the indispensable unity of muscular tension,[1] whereas the forgetting of this precaution destroys the equilibrium of the rebound.

In the case of a change to a string that is separated from the original one by one or two strings, the "spiccato" should be replaced temporarily by the "saltellato." For, an exaggerated rebound only, and that is in this case inevitable, will allow of a long suspension of the bow above the strings.

In the course of the study of the following examples the violoncellist will, now that he is acquainted with these principles, be able to judge of their relative opportuneness.

1) Cette tension que beaucoup de virtuoses, „daltoniens" de leurs sensations, confondent avec une complète „inertie musculaire" est cependant indéniable. Autrement je ne m'expliquerais pas la fatigue que ressentent lesdits virtuoses eux-mêmes après une application tant soit peu importante du „spiccato", fatigue qu'ils ignorent dans des périodes de plus grande durée, nécessitant une expansion dynamique ininterrompue.

1) *This tension, that many virtuosos, "color-blind" to their sensations, confuse with a complete "muscular inertia," is however undeniable. Otherwise I cannot comprehend the fatigue that the said virtuosos experience themselves after an even slightly important application of the "spiccato," a fatigue that they do not feel in passages of longer duration, requiring a uninterrupted dynamic expansion.*

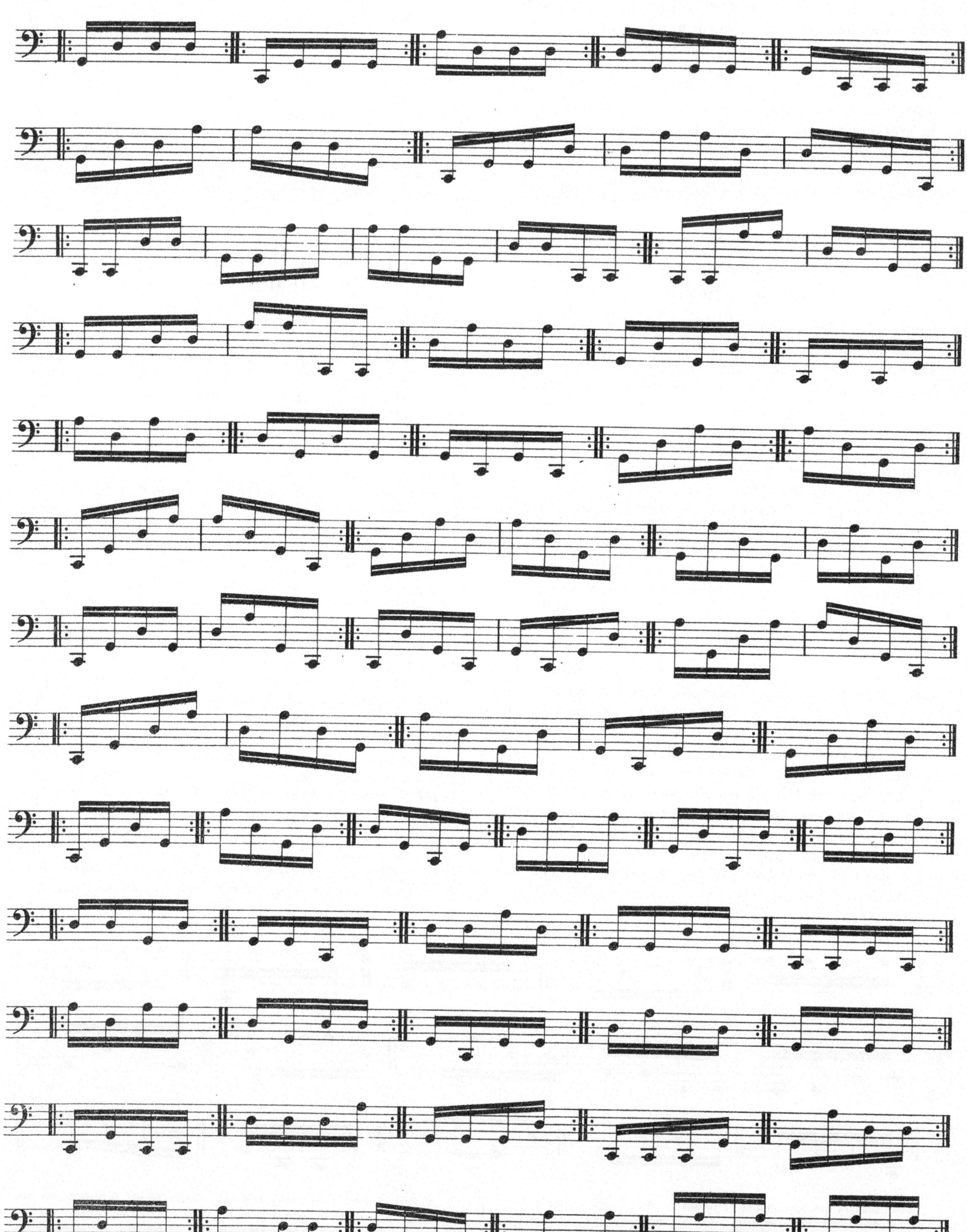

L'étude du „spiccato" comportera désormais la reprise de toutes les gammes, des arpèges et des doubles-notes. Il sera préférable de commencer par 4 articulations pour chaque note, puis, progressivement, d'arriver à supprimer toute redite.

Certains auteurs trouveraient prudent de réaliser à cette place toutes les variantes que fait entrevoir la phrase ci-dessus. Personnellement, j'estime que cela est superflu, car, mon conseil ne devant être suivi que par les violoncellistes avides de perfectionnement, – j'attends de ceux-ci qu'ils en reconnaissent l'utilité et fassent de mémoire ce petit travail.

Ici je dois revenir sur un point déjà établi au chapitre des octaves à doigté uniforme. Il s'agit de l'illusion acoustique à produire par un glissement, toutes les fois que, dans une période diatonique ou chromatique jouée par les mêmes doigts, le mouvement trop rapide empêcherait une coïncidence parfaite de l'articulation des deux poignets.

En cas de diatonisme, ce système ne peut s'appliquer qu'aux doubles-notes seulement. Nous savons qu'en pareille circonstance le travail arrive à donner une simili-exactitude dans l'alternance dissymétrique des glissements, – lent et rapide, selon la tessiture, la région des cordes, ou l'importance des intervalles. – Ainsi, par exemple, dans une gamme en *ut* majeur, nous aurons, sur une octave ascendante deux rallentissements (forcément inappréciables à l'œil, vu leur durée minime,) aux passages du „*mi*" au „*fa*", et du „*si*" au „*do*". Mais le ralentissement de la glissade n'est pas toujours causé par la différence musicale des intervalles à exécuter. Il provient aussi du rapprochement de ces degrés sur les cordes. Prenons une gamme chromatique monocorde: eh bien, nous aurons une moitié de corde à parcourir pour son octave la plus grave, alors que l'octave suivante se déroulera, elle, sur la moitié de la portion vibrante obtenue à sa note initiale; soit, un quart de la longueur totale de la corde. Cette double mise en garde contre le mépris d'une difficulté peu cotée, aura, j'espère, pour effet une surveillance méticuleuse, chez certains, lors de son maniement. Il faudra ici travailler à tour de rôle sur les quatre cordes, des gammes chromatiques en notes simples, glissées par le même doigt (1er, 2e et 3e à volonté;) l'on en déplacera assez fréquemment l'accentuation rythmique, – triolets ou quartolets. –

Je conseille généralement l'étude de ces gammes sur une étendue de trois octaves pour la „chanterelle", et de 2 octaves seulement pour chacune des autres cordes.

Ci-dessous, les notes initiales des séries chromatiques glissées avec indication du doigt et de la corde à employer.

From now on the study of the "spiccato" will allow of the repetition of all the scales, arpeggios and double-notes. It will be preferable to begin with four strokes for each note, and gradually to reduce this to no repetitions.

Certain authors might think it prudent to give here all the variants that the above phrase evokes. It is my impression that this is superfluous, for, as my advice will be followed only by violoncellists that are anxious to perfect themselves, I count on their recognizing the utility of this and on their executing this work from memory.

I must here return to a subject that has already been established in the chapter on octaves with a uniform fingering. I mean, the acoustic illusion to be produced by a slide, every time that, in a diatonic or chromatic passage played by the same fingers, a too rapid movement would prevent the perfect coinciding of the movements of both wrists. In the case of diatonic series, this system could be applied to double-notes only. We know that in such a case one succeeds in giving an apparent exactness to the unsymmetrical alternations of the slides, slow and rapid, according to the tessitura, the part of the strings, or the size of the intervals. Thus, for instance, in a scale in C major, we will find in a rising octave two slackenings, (naturally not noticeable to the eye, on account of their short duration) at the moment of passing from the E to the F, and from the B to the C. But the slackening of the slide is not always caused by the musical difference of the intervals to be executed. It is also produced by the drawing together of these degrees on the string. Take a single-string chromatic scale: we find that we have to cover half the length of the string for the lowest octave, whereas, for the next octave we require only half of the remaining portion, that is to say, a quarter of the total length of the string. This double warning against a contempt for a difficulty that is little mentioned will, I hope, awaken in certain players a sense of the scrupulous care that must be taken in attacking it. One should practice here, on the four strings in turn, chromatic scales in single notes, sliding with the same finger, (1st, 2nd or 3rd at will); the rhythmic accentuation, – groups of three or four notes – should be frequently changed. I generally recommend the study of these scales over three octaves on the A string, and over two octaves only on the other strings.

Underneath are given the initial notes of the chromatic scales that are to be played with a slide, together with indications as to the fingers and strings to be employed.

Pour le premier doigt: – For the first finger:

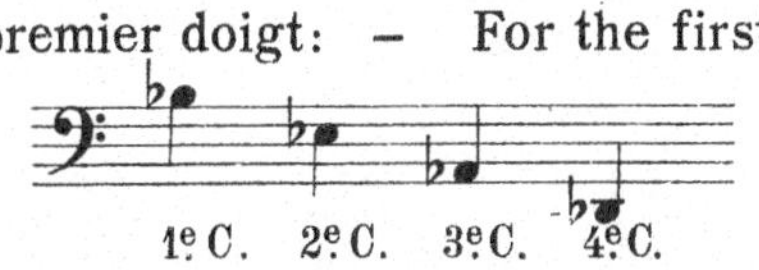

1e C. 2e C. 3e C. 4e C.

Pour le deuxième doigt: – For the second finger:

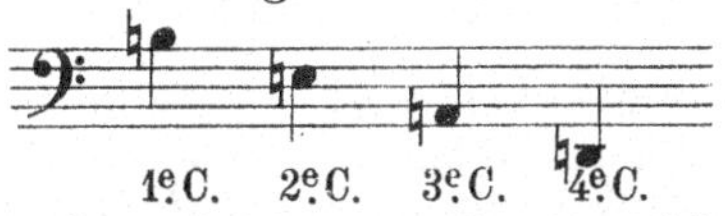

1e C. 2e C. 3e C. 4e C.

Pour le troisième doigt: – For the third finger:

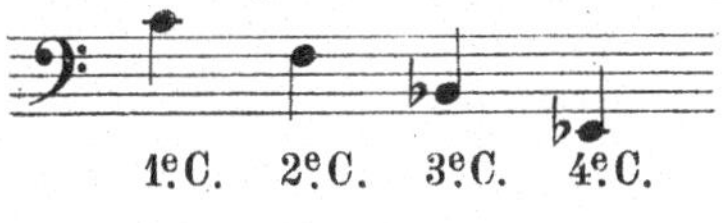

1e C. 2e C. 3e C. 4e C.

NOTA: Les séries chromatiques à doigté uniforme peuvent se jouer en „legato", à la condition de suppléer la suspension intermittente de l'archet au-dessus des cordes, (suspension qui crée l'illusion d'une suite de degrés tempérés conjoints,) par une succession précipitée de saccades dans le déplacement de la main gauche. Ce procédé dénommé fréquemment „staccato de la main gauche", a en effet, – ou le verra par la définition du coup d'archet auquel il doit son nom, – une filiation nettement caractérisée avec ce dernier. Le chainon qui nous y reliera s'appelle le „gettato" (en français: „jeté") ou „staccato volant".

NOTE: The chromatic series of notes with a uniform fingering can be played "legato", on condition that one replaces the intermittent suspension of the bow above the string (a suspension that creates the illusion of a series of conjoint keyed notes,) by a precipitate succession of jerks in the changing of place of the left hand. This manner of playing, frequently called "staccato of the left hand", is, as one will see by the definition of the stroke of the bow to which it owes its name, distinctly related to the latter. The link that brings us to this is called the "gettato" (in French: "jeté") or "flying staccato".

Le „Gettato“[1] ou „Staccato volant.“

Le „Staccato.“

Dérivé des coups d'archet du chapitre précédent le „gettato“ a certainement imposé ses avantages à l'intuition technique de l'exécutant novice, bien avant l'étude que voici. Il en est certaines formes élémentaires qui s'accommodent d'un petit nombre de connaissances pédagogiques primaires. Je les mentionnerai ici, par acquit de conscience, et comme introduction au „staccato volant“ dont la réalisation exige, elle, une somme de précautions minutieuses que peut assumer, seul, un violoncelliste initié musculairement au principe des rebondissements de l'archet.

Le premier exemple du „gettato“ est logiquement celui qui se compose de notes simples (ou doubles, voire même de triples, – chapitre des accords: „accords plaqués“ –) de notes, disais-je, espacées entre elles sous le rapport de la durée.

The "Gettato"[1] or "Flying Staccato."

The "Staccato".

A product of strokes of the bow of the preceding chapter, the "gettato" has certainly, ere this, impressed its advantages on the technical intuition of the novice. There are certain elementary forms that can be improved by certain fundamental principles of pedagogic knowledge. For conscientious reasons I will mention them here, and also as an introduction to the "flying staccato", of which the realization demands an amount of minute precautions that could only be undertaken by a violoncellist initiated muscularly to the principle of the rebound of the bow.

The first example of the "gettato" is logically the one consisting of single notes (double-notes or even triple-notes, – chapter of the chords: "chords plaqués" –) spaced with regard to their duration.

Moyens techniques pour ce cas: emploi des alentours du milieu ou du talon, indifféremment, pour les intensités pleines. Jouer les intensités faibles avec n'importe quelle région des crins, selon sa convenance propre. Tension nerveuse du bras, avec, périodiquement, infléchissement et exhaussement souples de la main. Pression ferme de l'archet, par le pouce et les 1er et 4e doigts. Pose légère, sur la hausse, des doigts 2 et 3.

Les mêmes moyens serviront pour des formules dans le genre des suivantes, avec, en plus, un léger déplacement du bras, aux articulations réunissant 2 notes (ou davantage) sur un même „poussé“ (principe du „staccato volant“,) ou un même „tiré“. Sont propices à l'exécution des exemples ci-dessous toutes les régions de l'archet, ad libitum, sauf son 3e tiers en s'approchant de la pointe.

Technique for this case: for full sonority, use of the middle or heel of the bow, indifferently. For weak sonority, use any part of the hairs, as convenient. Nervous tension of the arm, with periodical supple lowering and raising of the hand. Firm pressure of the bow, by the thumb and the 1st and 4th fingers. Light touch of the 2nd and 3rd fingers on the "frog".

The same technique will serve for formulas like the following, with, in addition, a slight change of place of the arm, on the movements uniting two or more notes on one and the same up-bow, (principle of the "flying staccato",) or on one and the same down-bow. With the exception of the third nearest the point, every part of the bow is good for the execution of the following examples.

Emploi exclusif du 3e tiers (pointe) de l'archet; exclusive aussi la direction „tirée“ des articulations à rebondissements, pour les formules d'intensités faibles ou moyennes, au cours desquelles la succession des notes réunies sur le même coup d'archet serait assimilable, rythmiquement, à un roulement de tambour.

The upper third of the bow, and the down-bow movements with a rebound, should be exclusively used for formulas of weak or medium intensity, in the course of which the succession of notes played with one and the same stroke of the bow resemble, rhythmically, the roll of a drum.

Afin de rapprocher le plus possible les battements ci-dessus, (les rebondissements de l'archet étant trop importants, à la pointe, lorsqu'il n'y a pas fermeté de pression des doigts,) l'on aura recours aux indications données, sur ce point, au chapitre précédent. L'échelle d'appui des doigts est, en effet, pour le „gettato“ de cette catégorie, semblable sous tous les rapports à celle du „spiccato.“ L'index doit même être, ici, plus consciemment actif encore que dans le „spiccato“, et cela s'explique par l'éloignement plus grand du point de contact des crins avec les cordes, comparativement au centre de gravité de l'archet.

In order to bring the above beats as near together as possible, (the rebound at the point of the bow being too great, when there is not firm pressure of the fingers,) one should have recourse to the indications given, on this point, in the preceding chapter. The scale of pressure of the fingers, in the "gettato" of this category, resembles in every way that of the "spiccato". The 1st finger should be even more consciously active than in the "spiccato", and this is comprehensible, as the point of contact of the hairs with the strings is further away, as compared with the center of gravity of the bow.

It would be rash, I acknowledge, to impose the exclusive use of one method, especially as the result at which one is aiming

1) En italien, „gettare l'arco“ signifie: jeter l'archet.

1) *In Italian, "gettare l'arco" means: "to throw the bow".*

Il est bien téméraire, je le reconnais, de préconiser l'emploi exclusif d'un procédé, surtout lorsque le but que l'on prétend viser, est si fréquemment atteint par des moyens extérieurs différents. L'opinion est courante, que le „gettato" le „staccato volant" etc.... sont, dans la virtuosité d'archet, des „compartiments" réservés à certains privilégiés. La statistique confirme d'ailleurs cette opinion. Mais si le hasard des réflexes a livré à quelques-uns une synthèse physiologique, grâce à laquelle le succès, dans cette branche, leur est acquis sans effort, nous n'en avons pas moins lieu de croire qu'en dehors de toute prédisposition musculaire spéciale, de tout instinct divinatoire même, il existe dans le petit nombre des „élus", une majorité de capacités normales, auxquelles les conseils clichés sur des cas antérieurs „d'un modèle usuel" peuvent servir. Donc, nous devons observer des règles. Hélas! les règles énoncées jusqu'ici dans ce chapitre, comportent, en guise d'exceptions, l e u r s a n t i t h è s e s. En pareille matière les lois contradictoires seraient trop nombreuses. Je ne retiens que celles qui nous offrent le plus de garanties quant à l'équilibre naturel des rebondissements.

Nous voici arrivés à la forme la plus vétilleuse du „gettato": la succession de „tirés" et de „poussés" – en alternances régulières, – réunissant chacune 2, 3 ou 4 notes piquées.

is so frequently obtained by different outside means. There is a current opinion that, in the virtuosity of the bow, the "gettato", the "flying staccato", etc.... are "compartments" reserved for certain privileged players. Besides, statistics really confirm this opinion. But if the fortuitousness of reflex influences has favored certain players with a physiological synthesis, thanks to which they succeed in this branch without effort, we nevertheless have reason to think that, leaving out of the question any s p e c i a l muscular predisposition, or even any intuitive instinct, there exists in the small group of the "chosen" a majority of normal abilities, to whom suggestions reproduced from former cases may be useful. Therefore we must stick to rules. Alas, the rules that have been enounced so far, in this chapter, have only antitheses as their exceptions. In such a matter the contradictory laws would be too numerous. I note only those that offer us the greatest guarantees as regards the natural equilibrium of the rebound.

We now come to the most ticklish form of the "gettato": a succession of "up-bows" and "down-bows", in regular alternations, grouping together 2, 3 or 4 staccato notes.

Par exemple: – *For instance:*

Dans des cas semblables, il faut que l'archet, posé à pleins crins et un peu obliquement sur la corde, (celle-ci formant avec la pointe un angle aigu, – voir le graphique,) soit tenu avec une fermeté modérée par la pouce et les 1er et 2e doigts.

Clef du graphique ci-dessous:

Pointillé A A' = Verticale arbitraire.

Droites { B B' = Plan d'inclinaison des cordes. C C' = Ligne idéale pour les déplacements de l'archet.

C = vers le talon; C' = vers la pointe.

In similar cases the bow, being applied with all the hairs a little obliquely on the string, (the latter forming an acute angle with the point, – see the diagram,) should be held with moderate firmness by the thumb and the 1st and 2nd fingers.

Key to the following diagram:

Dotted line A A' = *Imaginary perpendicular.*

Straight lines { B B' = *Inclined line of the strings.* C C' = *Line to be followed by the bow.*

C = *towards the heel;* C' = *towards the point.*

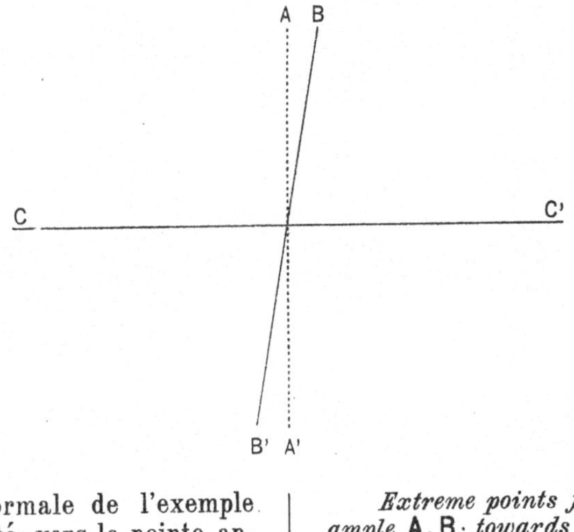

Points extrêmes pour la réussite normale de l'exemple A, B: vers la hausse, le centre de gravité; vers la pointe, approximativement le point de jonction des 2e et 3e tiers de la longueur totale de l'archet.

Les rebondissements de cette catégorie seront obtenus par la synthèse des précautions suivantes: modification d'angle entre l'archet et les cordes; pression douce des doigts indiqués plus haut; enfin, l é g e r a c c e n t (*mp-pp*) a f f i r m a n t l e d é b u t d'u n s e u l c o u p d'a r c h e t s u r d e u x.

Extreme points for the normally successful execution of example A, B: *towards the "frog", the center of gravity; towards the point, approximately the point of junction of the 2nd and 3rd thirds of the total length of the bow.*

The rebounds of this category will be obtained by the combination of the following precautions: modification of the angle between the bow and the strings; slight pressure of the fingers indicated above; finally, a s l i g h t a c c e n t (mp-pp) m a r k i n g t h e b e g i n n i n g o f o n e a r t i c u l a t i o n o u t o f t w o.

Comme le „spiccato", le „gettato" est, sous cette forme, tributaire de la force centrifuge. Il ne peut s'accommoder d'aucune altération de mouvement. Sa mise en train ne comportera aucune diminution voulue de l'adhérence des crins aux cordes. A la longue, l'étude du schema d'exécution ci-après, donnera, par des ricochets naturels de l'archet, la subdivision attendue.

Like the "spiccato", the "gettato" is, in this form, related to centrifugal force. It cannot tolerate any alteration of movement. Its putting in action will not comprise any intentional diminishing of the adhesion of the hairs to the string. In the long run, the study of the following diagram of execution will give, through the natural ricochets of the bow, the expected subdivision.

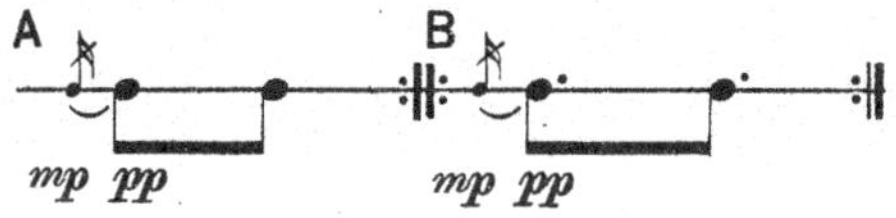

Les déplacements solidaires de l'épaule et du bras droits s'ajouteront aux détails dont je viens de parler, pour l'exécution de ricochets polycordes.

The combined changes of position of the right shoulder and arm should be added to the details that I have just given, in the execution of ricochets on several strings.

Dans les mesures E et F, l'accent doit être répété à chaque articulation, et voici pourquoi: le bras accompagnant l'archet dans ses déplacements en ligne courbe, ajoute inconsciemment une pesée préjudiciable aux ricochets. L'expérience nous démontre qu'au delà de deux changements de corde – à direction constante, – l'adhérence des crins se reproduit, et qu'une nouvelle impulsion, génératrice de nouveaux rebondissements devient alors nécessaire.

Le „staccato volant" en séries de plus de 4 notes, ne peut s'exécuter que dans la direction „poussée." Dans les successions de cette catégorie, l'archet légèrement jeté sur la corde, rebondira de lui-même au cours de sa translation quasi-horizontale. L'articulation en question commencée avec une souplesse parfaite, – l'archet ressautant à la faveur de son élasticité propre, et de la tenue indiquée, – devra être terminée avec une innervation, un raidissement musculaire de la partie supérieure du bras, de façon d'une part, à continuer artificiellement un effet dont la durée normale est trop variable pour que l'on puisse baser sur elle des certitudes, et d'autre part, à pouvoir exécuter dès le début d'une articulation conjointe à celle du „staccato volant" une note tenue indemne de toute vacillation.

In the measures E and F, the accent should be repeated at each articulation, and for the following reason: as the arm accompanies the bow in its changes of place in a curved line, it adds unconsciously a pressure that is bad for the ricochets. Experience has taught us that, beyond two changes of strings in the same direction, the adhesion of the hairs to the string is renewed, and that a new impulsion, productive of further rebounds, becomes necessary.

The "flying staccato" in series of more than 4 notes can be executed only on the "up-bow". In series of this category the bow, slightly "thrown" onto the string, will rebound by itself in its horizontal flight. The movement under discussion, begun with absolute suppleness, – the bow rebounding through its own elasticity, and through the manner of holding the bow indicated above, – should be terminated by an innervation, a muscular stiffening of the upper part of the arm, in order, on the one hand, to continue artificially an effect of which the normal duration is too uncertain to be counted upon, and on the other, to secure, from the very beginning of a movement conjoint with that of the "flying staccato", a disposition free from all vacillation.

Exemple extrait des 7 variations de Beethoven sur un thème de Mozart:

Example drawn from the 7 variations on a theme of Mozart by Beethoven.

L'astérisque indique le moment où doit, au plus tard, se produire la substitution de l'action nerveuse à l'élasticité naturelle de l'archet.

Les trois derniers exemples soigneusement étudiés sur les cordes à vide, devront être repris ensuite, selon le programme que voici: l'exemple A, B, en gammes, (notes simples ou doubles, répétées 1 ou 2 fois, selon le rythme choisi). L'exemple C, D, E, F, appliqué à l'adaptation du Prélude en mi♭ de Bach (voir chapitre des Accords), en variant à volonté l'ordre des changements de cordes.

The asterisk indicates the moment when, at the latest, the substitution of the nervous action to the natural elasticity of the bow should take place.

The last three examples, carefully practiced on the open strings, should be begun over again, in the following manner: Example A, B in scales, (single or double-notes, repeated once or twice, according to the rhythm chosen). Example C, D, E, F, applied to the adaptation of the E♭ Prelude by Bach, (see chapter on chords), varying as one sees fit the order of the changes of strings. Finally, the example G carried out in scales in single notes; the renewal ad libitum of the "flying

Enfin l'exemple G reporté sur l'étude des gammes en notes simples; le renouvellement ad libitum du „staccato volant" sera assuré tantôt par une „tenue" au „tiré":

staccato" should be assured sometimes by a held note on the down-bow:

tantôt par un „legato":

sometimes by a "legato":

L'étude du „Staccato" nous paraîtra maintenant une chose enfantine.

De tous les moyens techniques que nous venons d'analyser, méritent, seuls, le qualificatif „complexes" ceux qui concourent à la stabilité des rebondissements ou ricochets. Seuls aussi, dans la synthèse susdite, les moyens en question n'ont plus de raison d'être ici, le „staccato" régulier se travaillant et s'exécutant „à la corde." Peut-être étonnerai-je bien des collègues en bornant à quelques lignes la théorie de cet important principe instrumental. Mais je trouve que, s'il prête à des dissertations nombreuses au point de vue „littéraire"- si j'ose me servir de ce terme,- le „staccato" n'est plus, pour nous, que l'application repetée d'un procédé explicable en peu de mots.

Quelles est, au juste, la différence d'effet acoustique à établir entre le „staccato", et les autres modes d'archet à sons piqués? Je crois que, me basant sur l'imitation vocale, je peux assimiler cette différence, à celle qui existe entre le débit serré d'une succession de consonnes dures, (par exemple la lettre „t") et celui d'une suite de consonnes douces, (lettre „d"). Ce phénomène est le résultat de l'adhérence continue des crins à la corde jouée. Chaque silence résultant d'un arrêt brusque de l'archet, provoque un étouffement immédiat des vibrations de la corde. De là une certaine sécheresse inévitable.

De même qu'il nous est plus facile de siffler par „expiration" que par „inspiration", il nous est, en général, plus commode de „pousser" le staccato. Ceci est une loi naturelle qui comporte de nombreuses exceptions. Aussi faut-il éduquer l'égalité de ses moyens, dans les deux directions de l'archet, par une grande patience dans les exercices recommandés plus loin, et par un contrôle sévère de soi-même,- contrôle méfiant des apparences de succès.

Le bras complètement ou partiellement déployé, s'accommode mieux d'une **tension musculaire**, que ne le fait le bras complètement replié. Aussi est-il téméraire, (bien que courant,) de risquer jusque vers le talon un „staccato poussé," ou alors, de commencer au talon un „staccato tiré."

Le centre de gravité de l'archet est un „cap" difficile à franchir - surtout au „tiré"- sans dérégler le „Staccato." Aussi faudra-t-il être bien sûr d'avoir acquis sûr ce point une réelle maîtrise, une discipline parfaite de ses réflexes, avant de se hasarder à user, pour le „staccato", de la longueur

The study of the "staccato" will now appear childishly simple.

Of all the resources that we have just been analyzing, the only ones that can be termed complex are those that tend to the stability of the rebounds or ricochets. Also, in the above synthesis, these are the only ones that do not apply here, as the regular "staccato" is studied and executed "on the string." It may surprise some of my colleagues that I dismiss with a few words such an important instrumental principle. It seems to me however that, however well it may lend itself to numerous "literary" dissertations,- if I may use the term- the "staccato" is no longer anything to us but the repeated application of a process that can be explained in a few words.

What is exactly the difference of acoustic effect to be established between the "staccato," and the other kinds of bowing of this category? I think that, taking vocal imitation as a basis, I would compare this difference to that that exists between the rapid emission of a succession of hard consonants, (the letter "t," for instance) and that of a series of soft consonants, (the letter "d"). This phenomenon is the result of the continuous adhesion of the hairs to the string in play. Every silence that results from a sudden stop of the bow brings about an immediate smothering of the vibrations. This produces inevitably a certain dryness of effect.

At it is easier for us to whistle by blowing than by drawing in our breath, so is it generally easier for us to play the "staccato" with an "up-bow." This is a natural law that has numerous exceptions. It is therefore necessary to bring about an equalization of our resources, as regards the up-bow and down-bow, by patient practice of the exercises recommended further on, and by a strict surveillance of one's self,- a surveillance that is wary of apparent success.

The partially or full stretched arm is more capable of ***muscular tension*** *than when it is completely folded. It is therefore quite risky (although currently done) to undertake to carry through right up to the heel an "up-bow staccato," or to begin at the heel a "down-bow staccato."*

The center of gravity of the bow is a "promontory" that is difficult to get around,- especially on a down-bow- without upsetting the "staccato." It will be necessary to have acquired a thorough mastery of this difficulty, a complete control of one's reflex movements, before risking the use of the full length of the bow for the "staccato." The initial practice of the "staccato" should be carried out with ***three fifths*** *of the total length of the bow, starting from the point.*

The general maximum intensity is mf.

The "hammered staccato" should be executed with the middle of the bow. Principles to be remembered: ***Muscular tension of the upper part of the arm. Firm pressure of the thumb, and of the 1st finger; (bear***

totale de l'archet. Les débuts du „staccato" devront évaluer dans les 3 cinquièmes de cette longueur, en partant de la pointe.

L'intensité maxima est habituellement, ici, le *mf*

Le „staccato martelé" doit s'exécuter aux alentours du milieu de l'archet. Principes à retenir:

Tension musculaire de la partie supérieure du bras. Pression ferme du pouce, et du 1er doigt; (ce dernier appuyé fort sur celui de ses côtés qui se trouve en regard du pouce). Pression douce du 2e doigt.

Souvent l'on fait commencer le „staccato" par des exercices lents. Personnellement je suis peu partisan de cette manière de faire, car dans le „staccato" lent, la main fait à chaque note un mouvement conscient d'infléchissement suivi d'exhaussement, alors que le vrai „staccato" se base, lui, sur l'innervation du bras. L'effet visuel des déplacements quasi-horizontaux de l'archet étant, à peu de chose près, celui des sons filés, c'est à l'innervation en cause que l'on doit la succession de brisures par quoi s'obtient l'effet auditif décrit plus haut.

Aucune altération ne devant se produire, dans les rapports de la main et du bras droits, (les ondulations du poignet sont à bannir du „staccato",) l'on proportionnera les mouvements du bras à l'importance du rayon déplacé par la main. L'archet, très adhérent à la corde, ne devra se mouvoir qu'avec une extrême lenteur, de façon à favoriser, sur un minimum de parcours, l'exécution d'un maximum de sons piqués.

L'angle de l'archet et de la corde jouée, sera celui que j'ai recommandé pour le „gettato".

Poussif et „accidenté" au début, le „staccato" deviendra, par le travail, régulier, mordant, rapide et brillant.

Bien que moins musical que le „staccato volant", il est, dans la virtuosité officielle, d'un usage plus courant, et sa personnalité indéniable parmi les effets de la même famille, nous l'impose à tous comme indispensable.

Voici quelques rythmes à travailler d'abord sur les cordes à vide, puis comme dans les cas similaires précédents, sur les gammes, arpèges, doubles-notes, etc....

heavily on the side of the latter that is opposite the thumb). Light pressure of the 2nd finger. Often the study of the "staccato" is begun by slow exercises. I do not favor this method, for in the slow "staccato" the hand executes, for each note, a conscious lowering and raising movement, whereas the real "staccato" is based upon a tension of the arm. The effect to the eye of the practically horizontal movement of the bow being, to all intents, that of the long drawn tones, it is thanks to this tension that one obtains the above mentioned effect.

As no alteration is to be made in the relations of the right hand and arm, (oscillations of the wrist are banished from the "staccato"), one should regulate the movements of the arm in accordance with the length of space covered by the hand. The bow, adhering firmly to the string, should be moved very slowly, in order to execute within a minimum length the maximum of staccato notes.

The angle between the bow and the string in play should be similar to the one recommended for the "gettato." Weak and irregular in the beginning, the "staccato" will become, through assiduous practice, regular, snappy, rapid and brilliant.

Although less musical than the "flying staccato," it is of more current use in "official" virtuosity, and its undeniable "individuality" amongst the effects of the same family, makes it indispensable to everyone.

Here are a few rhythms to be studied first on the open strings, and then, as in similar preceding cases, on the scales, arpeggios, double-notes, etc.

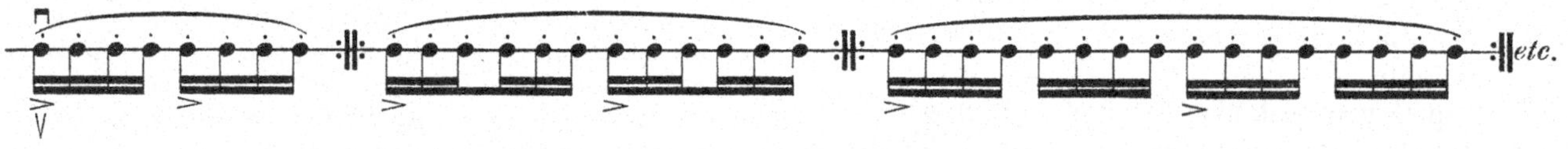

L'on devra augmenter progressivement le nombre de notes jouées sur le même archet.

Les accents dynamiques d'abord très rapprochés, pour servir de „stabilisateurs" aux mains novices, devront être, ensuite, de plus en plus distancés, jusqu'à n'intervenir, finalement, qu'en cas d'opportunité musicale.

A défaut de „case" plus appropriée, je classererai ici un „vibrato d'archet" dont nous devons l'invention à Pablo Casals. C'est dans la sonate en fa de Brahms qu'il dramatise, par ce moyen, le „tremolando" du 1er Allegro.

Ecriture de Brahms:

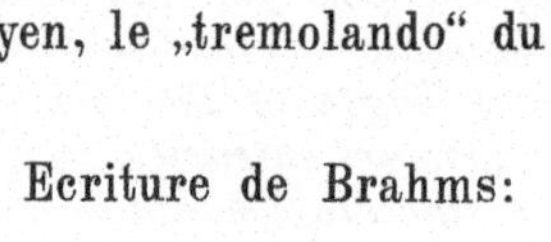

One should progressively augment the number of notes played on the same stroke of the bow. The dynamic accents, placed at first near together, in order to insure the "stability" of the unpracticed hand, should gradually be put farther apart, until finally they will be used only when they are musically required.

Not finding any more appropriate place, I will mention here a "bow-vibrato" for which we are indebted to Pablo Casals. It is in the F major Sonata by Brahms that he "dramatizes," by this means, the "tremolando" of the 1st Allegro.

Manner of writing of Brahms.

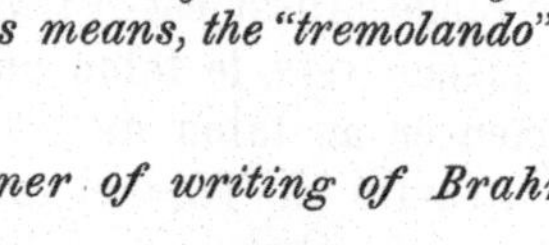

Schema approximatif de l'exécution vibrée.

Approximate diagram of the vibrated execution:

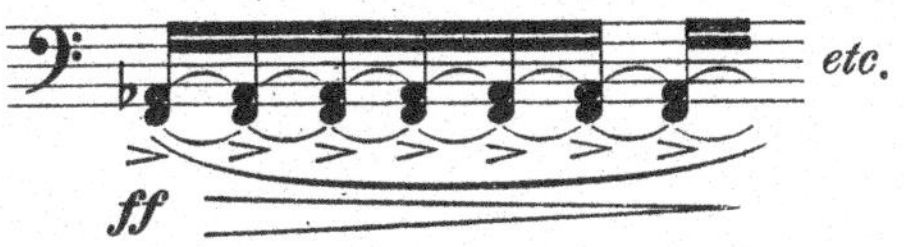

En somme - si paradoxal que cela paraisse,– il s'agit d'un „staccato" sans brisure sonore aucune. L'effet acoustique de ces articulations vibrées est saisissant. Il mérite un travail assidu, et l'on peut trouver son utilité dans bien d'autres cas, mais non sans initiative propre.

It is really - no matter how paradoxical it may seem – a "staccato" without any break in the sonority. The acoustic effect of these vibrated articulations is very striking. It is worth practicing assiduously, and could be utilized in many other cases, but that only by individual initiative.

Pour finir.

Parlerai-je maintenant du „tremolo"? Pourquoi? C'est un „petit détaché frotté". Or ce principe nous est connu depuis longtemps. Quant à la percussion par le bois de l'archet, c'est simplement du „gettato", et la tenue d'archet, pour cet effet spécial, est des plus facultative. Chacun s'y prend à sa guise, et je ne vois pas l'intérêt possible du choix d'une tenue type, vu le résultat auditif semblable obtenu par des moyens divers.

J'ai fait mon possible pour ne rien oublier de ce qui pouvait servir à la technique contemporaine. Je prie cependant mes collègues de ne pas me tenir trop grande rigueur des lacunes éventuelles. Une encyclopédie des difficultés à surmonter pour connaître le violoncelle est un travail des plus osés; j'y ai mis toute l'attention qu'il fallait pour n'omettre l'analyse d'aucun point important

J'ai même du verser souvent dans l'excès opposé: l'abus de détails futiles e n a p p a r e n c e. J'accepte d'avance bien des critiques et des réserves, car ces dernières seront une conséquence „mathématique" de l'effort que j'ai cru nécessaire.

Diran Alexanian.

Paris, Décembre 1910 - Février 1914.

To finish.

Shall I speak of the "tremolo"? Why should I? It is a rubbed "petit détaché." This principle is already well known to us. As for the stroke with the wood of the bow, it is simply a gettato," and the manner of holding the bow for this special effect is anything but delicate. Each player has his own way of doing it, and I see no possible interest in suggesting any special manner, since the same acoustic effect can be produced in so many different ways.

I have done my utmost to try and forget nothing that could be of service to contemporary technique. I would however beg of my colleagues not to be too severe with me for possible deficiencies. An encyclopædia of the difficulties that have to be surmounted to become acquainted with the violoncello is a daring undertaking; I have paid the greatest attention not to omit the analysis of any important point. I have even erred often in the other direction: in the abuse of a p p a r e n t l y futile details. I accept in advance many criticisms and objections, for they will be the "mathematical" consequence of the effort that I have thought necessary.

Diran Alexanian.

Paris, December 1910 - February 1914.